DIANZI SHANGWU LILUN YU ANLI FENXI

电子商务理论与案例分析

林俊毅 编著

化学工业出版社

·北京·

内容简介

《电子商务理论与案例分析》从电子商务发展历程和实务出发，系统性介绍电子商务的基本研究框架与理论、商业模式、平台竞争和电子商务协作环境等内容；并将电子商务产业近20年主要运营商竞争实务编成大型个案进行分析；在主要章节加入特色专栏，介绍东南亚电子商务发展情况；设置的电子商务最新学术研究热点专栏，是为有志于电子商务相关研究深造者，快速建立对学术界电子商务研究进展的全局观。

本书可作为高等院校信息管理与信息系统、电子商务、工商管理和管理科学与工程等专业高年级本科生和研究生的参考教材，也可作为相关领域运营管理人员学习或培训的参考用书。

图书在版编目（CIP）数据

电子商务理论与案例分析/林俊毅编著. —北京：
化学工业出版社，2020.8
ISBN 978-7-122-37397-7

Ⅰ.①电… Ⅱ.①林… Ⅲ.①电子商务-案例-高等学校-教材 Ⅳ.①F713.36

中国版本图书馆CIP数据核字（2020）第125966号

责任编辑：王淑燕　　　　　　　　　　装帧设计：刘丽华
责任校对：张雨彤

出版发行：化学工业出版社（北京市东城区青年湖南街13号　邮政编码100011）
印　　装：三河市延风印装有限公司
787mm×1092mm　1/16　印张18¾　字数460千字　2020年8月北京第1版第1次印刷

购书咨询：010-64518888　　　　　　　　售后服务：010-64518899
网　　址：http://www.cip.com.cn
凡购买本书，如有缺损质量问题，本社销售中心负责调换。

定　　价：69.00元　　　　　　　　　　　　　　　　　　版权所有　违者必究

前言

在 2020 年开始前，有人认为电子商务已过创新生命周期中最快速发展阶段，但在 2020 年初"新冠肺炎"后，多数人认为电子商务互联网已成生活不可替代物。正如比尔·盖茨对"新冠肺炎"的反思中提到，他相信我们的生活形态很多将和以往不同，哪些会消失不敢妄言，但互联网与电子商务融入生活速度与广度超出想象。因此我们都应该更了解电子商务，正如计算机已成为工作与生活的标配，疫情后电子商务与互联网将成为人类进化的 DNA，电子商务将继计算机之后成为人类需要学习的内容。

电子商务产生于互联网环境，其发展却不仅限于互联网环境，新科技不管是移动互联网、大数据、人工智能乃至于电子支付等，都可以在电子商务运营环境中发现应用实例，电子商务不但受到新科技推动，反过来还促进新科技发展环境成熟，因此电子商务涵盖的内容很多，任何一部分都值得探讨研究，许多杰出著作介绍了电子商务基础知识，对有志学习者给予了良好的养分，这类著作形态也是目前电子商务实务工作者学习的主流来源之一。直到笔者到了高校任教，恍然发现一个误区，就是电子商务已经成为一门学科，需要更多包含电子商务主要基础内容和理论实务并重的书籍，可快速带领高校学生入门一窥全貌获取扎实基本功，亦能对现有电子商务基层工作人员在知识面拾遗补缺，甚至对电子商务中层主管用宏观格局全产业链来审视自身所学与经验。

本书从电子商务发展历程和实务案例出发，系统性地介绍了电子商务的基本研究框架与理论、商业模式、电子商务平台竞争和电子商务协作环境等内容。另外，全书将电子商务产业近 20 年各主要运营商竞争实务写成大型个案，该个案写作参照哈佛个案的写作手法，采用编年史记事体例方式，使得阅读者深具代入感，采用产业竞争分析框架与视角来进行文案内容写作，希望类似三国演义风味笔法引领读者宛如亲身体验国内电商 20 年大小战役情境，回味浪花淘尽英雄志，是非成败转成空的韵味。

本书除了理论与实务并重外，还对中国实务运营内容进行解析。在此背景下，在全书主要章节加入两个特色专栏：就东盟电子商务之窗这个专栏而言，乃是为"一带一路"电子商务出海实务需要服务；而电子商务学术进展专栏，是为有志于电子商务相关研究深造者，快速建立对中国学术界电子商务研究进展的全局观。就本书内容特色而言，足可作为高等院校信息管理与信息系统、电子商务、工商管理和管理科学与工程等专业高年级本科生和研究生的参考教材，也可作为相关领域运营管理人员学习或培训的参考用书。

本书由南宁师范大学经济与管理学院林俊毅博士负责全书的策划、质量控制和编写定稿；林俊毅博士电子商务专业授课学生张艳萍、杨雪萍参加了本书参考资料搜集以及草稿汇编工作。本书的出版工作获得林俊毅博士所属单位南宁师范大学给予的经费支持，并得到电子商务及互联网营销领域学者汤兵勇教授、解仑教授等的指导与支持，也获得实务界如 e 友会召集人/上海市网购商会常务副秘书长孙勇先生以及生鲜电商专委会秘书长徐玉华先生给予实务案例与业界资源支持，在此对他们表示衷心感谢。本书引用了相关领域一些研究报告和参考文献，在此一并表示真诚的谢意。

由于笔者的水平有限，书中难免有疏漏之处，还望广大读者不吝批评指正，以期不断改进。

编著者

2020 年 6 月

目录

第一章　电子商务概论 — 001
第一节　概述 — 001
一、本书设计理念 — 001
二、本书学习目标 — 002
三、本书编写原则 — 002
四、预计学习成效 — 003
第二节　电子商务扫描 — 003
一、电子商务的定义 — 003
二、电子商务的范围 — 004
三、电子商务的未来发展趋势 — 005
第三节　电子商务框架 — 006
一、分类框架 — 006
二、技术框架 — 007
三、研究框架 — 008

第二章　电子商务理论 — 013
第一节　实务如何产生理论 — 013
一、实务如何锤炼出理论 — 013
二、理论如何联系到实务上 — 013
三、如何降低理论应用到实务的限制 — 014
第二节　本书收录理论的标准 — 015
一、普适性 — 015
二、指导性 — 015
三、可操作性 — 015
四、可验证性 — 016
第三节　电子商务十大理论 — 016
一、长尾理论 — 016
二、雷军风口理论 — 017
三、分享或共享经济 — 018
四、免费理论 — 019
五、快速迭代 — 019
六、注意力经济 — 020
七、互联网+思维 — 021
八、流量池理论 — 022
九、梅特卡夫定律 — 023

  十、颠覆性创新理论 …………………………………………………… 024

第三章　零售电子商务模式发轫 —————————————————— 026
 第一节　从 2B 到 2C ……………………………………………………… 026
  一、B2B 阿里巴巴打响第一枪 …………………………………………… 026
  二、在阿里巴巴之前的 8848 ……………………………………………… 027
  三、争夺 C2C 只是小菜 …………………………………………………… 028
  四、B2C 带来电子商务高潮 ……………………………………………… 030
 第二节　商业模式演进 …………………………………………………… 030
  一、M2C ……………………………………………………………………… 030
  二、B2B2C …………………………………………………………………… 032
  三、众筹 ……………………………………………………………………… 032
  四、团购 ……………………………………………………………………… 033
  五、拼团杀价 ………………………………………………………………… 035
 第三节　买卖变成生活所需 ……………………………………………… 035
  一、兴趣引流电子商务兴起 ……………………………………………… 035
  二、内容电子商务 …………………………………………………………… 036
  三、兴趣电子商务（个人品位） ………………………………………… 038
  四、从凡客诚品到网易严选 ……………………………………………… 038
 第四节　东盟电子商务之窗 ……………………………………………… 040
 第五节　电子商务学术进展 ……………………………………………… 042

第四章　移动电子商务与新零售 —————————————————— 044
 第一节　没有移动网就没有移动电子商务 ……………………………… 044
  一、智能手机带来新世界 ………………………………………………… 044
  二、中国落后 3G 但却抢占 4G …………………………………………… 045
  三、手机上网用户奠定基石 ……………………………………………… 046
 第二节　移动用户渗透率改变了电子商务竞争规则 …………………… 047
  一、手机与宽带用户的消长造成实名制的兴起 ………………………… 047
  二、流量降价带来电子商务网购红 ……………………………………… 049
  三、用户手机上网成为常规 ……………………………………………… 049
 第三节　从网店到 APP 再到公众号微商城 …………………………… 050
  一、零售电子商务平台盈利关键在广告 ………………………………… 050
  二、APP 提高购物体验 …………………………………………………… 051
  三、微信公众号十万+ 创造新客流 ……………………………………… 052
  四、手机微商城让变现成本更低 ………………………………………… 054
 第四节　移动电子商务造就新零售最后一块拼图 ……………………… 055
  一、O2O 是过渡还是终点 ………………………………………………… 055
  二、新零售是新物种吗 …………………………………………………… 056
  三、更大挑战在于整合 …………………………………………………… 057
  四、新零售完成标准到非标产品变革 …………………………………… 061

  第五节 东盟电子商务之窗 ······ 064
    一、东南亚移动互联网环境分析 ······ 064
    二、消费者行为 ······ 065
    三、泰国电子商务主要特征 ······ 065
    四、泰国电子商务发展趋势 ······ 065
  第六节 电子商务学术进展 ······ 065
    一、"移动电子商务"相关研究 ······ 065
    二、"新零售"相关研究 ······ 067

第五章 跨境电子商务能否成为新物种？ 069
  第一节 跨境电子商务如何出现 ······ 069
    一、从留学生代购开始 ······ 069
    二、曾经千奇斗艳 ······ 070
    三、"大浪淘沙"后的生存者 ······ 070
    四、跨境电子商务特性与模式 ······ 072
  第二节 跨境电子商务的演变 ······ 075
    一、政府政策从不明到鼓励 ······ 075
    二、海外直采 VS 跨境电子商务 ······ 076
    三、纯跨境电子商务将以利基市场为主 ······ 077
  第三节 跨境电子商务主流平台 ······ 079
    一、亚马逊 ······ 079
    二、易贝 ······ 080
    三、速卖通 ······ 080
    四、Wish ······ 081
  第四节 外贸跨境电子商务平台 ······ 082
    一、大批发 B2B 平台代表：阿里巴巴 ······ 082
    二、小批发 B2B 平台代表：敦煌网 ······ 084
    三、直销 B2C 网站代表：兰亭集势 ······ 085
  第五节 东盟电子商务之窗 ······ 086
    一、东南亚跨境电子商务现状 ······ 086
    二、东南亚跨境电子商务主流平台分析 ······ 086
  第六节 电子商务学术进展 ······ 087
    一、"B2C 跨境电子商务"相关学术研究 ······ 087
    二、"跨境电子商务"相关学术研究 ······ 089

第六章 网络营销成为显学 091
  第一节 病毒营销 ······ 091
    一、病毒营销定义与原理 ······ 091
    二、病毒营销传播路径 ······ 091
    三、病毒营销成功案例 ······ 092
    四、无病毒不爆款 ······ 093

第二节 曾挑大梁的搜索引擎营销 SEO ········· 094
    一、曾经在 PC 时代主宰全局 ········· 094
    二、在移动互联网兴起中没落 ········· 096
    三、改变的不是技术而是用户习惯 ········· 096

第三节 中国特色的社交/社群营销 ········· 097
    一、国外玩 Twitter 及 Facebook ········· 097
    二、中国先上微博继而微信 ········· 099
    三、社交营销不只是微商 ········· 100
    四、拼多多才是后发先至 ········· 104

第四节 数据营销持续演进中 ········· 105
    一、电子邮件营销曾经辉煌 ········· 105
    二、短信营销最惹众人非议 ········· 107
    三、DSP 网络广告是否精准 ········· 108
    四、智能营销是技术进步所致还是新噱头 ········· 110

第五节 新生代营销新武器 ········· 113
    一、要找"00 后"就上 QQ 与百度论坛 ········· 113
    二、网红带货才是硬道理 ········· 113
    三、商业短视频（抖音/快手）让你欲罢不能 ········· 116
    四、Vlog 营销方兴未艾 ········· 119

第六节 万变不离疲劳轰炸效果 ········· 121
    一、APP 时代开启高密集传播需求 ········· 121
    二、微信时代扫码不消停 ········· 122
    三、地推实现接触消费者最后一公里 ········· 123
    四、分众传媒注意力经济的独家生意 ········· 124

第七节 东盟电子商务之窗 ········· 125

第八节 电子商务学术进展 ········· 126
    一、网络营销 ········· 126
    二、病毒营销 ········· 127
    三、搜索引擎 ········· 128
    四、社交营销 ········· 129
    五、数据营销 ········· 130
    六、短视频营销 ········· 131
    七、APP 时代 ········· 132
    八、注意力经济 ········· 133
    九、地推 ········· 134

第七章 产业全面互联网+造就电子商务大未来 ········· 136

第一节 旅游电子商务 ········· 136
    一、电子商务化的先锋 ········· 136
    二、从完全竞争到寡占竞争 ········· 137
    三、全产业链消费者闭环完成 ········· 138

第二节　生鲜电子商务 …… 140
- 一、电子商务创业的一块热土 …… 140
- 二、非标产品质量标准控制成关键 …… 142
- 三、无公害溯源绿色农业是显学 …… 143

第三节　互联网医疗 …… 144
- 一、互联网+大数据医疗，促进大健康产业的发展 …… 144
- 二、政府法规限制严格 …… 146
- 三、创业者与医疗体系的互动 …… 146
- 四、只有实力派方生存 …… 146

第四节　内容电子商务 …… 147
- 一、内容生产与保护现况 …… 147
- 二、内容有效变现方能今天生存 …… 148
- 三、内容电子商务发展未来看好 …… 150

第五节　互联网教育 …… 151
- 一、类型与市场匹配才是成功 …… 151
- 二、国内目前主要业者分析 …… 152
- 三、互联网教育与正式教育互动 …… 154
- 四、互联网教育的未来 …… 155

第六节　互联网金融 …… 156
- 一、从宽容试行到严格管控 …… 156
- 二、众筹到P2P …… 157
- 三、传统金融拥抱互联网 …… 159
- 四、大数据与人工智能推升未来发展 …… 160

第七节　互联网农村电子商务 …… 162
- 一、国家支持 …… 163
- 二、农村电子商务发展的优势 …… 163
- 三、农村电子商务发展的趋势 …… 164
- 四、大数据在农业上的运用 …… 164

第八节　东盟电子商务之窗 …… 165

第九节　电子商务学术进展 …… 166
- 一、互联网营销 …… 166
- 二、旅游电子商务 …… 167
- 三、生鲜电子商务 …… 168
- 四、互联网医疗 …… 169
- 五、内容电子商务 …… 170
- 六、互联网教育 …… 171
- 七、互联网金融 …… 172
- 八、农村电子商务 …… 174

第八章　电子商务协作领域 …… 176
第一节　支付 …… 176

一、支付宝横空出世奠定电子商务发展基础 ·················· 176
　　二、从财付通浴火重生的微信支付 ························ 177
　　三、央行注力银联闪付后发先至 ·························· 178
　　四、人工智能＋大数据下互联网购物新体验 ················ 180
第二节　物流 ·· 181
　　一、传统物流到第三方物流 ······························ 181
　　二、电子商务自建物流的兴起 ···························· 182
　　三、物流业者兼并大战 ·································· 183
　　四、单一服务到供应链管理 ······························ 185
　　五、智能物流是未来所需 ································ 186
第三节　法令 ·· 187
　　一、电子商务法完善游戏规则 ···························· 187
　　二、互联网广告法实务要点 ······························ 187
　　三、电子商务税务立法有迹可循 ·························· 188
　　四、电子商务相关政策 ·································· 190
第四节　安全与智能科技 ······································ 191
　　一、电子商务安全叙论 ·································· 191
　　二、电子商务安全技术需求与演进 ························ 192
　　三、电子商务安全需管理制度配合 ························ 197
　　四、智能科技将使安全防护与流程更融合 ·················· 198
第五节　东盟电子商务之窗 ···································· 199
　　一、发展东南亚跨境电子商务市场的政策背景 ·············· 199
　　二、东南亚支付现状 ···································· 199
　　三、包裹交付正在逐步改善 ······························ 200
第六节　电子商务学术进展 ···································· 200
　　一、"支付"相关学术研究 ······························ 200
　　二、"电子商务、物流"相关学术研究 ···················· 201
　　三、"电子商务法律"相关学术研究 ······················ 202
　　四、"安全与智能科技"相关学术研究 ···················· 203

第九章　案例 —————————————————————— 206
案例1　零售电子商务（永远的两强争霸——论阿里巴巴与其过往竞争者） ········· 206
　　一、SCP分析框架 ······································· 206
　　二、阶段一　淘宝与eBay易趣的生死之战 ·················· 210
　　三、阶段二　天猫与京东的市场争夺战 ···················· 212
　　四、阶段三　社交电子商务崛起 ·························· 215
　　五、个案描述 ·· 217
　　六、总结 ·· 218
案例2　旅游电子商务分析（从孤芳独赏到群雄并起，仍在激战中） ············· 218
　　一、SCP模型分析旅游电子商务 ·························· 218
　　二、五力分析模型分析旅游电子商务 ······················ 221

三、波特的三种基本竞争战略 ··· 224
　　四、波特价值链分析模型 ··· 225
　　五、编年史 ··· 226
　　六、总结 ··· 229
案例3　生鲜电子商务（看似好做但难赚的超大市场） ························· 229
　　一、SCP架构 ··· 229
　　二、五力模型分析 ·· 232
　　三、三大基本策略 ·· 234
　　四、价值链分工 ·· 234
　　五、个案描述 ··· 237
　　六、总结 ··· 238
案例4　跨境电子商务（一切都从留学生带货开始） ···························· 238
　　一、SCP分析 ··· 238
　　二、阶段分析 ··· 242
　　三、阶段一 B2B模式下的阿里巴巴国际站与环球资源网 ··············· 242
　　四、阶段二 B2C模式下的网易考拉海购与海囤全球分析 ··············· 245
　　五、个案描述 ··· 247
　　六、总结 ··· 248
案例5　社交电子商务（万物皆有价，无社交不电子商务） ···················· 249
　　一、SCP结构分析 ··· 249
　　二、五力模型分析 ·· 254
　　三、三大通用策略 ·· 256
　　四、价值链分析 ·· 256
　　五、编年史 ··· 259
　　六、总结 ··· 260
案例6　微信服务号商店与私域电子商务（熟人生意还是拉熟生意） ········· 260
　　一、SCP分析 ··· 260
　　二、五力模型分析 ·· 262
　　三、三大竞争策略分析 ··· 264
　　四、价值链分析 ·· 264
　　五、编年史 ··· 266
　　六、总结 ··· 268
案例7　互联网+公益营销（当互联网碰上公益，是谁成就了谁） ············ 268
　　一、SCP分析 ··· 268
　　二、竞争分析 ··· 271
　　三、战略分析——成本领先战略 ··· 272
　　四、价值链分析 ·· 273
　　五、个案描述 ··· 275
　　六、总结 ··· 276
案例8　网红KOL内容电子商务（杀手级应用造就抖音海外王者） ········· 276
　　一、SCP分析 ··· 276

二、五力分析模型 ·· 278
三、三大通用策略分析网红 KOL ··· 280
四、波特价值链分析模型 ··· 282
五、个案描述 ·· 283
六、总结 ··· 284

参考文献 ―――――――――――――――――――――――――― 285

第一章

电子商务概论

 本章的学习目标：

1. 了解本书的写作背景以及写作手法，认识电子商务基本概念和学习框架。
2. 掌握电子商务的基本概念和分析框架，在学习上懂得用电子商务的工具来思考问题。

第一节 概 述

一、本书设计理念

（一）写作背景与理念

电子商务是一门较新的学科，而且是一门多学科交叉产生的新学科，这个学科在技术演进上融入了许多新科技应用，在运营上也融入了商学院多门学科交杂的理论框架与应用实务，这门学科还在演进且高速成长中，随着很多实务最佳典范的出现，这门学科理论性也在快速增强中，因此对于学习电子商务的学生和电子商务领域的工作人员而言，要找到一本完全符合上述发展、能够学习到电子商务本质与实务且还不过时的图书就十分重要。

笔者从事二十年以上互联网相关工作，尤其最近十年担任电子商务相关企业CEO工作，深深感受到电子商务行业从过去粗放到现在高精作业的变化，而电子商务也和我们熟悉的管理学一样，可从实务提炼出可学习并有效复制的方法、原则乃至于理论。现在许多学术领域开始加大对电子商务相关实务议题研究，进而提升了电子商务理论基础，并让这些好的最佳实务具备普适性与可操作性，因而可以让后进者学习与思考。

然而在笔者成为教授电子商务课程的大学教师时，个人觉得符合理论与实务同时并进的图书并不太多，能让读者从电商竞争行为或最佳实务中，去透视相关行为的逻辑与思路，并让他们知道学术领域是如何探讨这类电商实务，使用了哪些理论与分析方法，才是最重要的。

基于上述原因，希望利用个人实务与理论浅薄涉猎经验中，提炼出精华与观点，为电子商务相关专业大学生和电子商务领域工作人员编写一本注重实务流程并具整体策略视野，同时能将实务与理论融合的电子商务图书，虽然初心立意良好，期望目标很高，但是取法乎上仅得其中，希望我们良好的初心与真诚的努力能为国内电子商务发展起到添砖加瓦的效用。

（二）本书内容特色

1. 东盟电商概述专节

在本书有些章中，根据该章主题与主要内容，加入一节专门针对该章主题在东盟各国的发展实务与现况，希望带给大家概要式蓝图般内容与理解；因为现在电商在国内的发展即将迈入成熟期，而"一带一路"倡议使得很多电商开始出海扩张，而出海地区很可能首选东盟地区，因此针对每章电商主题去了解东盟地区做法，也有利于读者在收获知识时，潜移默化让他们的格局不仅仅局限于中国，回到互联网电商本质，那就是电商可以跨越实体边界来进行交易与发展。

2. 编年史视野的个案分析

这本书在个案分析中，通过编年史对电子商务产业进行个案追踪与分析，是因为电子商务产业已经逐渐迈入成熟期，具备从产业整体分析入手、从电子商务发展过去看未来的基础，透过以年序为基准的产业分析，读者将更容易发现很多奇妙的因果规律，古人说"以史为镜，可以知兴替"，电商从网上颠覆了线下零售，到后来努力发展O2O甚至拥抱线下的新零售，这何尝不是一种历史的轮回交替，因此本书特别以产业史角度进行个案分析。

3. 电子商务学术发展专节

目前学术界对于电子商务本身或是电子商务跨界学科研究发展迅猛，图书只是传授实务或是理论本身都显得有点薄弱，这门新兴学科正在展现其从实务到学术如何互动与相互增长趋势，因此将电子商务目前相关研究议题、学术发展概况展示，除了可以培养读者产生研究兴趣外，也让读者更容易将理论与实务联系起来；因此本书针对于各章主题与关键字方式在中国知网上进行了查询，并展示了该主题目前中外研究进展与引用的经典论文和关键文献，这种地图概要式引导方式可助读者在开展电子商务相关研究时参考使用。

二、本书学习目标

本书学习目标分为两大部分，希望读者可以学习到各大电商目前运营流程的通用公式以及背后逻辑，在电子商务工作时轻松上手。

在学术理论学习上设置了专节与精选理论，希望透过这些精选内容，让读者概要了解目前电子商务学术研究进展，除了激发他们在实务工作的研究兴趣外，也使得他们更容易找到兴趣点研究议题。

本书期望是：在实务方面，因理解背后逻辑且熟悉通用流程可以快速上手；在理论学习方面，通过概要性理解目前电子商务学术研究蓝图以及重点理论，让读者对于学术理论建立兴趣并清楚知道议题的最新进展与方向。这两方面都可以在本书中找到相关内容与学习指导。

三、本书编写原则

本书所收集编写的资料来自于各主流书籍、主要电子商务分析与研究媒体、学术研究论文，特别是来自专业研究互联网咨询与研究机构报告以及各大电子商务平台公开信息（包含但不限于平台政策、流程要求、公开新闻稿以及上市电子商务公司财报与公开资讯等）。采用原则主要如下。

1. 主流公认原则

同一主题，多重资讯来源进行归纳分析比较，如无特殊差异，取主流公认说法与数据。

2. 财务数据以上市财报为准

电子商务相关数据如成交总额（GMV）等，如为上市电商则以公开财报跟资讯为主，如为非上市电商则以权威媒体与自身公布进行比较分析，再根据自身经验取比较合理者。

3. 按产业史角度个案分析

虽然以编年史视角来编排，以产业分析框架来分析个案，但限于篇幅与个案描述有趣及紧凑性，我们只选择重大事件或重大转折点的年度来进行划分以及年代标示，无法改变目前竞争状态使之进入下一阶段的事件或厂商行为，并不一定完全收录到编年史叙述中，要看该事件在不具备必要性时是否具备补充与辅助性。

4. 图表按来源标示

对于许多引用图表除标注其引用来源外，所有图表上的单位与图表文字，都将百分之百根据来源引用，以免在不完全清楚其架设与衡量基础上造成二次编写误导，对于特殊单位或说明图表，会在内文中进行相关说明。

5. 第三者视角表述

本书将以第三者视角来表达相关实例、流程以及案例，除非引用特定人士话语，否则本书所有内容表述都以第三者视角进行中性价值论述。

四、预计学习成效

本书预计学习成效是通过本书培养出电子商务产业通用型管培生，全称为管理培训生（Management Trainee）。笔者在个人职业生涯中曾经参加过管理培训生培训，也设计过管理培训生培训计划与政策。管理培训生是一些大企业自主培养企业中高层管理人员的人才储备计划，通常类似实习医生到各科室实习，也如在一家公司各个不同部门实习，了解整个公司运作流程后，再根据其个人专长安排可以胜任正式入职的部门。管理培训计划所培养的是一家公司需要的通用人才，而且是具有极高发展潜力的未来运营或管理人才，管理培训生的培训非常有助于企业快速培养新人，培训后能够快速上手实际工作且产生绩效。

笔者也希望这本书内容能够透过教学老师的教学发挥最大的效用，而书中各章节就类似各部门业务实习一样，使学生能在学习完本书后，就类似完成管理培训生的培训，将来进入特定电子商务公司工作后，只需熟悉该公司特殊流程与文化，就可以立即上手打造高绩效，而学为所用不正是应用型本科大学对于产业的贡献吗？只要同学认真学习本书内容，笔者相信同学即可具备电子商务产业初级通用型管培生的能力。

第二节　电子商务扫描

一、电子商务的定义

（一）定义

电子商务是以网络通信技术为手段，以商品交换为中心的商务活动。各国政府、学者、企业界人士根据自己所处的地位和对电子商务参与的角度和程度的不同，给出了许多不同的定义。电子商务虽然在各国或不同的领域有不同的定义，但其关键依然是依靠着电子设备和网络技术进行的商业模式。随着电子商务的高速发展，它已不仅仅包括其购物的主要内涵，还包括物流配送等附带服务等。电子商务包括电子货币交换、供应链管理、电子交易市场、网络营销、在线事务处理、电子数据交换（EDI）、存货管理和自动数据收集系统。在此过程中，利用到的信息技术包括互联网、外联网、电子邮件、数据库、电子目录和移动通信。

电子商务（Electronic Commerce，EC）又指通过使用互联网等电子工具（如电报、电话、广播、电视、传真、计算机、计算机网络、移动电话等）在全球范围内进行的商务贸易活动。它是以计算机网络为基础所进行的各种商务活动，是商品和服务的提供者、广告商、消费者、中介商等有关各方行为的总和。人们一般理解的电子商务是指狭义的电子商务。

电子商务也是以商务活动为主体，以计算机网络为基础，以电子化方式为手段，在法律许可范围内所进行的商务活动交易过程。

（二）四个基本要素

任何一种活动都离不开"四流"，即商流、物流、资金流和信息流。电子商务作为电子化手段也同样如此。电子商务的每一笔交易都包含商流、物流、资金流和信息流四个基本要素。

① 商流：指在实体经济中，由商品所有权转移引起的所有商务、交易活动，包括商务接触、咨询、洽谈、签约、结算。

② 物流：指在实体经济中，由商品实体完成空间转移。

③ 资金流：指在实体经济中，由商流和物流所引起的资金运动的全过程，包括资金的支付、预付、借贷、偿还、结算等。

④ 信息流：指在实体经济中，由商流、物流和资金流引起的相关信息的交互运动，包括信息发布、信息筛选、信息搜寻、信息反馈等全过程。

"四流"之间的相互关系：商流是物流、资金流、信息流的起点和前提；以信息流为核心和桥梁，通过资金流实现商品的价值，通过商流使物品所有权转移、商品价值形式发生变化，通过物流实现商品使用价值。

二、电子商务的范围

电子商务涵盖的范围很广，一般可分为代理商、商家、消费者（Agent、Business、Consumer，ABC），具有企业对企业（Business-to-Business，B2B）、企业对消费者（Business-to-Consumer，B2C）、个人对消费者（Consumer-to-Consumer，C2C）、企业对政府（Business-to-Government，B2G）、线上对线下（Online-to-Offline，O2O）、商业机构对家庭（Business-to-Family，B2F）、供给方对需求方（Provide-to-Demand，P2D）、门店在线（Online-to-Partner，O2P）等8种模式，其中主要的有企业对企业（B2B）、企业对消费者（B2C）2种模式。消费者对企业（Consumer-to-Business，C2B）也开始兴起，并被一些人认为是电子商务的未来。随着国内因特网使用人数的增加，利用因特网进行网络购物并以银行卡付款的消费方式已日渐流行，市场份额也在迅速增长，电子商务网站也层出不穷。电子商务最常见的安全机制有SSL（安全套接层协议）及SET（安全电子交易协议）两种。

本书的电子商务范围主要是依据地域进行划分，将电子商务划分为以下几种类型。

1. 本地电子商务

本地电子商务是指在本地区范围内展开的电子商务，交易双方都在本地范围之内，利用本地的电子商务系统开展商务活动。它具有时间短、成本低、亲和力强等特点。

2. 国内电子商务

国内电子商务是指在本国的范围内开展的电子商务活动。

3. 跨境电子商务

跨境电子商务是指分属于不同关境的交易主体，通过电子商务平台达成交易、进行电子支付结算，并通过跨境物流送达商品、完成交易的一种国际商务活动。它具有全球性、无形性、匿名性、即时性、无纸化和快速演进等特点。

电子商务是一个不断发展的概念。IBM 公司于 1996 年提出了 Electronic Commerce（E-Commerce）的概念，到了 1997 年，该公司又提出了 Electronic Business（E-Business）的概念。但中国在引进这些概念的时候都翻译成电子商务，很多人对这两者的概念产生了混淆。事实上这两个概念及内容是有区别的，E-Commerce 应翻译成电子商业，也有人将 E-Commerce 称为狭义的电子商务，将 E-Business 称为广义的电子商务。E-Commerce 是指实现整个贸易过程中各阶段贸易活动的电子化，而 E-Business 是利用网络实现所有商务活动业务流程的电子化。

三、电子商务的未来发展趋势

1. 趋势一：O2O

未来，中国电子商务将依旧保持强劲的增长势头。电子商务中越来越多出现线上到线下（O2O）、线上奢侈品销售、二手商品销售等垂直细分市场，同时在政府和利益相关方的支持下发展，整体而言低线城市和中国农村将成为机会所在。

2. 趋势二：移动化和场景化

（1）移动化

我国移动电子商务呈现爆发性增长。未来，随着移动搜索、基于地理位置的服务（LBS）以及移动支付等业务的融合使本地服务市场更加丰富。用户通过 LBS 自动识别地理位置后，可以及时发现周围的商店、酒店、影院等服务设施，更加便捷地获取有价值的信息，而且从预订到支付的各个环节都可以直接通过移动终端进行，移动电子商务让碎片化的需求、时间得到最大化利用。

（2）场景化

在移动互联时代，由于市场开始由传统的价格导向转为场景导向，随着移动购物模式的多样化，与场景相关的应用将成为驱动消费者迁移的新增长点。现在我们在优酷上看视频可以直接点击剧中人物的服装进行购买。之前《太阳的后裔》中宋慧乔的服装在中国大卖也是由于场景化的原因。目前，"直播＋网红＋电商"的商业模式前景广阔。有些网红通过直播平台卖东西，一年可以赚几千万元，这不得不说是一个惊人的数字。现在直播已成了一种新兴的营销方式，能够为平台带来额外流量和获取更高的打开率。

3. 趋势三：下沉市场

如今，下沉市场发展已经进入了全新阶段，以数字化、品牌化为基础的新一轮下沉正在进行，电子商务平台发挥平台生态的优势，下游聚合消费者需求，上游赋能智能制造，这不仅是中国制造、中国经济的转型升级的必然结果，也承载着消费市场再次高速增长的梦想，最终也将惠及 14 亿消费者。下沉市场消费者更加注重商品品质和服务。在消费分级与消费升级并行的趋势下，可满足消费者既要"品质"又要"实惠"的需求。从供给侧看，对于 B 端品牌商家来讲，其面临较大的成本和利润压力，需要更高的营销效率和更快的周转速率；对于产业带商家而言，其传统的代工模式已经遇到瓶颈，亟待在生产、运营和品牌各环节实现升级。从消费端看，当前消费行为仅基于便宜而非对品牌和平台的用户黏性正在转变，消费者的品质消费需求已然兴起，电子商务平台竞争需要进一步从"价格战"升级到"品质化"，促进品质惠经济。下沉市场与产业结构转型升级将进一步融合。

4. 趋势四：基于物联网连接的智能资产管理

随着物联网技术不断成熟，传感器设备的成本也大幅降低，人工智能和大数据分析技术发展到一定阶段，推动传统的资产管理往预测性管理方向发展，形成了智能资产管理模式。

特别是最近几年时间，大量开源工业互联网应用的出现，大幅降低了企业应用云计算和物联网等技术的门槛和成本，使得一些较小规模的企业也可以自行构建物联网管理平台，例如，工业 4.0 研究院推出了 IOT 3000 开源工业互联网解决方案，加快了行业部署智能资产管理的速度。

迄今为止，通用电气、IBM、微软、亚马逊等美国顶级的 IT 企业在智能资产管理方面做了不少工作，但与国内一些工业互联网平台号称服务整个行业不同，美国提供智能资产管理服务大都通过解决方案来实现，而不是要求企业把相关数据放到公有云上来。

第三节　电子商务框架

一、分类框架

按照交易主体分类分为 B2B、B2C、C2C、B2B2C 和 F2C。

1. B2B

B2B（Business-to-Business）是指进行电子商务交易的供需双方都是商家（如企业、公司）的电子商务模式。企业透过网络出售自己的商品给其他公司，而不直接销售给个人消费者。在大部分的 B2B 电子商务中会需要登录才能使用，B2B 的网上商店通常会包含销售给特定客户商品的价格、类型和折扣。其中阿里巴巴是应用 B2B 电子商务模式的典型代表。

2. B2C

B2C（Business-to-Customer）是指企业开通网上商店，消费者通过网络进行购物和支付的一个过程。企业在网上直接销售自己的产品或服务给终端消费者。一般情况下，任何人都可以进入网站消费。另外，B2C 电子商务的付款方式是货到付款与网上支付相结合，而大多数企业的配送选择物流外包方式以节约运营成本。目前一些大型考试如公务员考试也开始实行 B2C 模式，此外京东是 B2C 电子商务模式的典型代表。

3. C2C

C2C（Customer-to-Customer）是指个人与个人之间的电子商务，一般指消费者在网上出售自己的商品给其他消费者。著名的网站如 eBay、snapdeal、flipkart 等。代表公司有淘宝、易趣等。

4. B2B2C

B2B2C（Business-to-Business-to-Customer）是一种电子商务类型的网络购物商业模式。

第一个 B 指的是商品或服务的供应商,并不仅仅局限于品牌供应商、影视制作公司和图书出版商,而是指任何供应商;第二个 B 指的是从事电子商务的企业,通过统一的经营管理对商品和服务、消费者终端进行整合;C 是在第二个 B 构建下的统一电子商务平台购物的消费者。B2B2C 源于目前的 B2B/B2C 模式的演变和完善,将两者完美地结合起来,其中的电子商务企业通过构建自己的物流供应链系统,提供统一的服务。

5. F2C

F2C(Factory-to-Customer)指的是从厂商到消费者的电子商务模式。F2C 模式是品牌公司把设计好的产品交由工厂加工后通过终端送达消费者,在保证产品质量的同时为消费者提供性价比高的产品。例如,百信手机网率先引用 F2C 模式全新打造百信手机在线商城。

二、技术框架

1. OSI 七层构架

① 电子商务应用。一般服务层、消息/信息发布与传输层和基础网络层。

② 技术标准和网络协议。物理层、数据链路层、网络层、传输层、会话层、表示层和应用层(图 1-1)。

③ 国家政策及法律法规。

④ 网络基础设施。

⑤ 前台。重构"人、货、场",如淘宝、天猫和聚划算等。

⑥ 中台。商品平台、交易平台、会员平台、营销平台和招商平台等。

⑦ 后台。基础设施和新兴技术赋能发展。

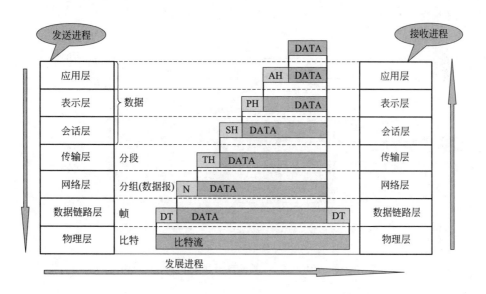

图 1-1 OSI 技术标准层

2. 特点

① OSI 模型每层都有自己的功能集。

② 层与层之间相互独立又相互依靠。

③ 上层依赖于下层，下层为上层提供服务。

3. 七层通信

（1）两个部分

从大体上讲，OSI 可以分成两个部分：一个是以上三层为主体的面向用户应用的模块（在 TCP/IP 五层中被统一成应用层），上三层的作用是处理数据；另一个是以下四层为主体的面向数据传输的模块，其核心是安全、准确地传输数据。

（2）数据传输

封装是指每一层都把上层的协议包当成数据部分，加上自己的协议头部，组成自己的协议包。

三、研究框架

（一） SCP 分析模型

1. 定义

SCP 分析模型，即 Structure-Conduct-Performance（结构-行为-绩效）分析模型是由美国哈佛大学产业经济学权威贝恩、谢勒等人在 20 世纪 30 年代建立的。该模型提供了一个既能深入具体环节，又有系统逻辑体系的市场结构、企业行为和经营绩效的产业分析框架。

2. 分析框架

（1）行业结构

1）交易规模。随着科技水平的提高，人们的消费方式逐渐发生了转变，2013—2018 年，我国电子商务交易规模持续扩大，据中国电子商务研究中心统计数据显示，2018 年，我国电子商务交易额为 31.63 万亿元，较 2017 年增长 8.5%，见图 1-2。

图 1-2 2013—2018 年的电子商务市场交易规模

① 2019 年第四季度数据分析。

2019 年第四季度交易规模提升明显，直播电子商务带动效应突出，2019 年第四季度中国网络购物市场交易规模达 3.2 万亿元，环比增长 38.5%，较去年同期增长 26.9%。2019 年第四季度的交易额有明显的提振，并且较去年同比增速略有提升。

B2B电子商务市场：2019年第四季度中小企业B2B规模稳定，降本增效推动线上渗透率提升，2019年第四季度中国中小企业B2B运营商平台营收规模为138亿元，同比增长11.9%。2019年以来，中国PMI指数整体处于荣枯线下方，降本需求愈强，对应的线上采购渗透率愈有望持续提升。

在线旅游市场：2019年第四季度在线旅游市场发展趋稳，淡季因素较为明显，2019年第四季度中国在线旅游市场交易规模为4213.7亿元，受旅游淡季影响，环比下降22.0%，相较于2018年第四季度环比降低更显著。

快递物流市场：2019年第四季度电子商务大促活动显著推动快递行业业务量增长，2019年第四季度中国快递服务企业业务量达196.1亿件，环比增长21.4%。受第二季度"618"及第四季度"双十一""双十二"的影响，快递行业业务量在第二季度及第四季度的环比增长率呈现显著增长态势，整体行业季度分布差异明显。

② 2020年第一季度数据分析。

网络购物市场：2020年第一季度交易规模达到2.1万亿元，环比下降33.3%，同比下降1.2%。疫情期间，整体电子商务交易规模，特别是实物商品线上交易相对线下消费表现出较强抗性。

B2B电子商务市场：2020年第一季度中小企业B2B运营商平台营收规模为103.9亿元，同比下降3.8%，主要来自于由于疫情造成的企业全面复工推迟及整体经济预期下行的影响。

在线旅游市场：2020年第一季度交易规模为1862.4亿元，环比下降55.8%。从2月中下旬开始，国内大交通出行逐渐缓慢恢复，体量虽下滑明显，但长期仍存在刚需。

快递物流市场：2020年第一季度中国快递服务企业业务量为107.7亿件，呈略微下降态势，主要影响因素来自于由于疫情造成的复工推迟以及分级分区防控。

2) 市场进入、退出壁垒或推动力。

① 费用壁垒。企业要提供优质快速的服务，需要大量的专业化、技术优良的服务设施和设备，以及众多的线下商铺、大量的网点布置、快速的物流系统，这些是导致潜在进入者筹集资金需要支付高额费用，同时比现有企业更加难以筹集资金的原因。

② 政策法规制度推动。近年来，世界经济正向数字化转型，大力发展数字经济成为全球共识。党的十九大报告明确提出要建设"数字中国""网络强国"，我国数字经济发展进入新阶段，市场规模位居全球第二，数字经济与实体经济深度融合，有力促进了供给侧结构性改革。电子商务是数字经济的重要组成部分，是数字经济最活跃、最集中的表现形式之一。2017年，在政府和市场共同推动下，我国电子商务发展更加注重效率、质量和创新，取得了一系列新的进展，在壮大数字经济、共建"一带一路"、助力乡村振兴、带动创新创业、促进经济转型升级等诸多方面发挥了重要作用，成为促进我国经济增长的新动力。

③ 技术壁垒。随着我国互联网、大数据和云计算等技术的发展，技术成本不断增加，导致市场进入壁垒增高。

(2) 企业行为

① 广告行为。阿里巴巴旗下淘宝天猫每年的"618"和"双十一"大促，例如叠猫猫、预售开抢、在地铁投放广告、微博团购等活动，让天猫在一分钟内销售总额破百亿元；京东采用影视明星代言、门户网站投放广告、专门的搞笑论坛等形式开展广告宣传；拼多多以视频广告投放、平台广告投放为主来宣传。

② 定价行为。天猫的定价分别有出厂价、宝贝上限价格、宝贝活动价格、满减、出

价+邮费；京东采用以采购价+5%的毛利定价；拼多多采用低价团购、单品组合方式定价。

③ 联盟和并购策略。为了迅速扩大用户规模，获得产业协同效应，获取大数据资源优势，电子商务企业采取股权并购模式、资产并购模式和混合并购模式。

(3) 经营绩效

全球电子商务增长率尽管有波动，但是总体保持增长态势。电子商务子行业渗透率均为个位数，发展潜力较大。而电子商务综合商城渗透率较高，综合商城渗透率2018年较前一年增长近9个百分点，达67.7%，用户规模达到7.4亿。其中手机淘宝渗透率达52.5%，拼多多渗透率为27.4%，京东渗透率为23.9%。其他电子商务子行业的渗透率较低，社交电子商务为9.7%，生鲜电子商务为4.9%，母婴电子商务仅2.0%。但细分领域在2018年迅速发展，社交电子商务渗透率和用户规模均增长一倍，生鲜电子商务的用户规模甚至增长两倍。一般认为子行业为发展早期，将成为电子商务企业下一争夺堡垒。至2019年，艾媒咨询数据显示，2019年上半年，中国的网络零售总额已达到195 209.7亿元，占社会零售总额的24.7%，截至2019年，中国移动电子商务用户规模突破7亿人。随着电子商务的稳步发展，各大电子商务平台都不遗余力地开拓新的营销模式来增加消费者的购买力，2019年最流行的消费模式是直播带货和社团团购。

(4) 外部冲击

我国的电子商务产业中，政策法规成本低，规模经济早期较低，随着电子商务的不断发展，逐步趋于集中，从而导致进入壁垒慢慢提高，退出壁垒成本也提高。

(二) SWOT分析法

1. 定义

SWOT分析法（也称TOWS分析法、道斯矩阵）即态势分析法，20世纪80年代初由美国旧金山大学的管理学教授韦里克提出，该分析法经常被用于企业战略制定、竞争对手分析等场合。

2. 分析框架

① 优势。方便和省时是通过移动终端购物的最重要原因，绝大部分的网购消费者对移动端购物表示满意，物美价廉是一大优势。

② 劣势。支付安全问题和质量问题是主要问题。

③ 机会。全球电子商务增长率总体保持增长态势，中国是全球使用手机钱包支付占比最高的国家，丝绸之路经济带、21世纪海上丝绸之路带动电子商务的发展。

④ 威胁。各国之间的贸易壁垒及关税壁垒仍然存在。

(三) 价值链分析法

1. 定义

价值链分析法是由美国哈佛商学院教授迈克尔·波特提出来的，是一种寻求确定企业竞争优势的工具。价值链分析法是企业将一系列的输入、转换与输出的活动排列集合，每个活动都有可能给最终产品带来增值，从而增强企业的竞争地位。企业信息技术和关键业务流程的优化是实现企业战略的关键。企业通过在价值链过程中灵活应用信息技术，发挥信息技术的使能作用、杠杆作用和乘数效应，可以增强企业的竞争能力。价值链分析法，需要身为企业灵魂人物的企业主、CEO及高管团队具备相当水平的组织领导与管理能力。其中，以信息流为主的电子商务价值链如图1-3所示。

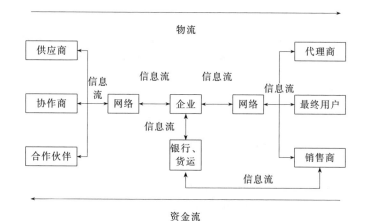

图 1-3 电子商务价值链

资料来源：《电子商务中的价值链分析——以京东商城为例》

2. 分析框架

关键活动包括创造更好的产品或服务并把它们传递给顾客，并提供一些售后服务。

（1）物流

电子商务下的物流配送是指物流配送企业采用网络化的计算机技术和现代化的硬件设备、软件系统及先进的管理手段，针对社会需求，严格地按用户的订货要求，进行一系列理、配货工作，按时、按量地送交没有范围限度的各类用户，以满足其对商品的需求。这种新型配送能实现配送信息的商品化、信息收集的数据库化和代码化、信息处理的电子化和计算机化、信息传递的标准化和实时化、信息存储的数字化等功能。物流配送作业运用大量的运筹和决策方法解决一些实际问题，如库存水平的确定、运输搬运路径的选择、自动导向车的运行轨迹和作业控制、配送中心经营管理的决策支持等。同时，配送中心根据消费者需求的"多品种、多批次、短周期"等特点，灵活组织和实施物流作业，实现配送活动的柔性化。与传统物流配送方式相比，电子商务的物流配送具有信息化、社会化、现代化、自动化等诸多特征，能使货畅其流、物尽其用，既降低物流成本，又提高物流效率，有利于整个社会经济效益的提高及宏观调控。不同的企业有不同的物流配送类型，具体如下。

① 平台自建类。京东、苏宁易购、亚马逊、易迅。
② 仓储软件类。曼哈顿、新蛋软件。
③ 电子商务仓储类。欧维特、上海汉维、百世物流。
④ 快递运输类。顺丰快递、德邦物流。
⑤ 仓储地产类。普洛斯、安博。
⑥ 咨询类。欧维特、埃森哲、IBM。

（2）生产

把原材料和劳动力转化成最终产品的活动，包括制造、组装、完工、测试和包装。

（3）营销

选择销售渠道并诱导顾客购买的活动，包括广告、促销、推销人员管理及定价、寻找并监督销售和物流渠道等。

（4）服务

① 寻找顾客。帮助企业寻找新的顾客或寻找向老顾客提供新服务的活动，包括市场调

查和顾客满意度调查。

② 设计。从产品概念到制造之间的活动，包括产品概念调查、工艺设计和试销。

③ 提供售后服务和技术支持。与顾客保持持续关系的活动，包括安装、测试、维护、修理、包换担保和零配件的更换。

（5）支持活动

包括分配组织的各种资源以支持主要活动的开展和完成。

① 财务和管理。企业的基础活动，包括付款、借款、向政府部门提供财务报表，确保企业的合法经营。

② 人力资源。协调雇员管理的活动，包括人员招聘、录用、培训、工资和奖励。

③ 技术开发。改进企业销售的产品或服务以及改善每个关键活动业务流程的活动，包括基础研究、应用研究和开发、业务流程改进研究、维护工作的现场测试。

第二章

电子商务理论

 本章学习目标：

1. 了解电子商务的理论、标准和十大理论。
2. 掌握电子商务十大理论在实际中的产生、发展和运用。

第一节 实务如何产生理论

一、实务如何锤炼出理论

很多人往往认为，"概念"的形成先于社会或产业各层面的实际状况；这种情况很少存在，通常来说理论出现不会先于实务之前，尤其是社会科学；理论扮演的角色是归纳、记录经过检验的实务经验，即把零星、"非典型"的特例化成"规则"和"系统"，进而可以学习、传授，最重要的是，变成可以普遍应用的实务。

通常有大量类似相同的实务案例，许多人在认识过程中，从感性认识上升到理性认识，把所感知的事物的共同本质特点抽象出来，加以概括，形成概念式思维惯性，这是自我认知意识的一种表达。比如电商运营中，我们看到很多成功创业例子都是采用轻资产平台创业成功，那往往会归纳出互联网创业成功就必须具备轻资产概念或是必须具备平台概念才可能成功，虽然这可能是大多数案例的事实但是否为真理，就需要经过科学性实证检验才能变成理论。

概念进一步上升到理论，还需要人类通过概念—判断—推理等思考逻辑推论，然后透过论题—论据—论证的逻辑推导过程来完成认知，最后透过实证科学，把其适用条件与适用环境都阐述清楚，使得这个理论具备可信度与可操作性，也就是当一个人使用这个理论，只要在符合其使用条件与限制下，任何人使用这一理论都能够得到相同的结果。比如万有引力定律，每个人在同样时间同样地点测得的引力数都是一样的，比如说马斯洛需求层次理论，每个人都会有五大需求层次，只是人跟人层次不同，需求权重不同而已。

二、理论如何联系到实务上

理论可以表现为各种形式，如模型、假设以及法则。

比如说模型，以结构化形式对实务中发生的情形进行普遍性的描述。模型提取了活动的某些原则和模式，使实务具有一贯性。模型帮助人们处理复杂情形提供一个基本操作框架，例如STP理论（市场目标定位），STP理论中的S、T、P分别是市场细分（Segmentation）、选择适当的市场目标（Targeting）和定位（Positioning）三个英文单词的缩写，STP理论是指企业在一定的市场细分的基础上，确定自己的目标市场，最后把产品或服务定位在目标市场中的确定位置上。

模型本身就具备了方向性与可操作步骤性，因此套用到实务上，需要考虑的是该理论模型适用的条件与限制，进而做出调整，以免用错模型或参数使用不当，进而造成不如预期的结果。

比如说基本假设，一般来说，科学理论对所研究的问题和给定的条件都有明确的定义，但是由于社会科学理论往往产生于独特的社会背景下，一些假设可能是隐含的。因此，在理论学习中必须去探究科学理论所隐含的基本假设条件。这不仅有助于准确把握理论所指向的问题，更有助于在应用科学理论时能够用对理论。

例如，在战略理论中波特竞争战略理论和企业能力理论所隐含的假设就大相径庭。波特竞争战略理论是以新古典企业理论的两个隐含假设——企业是同质的，企业能力是无限的——为基础的。基于这一假设，该理论将竞争分析的注意力重点放在企业外部环境上，认为行业吸引力是企业盈利水平的决定性因素，市场结构分析是企业制定竞争战略的主要依据，因此这一竞争战略理论本质上是以市场结构为中心的竞争理论。而企业能力理论则摒弃了上述与现实相背离的基本理论假设，认为企业间能力是相异的，企业能力具有稀缺性。因此，这一理论强调通过培养企业内部能力和各种能力的综合运用来获得竞争优势。在应用层面，前者适用于短期战略分析，而后者则适用于长期战略分析。

法则在西方有两种说法。一种是数学定式，比如说投资回报72法则，用72除以投资回报率可以算出资产翻倍需要多少年，但因为这个法则太过简单，只是描述一个特定关系，虽然该法则几乎等同于自然定理，但鲜少人以理论来冠名。这类法则普适性高，拿来可用。在电子商务中也有类似法则，如电子商务中有个去中心化法则，电子商务本质就是去中心化，因此电子商务要成功，不管从模型到流程都要符合去中心化法则要求。

另外一种是方法，比如说SEO网络营销方法，这是固定要遵循的方法与原则，但根据所处产业与产品以及面对的客户类型，又会时时调整，因此这就是方法，框架可学习可使用，但是细节要参考实际情况修正才能得到最佳效果。

三、如何降低理论应用到实务的限制

对于本书所提或是将来所学习到的电子商务相关理论，都应该深入了解其背后假设与理论产生条件与限制，然后运用其框架对于自身所处实务进行分析，才能将理论应用到实务上，而这样不仅可以提供对实务情况的思考与判断框架，更可以让人们的思考更有方向性，进而在实务运用上获得自己期望的效果。

因此不是理论无法应用到实务，也不是每个实务都天差地别，运用逻辑思考归纳分析，就能找到最能解决实务困难可参考的理论框架，根据框架与假设来进行修正，就可以解决实务问题。如果理论不能应用到实务，那只有一个原因，就是理论学习不够深入。

第二节　本书收录理论的标准

一、普适性

1. 定义

普适性是指某一事物（特别是观念、制度和规律等）比较普遍地适用于同类对象或事物的性质。事物普适性源于事物的共性和规律。普适性与针对性相对应。

2. 例子

来自洛桑联邦理工学院的研究者在 arXiv 上发表了一篇论文，指出图神经网络在消息传递分布式系统中的图灵普适性和局限性。

二、指导性

1. 定义

指导性是指新闻传媒具有正确引导读者思想和行为，有效指导读者学习、工作、生活的教育功能。

2. 例子

新闻传媒通过自己带有倾向性的新闻报道，有意识地对公众施加影响，发挥指导作用，这是新闻事业的一种客观功能和固有属性。美国学者西奥多·彼德森认为，"启发公众使他们能够实行自治"；梁启超认为，"'向导国民'是报纸两大天职之一"；孙中山强调"设报馆以开新风"，主张办报倡导新思想，引导国民前进；徐宝璜在《新闻学纲要》一书中指出，报纸应"成为社会教育最有力机关"，应"立在社会之前，导其人正当之途径"；毛泽东在《报纸是指导工作教育群众的武器》一文中指出，"应该把报纸拿在自己手里，作为组织一切工作的一个武器，反映政治、军事、经济又指导政治、军事、经济的一个武器，组织群众和教育群众的一个武器。"

三、可操作性

1. 定义

可操作性又称操作性，是根据可观察、可测量、可操作的特征来界定变量含义的方法。即从具体的行为、特征、指标上对变量的操作进行描述，将抽象的概念转换成可观测、可检验的项目。从本质上说，操作性定义就是详细描述研究变量的操作程序和测量指标。在实证性研究中，操作性定义尤为重要，它是研究是否有价值的重要前提。

2. 特征

① 可操作性是可观测的、可重复的、可直接操作的。
② 可操作性所提示的测量或操作必须可行。
③ 可操作性的指标成分应分解到能直接观测为止。
④ 可操作性最好能把变量转化成数据形式，凡是能计数或计量的内容都是可以直接观测的。
⑤ 用多种方法形成的可操作性，既可以从操作入手，也可以从测量入手。

3. 例子

"挫折感"的抽象定义为"当达到目标的过程中遇到障碍时所产生的情绪感觉或反应。"根据这一定义很难从科研中找到相应的测试内容,因为它不具体。如果研究人员把它设定在某一具体情景中,就容易找到测试内容。如幼儿正在玩一个他十分喜爱的玩具,突然告诉他不能玩,或禁止他继续玩,此时,幼儿的反应就是挫折感的反应。这样,一个抽象性定义就转变成了操作性定义。

四、可验证性

1. 定义

可验证性原则亦称可确证性,是卡尔纳普提出的一条最缓和的经验意义标准,旨在克服证实原则所遇到的困难。其内容是:如果观察语句能够在对一个语句的验证方面作出肯定或否定的回答,那么这个语句是可以验证的。换言之,如果对于某个语句提不出任何可以设想的观察结果来作出肯定或否定的证明,那么这个语句就没有认识上的意义。因此,只要人们可能对某个命题加以验证,也就是可能从这个命题中引出一些真实的命题,那么这个命题便是有意义的。

2. 特征

可验证性原则是指科学假说应该可以在实践中得到验证,否则其就失去了存在的资格。这里所说的可验证性指的是原则上的可验证性,而非技术上的可验证性。有的假说根据目前的理论水平来看,是可以验证的,但由于技术上的条件尚未具备,验证不能立即实施,所以此假说具有原则上的可验证性,而不具备技术上的可验证性。假说的可验证性同假说的预言和推论紧密相连。如果一个假说不能作出任何预言,那它并不具备可验证性。相反,假说的推论和预言中可以被验证得越多,假说的优劣越易判断。

3. 例子

爱因斯坦建立广义相对论后,曾预言了两个重要效应:光线在引力场中的偏转和光谱线的红向移动。这两个预言分别得到实践证实,为广义相对论在科学理论之林中的地位打下了坚实的基础。

第三节 电子商务十大理论

一、长尾理论

1. 起源

根据维基百科,长尾这一概念由《连线》杂志主编克里斯·安德森在 2004 年 10 月的《长尾》一文中最早提出,用来描述如亚马逊和 Netflix 之类网站的商业和经济模式。

2. 定义

只要产品的存储和流通的渠道足够大,需求不旺或销量不佳的产品所共同占据的市场份额可以和那些少数热销产品所占据的市场份额相匹敌甚至更大,即众多小市场汇聚成可产生与主流相匹敌的市场能量。

3. 应用

① 谷歌是最典型的"长尾"公司,其成长历程就是把广告商和出版商的"长尾"商业

化的过程。谷歌是世界上最大的网络广告商,它没有一个大客户,目前有一半的生意来自被其他广告商忽略的中小企业而不是搜索结果中放置的广告。数以百万计的中小企业代表了一个巨大的长尾广告市场。

② 亚马逊网络书店图书销售额中,有四分之一来自排名 10 万名以后的书籍。这些"冷门"书籍的销售比例在高速成长,预估未来可占整个书市的一半。这意味着消费者在面对无限的选择时,真正想要的东西和想要取得的渠道都出现重大的变化,一套崭新的商业模式也跟着崛起。简而言之,长尾所涉及的冷门产品涵盖了几乎更多人的需求,当有了需求后,会有更多的人意识到这种需求,从而使冷门不再冷门。

 小贴士

① 蓝海战略,就是企业突破红海的残酷竞争,不把主要精力放在打败竞争对手上,而主要放在全力为客户与企业自身创造价值飞跃上,并由此开创新的"无人竞争"的市场空间,彻底甩脱竞争,开创属于自己的一片蓝海。这是一种企业通过开创新的、未被竞争对手重视的市场领域以达到扩张目的的战略。

② 幂律,幂律来自 20 世纪 20 年代对于英语单词频率的分析,真正常用的单词量很少,很多单词不常被使用,语言学家发现单词使用的频率和它的使用优先度是一个常数次幂的反比关系。

③ 二八定律,是 19 世纪末 20 世纪初意大利经济学家帕累托发现的。他认为,在任何一组东西中,最重要的只占其中一小部分,约 20%,其余 80% 尽管是多数,却是次要的。

④ 相关书籍:《营销管理》《长尾理论》《长尾经济学》《长尾战略》。

二、雷军风口理论

1. 起源

雷军认为,"要顺势而为,不要逆势而动"。这一段感悟,后来演化成了一句更为著名的"雷军语录"——站在台风口,猪也能飞起来。从此"风口"成为了一个热词。如同海贼王的宝藏,吸引了大批创业者趋之若鹜地寻找。风口之下,正式开启了大创业时代。

2. 定义

飞猪理论又称风口理论,是指小米创始人雷军说过的一句话。雷军的本意是,只要抓住了好的机遇,即便是猪也能成功。但是在后来的传播当中,人们慢慢将其理解成了热门行业、热门领域,天真地认为,因为热门,就会有各种助力;只要懂得借势,就可以成功。事实是,一个领域一旦进入到风口时期,就可能是出现大洗牌、倒闭潮的时候。

3. 应用

① 小米:先顺势再借势。经过对移动互联网的琢磨,雷军认为移动互联网是软硬一体化的体验,雷军发现了新的风口,开始研究终端,2010 年 4 月 6 日成立小米公司,获得很大的成就,现在的小米已经是一头名副其实的在大风口翱翔的"肥猪"了。

② 金山:金山在 20 世纪 90 年代还很火,1999 年互联网大潮起来的时候,却忙着做 WPS,忙着对抗微软,等到雷军意识到,互联网的黄金时代已经过去,错过了最佳的风口。

> 小贴士
>
> 投机泡沫是指一种与基本经济变量不一致的汇率运动，并且这种运动具有自我强化的性质。

三、分享或共享经济

1. 起源

共享经济这个术语最早由美国德克萨斯州立大学社会学教授马科斯·费尔逊和伊利诺伊大学社会学教授琼·斯潘思于1978年发表的论文中提出。其主要特点是，有一个由第三方创建的、以信息技术为基础的市场平台。

2. 定义

共享经济，一般是指以获得一定报酬为主要目的，基于陌生人且存在物品使用权暂时转移的一种新的经济模式。其本质是整合线下的闲散物品、劳动力、教育医疗资源（图 2-1）。

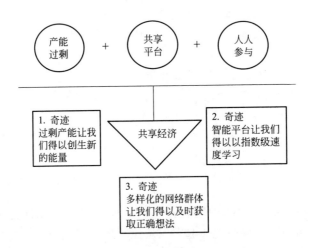

图 2-1 共享经济图解分析

资料来源：《来当家共享经济对商家有什么好处》

3. 应用

共享经济将成为社会服务行业内最重要的一股力量。在住宿、交通、教育服务、生活服务及旅游领域，优秀的共享经济公司不断涌现：从宠物寄养共享、车位共享到专家共享、社区服务共享及导游共享，甚至移动互联强需求的 Wifi 共享。新模式层出不穷，在供给端整合线下资源，在需求端不断为用户提供更优质体验。共享 Wifi 的代表必虎 Wifi，共享出行的代表优步、滴滴打车，共享空间代表爱彼迎（Airbnb），共享度假的代表微分享（VaShare），游戏有蒸汽平台（Steam）、AUV 共享游戏，面向全球的在线工作平台 AAwork，共享资金价值代表 Prosper，共享饮食的 Eatwith 等。2013 年 3 月 9 日，《经济学人》杂志在其封面文章第一次详细描述了"共享经济"的场景，其后共享经济的模式开始深深影响着人们的观念和生活。

> 💡 **小贴士**
>
> ① 协同消费是消费者利用线上、线下的社区（团、群）、沙龙、培训等工具进行"连接"，实现合作或互利消费的一种经济模式，包括拥有、租赁、使用或互相交换物品与服务、集中采购等方面的合作。
>
> ② 相关书籍：《共享经济时代——互联网思维下的协同消费商业模式》（雷切尔·博茨曼，路·罗杰斯 著；唐朝文译）。

四、免费理论

1. 起源

克里斯·安德森著的《免费：商业的未来》率先提出并阐述了这一新学科，他在书中对互联网规模经济作了延伸，详尽地阐述了免费商业模式的历史、现状和未来，并做了细分。

2. 定义

免费理论是将免费商品的成本进行转移或将免费商品的成本极大地降低，趋近于零。

3. 应用

① 直接交叉补贴。通过免费的商品吸引客户买其他商品。

例子：沃尔玛以低于成本价销售 DVD，以此吸引顾客购买更多或更贵的商品来获利。

② 三方市场。第三方付费，来参与前两方之间的免费商品交换。

例子：报纸和杂志发行商并非把报刊卖给读者，而是把读者卖给了广告商。

③ 免费加收费。通过付费版本收回免费版本的成本，并盈利。

例子：QQ 音乐购买绿钻可以下载更高音质的音乐。

④ 非货币市场。基于礼品经济与劳动交换来追求高层次需求。

例子：人们用谷歌网站搜索帮助谷歌公司提高精准定位广告的系统运算法则。一些歌手的音乐在线免费分享是为了追求快乐或灵感。

> 💡 **小贴士**
>
> ① 共享经济理论。以获得一定报酬为主要目的，基于陌生人且存在物品使用权暂时转移的一种新的经济模式。其本质是整合线下的闲散物品、劳动力、教育医疗资源。
>
> ② 注意力经济理论（眼球经济理论）。企业最大限度地吸引用户或消费者的注意力，通过培养潜在的消费群体，以期获得最大未来商业利益的一种特殊的经济模式。
>
> ③ 相关书籍：《注意力经济学》（张雷）、《共享经济：重构未来商业新模式》（罗宾·蔡斯）、《Uber：开启"共享经济"时代》（曹磊、柴燕菲、沈云云、曹鼎喆）。

五、快速迭代

1. 定义

快速迭代指产品快速地适应不断变化的需求，不断推出新的版本满足或引领需求，永远快对手一步。产品迭代是产品生命中非常重要的一环，好的产品迭代，能够让产品结合市场、用户需求等因素达成进一步优化，达到延长产品生命周期，甚至成为一款优秀产品。

2. 应用

（1）腾讯渐进式创新

在市场竞争中，一个好的产品往往是从不完美开始的。马化腾说："千万不要以为，先进入市场就可以高枕无忧。我相信，在互联网时代，谁也不比谁傻5秒钟。你的对手会很快醒过来，很快赶上来。他们甚至会比你做得更好，你的安全边界随时有可能被他们突破。"马化腾对于业界的建议是"小步快跑，快速迭代"：也许每一次产品的更新都不是完美的，但是如果坚持每天发现、修正一两个小问题，不到一年基本就把作品打磨出来了，自己也就很有打造产品的感觉了。

（2）苹果公司的手机快速更新换代

苹果公司于2019年9月11日1点发布iPhone 11新机型，这已经是iPhone的第23款手机。iPhone基本一年一更新，从2007年iPhone横空出世到2019年的iPhone11，随着发布周期更迭推出多款iPhone，这13年间，系统也由第一代iOS 1更新到iOS 13，每一次系统更新都会出现新的功能或操作体验，从小到大、Siri智能语音助手不断人性化，从Touch ID到Face ID、从单摄到双摄、从传统屏幕到全面屏幕，iPhone一直在进化，当然手机产品的颜值也随之快速迭代，手机屏幕也由刘海屏、水滴屏、美人尖到全面屏一步步更新。

小贴士

① 迭代创新概念。迭代创新这一概念是网络时代背景下产品创新模式的精辟总结，Fitzgerald（菲茨杰拉德）等指出迭代创新是运用迭代循环的方式实现企业创意市场化目的的过程。

② 相关书籍：《精益创业》。

六、注意力经济

1. 起源

注意力经济由美国的迈克尔·戈德海伯1997年在美国发表了一篇题为《注意力购买者》的文章中提出。

2. 定义

注意力经济是注意力资源的生产、加工、分配、交换和消费的人类活动方式。

3. 应用分析

Keep巧借朱亚文上快乐大本营。Keep的创始人王宁希望为Keep带来一次效果极佳的品牌曝光，最终看上了综艺节目的植入这条线。

Keep团队经过调研，觉得《快乐大本营》的用户画像和Keep的用户群比较一致。研究节目排期，看到鹿晗、杨幂和朱亚文主演的《我是证人》会在近期参加一期《快乐大本营》的录制，考虑到三位主演国内人气高，预判那一期的快乐大本营会是一个收视高峰，所以就希望能够让嘉宾帮着做一次植入。

综合考虑后，选择了朱亚文，让其对Keep进行植入。在主持人问及如何保持身材时，朱亚文介绍自己在空闲时间利用 Keep 这款 APP 进行锻炼，然后通过和主持人的互动，完美地推广了 Keep。

节目播出当天，Keep 的新增用户接近 100 万。

 小贴士

① 影响力经济理论。
② 舆论经济理论。
③ 相关书籍：《注意力经济学：信息时代的形式与本质》（理查德·莱汉姆）、《赢家通吃的社会》（罗伯特·法兰克）。

七、互联网＋思维

1. 起源

互联网＋思维最早由李彦宏在 2011 年百度联盟峰会上首次提出。

2. 定义

互联网＋思维，就是在（移动）互联网＋、大数据、云计算等科技不断发展的背景下，对市场、用户、产品、企业价值链乃至整个商业生态进行重新审视的思考方式。

3. 应用

（1）互联网＋旅游的思维

邀请网红打卡景点，促进新的旅游产业发展。网红是互联网时代下的产物，借助新媒体环境下大众对网红的关注，采用互联网＋旅游的思维对旅游景点进行推广营销的过程。一方面是因为在媒介去中心化时代，旅行消费者更信赖本地高流量的 KOL（意见领袖）；另一方面是因为多元化风格内容是引爆活动发酵的持续动力，抖音区域互动赛正成为品牌商家的标配手段。

（2）互联网＋旅游的形式

第一个是直播。"旅游＋网红＋直播"至少有 4 点优势。

① 可以实现全网络的覆盖。

② 自带流量和粉丝的网红可以确保播放量和观看量，找对网红就找对了目标用户，可以保证一定的转化量。

③ 网红自带话题，可以产生直播节目传播和推广点。

④ 旅游目的地既有风景，又有看点，非常适合做直播＋旅游。

第二个是"游女郎"。国内有很多成熟的旅游产品，可以和网红结合起来，让网红成为旅游产品的代理商，他们可以在直播期间将旅游产品推荐给粉丝，进行转化，同时旅游目的地做好服务，做好产品的对接，就能够实现共赢。

第三个是网红节。这两年网红发展得很快，但针对网红的主题活动很少，而且大部分活动都在互联网上，很少有落地的活动。可以在旅游目的地做网红活动，比如颁奖活动、选秀活动等。通过活动可以产生大量的流量使人们关注旅游目的地，还可以结合公会、直播平台一起做活动。

小贴士

相关书籍:《人力资源管理互联网思维》(胡明)、《互联网思维》(罗恩·沙)、《大数据的互联网思维》(段云峰)。

八、流量池理论

1. 起源

流量池理论起源于 2017 年广告门年度 CMO 杨飞所写的《流量池》这本书。

2. 定义

流量池理论即流量池思维是指流量红利已经衰退的时代,如何获取流量,然后再通过对流量的存续运营,获取更多的流量。其核心思想是存量找增量,高频带高频。流量池思维方法论模型如图 2-2 所示。

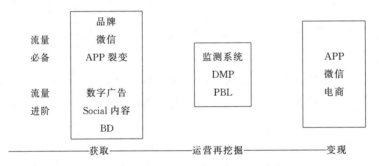

图 2-2　流量池思维方法论模型

资料来源:杨飞的流量池思维方法论模型

3. 应用

杨飞给瑞幸咖啡搭建了六个流量池,分别是品牌、广告投放、社交、裂变、跨界合作、KOL/明星,并且多条输血管同时输血,实现了短时间内的流量爆破。

(1) 区分流量池和流量源

区分流量池和流量源,保证流量池的核心是搭建,且从定位、符号和场景三方面做好品牌,根据社交关系链的设计选择裂变方式。

首先是品牌,要做"一升"和"一降"。

"一升",即占领用户心智,做好定位,而流量池思维里的定位有三种:竞争定位、功能定位和升维定位,其中瑞幸咖啡使用的是升维定位。

"一降",即主动接触用户,强化其对品牌的记忆,办法是打造强记忆符号和场景营销,比如,瑞幸咖啡设计独特的鹿头和皇室蓝吸引年轻人,并在写字楼附近选址,主打办公场景等。

其次是裂变,要设计好社交关系链,据此,杨飞第一次给出了他对于裂变玩法的分类,分别是复利式、众筹式、共享式。

(2) 留存

留存第一,从转变顾客思维为用户思维、以高频带高频、利用 DMP 和 PBL 运营用户三方面着手实施,实现存量变增量。

① 转变思维。转变思维即把顾客思维转变为用户思维。

顾客思维：花钱买量，一次成交，无自己的数据，常见例子是过去以广告为主的企业，市场费用高，很难活得长久。

用户思维：自建流量，多次转化，有自己的数据，典型案例如宝宝玩英语，以社群和体验课为转化手段，拥有了超30万付费用户。

可见，在用户思维的指导下，才能有自己的流量，留住已有存量，创造更多增量。

② 存量带增量，高频带高频。让用户分享，而分享的前提是用户高频使用产品，但并非所有产品都是高频的，那么可以进一步提频，具体方式是创造更多接触点。低价高频的产品接触点多。

③ 用DMP和PBL来运营和挖掘用户。DMP是用户数据的标签化平台，它可以根据用户标签实施更精准的动作，比如精准定向投放、千人千面的消息提醒、个性化的老带新活动等。

> 💡 小贴士
>
> ① 衍生理论。私域流量或者私域流量池：区别于传统电商消费流量，是向经营用户的转变，企业经营的粉丝或用户不再是单一产品的受众，这种黏性可能形成一次获客而产生多次交易的行为，这些流量只属于企业而非平台的竞价购得即私域，这个闭环也可以说是私域流量池。
>
> ② 相关书籍：《流量池》（杨飞）、《裂变——看得见的未来》（陈世鸿）、《私域流量》（冯平、刘焱飞、朱中域）。

九、梅特卡夫定律

1. 起源

梅特卡夫定律由乔治·吉尔德于1993年提出，但以计算机网络先驱、3Com公司的创始人罗伯特·梅特卡夫的姓氏命名，以表彰他在以太网上的贡献。

2. 定义

网络的价值等于网络节点数的平方，网络的价值与联网的用户数的平方成正比。即网的价值 $V = K \times N^2$（K 为价值系数，N 为用户数量）；当然，其实这个平方只是一个相对比例的关系，并非是绝对的数值。而这条定律背后表述的就是，网络的用户越多，网络的价值越大，当一个网络的用户超过一定阈值的时候，这个网络的用户就会出现指数性的增长，而达到了一定的规模，这个社交关系链构成的关系网络会将用户牢牢地锁定在这个社交网络当中，如图2-3所示。

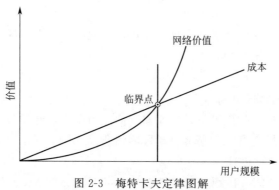

图2-3 梅特卡夫定律图解

3. 应用

微信。2010年移动互联网爆发的时刻，移动QQ的发展态势并不算太好。马化腾也意识到QQ并非是这个时候最佳的移动IM。于是，一款新的应用被提上了日程，这款应用就是微信，在最开始的时候，不过是负责腾讯QQ邮箱产品的几个人团队尝试制作出来的。

微信1.0仅用四个月就开发完成了，在2011年1月21日正式发布，功能很简单，就是文字通信、照片分享和更换用户头像三个方面。但是微信1.0对用户增长并没有太大的影响，于是微信在其他APP的启发下，加入了语音即时通讯的功能（2.0版本），微信是首款提供语音、短信和图片一体解决方案的产品，它的日下载量很快便达到5万~6万次。

而在2.5版本当中，微信加入了一个增加用户的重要方式——附近的人，语言功能奠定了微信的基础，而附近的人则让外界的人感受到微信。此后，微信开始甩开竞品，到了3.0版本，又发布了摇一摇和漂流瓶这个功能，给熟人关系通讯增加了陌生人社交的属性，迎合了人性的社交需求和好奇心，增加了微信的趣味性、互动性，保持了用户黏性。

而后在微信5.0版本当中增加了微信支付，开启了微信商业化的道路，直到2014年春节前夕，微信5.2版本发布，增加了微信红包的功能。随着春节假期的到来，微信红包在微信群当中开始刷屏。用户为了发红包在微信支付当中绑定了储蓄卡，使得微信支付从支付宝手中夺得了"移动互联网支付"的一大块市场，微信也由此构建平台，搭建生态，成为了一款超级APP。

> 💡 **小贴士**
>
> ① 萨诺尔夫定律。网络规模增加时其价值显然在线性增长和指数增长之间。
> ② 科斯定律。交易费用对企业产生的影响。
> ③ 相关书籍：《泛滥的梅特卡夫定律》（罗伯特·梅特卡夫）。

十、颠覆性创新理论

1. 起源

颠覆性创新理论是由Innosight公司的创始人、哈佛大学商学院的商业管理教授、创新大师——克莱顿·克里斯坦森在哈佛所做的研究工作而总结提出的理论。

2. 定义

颠覆性创新是指引入新产品或技术推动变革，借此颠覆固有市场竞争规则或模式，因而在市场竞争中取得优势（图2-4）。

3. 应用

（1）"以人为本"的社区电商

传统电商（如亚马逊、阿里巴巴）以卖家和商品为中心，开发各种折扣强推商品。而社区电商则始终围绕顾客做文章，让顾客带动顾客消费。

（2）Farmigo的颠覆性创新

Farmigo打造食品社区，让顾客直接从农户购买生鲜农产品。

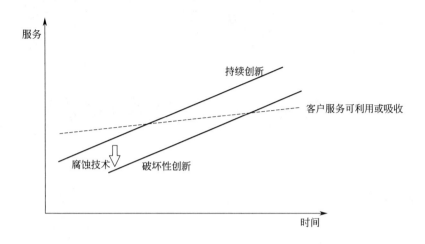

图 2-4 颠覆性创新图

从运作模式上看，美国在线农产品销售平台 Farmigo 是连接顾客和农场的中介。

对于顾客而言，Farmigo 是一个在线市场，顾客通过它直接从农户手中购买新鲜农产品；对于农户而言，Farmigo 是一种销售渠道，农户通过它管理农产品的生产、销售和配送。

Farmigo 的创新之处在于打造了"食品社区"——将地理位置相近的顾客以"食品社区"为单位和当地中小农场连接起来。Farmigo 通过食品社区采集订单，再向农场发出订货需求。这种方式解决了食品电商的痛点：物流成本＋仓储费用。

 小贴士

① 持续性创新。持续改善既有业务的运作，带给客户更多价值。
② 渐进性创新。是指对现有知识和技术进行局部的改进而引起的渐进的、连续的创新。
③ 相关书籍：《创新者的任务：颠覆性创新理论的行动指南》（克莱顿·克里斯坦森）、《创新者的路径》（斯蒂芬·温克尔、杰西卡·沃特曼、戴维·法伯）、《颠覆性技术创新：理论与中国实践》（李钢）。

第三章

零售电子商务模式发轫

 本章学习目标:

1. 了解我国零售电商的发展历程与电商的各种商业模式。
2. 掌握各类商业模式的特点与应用。

第一节 从 2B 到 2C

一、B2B 阿里巴巴打响第一枪

B2B 是商家和商家（企业与企业）之间通过网络或者是专用线路进行相关数据信息的传递，从而进行商业活动的模式。

1. B2B 电子商务发展阶段

回顾我国电子商务的发展历程，B2B 商业模式在其中画下了浓墨重彩的一笔。

首先时间回到 1999 年，这一年被称为中国的电子商务元年。以马云为首的 18 人于杭州创立了 B2B 平台阿里巴巴批发网，聚焦解决小企业采购批发难问题，致力于提升小企业的竞争力，目前已经是全球最大的 B2B 批发平台。

然后在 2000 年前后，彼时的阿里巴巴、环球资源等几大 B2B 平台垄断了市场，它们的主要形态是信息黄页的功能，商业模式为会员费和广告费，成为企业间取得交易信息的在线平台。开辟了可以消弭信息不对称问题的"黄页"的模式。

随后，在 2003 年 12 月，慧聪网香港创业板上市，成为国内 B2B 电子商务首家上市公司，同时慧聪网也是中国第二大 B2B 批发平台，在内贸方面，慧聪网是唯一一家可以和阿里巴巴竞争的内贸网站。

B2B 电子商务 1.0 时代以信息交换为主，主要是通过信息展示，将线下信息转移到互联网上进行线上供需信息展示。

B2B 电子商务 2.0 时代以撮合交易为主要特点，平台通过人工或系统将供需双方的信息进行匹配，促成交易。阿里巴巴 1688 就是一个典型的 2.0 时代撮合交易平台。

在 B2B 电子商务 3.0 时代，大数据和云计算带来互联网产业变革，B2B 电子商务企业开始力图打通供应链、触及生产端，同时为买方提供货运仓储、金融信贷等一系列服务，实现线上交易一体化。

2. B2B 模式分类

一般来说，B2B 包括以下五种模式。

（1）垂直 B2B 模式

面向制造业或商业的垂直 B2B 模式。可以分为两个方向，即上游和下游。生产商或商业零售商可以与上游的供应商之间形成供货关系；生产商与下游的经销商可以形成销货关系。

（2）综合类 B2B 模式

综合类 B2B 模式。目前国内比较主流的 B2B 网站就是这种模式，它是提供综合型服务的第三方电子商务平台，服务领域基本涵盖了所有行业，在广泛的行业范围和众多的注册用户基础等方面占有优势，如阿里巴巴，用户规模达到数亿，在行业跨度、平台技术研发等方面具有明显的优势。

（3）自建 B2B 模式

行业龙头企业自建 B2B 模式。大型行业龙头企业基于自身的信息化建设程度，搭建以自身产品供应链为核心的行业化电子商务平台就是采用这种模式。行业龙头企业通过自身的电子商务平台，串联起行业整条产业链，供应链上下游企业通过该平台实现资讯、沟通、交易。但此类电子商务平台缺少产业链的深度整合。

（4）关联 B2B 模式

行业为了提升电子商务交易平台信息的广泛程度和准确性，整合综合类 B2B 模式和垂直 B2B 模式而建立起来的跨行业电子商务平台采用的是关联 B2B 模式。

（5）仓储 B2B 模式

仓储 B2B 模式最为突出的一点就是不仅实现了在 B2B 平台上的企业信息交流，还实现了在线交易所需要完成的现金流和物流，由于这种在线交易方式涉及大宗商品，所以能够有效节约成本并提高网上议价的能力，典型代表如金银岛、敦煌网等。

二、在阿里巴巴之前的 8848

1. 8848 简介

8848 是中国最早的电子商务网站，其创始人为王俊涛（老榕），8848 是第一个从事 B2C 电子商务，第一个提出线上线下融合概念的企业，理念可谓非常先进。当时的获客成本只有 4 元/人，是欧美同行的 10%，但是每单生意的平均交易额有 382 元。8848 是地球的最高点珠穆朗玛峰的高度，也曾经是中国的电子商务之巅。但现在珠穆朗玛峰的高度仍然是 8848，中国电子商务的领军者却已换成阿里巴巴、卓越、当当、京东以及一大批后起之秀。8848 归于尘埃，但从 1999 年开始的那段历史在中国互联网中却挥之不去。8848 的发展历程如表 3-1 所示。

2. 8848 失败的原因分析

由表 3-1 我们可以想象 1999 年时的 8848 风头无人能及，俨然是中国电子商务领域的佼佼者，它的衰落令人惋惜，但究其原因，也许是生不逢时，与当时的时势有着莫大的关联。8848 失败的原因可能有以下几点。

① 1999 年那时中国网民只有 400 万人，决定了电子商务商业机会有限。

表 3-1 8848 的发展历程

时间	事件
1994 年	王俊涛创立神州联邦
1999 年	8848 网站正式创建； 8848 一季度盈利 220 万元，二季度营收 820 万元； 8848 开通送货业务的城市达到了 450 个
2000 年	每月营收超 1000 万元，商品种类扩大到 16 大类数万种；据 CCNC 数据，8848 是中国工商业内网站用户访问量最多的网站
2001 年后	拆分 my8848 进行 B2C 业务；公司转型 B2B 证监会批文纳斯达克一片哀号错失上市机会； my8848 开始拖欠供应商货款，面临倒闭； 8848 大规模裁员，老股东集体退出,公司被收购

数据来源：人民网

② 配送的难题，缺乏物流关键技术，业务不可能大规模扩张。

③ 存在网上支付难题以及远距离购买的信任危机。

④ 8848 的核心业务 B2C 没有开展下去。

基于以上的种种原因，2001 年后的 8848 成了"说起来谁都听说过，问起来谁都不知道在干什么"的企业。

三、争夺 C2C 只是小菜

1. C2C 的定义

C2C 是电子商务的专业用语，意思是个人与个人之间的电子商务，比如一个消费者有一台电脑，通过网络进行交易，把它出售给另外一个消费者，此种交易类型就称为 C2C 电子商务。代表平台有：淘宝、易趣、拍拍网、有啊等。

2. C2C 领域的发展

1999 年，在马云于杭州创办阿里巴巴之际，邵亦波回归创立了中国首个 C2C 平台，开创了中国 C2C 网站的先河，同年 8 月易趣网正式上线，盯上了 C2C 这块蛋糕的阿里巴巴于 2003 年投资 4.5 亿元成立了淘宝网站。而这一年 eBay 斥资 1.5 亿元收购易趣，并更名为 eBay 易趣。

首先是 2004 年易趣与淘宝展开广告大战：易趣尝试用广告的方式阻挡淘宝用户端的成长，从而破坏淘宝两端循环成长的一端，而淘宝通过站长联盟等方式实现对易趣的突围，从而实现系统的正向循环；2004 年淘宝支付宝成立，淘宝同时展开服务战，从而彻底将易趣甩开。

然后 2006 年拍拍成立，2008 年有啊成立，都想携巨大用户优势，切入 C2C 市场，击败淘宝，但单一的用户端优势和部分的产品改良，都难以实现对淘宝整个系统的正面进攻，结果可想而知。

慢慢地淘品牌在淘宝逐步涌现，2007 年凡客成立，2010 年小米成立，众多的淘品牌、凡客和小米的部分成功，充分地证明了采用互联网传播和渠道模式，能够在当今中国深入改造传统产业链条，诞生新的消费品品牌。

3. C2C 模式的四大标准

（1）网页审美

不以炫目、怪异来夺人眼球，而是以专业的方式来展示独特的商品信息和服务，符合大众审美，并有艺术感的亮点存在，能在第一时间内给潜在客户留下印象。

（2）可用性

专注于怎样让用户搜索、比较，使流程更便捷，获得良好的用户体验。

（3）内容为王

探寻客户和潜在客户的需求，为客户与潜在客户提供最有价值的信息，引导客户怎样去选择和鉴定商品，并且让客户相信这些信息及服务足够让他们付诸行动购买，提供最具商业价值的网站结构布局。

（4）搜索引擎优化

网站优化，正确运用各种设计元素，让搜索引擎更易抓取，提升网站的营销价值。

综上所述，网站建设对于 C2C 电子商务企业有着举足轻重的作用，是客户了解企业最方便最直观的途径，一个集审美、内容、实用且具营销价值的企业网站，在以用户体验为关注点的电子商务、网络购物的互联网经济中更具有战略意义，C2C 企业一定要选择合适的网站建设服务商，量身打造适合自己行业、产品及品牌风格的个性化营销型站点。

4. 盈利模式

一般来说，C2C 的平台有如下五种盈利模式。

（1）会员费

会员费就是会员制服务收费，是指 C2C 网站为会员提供网上店铺出租、公司认证、产品信息推荐等多种服务组合而收取的费用。由于提供的是多种服务的有效组合，比较能适应会员的需求，因此这种模式的收费比较稳定。第一年交纳会员费，第二年到期时需要客户续费，续费后再提供下一年的服务，不续费的会员将恢复为免费会员，不再享受多种服务。

（2）交易提成

交易提成在任何时候都是 C2C 网站的主要利润来源。因为 C2C 网站是一个交易平台，它为交易双方提供机会，就相当于现实生活中的交易所、大卖场，从交易中收取提成是其市场本性的体现。

（3）广告费

企业将网站上有价值的位置用于放置各类型广告，根据网站流量和网站人群精度标定广告位价格，然后再通过各种形式向客户出售。如果 C2C 网站具有充足的访问量和用户黏度，广告业务会非常大。但是 C2C 网站出于对用户体验的考虑，均没有完全开放此业务，只有个别广告位不定期开放。

（4）搜索排名竞价

C2C 网站商品的丰富性决定了购买者搜索行为的频繁性，搜索的大量应用就决定了商品信息在搜索结果中排名的重要性，由此便引出了根据搜索关键字竞价的业务。用户可以为某关键字提出自己认为合适的价格，最终由出价最高者竞得，在有效时间内该用户的商品可获得竞得的排位。只有卖家认识到竞价为他们带来的潜在收益，才愿意花钱使用。

（5）支付环节收费

支付问题一向是制约电子商务发展的瓶颈，直到阿里巴巴推出了支付宝，才在一定程度上促进了网上在线支付业务的开展。买家可以先把预付款通过网上银行打到支付公司的专用账户，待收到卖家发出的货物后，再通知支付公司把货款打入到卖家账户，这样买家不用担心收不到货还要付款，卖家也不用担心发了货而收不到款。而支付公司就按成交额的一定比例收取手续费。

四、B2C 带来电子商务高潮

B2C 是电子商务按交易对象分类中的一种，即表示企业对消费者的电子商务形式。代表平台有京东、天猫、当当等。

1. B2C 的发展历程

我国的 B2C 从 2006 年开始进入快速发展阶段。在这个阶段电子商务企业大量涌现，品类逐步向百货类扩张。以京东、凡客为代表的垂直 B2C 成为该阶段的亮点。2010 年是 B2C 发展最火爆的一年。2010 年，B2C 市场规模全年达到 1040 亿元，主要 B2C 服务企业的增长速度都翻番。

2011 年后 B2C 电子商务进入寒冬时期，伴随着大量小型的 B2C 电子商务企业的倒闭，特别是非理性发展的团购网站的并购和倒闭，B2C 商业网站进入转型期，探索出正确的盈利模式的 B2C 电子商务开始走上规模发展。麦考林、当当的相继上市，成为我国 B2C 电子商务发展的阶段性标志。

2. B2C 的分类

（1）综合型 B2C

发挥自身的品牌影响力，积极寻找新的利润点，培养核心业务。如卓越亚马逊，可在现有品牌信用的基础上，借助母公司亚马逊国际化的背景，探索国际品牌代购业务或者采购国际品牌产品销售业务等。

（2）垂直型 B2C

在核心领域内继续挖掘新亮点。

（3）传统生产企业网络直销型 B2C

要从战略管理层面明确这种模式未来的定位、发展与目标。协调企业原有的线下渠道与网络平台的利益，实行差异化的销售，如网上销售所有产品系列，而传统渠道销售的产品则体现地区特色；实行差异化的价格，线下与线上的商品定价根据时间段不同设置高低。线上产品也可通过线下渠道完善售后服务。

（4）第三方交易平台型 B2C

B2C 受到的制约因素较多，但中小企业在人力、物力、财力有限的情况下，这不失为一种拓宽网上销售渠道的好方法。

（5）传统零售商网络销售型 B2C

传统零售商自建网站销售，将丰富的零售经验与电子商务有机地结合起来，有效地整合传统零售业务的供应链及物流体系，通过业务外包解决经营电子商务网站所需的技术。

第二节　商业模式演进

一、M2C

1. 定义

M2C（Manufacturers-to-Consumer）即生产厂家对消费者，是指生产厂家直接对消费者提供自己生产的产品或服务的一种商业模式，它是 B2M 的延伸。

2. M2C 的发展历程

2009 年 10 月，著名经济学家郎咸平在"GMC 中国制造商高峰论坛"上首次提出了"6+1"理论，这是 M2C 模式第一次在中国被正式推出。其中"6"是指产品设计、原料采购、仓储运输、订单处理、批发经营、终端零售这 6 个环节；"1"则指"加工制造"这个环节。2012 年 3 月 1 号，微品聚 CEO 唐俊华提出电子商务 M2C 概念，M2C（Micro-to-Customer）是继马云提出 B2B、B2C、C2C、P2C 后又一新型电子商务模式。微型品牌对客户采取微笑服务、微型品牌、微型网购的方式解决了公司或个人想做品牌，成本大、风险高、销售难的问题。品牌不管是企业还是个人，哪怕是一款或是一系列产品，只要质量过硬、售后服务好、价格实惠，都可以到 M2C 平台销售推广。生产厂商直接面对客户，不存在中间商，最大额度让利消费者。

3. M2C 模式的优势

相比传统的渠道模式，M2C 模式具有以下优势。

（1）价格更低

M2C 模式下，制造商直接将产品销售给最终消费者，绕开了中间商，从而大幅削减了渠道费用，其价格也更加具备竞争力。例如盘古中国将自己的商业模式定义为"将产品从生产线直接搬到消费者的客厅"。借助 M2C 模式，盘古旗下产品的价格要比竞争对手的同类产品低 30% 以上，这是一个巨大的优势。

（2）渠道资源整合

M2C 模式下，制造商将分销渠道完全掌握在手中，这样就可以将产品配送、物流、订单处理、消费者信息等环节进行有效的整合，建立一套完整、高效的渠道信息系统。通过这一系统，制造商可以及时跟踪产品物流的动向，减少不同销售区域间的渠道冲突；同时，制造商也可以建立客户中心，及时处理客户订单，倾听客户声音，建立高效的客户服务和反馈机制。

（3）提供定制化服务

随着网络时代的到来，消费者需求呈现多样化，消费市场正沿着大众时代—小众时代—个众时代的路径演进。在个众时代，营销不再围绕媒体属性展开，而是按以人为本的原则，围绕消费者行为展开，这就需要企业针对消费者的需求开展营销活动（从产品设计、开发、制造、渠道及推广一以贯之）。而这正是 M2C 模式的一大特点，缩短了中间环节之后，制造商可以将营销职能前置，针对消费者需求，提供个性化的产品和服务。

（4）互动性

由于减少了中间销售的环节，厂商研发的最新技术能够快速地呈现给消费者，使用户更方便快捷地感受到企业创新的魅力。同时，用户通过售后渠道将自己的使用体验反馈给厂商，也有利于厂商根据市场的需求来研发新的产品，在厂商与用户之间形成良好的互动。

（5）具有强有力的线下产业支撑、有效的全程品控、快速的市场反应

这是 M2C 最大的优势，是 B2C 电子商务平台无法抗衡的。大众普遍认为在网络购物过程中，消费者往往担心的问题就是产品质量不能得到保障。M2C 模式有望改变这种现状。互联网、物联网、人联网，三网合一，让每个人都可以成为购物商、参销商、消费商，真正实现随时随地人人可买、可卖的新型商业模式。

二、B2B2C

1. 定义

B2B2C是一种电子商务类型的网络购物商业模式，第一个B指的是商品或服务的供应商，第二个B指的是从事电子商务的企业，C则是表示消费者。

2. 盈利模式

B2B2C平台主要有以下三种盈利方式。

（1）通盘盈利模式

电子商务平台（第一个B）主要针对其企业用户（第二个B）销售商品或服务的同时，由于其服务的延展性、覆盖性可同时向个人用户（C）销售商品或服务，并因其优势较大形成核心竞争力，最终实现整个模式的通盘盈利。

（2）层次盈利模式

电子商务平台为企业用户提供收费的展示和销售空间，企业用户通过此空间向个人用户销售商品或服务。

（3）阶梯盈利模式

电子商务平台针对企业用户提供折扣后的产品或服务，并为企业用户在这一平台上开通权限，企业用户以零售价的方式在这一平台上向个人用户销售商品或服务。

3. B2B2C的特点

（1）优势

这是一类新型电子商务模式的网站，它的创新性在于：它为所有的消费者提供了新的电子交易规则。该平台颠覆了传统的电子商务模式，将企业与单个客户的不同需求完全地整合在一个平台上。B2B2C既省去了当当卓越式B2C的库存和物流，又拥有淘宝易趣式B2B欠缺的盈利能力。

（2）劣势

① 无法统一的标准。由于商品价格、商品质量、服务、配送、售后等关键因素是众多参差不齐的商户而不是平台本身，所以平台没办法制定统一的标准。

② 客服和售后。平台的客服不涉及订单处理，也不了解商品的问题，对用户的需求和问题只能转达到商户而不能第一时间响应，对商户也没有控制力。

③ 价格的劣势。

④ 商户参与度。商户有自己的主营业务，只把平台看成一个额外的销售渠道，不会投入非常大的精力和资源。

三、众筹

1. 定义

众筹，翻译自国外Crowdfunding一词，即大众筹资，是指用团购＋预购的形式向网友募集项目资金的模式。众筹利用互联网和SNS传播的特性，让小企业、艺术家或个人对公众展示他们的创意，争取大家的关注和支持，进而获得所需要的资金援助。

2. 起源

众筹的兴起源于美国网站kickstarter，该网站通过搭建网络平台面对公众筹资，让有创造力的人可能获得他们所需要的资金，以便使他们的梦想有可能实现。

kickstarter众筹网站2009年成立，在国外发展3年多后，国内的众筹模式开始出现了萌芽，比如于2011年7月上线的点名时间，就是中国最大的众筹网。

3. 特点

（1）低门槛

无论身份、地位、职业、年龄、性别，只要有想法有创造能力都可以发起项目。

（2）多样性

众筹的方向具有多样性，在国内的点名时间网站上的项目类别包括设计、科技、音乐、影视、食品、漫画、出版、游戏、摄影等。

（3）依靠大众力量

支持者通常是普通的大众，而非公司、企业或是风险投资人。

（4）注重创意

发起人必须先将自己的创意（设计图、成品、策划等）达到可展示的程度，才能通过平台的审核，而不单单是一个概念或者一个点子。

4. 趋势

（1）平台专业化

由于众筹平台希望借力于市场分工，所以专业的、按产业与项目分类的平台正随着市场分工呈现出来。评价众筹平台表现的是投资回报，而该项表现特别突出的是针对某一种行业或项目的众筹平台，如关注电子游戏、唱片、艺术、房地产、餐饮、时尚、新闻业等。

（2）投资本土化

随着"本土化投资的改革"的兴起，以及众筹集资在其中的促进作用越来越大，投资本土化成为一个趋势。

四、团购

1. 定义

围绕社区团长进行人货场重构，社区O2O模式全面升级。从模式上看，社区团购也属于S2B2C电子商务的一种，主要有三方参与：社区团购平台提供产品、物流仓储和售后支持，团长（通常是宝妈或社区便利店店主）负责社群运营、商品推广、订单收集和最终的货品分发，社区居民购物。社区居民加入社群后通过微信小程序等工具下订单，社区团购平台在第二天将商品统一配送至团长处，消费者上门自取或由团长进行最后一公里的配送。

2. 特点

团购的类型多种多样，我们这里主要介绍的是社区团购，依附着社区存在的社区团购有其鲜明的特色，从图3-1中可得出以下的简要结论。

（1）熟人经济降低引流成本

预售制打破费用瓶颈，社区团购模式的核心价值主要体现在：

① 通过社区团长来进行商品的推广和销售，依托信任关系，通过熟人经济降低引流成本。

② 社区拼团进行预售，集采集销，提升上游议价能力的同时以几乎零库存的方式降低

损失去。

③ 团长承担最后一公里的配送/自提,极大节约了物流配送和终端运营成本。

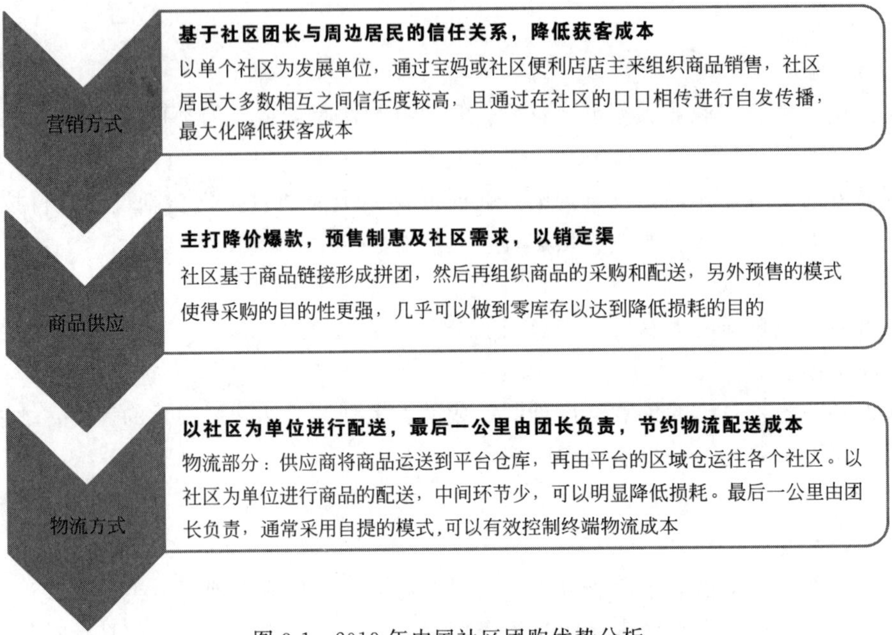

营销方式
基于社区团长与周边居民的信任关系,降低获客成本
以单个社区为发展单位,通过宝妈或社区便利店店主来组织商品销售,社区居民大多数相互之间信任度较高,且通过在社区的口口相传进行自发传播,最大化降低获客成本

商品供应
主打降价爆款,预售制惠及社区需求,以销定渠
社区基于商品链接形成拼团,然后再组织商品的采购和配送,另外预售的模式使得采购的目的性更强,几乎可以做到零库存以达到降低损耗的目的

物流方式
以社区为单位进行配送,最后一公里由团长负责,节约物流配送成本
物流部分:供应商将商品运送到平台仓库,再由平台的区域仓运往各个社区。以社区为单位进行商品的配送,中间环节少,可以明显降低损耗。最后一公里由团长负责,通常采用自提的模式,可以有效控制终端物流成本

图 3-1　2019 年中国社区团购优势分析
资料来源:艾瑞咨询

(2) 从生鲜食品等高频商品切入,精选 SKU,确保单品销量

生鲜作为高频高复购的消费品,是天生的流量产品,比较容易打造爆款单品。此外生鲜也是一个低毛利、高损耗、高物流成本的种类,社区团购通过预售制,集采集配,能有效降低周转资金、储存成本,提升生鲜供应链的效率。社区团购平台采取上新的模式,每天精选出 100 个左右的 SKU 进行集中推荐和销售,进行爆品打造,以此提高销售量与增强用户黏性。

(3) 社区团购商业形态更显小而美,与其他生鲜零售业态对比优势明显

社区团购模式距消费者更近,能为消费者提供更便利的服务。此外社区团购模式省去了开店的高租金、人力成本,运作模式轻,可复制性强,能在全国范围内快速扩展。

3. 趋势

(1) 低线城市为核心战场

社区团购起源于 2016 年的长沙地区,并迅速在全国遍地开花。目前来看,低线城市是社区团购的核心战场:一是与一线城市相比,低线城市市场空间大,零售业态不太丰富,竞争相对缓和;二是低线城市有较多闲暇时间的宝妈,团长招募相对更加容易;三是低线城市社区人群流动性低,更加稳定,是社区团购发展的首选市场。

(2) 竞争加剧,开始洗牌

物美价廉的商品是吸引用户购买的关键,更多订单又能进一步增加团长的收入,因此归根结底行业比拼的还是供应链与精细化运营的能力。烧钱的模式不太可能长期持续,很快将会有一批实力不足的企业被淘汰出局。

五、拼团杀价

1. 定义

拼购类社交电子商务通过聚集 2 人及以上用户，以社交分享的方式组团，用户组团成功后可以比单人购买时更低的价格购买商品。拼团的发起人和参与者多通过微信分享并完成交易，通过低价激发消费者分享积极性，让消费者自行传播。

2. 产生背景

电子商务企业巨头生态升级，长尾商户生存空间受挤压，拼购类社交电子商务应运而生。

从商家的角度来看，随着电子商务行业的成熟，竞争压力日益增加。同时随着监管方面的压力以及平台自身定位和生态的升级，淘宝等传统电子商务企业巨头开始走向品牌化，清出了一部分中低端尾部商家。此外，传统电子商务搜索流量分配逐渐向大品牌和头部商户倾斜，流量成本日益走高，中小商家生存空间受到挤压，亟须找到新的低门槛、低成本的销售平台。

长尾商户外溢成发展红利门槛低、营销效果好，拼购类社交电子商务平台商户爆发式增长，传统电子商务平台巨头品牌化升级，被"选择性挤出主流电子商务市场"的商家开始寻找新的出路，而在中国广大的三线以下城市还存在众多尚未被满足的消费需求，供需双方的错配为拼购类社交电子商务的发展留出空间。

3. 拼团的四种发展模式

① 以拼多多为代表的纯拼团电子商务模式。即 APP 内只有拼团一种模式，围绕拼团做社交玩法延伸。

② 以淘宝、京东、蘑菇街等为代表的传统电子商务平台。拼团模式为其 APP 内其中一种玩法。

③ 以有赞、微店等为代表的第三方店铺提供商。为商户提供基于微信生态下的店铺，商户可以自发进行拼团玩法，帮助自身商铺促销。

④ 以人人秀等为代表的第三方营销平台。为用户提供包括拼团、砍价等营销玩法的功能插件，用户通过功能插件即可快速上线参加拼团活动。

第三节　买卖变成生活所需

一、兴趣引流电子商务兴起

1. 兴趣引流电子商务兴起原因

随着社交媒体生态的多元化，中国消费者认为社交媒体给他们的生活带来了更积极的影响。积极影响指数从 2017 年的 79.8 上升到 2018 年的 80.6。人们越来越认同社交媒体能够帮助做出更好的购物决策。企业抓住社交媒体无疑抓住了与用户建立关系的最有效路径。

2. 怎样做好兴趣引流

（1）扩展销售线索触点形成长尾效应

传统的二八定律认为 20% 的关键客户带来 80% 的销售利润。而互联网时代的长尾理论则认为,80%的非主流元素形成的长尾不是仅占20%的份额,只要扩展的销售线索触点足够多,长尾的所占份额可能会突破50%甚至更多。

(2)塑造品牌形象,建立用户信任

对于大多数品牌来说,内容营销最根本目的是品牌塑造,企业的品牌价值、品牌特色都需要在企业的内容营销中体现。

(3)完善用户兴趣对接口,口碑营销促转化

在搜索阶段,消费者已经对企业或产品、服务产生了一定的兴趣,在网络上搜索信息正是说明消费者有深入了解有关企业更多信息的需求或兴趣。

企业主动将消费者引导到他们各自感兴趣的信息对接口,提供目标市场真正想了解的信息内容,是此阶段的关键所在,可以借助各大社交媒体平台通过第三方发声的形式提升企业形象,帮助用户转化率的提高。

(4)转化,减少潜客流失

当用户被前期的社交媒体活动营销、内容营销、口碑营销所吸引,并对产品产生浓厚兴趣时,却找不到有效的交互渠道是非常糟糕的。将按钮置于社交媒体海报、落地页中,避免任何时候客户因找不到有效交互渠道而流失的情况发生。

二、内容电子商务

1. 内容电子商务兴起背景

消费端需求驱动,内容与产品供应链协同,网络购物用户规模不断增长,年轻一代崛起逐渐成为网络购物的主力人群,社交、内容类应用受到年轻一代消费者的喜爱,占领了其大部分闲暇时间。为满足年轻一代消费群体时间碎片化、个性化的购物需求,电子商务与内容产业链开始协同化发展,通过内容来连接消费者,影响价值决策体系,进一步引导消费者购物。

内容电子商务即指通过形式多样的内容引导消费者进行购物,实现商品与内容的协同,从而提升电子商务营销效果的一种电子商务模式。

2. 内容电子商务的特点

内容电子商务的供应链至关重要,从图3-2中可以看到内容电子商务的供应链运转流程,具体分析如下所述。

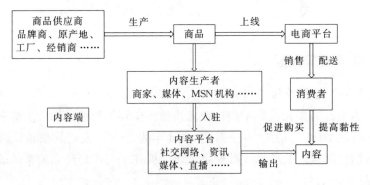

图3-2 2019年中国内容电子商务供应链

资料来源:艾瑞咨询

（1）内容电子商务是一种互补的选择，电子商务亟须流量入口，内容需要变现渠道

从供给端来看，内容电子商务的出现实际上是内容方和电子商务企业方共同推动的一种互补选择。一方面，内容作为介质，在提升电子商务用户黏性和消费者体验上作用明显；另一方面，众多平台开始积极寻求通过电子商务交易的方式对其拥有的社交流量实现多元化的商业变现。

（2）对内容方：丰富变现形式，商业价值和用户认可带来更高的创作热情

近年来，用户对时尚穿搭内容、美妆内容的认可，让品牌方和零售商意识到时尚内容的传播效果，当前品牌方和零售商开始将部分资金转向激励时尚内容创作者进行内容生产，电子商务成为内容方重要的变现途径之一。以 KOL 为例，电子商务作为 KOL 最重要获利途径，2017 年占比 68.7%。

（3）对电子商务平台：建立与用户间的深度链接

形成"发现—购买—分享—发现"的完整闭环。内容电子商务企业通过图文帖子、直播、短视频等丰富的形式，通过购物攻略、分享导购等与购物相关的内容吸引用户。内容与电子商务的结合，为特色商品和用户之间建立了一个黏性极强的深度链接，能有效提升用户的黏性与转化率。

（4）短视频营销价值凸显，逐步成为各大内容电子商务平台布局重点

高质量的内容对电子商务平台吸引用户、提高转化率发挥越来越重要的作用。在众多内容形式中，短视频凭借其适应性广、承载量大、传播力强的突出特点，受到越来越多的关注。

（5）内容化嵌入，促使流量变现

随着流量来源的多元化、流量增量的瓶颈化，以及流量变现的现实需要，电子商务平台呈现交易型电子商务内容化、内容型电子商务交易化、交易型电子商务与内容型电子商务联合化等发展趋势。

3. 趋势

通过分析上述的供应链以及目前内容电子商务的市场状况，未来的内容电子商务的主要趋势为三大方面，如下所述。

（1）内容成为电子商务平台必备的基础设施

电子商务平台内容化转化成趋势，驱动市场从以"商品"为中心到以"人"为中心的加速转变。

（2）高价值内容的持续产出能力

高价值内容的持续输出与精准触达成为内容电子商务核心竞争力，其具体表现如下。

① 内容场景化。不同场景匹配合适的产品及内容服务，内容与产品无缝融合，高效匹配，无违和感、刻意感。

② 为用户创造价值。助力用户精准、高效决策，引领时尚穿搭、美丽护肤及美好生活方式，优化购物体验。

③ 赋能商家。传递品牌及商品价值，提高商品销售转化及复购，助力长尾、非标商品及新品推广。

④ 助力内容高效变现。助力内容生产、分发的各方高效变现，提升参与内容生产的 KOL、达人的影响力。高价值内容的精准触达能力将有价值的内容高效触达"正确"的用户，大数据算法助力内容精准触达为用户创造价值。

（3）内容生产日趋专业化

"电子商务＋MCN"模式将孵化更多职业化，对于个人内容创作者来讲，进行高价值内容的持续输出难度较大，随着 MCN（Multi-Channel Network）机构的出现及内容电子商务平台与 MCN 的积极合作，内容电子商务平台的内容生产将日趋专业化。

三、兴趣电子商务（个人品位）

1. 个人定制兴起

消费者面对着眼花缭乱的商品，但可用来挑选的时间有限，因此，如果零售商能够为客户提供根据向身需求灵活选择的定制化购物体验，就会在竞争中脱颖而出。无论这意味着在各类采购中，为了占据一席之地以迎合不同的购物习惯，还是意味着提供灵活多样的递送选择，为了获得竞争优势，零售商正在努力满足越来越多的消费者提出的条件。

2. C2F 模式

C2F（Customer-to-Factory）模式是指终端消费者面向工厂，直接向工厂定制个性化产品，由企业一站式负责生产、发货、安装及售后服务的一种新型网上购物模式。

3. C2F 特点

（1）优势

这种模式可以节省培养经销商所产生的成本费用，包括开店补助、物流费用及经销商福利等，节省中间环节，拉近企业与消费者之间的距离。

（2）劣势

这种模式有着一定的局限性，对企业周边的区域有很大的优势。如果在全国范围内推广的话，企业前期投入、后期维护的费用都需要经过细致的调研。当然，每个企业不同，因此得出的答案也会不同，这并不是绝对的。

四、从凡客诚品到网易严选

ODM（Original Design Manufacturing）是指厂商根据客户对产品的外观设计与内部规格设计要求来制作不同价格、不同规格、不同形态的产品供客户选择，贴的是客户的牌子，用的是自己的里子。国内之前也有涉足过 ODM 的，凡客诚品就是一个典型的例子（上游代工＋自有品牌＋线上商城），可惜的是当年没有现在这样的条件，再加上战略上的失误，最终失败了。如今来看，网易成功运用了 ODM 模式。下面对凡客与网易严选进行具体分析。

1. 凡客诚品

（1）凡客诚品简介

2007 年，PPG（批批吉）成立，主打自创品牌的男士商务休闲服装。2007 年，PPG 的凡客诚品也成立了，其采用网络直销（B2C 模式）的方式。为了保证服务质量，凡客诚品将物流配送体系并入到自己的管理体系中，开始自建物流配送体系。

（2）运营模式

① 网络直销模式。网络及目录销售，所有商品信息在网站上一目了然，方便顾客选购。凡客诚品的商品直接销售给最终消费者，属于直销模式。直销模式因没有中间商，其成本更低，凡客诚品商品的价格明显要比实体店的商家更有优势，其主要盈利方式也是来自于商品的销售。

② 轻资产模式。凡客诚品通过将现代电子商务与传统零售业进行创新性融合，以区别于传统渠道分销模式，采用更优化的直销方式。凡客诚品是纯网络商家，也就是说无实体店。

③ 供应商保证产品质量。为保证产品质量，凡客诚品与鲁泰纺织等多家国际顶级供应商合作。

（3）凡客诚品失败的原因

无限扩张，实力跟不上能力。凡客诚品从2009年起开始进行规模上的高速扩张。这被称为"试错"的扩张方式，带给凡客诚品的副作用不仅是品类、库存上的积压，甚至让领导者一度觉得因为过度放权，自己已经失去了对公司的控制。

2. 网易严选

（1）简介

网易严选是网易旗下原创生活类自营电子商务品牌，于2016年4月正式面世，是ODM（原始设计制造商）模式的电子商务，以"好的生活，没那么贵"为品牌理念。网易严选通过ODM模式与大牌制造商直连，剔除品牌溢价和中间环节，为国人甄选高品质、高性价比的天下优品。

（2）特点

① 精简SKU。至2016年12月，网易严选网站上出售的生活杂货、服装配件和家具等类目下商品共计700种。网易严选SKU的精简对商品品质的把控带来了保证，这也符合网易严选的定位。

② 高质低价。与成熟大品牌商合作，帮消费者以高性价比买到和大牌同样质量的商品。目前MUJI、Coach等大牌的供应商都已经入驻网易严选。

③ 网易严选的优势是从整个商品流转的过程里去掉了批发零售环节，节省了渠道成本，这也成就了网易严选的低价策略。

④ 用户体验。网易严选投入大量资金打造SPA模式，整个流程包括"选定品类—工厂筛选—模具设计—小样生产—质检—成品生产—随机质检—包装进仓—上架售卖—物流—售后服务"，一体化服务全部亲力亲为。

⑤ 仓储物流。网易严选已经在杭州、东莞、天津、武汉、成都、无锡等多个城市设置仓库中心；配送方面前期是和顺丰合作，2017年9月开始和京东物流合作，由京东帮其配送超过70%的货品，能够保证40%的包裹次日达。此外，消费者对于不满意的商品，可以"30天无忧退换货"，且被退回的商品不再重复售卖。网易严选的优质服务得到了消费者的好评。

（3）网易严选ODM模式成功的原因

① 大批"伪中产阶级"的出现使得消费升级成为了可能。在这些"高品质"商品面前，他们可以忍受比同类产品稍高一些的价格与比同规格产品略逊一筹的瑕疵，只为了更好一些的生活质量。从目标用户来看，网易严选在设立之初，就已经有了充分的群众基础。

② ODM在中国已经变得成熟，大量的OEM代工商借着先前积累到的技术与生产线开始转为利润率更高的ODM。托优衣库、新秀丽、MUJI等国际大牌的福，网易可以在中国找到足够优秀的制造商来为其供货。

③ 有媒体业务的引流，有网易品牌的背书，还有强大的人力资源来进行渠道铺设与供应链管理。

(4) 利弊分析

① 品牌问题，网易严选借势宣传虽然节省成本，可也会面临着竞争对手与社会带来的舆论压力。

② SKU 问题，严选起初只有数百种 SKU，产品种类的数量不是很多，种类丰富度不足。严选重点在于"选"。受限于人力，平台没有办法在短期内同时推进多款产品上线。

③ 发展模式问题，竞争壁垒不高，ODM 制造商可以随意选择合作的平台，网易严选的品牌优势很难保持。

第四节　东盟电子商务之窗

以印度尼西亚为例进行介绍。

（一）东南亚零售电子商务市场规模全貌

印度尼西亚位列第一，菲律宾增速最快。

eMarketer2019 年 4 月统计数据显示，在东南亚地区，印度尼西亚零售市场规模最大，销售总额达 3 092.5 亿美元（约 21 775.2 亿元）。其次为泰国、马来西亚和越南。不同国家市场规模相差甚远，菲律宾位列东南亚地区第五，其零售市场规模仅为印度尼西亚的 21%。

但从总额增速来看，菲律宾市场增速最快，其次为越南、马来西亚、泰国，呈现出规模越小的市场增长速度越快的态势。新加坡市场受到人口规模及经济发展限制，零售规模及增速均处于较低水平。

从电子商务市场规模来看，印度尼西亚的市场规模依然为地区最大，菲律宾为地区增速最快市场，增速高达 31%。但其市场规模仅为印度尼西亚电子商务市场规模的 8%。

（二）主要电子商务流量排名与网络购物的商品种类比例排名

根据 SimilarWeb 的调查，2016 年 8 月印度尼西亚前 50 大流量网站中有 8 个电子商务网站（表 3-2），流量最高的是代表性的本土 C2C 平台 Tokopedia，有"印度尼西亚版淘宝"之称。第二位的印度尼西亚最大论坛 Kaskus 与第三位的菲资分类广告平台 OLX 皆为传统电子商务平台，后发展为印度尼西亚最普遍的在线交易方式。排在第四的是德国 Rocket Internet 在印度尼西亚直接投资设立的 Lazada，并且自 2016 年起成为阿里巴巴集团东南亚旗舰电子商务平台，为最大的 B2C 网购平台。其后的 Bukalapak、Elevenia 和 Blibli 皆为印度尼西亚本土知名电商平台，值得注意的是 MatahariMall，为印度尼西亚第二大财团力宝集团 2015 年 9 月成立的，才不到一年的时间网站流量已排进综合分类第 20 名，显示其欲由实体跨入虚拟通路与 Lazada 宣战的决心。

表 3-2　印度尼西亚前 50 大流量网站中 8 个电子商务网站排名

网站流量排名	网站名称	经营模式
9	Tokopedia	印度尼西亚本土 C2C 拍卖平台
11	Kaskus	印度尼西亚本土 P2P 论坛
14	OLX	菲资 P2P 分类广告平台
15	Lazada	中资 B2C 网购平台

续表

网站流量排名	网站名称	经营模式
17	Bukalapak	印度尼西亚本土 C2C 拍卖平台
18	Elevenia	印度尼西亚本土 C2C 拍卖平台
20	MatahariMall	印度尼西亚本土 B2C 网购平台
22	Blibli	印度尼西亚本土 B2C 网购平台

数据来源：安侯建业

（三）印度尼西亚各个商业模式平台简介

1. B2C 网购平台

B2C 与 C2C 网购平台仅占印度尼西亚电子商务交易额 20% 左右，但近几年成长快速。目前最大的 B2C 平台为 Lazada，2016 年阿里巴巴以 10 亿美元入股，加速其扩张，为目前印度尼西亚最大的国际电子商务企业。其主要竞争者有 2010 年成立主打只销售本土品牌的 Blibli 及 2015 年底挟持实体通路资源的后进者 MatahariMall。

2. C2C 拍卖平台

目前所有电子商务模式中 C2C 拍卖平台 Tokopedia 流量最大，其成立于 2009 年，获得日本软银与红衫资本的投资后快速成长，2019 年月均访问量高达 1.4 亿人次。

3. C2B 团购平台

印度尼西亚大约在 2010 年左右开始发展 C2B 团购电子商务平台，当时最受欢迎的网站为 Disdus 与 Dealkeren，2011 年时分别被国际业者 Groupon 与 LivingSocial 收购并更名。

（四）印度尼西亚的前景

据外媒报道，作为亚洲新兴经济体之一，印度尼西亚的电子商务市场正在迅速崛起，预计该国 2020 年电子商务市场总产值可达 1 300 亿美元，在亚洲仅次于中国和印度。在国家"移动先行"战略的扶持下，未来印度尼西亚电子商务市场年均增幅可达 50%，零售商机会大增。如今，印度尼西亚的电子商务市场正处在类似中国电子商务市场刚刚起步的阶段，平台建设还未完成，大量经销商通过社交网络推荐自己的商品。此外，它也非常类似美国电子商务的起步阶段。

（五）物流瓶颈有待新模式突破

① 由于印度尼西亚有 1.7 万座岛屿，最后一公里运送相当复杂，基础设施仍不完备，物流成印度尼西亚发展电子商务的一大瓶颈。

② 目前印度尼西亚的零售行业主要还是以实体商场、夫妻店、区域性小连锁为主，缺乏供应链资源整合能力。而且 63% 的印度尼西亚人倾向于购买熟悉的品牌，这对于以商品种类数量为优势的网络购物而言不太有利。

③ 与此同时，印度尼西亚的支付系统也不完善，信用卡普及率不及 3%，二维码支付也仅仅处于政府推动的层面，现金支付仍然是主要手段。

④ 作为 Facebook 用户数量全球第四的国家，印度尼西亚消费者更喜欢在社交软件上直接与卖家联系，他们认为相对于电子商务平台，这样的方式更加人性化。

第五节　电子商务学术进展

本书筛选关键字查询，查询资料来自于知网（www.cnki.net）。

下面是零售电子商务的相关研究。

（一）经典论文

1．《网络零售对物流供应链的重组效应及其空间影响》

肖作鹏　王缉宪　孙永海

香港大学地理系　深圳市规划国土发展研究中心

摘要：在现有国外相关理论研究与文献的基础上，结合中国网络零售与城市空间发展的实际，阐述了网络零售驱动供应链重组的命题，并从参与主体、运作模式、关键节点以及供应链的结构转型等方面阐述了零售电子商务对物流供应链重组的替代效应、上下游效应、敏捷效应、库存效应以及推拉效应，从商业零售空间、物流仓储空间以及交通运输空间等方面阐述了供应链重组下的空间响应及其路径。

关键词：零售电商；物流供应链；重组效应；空间影响。

2．《新税改下跨境进口零售电商应对策略分析与建议》

樊晓露　吴世昌　张宝明

上海理工大学管理学院

摘要：据商务部预测，2016年中国跨境电子商务进出口额将增长至6.5万亿元，年增速将超过40%。为规范这日益庞大的跨境电子商务行业，在过去三年跨境电子商务试点工作结束后，2016年4月8日，备受瞩目的跨境电子商务税制改革落地。总体来说，税制改革将加速了跨境电子商务行业的成熟，但同时也是对行业内各大公司的一种洗牌，冲击了整个行业的格局。各大跨境进口零售电子商务企业纷纷采取策略应对此次税改。本文通过对几大跨境电子商务税改策略进行分析并提出几点建议。

关键词：跨境进口；零售电商；新税改；应对策略。

3．《浅析我国零售电商在自有品牌建设中存在的问题及对策》

单琳

大连科技学院市场营销教研室

摘要：随着互联网技术的快速发展以及人们消费方式的逐渐转变，我国零售电子商务企业的竞争日益激烈。各大网络零售平台陈列的品牌数量众多，各具特色。其中大部分属于制造商品牌，一小部分属于电子商务的自有品牌。这两大类品牌在同一个平台上竞争，自有品牌在诸多方面都存在一定的劣势。如何提升自有品牌的竞争力，是零售电子商务企业们亟待解决的问题。

关键词：零售电商；自有品牌；品牌建设。

（二）关键文献

1．最早研究（共3条）

① 肖作鹏，王缉宪，孙永海．网络零售对物流供应链的重组效应及其空间影响［J］．经济地理，2015，（12）．

② 胡林娜．SoLoMo模式下农产品零售电商的营销策略［J］．温州职业技术学院学报，

2016，（2）.

③ 单琳. 浅析我国零售电商在自有品牌建设中存在的问题及对策［J］. 现代商业，2016，（19）.

2. 最新研究（共 3 条）

① 常春燕、刘广成. 数据挖掘在零售电商交易风险预测中的应用［J］. 电脑知识与技术，2019，（35）.

② 华珺. 零售电商产品服务质量第三方认证监管研究［J］. 贵阳学院学报：自然科学版，2019，（4）.

③ 李静，李同彬. 我国零售电商品牌建设存在的问题及对策研究——以豫北电商基地为例［J］. 企业科技与发展，2019，（4）.

第四章

移动电子商务与新零售

 本章学习目标：

1. 了解我国移动网络的飞速发展对移动电子商务发展的促进作用以及新零售发展的具体内容。

2. 掌握移动电子商务与新零售的具体应用场景。

第一节 没有移动网就没有移动电子商务

一、智能手机带来新世界

1. 智能手机对移动电子商务的促进作用

受益于智能终端的高速普及和移动互联网规模的快速增长，移动电子商务规模高速增长。在移动电子商务中，其主要目的是交易，但在业务使用过程中，信息的获取对于带动交易的发生或是间接引起交易有非常大的作用。比如，用户可以利用手机、平板电脑等移动终端获得股票行情、天气、航班、游戏等多种内容业务的信息，在这些信息的引导下，推动客户进行电子商务的交易活动。

移动购物最主要的优势是便利、随时随地，而智能手机的发展为这种便利提供了最直接的条件。但是随着互联网的发展和智能手机普及率的提高，网民规模及移动端网民规模增速均放缓。据数据显示，2016 年手机网民规模已达 6.6 亿人，市场增量空间减少，移动端流量红利消失。

2. 智能手机的普及情况

手机保有量增速放缓。改革开放以来，中国通信产业发展迅猛，1996 年中国移动电话用户规模仅 685 万户，2001 年移动电话用户达到 14 480 万户，彼时已成为全球移动电话用户规模最大的国家。2012 年中国移动电话用户规模突破 11 亿户。2014—2016 年中国移动电话用户规模增速有所放缓，2017 年中国移动电话用户规模突破 14 亿户，共计 141 749 万户，移动电话普及率突破 100 部/百人，达到 102.5 部/百人。也就是说，中国人手一部移动电话，除去 12 周岁以下儿童，相当部分用户拥有两部手机。2018 年移动电话用户规模小幅增加，达到 14.35 亿户，2019 年移动电话用户规模增速继续放缓。

3. 新兴技术为移动电子商务助力

智能手机终端对移动电子商务的发展具有强大的支撑作用，有效地推动了移动电子商务的高速发展。

① NFC、SIMPass、RFID-SIM 等移动支付技术提供了观看的发展空间，与此同时，移动支付标准的确立和完善也有效地打开银行和运营商针对移动支付的布局，进而推动移动电子商务产业链的完善与快速发展。

② 基于位置的服务（LBS）技术极大地促成了移动电子商务线上线下（O2O）完美对接，成为移动电子商务主要应用领域之一，全球卫星定位系统（GPS）、地理信息系统（GIS）等技术的应用将会为旅游业、零售业、娱乐业和餐饮业的发展带来巨大的商机。

③ 二维码、社交平台等技术的应用与推广可以助力商家推出全新的无线购物方式，用户可以利用手机识别商品二维码并实现快捷支付功能，这种用户体验式购物促进移动电子商务提升到了一个里程碑式的全新阶段。

4. 智能手机成为消费必需品

如今智能型手机已经成为消费者购物旅程不可或缺的一部分，因为其符合消费者获取信息的需求，并可轻易辅助消费者做出更佳的购买决策。

（1）消费者购物旅程

轻松获得信息，对消费者最终做购买决定无比重要。超过 50% 的智能型手机使用者依赖他们的手机决定"买什么"与"去哪里买"。

（2）毫不费力的体验

许多消费者希望取得完整的信息以做出购物决策，同时无须投入额外的精力或失去便利性。此外，许多消费者要求轻松跨越各种通路的购物体验，并对缺乏效率变得更加不能忍受。据研究显示，超 40% 的顾客，因为在实体店面购物，特别是在购物旺季期间，对拥挤与大排长龙的情况感到气馁；而另外 40% 的消费者，可能会结合线上与线下通路的优点，经由使用"在线购物店内取货"，并使用付款 APP，以避免结账柜台前的大排长龙。

（3）60% 消费者透过智能型手机购物

受益于消费者对智能型手机的广泛使用，数字化内容的运用正在升高。零售业者可能希望依据数位内容吸引消费者的潜力，以评估他们的数位策略。以智能型手机为中心的策略，可能让那些具有先见之明、在通路与平台中已具科技化形象的零售业者获益。

（4）智能型手机的连接进化

消费者可直接发送文字信息给门市店员或个人造型师，来购物。

二、中国落后 3G 但却抢占 4G

1. 3G 时代，智能手机崭露头角，巨头大战社交

2009 年 CNNIC《3G 报告》数据显示，截至 2009 年 8 月底，中国手机上网用户为 1.81 亿。相比 6 月底 1.554 亿的手机网民规模，短短的两个月时间，中国手机网民的数量增长了将近 2 560 万，规模呈现出稳定增长的态势。

整个 2G 时代其实属于 PC 端互联网，2G 的手机只能打电话发短信，上网很困难。但 3G 通信标准将信息传输率提高了一个数量级，这是一个飞跃，3G 时代真正意义上而言是移动互联网的开端，从此手机打电话的功能降到了次要的位置，而数据通信，也就是上网，成

为了主要功能。3G 传播速度相对 2G 较快,可以较好满足手机上网等需求,只是播放高清视频还是比较困难。

2. 3G 对移动电子商务的促进作用

中国的 3G 时代稍晚于美国,2009 年 1 月,工信部为中国移动、联通、电信发布 3G 牌照,中国从此进入 3G 时代。移动互联网兴起,当然 PC 端依然沉淀着大量用户,彼时的 QQ 为了顾及 PC 端的用户,界面、功能更照顾 PC 端,以至于没能及时赶上移动互联网的浪潮。

2011 年 1 月,微信横空出世,这款主打 IM 的应用程序契合 3G 时代的特点,可以发送文字、语音、图片、视频等,一出现就借助 QQ 的天然优势,并打通通讯录,迅速推广,以至于后续发展成为国民软件,腾讯也借此拿到了通向移动互联网第一张门票,腾讯能成为今天的巨头公司,而且地位难以撼动,微信功不可没。

3. 抢占 4G

4G 时代,团购直播视频手游异军突起,共享出行风口正盛,巨头布局信息流。如果说 1G 到 2G 是划时代的进步,而 3G 的短暂存在只是一个过渡,因为短短几年后,网速产生质的飞跃的 4G 时代迅速到来。而 4G 的速度几乎满足无线用户所有需求。2013 年 12 月,工信部正式发放 4G 牌照,宣告我国通信行业进入 4G 时代。中国移动、中国联通和中国电信分别获得一张 TD-LTE 牌照。

4. 4G 助力移动电子商务

4G 时代移动互联网光速发展,大面积吞噬 PC 互联网流量和用户。比 PC 端更加便捷的移动端生活服务类应用风靡中国,O2O 模式成了"风口上的猪"。巨头们纷纷布局,阿里巴巴有口碑网,腾讯有微团购,百度则有糯米网。

三、手机上网用户奠定基石

1. 手机上网用户现状

1994 年,中国正式接入互联网,人们可以全方位地访问互联网,网民的数量急速增长。随着手机终端应用的持续升温,手机网民的规模也持续增长。且人群已经慢慢向普及化、大众化发展。而且移动流量资费大幅下降,跨省"漫游"成为历史,互联网"提速降费"工作取得实质性进展,居民入网门槛进一步降低,信息交流效率得到提升。

截至 2018 年 12 月,我国手机网民规模达 8.17 亿人(图 4-1),较 2017 年底增加了 6433 万人。网民中使用手机上网人群的占比由 2017 年的 97.5% 提升至 2018 年的 98.6%,提升 11 个百分点,网民手机上网比例在高基数基础上进一步攀升。

根据中国互联网络信息中心(CNNIC)2019 年 8 月 30 日发布的第 44 次《中国互联网络发展状况统计报告》显示,截至 2019 年上半年,我国互联网普及率已超过六成。报告显示,截至 2019 年 6 月,我国网民规模达 8.54 亿人,较 2018 年底增长 2598 万人,互联网普及率达 61.2%,较 2018 年底提升 1.6 个百分点;我国手机网民规模达 8.47 亿人,网民使用手机上网的比例高达 99.1%。"这一增长体现出'提速降费'对移动互联网发展的巨大推动作用。"中国互联网络信息中心主任表示,"与 5 年前相比,移动宽带平均下载速率提升约 6 倍,手机上网流量资费水平降幅超 90%。我国用户月均使用移动流量达 7.2GB,为全球平均水平的 1.2 倍。"

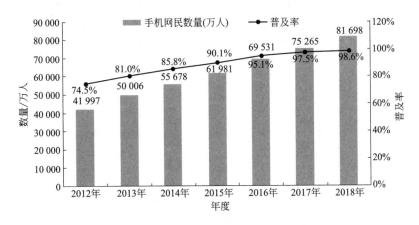

图 4-1　2012—2018 年我国网民数量及普及情况
数据来源：中国互联网络信息中心

2. 数据分析

互联网领域的消费依然保持着较快增长，下沉市场、跨境电子商务、模式创新为网络购物市场提供了新的增长动能。报告显示，截至 2019 年 6 月，我国网络购物用户规模达 6.39 亿，较 2018 年底增加 2 871 万，占网民整体的 74.8%。在地域方面，以中小城市及农村地区为代表的下沉市场拓展了网络消费增长空间，电子商务平台加速渠道下沉；在业态方面，跨境电子商务零售进口额持续增长，利好政策进一步推动行业发展；在模式方面，直播带货、工厂电子商务、社区零售等新模式蓬勃发展，成为网络消费增长新亮点。

第二节　移动用户渗透率改变了电子商务竞争规则

一、手机与宽带用户的消长造成实名制的兴起

1. 手机成为中国网民第一大上网终端

据中国互联网络信息中心（CNNIC）发布的《"十二五"中国互联网发展十大亮点》报告中显示，"十二五"期间，我国固定宽带用户数超过 2 亿户，用户规模居全球首位。移动宽带（3G/4G）用户累计达到 6.74 亿户。手机超越电脑成为中国网民第一大上网终端。这时，我国手机网民规模达 5.94 亿，同比增长 86.8%，使用手机上网比率相比电脑多 20.5%。正是因为手机网民的快速增长，随之也出现了许多问题，但手机实名制应运而生。

2. 手机实名制

手机实名制即用户办理固定电话、移动电话、宽带业务、无线上网卡的入网、过户等业务时，应提供真实身份信息，以自己的名称、产品、品牌等文字标识为手机号码进行注册。

3G 背景下的手机实名制，一方面是为了减少手机短信的违规、违法行为，另一方面也是为实现更多的 3G 应用打基础。

电信专家普遍认为，实施手机实名制不但有利于抑制通信犯罪，让受侵害用户通过法律手段维护自身权益，同时能保障通信安全，让金融、移动支付能安全开展。具体体现如下。

① 推行手机实名制能更好防范短信欺诈、手机诈骗等行为。手机实名制的推行有一个

前提，就是公民的个人信息安全应当得到保障。众所周知，由于我国缺乏类似于《隐私权保护法》或《个人信息保护法》这样的法规，所以有些公司或个人毫无顾忌地将收集到的他人信息资料公开。那些个人信息资料被泄露的公民，往往为商业推销所苦，在遍地开花的代理商处购买手机卡时，用户的个人信息基本上难以得到保密。而且，由于监管的缺失，也无法完全排除掌握着大量个人信息的运营商泄密的可能。

② 推行手机实名制对手机支付推广意义重大。推动实名制工程浩大烦琐，同时由于流动人口庞大等原因，短期难以取得预定的效果。但是，实名制从长远而言应该运行。"比如手机支付等手段均依赖实名制"，实名制对3G业务的推动将有重要影响。

3. 支付实名制

联网支付账户将强制推行实名制。央行于2015年发布《支付机构互联网支付业务管理办法（征求意见稿）》，对支付账户的开立实行实名制，并规定"客户不得利用信用卡透支为支付账户充值"，支付机构不得为客户提供账户透支、现金存取和融资服务。

征求意见稿中明确，支付账户的开立实行实名制。支付机构对客户身份信息的真实性负责。支付机构不得为客户开立匿名、假名支付账户。个人客户申请开立支付账户时，支付机构应登记客户的姓名、性别、国籍、职业、联系方式以及客户有效身份证件的种类、号码和有效期限等身份信息，并对客户基本身份信息的真实性进行审核。

同时，个人支付账户单笔收付金额超过1万元，个人客户开立的所有支付账户月收付金额累计超过5万元或资金余额连续10天超过5 000元的，支付机构还应留存个人客户的有效身份证件的复印件或者影印件。按照意见稿规定，客户在同一支付机构开立的所有支付账户须关联本客户银行账户，支付账户的名称应与该客户所关联的银行账户名称一致。支付机构应通过有效方式，对支付账户所关联的银行账户信息和客户身份信息进行核验。个人客户向在同一支付机构开立的所有支付账户月累计充值金额合计小于1 000元的，可不关联银行账户。

4. 支付实名制原因

账户实名制与支付实名制的必要性体现如下。

第三方支付服务模式随着中国电子商务的迅速发展以及电子支付产业的巨大需求和市场空间应运而生，并得到迅猛发展。目前使用较多的第三方支付主要是指银行和电子商户之外的第三方，为网络卖方和网络提供支付服务，承担信用中介和支付中介的职能，并最终实现网上资金划拨的机构。常见的此类第三方支付有财付通、支付宝、云闪付等。

实名认证可以更好地保护用户账户安全。实施认证的目的是验证用户所绑定的账户是否属于本人，确保账户中的资金只可被提现到用户本人的银行卡中。实名制的实施有利于建立更安全的风控模型，有效降低网络支付安全的风险性，实名后盗刷将很难实现。应该向用户解释清楚，汇款"限额"就像交通管理中的"限速"，是常规性安全管理措施，网上交易额度高低与账户实名程度、安全性是正相关的关系。

对于电子商务平台来说，推行电子商务企业实名制有利于管理用户，将给政府信息、政策信息精确发布及刑事和反腐案件侦破提供便利。同时，对于个人用户来说，购买商品遇到欺诈、假劣产品时也可使自己得到最大限度的利益，对违法犯罪行为也有震慑作用，有利于维护社会稳定。此外，支付平台实名制的推行，一方面可以有效地减少用户恶意欠费、欺诈等情况的发现，降低了电子商务的风险；此外还可以降低用户消费风险，恢复和培养消费者的信心，增加他们使用业务的频率，也使电子商务企业获得更大的利润空间。另一方面对于消费者的维权来说也具相当大优势。例如卖家使用实名制，对于消费者的售后就会更加精准，不会出现恶意诈骗的行为。

二、流量降价带来电子商务网购红

1. 流量降价的原因

萌芽期的中国互联网，可以说是一群精英们掀起的飓风革命。尽管新浪在1998年世界杯期间，就以24小时滚动播出新闻的形式，赚到了18万元的广告收益。可当2000年科技股泡沫出现时，大量的网站死在了赚钱的临界点上，哪怕是名噪一时的新浪、网易、搜狐，最终摘掉"垃圾股"帽子的，不是当今互联网惯用的"流量变现"，而是移动梦网和短信分成。

而流量争夺战的兴起，还要归功于搜索引擎的衔接。

查阅CNNIC公布的全国网民数量变化，1997年网民数量只有63万人，到了2001年初，这个数字已经飙升至2 250万人。当互联网的泡沫逐渐过去，人们又恢复了对互联网的热情，互联网彻底沸腾了起来，门户、论坛、IM、电子商务、网游……几乎所有赚钱的买卖都在这个时候被酝酿出来，几乎所有的玩家都在设法扩张人流量。直到2009年，谷歌在中国渐露败绩，爱问、雅虎、搜搜等逐渐体力不支，这场流量争夺战才算告一段落，而流量降价的原因如下。

① 政策。2014年，工信部宣布全面放开电信业务资费，电信运营商可根据市场情况及用户需求制定资费方案，包括具体资费结构、资费标准及计费方式。此次放开的电信业务资费包含了固定和移动的本地、长途、漫游语音、短消息、数据业务等所有电信业务资费。显然，政策的松绑为电信运营商业务资费模式的改革亮起了绿灯。

② 舆论压力。4G网络具有带宽大、下载速度快的显著特点，由此带来了数据流量业务需求的大量增长。然而，原来的与3G水平基本相当的资费体系已无法满足用户的需求，业界对资费过高的质疑声音此起彼伏，使中国移动陷入被动状态。

③ 成本问题。由于运营商多年的积淀，前期的完善假设在现在的运营成本被分摊得越来越小，所以成本降低了很多，因此运营商有空间进行降价。

2. 流量降价带来电子商务网购红

同样是CNNIC的数据，2013年到2016年的3年间，中国的网民数量仅增加了区区一亿人，远低于此前20年中的增速。却诞生了微信、微博、淘宝、手百、今日头条等数亿用户的超级APP，流量竞争到了近乎疯狂的节奏，但大多数是巨头或者巨头的代理人。

三、用户手机上网成为常规

1. 用户手机上网流量使用情况

2010年是海外主流运营商规模建设4G的发展元年，从图4-2中观察得到，2019年1～5月，4G时代我国人均月使用流量达6.97GB。2013—2019年的数据显示我国移动互联网接入量及月户均流量皆保持着较高的增长率。

2. 我国手机网民规模

截至2019年6月，我国网民规模达8.54亿，较2018年底增长2 598万，互联网普及率

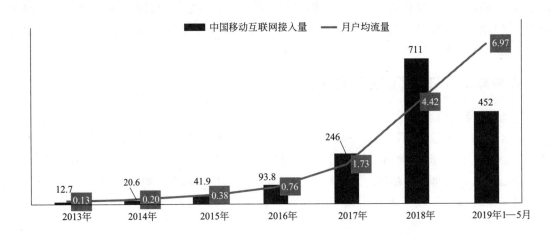

图4-2　2013—2019年5月中国移动互联网接入量及月户均流量

达61.2%,较2018年底提升1.6个百分点。我国手机网民规模达8.47亿,较2018年底增长2 984万,网民中使用手机上网的比例由2018年底的98.6%提升至99.1%。

3. 下沉市场、跨境电子商务、模式创新带动网络购物

截至2019年6月,我国网络购物用户规模达6.39亿,较2018年底增长2 871万,占网民整体的74.8%;手机网络购物用户规模达6.22亿,较2018年底增长2 989万,占手机网民的73.4%。这表明网络的普及直接促进了我国网购市场的飞速发展。

2019年上半年,网络购物市场保持较快发展,下沉市场、跨境电子商务、模式创新为网络购物市场提供了新的增长动能。

在地域方面,以中小城市及农村地区为代表的下沉市场拓展了网络消费增长空间,电子商务平台加速渠道下沉。在业态方面,跨境电子商务零售进口额持续增长,利好政策进一步推动行业发展。2019年上半年,我国跨境电子商务零售进口商品货值456.5亿元,同比增长24.3%。在模式方面,直播带货、工厂电子商务、社区零售等新模式蓬勃发展,成为网络消费增长新亮点。

淘宝上线独立直播平台、拼多多联合快手进行直播推广、京东购物车接入抖音、网易考拉上线短视频购物推荐频道,电子商务与直播、短视频开展深度融合。

第三节　从网店到APP再到公众号微商城

一、零售电子商务平台盈利关键在广告

1. 广告是零售电子商务平台盈利的关键原因

现代社会广告无处不在,作为互联网免费时代的代价,广告充斥着互联网的每个角落。广告可以渗透到各种互联网产品之中,如视频音乐、新闻资讯、搜索、电子商务、游戏。按照呈现载体不同,广告可分为文字广告、图片广告、视频广告等。相于传统媒体,互联网产品覆盖面更广,广告形式更丰富,人群定位更精准,因此具有独特的优势。

网络广告是门户网站的主要盈利来源,同时也是B2B电子商务网站的主要收入来源。

阿里巴巴网站的广告根据其在首页位置及广告类型来收费。中国化工网有弹出广告、漂浮广告、横幅广告、文字广告等多种表现形式可供用户选择。

2. 互联网广告的形式

互联网广告最主要的两种形式是：搜索排名和信息流广告。

搜索排名包括百度搜索、淘宝竞价排名、各大手机应用市场竞价排名等，信息流广告产品包括微博、头条、抖音、各类新闻产品、朋友圈等。另外，除了搜索排名和信息流广告，还有传统的首页推荐、开屏广告等形式。

3. 网络广告市场现状

（1）网络广告规模达 4 844 亿，市场生命力依然旺盛，"价值要素"的科学化是第一驱动力

根据艾瑞咨询 2018 年度中国网络广告核心数据显示，中国网络广告市场规模达到 4 844 亿元，同比增长 29.2%。从绝对值来看，中国网络广告产业的生命力依然旺盛，预计在 2021 年市场规模将达到近万亿元。

总结起来看，一方面是广告带来的销售增长要求被细化和量化；另一方面是企业试图将包含广告、数据、销售在内的营销融入企业全生命周期的管理和运营当中去，并真正使营销成为企业市场战略中的重要一环，这意味营销价值要素在技术和人力的配合下也会愈发科学和成熟。

（2）媒体融合向纵深发展，顺着技术发展轨迹，以网络媒体为核心的融合程度不断加深

从六大媒体广告收入来看，网络广告持续快速发展并占据广告市场绝对核心地位。与 2018 年有所区别的是，2019 年添加了户外媒体广告收入规模，2018 年户外广告收入规模为 456.1 亿元，预计 2020 年将达到 650 亿元。未来，基于云计算、物联网、大数据、人工智能、区块链等新技术的持续发展，以网络媒体为核心的融合程度将不断加深，包含媒介传播资源、用户市场和产业资源都会重组和融合。

（3）电子商务企业广告生命力顽强

电子商务网站广告份额稳定增长，其他媒体形式有所调整。

2018 年电子商务网站广告份额占比为 33.6%，未来几年，随着电子商务平台内容电子商务战略以及其他媒介形态对电子商务平台整合的深入发展，其广告份额仍将保持较好的份额占比。其他媒体形式中，门户及资讯广告（不含非门户业务）占比为 9.6%，社交广告占比为 10.5%，份额有所提升，随着信息流广告在资讯及社交领域的发展，未来几年份额将持续上升或保持在较高水平。

二、APP 提高购物体验

1. 定义

APP 应用自身变现，主要模式有：如游戏类 APP 的付费下载，APP 中的付费模块（Free+Premium）及基于内容的知识变现等。

2. 特点

（1）移动 APP 核心资源

① 内容/功能。无论是何种类型的 APP，只有满足用户某种类型的需求，才能吸引用户，从而通过用户对 APP 的使用实现增值服务。切合用户需求的功能是吸引用户聚焦的首要前提，这种功能包括但不限于娱乐功能——游戏、视频 APP 等，阅读功能——资讯、小

说 APP 等。

② 品牌。品牌是移动 APP 的衍生资产。对于下载付费 APP，需要先付费后下载，它的品牌口碑就更为重要。

（2）移动 APP 关键业务能力

① 用户需求的挖掘。移动 APP 主要依靠满足用户的某类需求为主要卖点，对于核心用户的选择，以及对于用户需求心理的把握，都会直接影响到产品最终的呈现形式，以及未来市场走势。

比如：爱奇艺视频的会员付费，除了免广告之外，会员还可以获得蓝光清晰度、杜比音效、更好观看影片等权利。

② 内容的生产制造。在对于核心用户有明确定位之后，进行产品设计，将需求转化为现实的产品，吸引用户注意力并不断更新产品设计提高用户黏性。用户黏性越高，使用时长越长，对功能的体验越深度，才能有更多的付费转化机会。相比广告模式，内容付费模式对内容的要求更高，不仅能吸引用户来到 APP，更需要吸引用户对内容产生强大的兴趣。

③ 数据挖掘能力。在用户使用 APP 期间会形成大量的用户数据，这些数据不但能够成为产品优化、发掘潜在用户的重要依据，同时也能够帮助发掘拓展潜在的付费点。

④ 移动 APP 的收入来源。移动 APP 的主要盈利模式分为下载付费、应用中付费、应用内置广告盈利。

三、微信公众号十万+ 创造新客流

微信是基于用户 QQ 好友及其手机通讯录而建立的社会化群体信息交互平台，其范围更窄，传播交流信息更真实、更频繁。微信公众号依托于个人的好友引流，然后通过微信营销，创造十万＋客流。微信公众号文章热度增长模式主要是激增方式，在开始时期便迅速传播扩散，随后缓慢增长，最终进入衰亡期。一个成功的微信公众号运营，需要把握住微信公众号的运营特性，进行精准定位，然后了解一些微信公众号的运营技巧。微信公众号可以结合自身领域特色，集中关注和推送某一领域的信息，凸显企业或自媒体自身文化价值，并注意文章标题的字符数与标点符号的运用，合理利用网民的阅读高峰期来发文；当运营较为成熟后，应尝试根据用户生活习惯每日定时、定量推送文章，培养用户阅读习惯；同时可以根据激增期的数据来预测整体影响效果，及时推进或改变营销策略。

1. 微信公众号传播特性

微信作为当下较为热门的自媒体公众平台之一，微信公众号开始成为自媒体经营品牌、获得市场价值的重要渠道。微信公众号的品牌营销不只为自媒体开发了深度用户，还在很大程度上增加了社群类营销获益的可能性。

（1）语音传播

语音传播是微信公众号独具特色的传播方式，它不同于视频、图片、文字等形式，语音传播较文字传播更为直观，较视频耗费的移动流量较少，既拉近了与用户之间的距离，又减少了获取信息的成本。诸如"为你读电影"微信公众号，将经典和热门的电影评论用简短的语音形式定期发送，就较好地发挥了微信公众号语音传播的优势。因"知识链"而聚集的用户，有着相同的属性和诉求，均靠微信的语音特性收获了该领域的忠实粉丝，在拉近与用户心理距离的同时，悄然建立并稳固了品牌形象。

(2) 碎片式的传播内容

当下快节奏的生活使人们的注意力不易长时间集中于一件事物，微信公众号根据自己的品牌定位，点对点地寻找目标受众，传者推送的内容更加自主，受传者的选择也更加有目的性，两者极易达成一种共识，建立一种心领神会的默契度，这种双向交流体现了微信朋友圈的强交互状态，即微信公众号凭借不同用户相同的兴趣点抓住用户的眼球，增强了信息的有效抵达率。此外，公众平台推送的内容一般都较为简洁，并配之以图片缓解视觉压力，内容虽呈现碎片化，但符合人们利用碎片化时间进行随时随地的碎片化阅读。用户甚至可以根据自身的需要，随意订阅多个自己感兴趣的微信公众号，丰富自己的知识视野与信息空间。

(3) 情感联系下的人性化交流

微信公众号是一个半封闭的圈子，相似的属性与诉求，使之与用户保持长期的黏性，更便于把这种情感传播的特性发挥到极致。大多数的微信公众平台都是通过喜好、兴趣建立的，同样的故事、经历和诉求、意外乃至梦境，都有可能成为与用户连接的纽带，这种认同感会直接拉近与用户的心理距离。准确把握微信公众号的传播特征，根据目标受众精耕细作传播内容，建立定位鲜明且独有的品牌形象及其营销策略，是成功进行微信公众号营销的重要前提。

2. 微信公众号的定位类型

(1) 自媒体

自媒体俗称"个人媒体"，自媒体平台包括：博客、微博、微信、百度贴吧、论坛等网络社区。举个例子就是：写出你的感受，然后发布到各大社交平台上。

(2) 纯粹卖货型

唯一的目的就是吸引粉丝卖货（微商、微店）。

(3) 品牌型

这是一些大公司的营销策略，微信公众号成为其品牌宣传的一个窗口，它不销售，也不做客户维护，就是一个宣传触点，比如肯德基、星巴克等。

(4) 其他型

微信公众号承担了 CRM 的角色。这个思路应用在一些带有实体性质的企业尤为突出，如餐馆、酒店、KTV、美容场所等，以会员形式结合微信公众号运营来操作。

3. 如何利用微信公众号创造十万＋客流

(1) 做好微信公众号的内容运营

对于粉丝而言，只有从公众号获取到他们需要的有价值的内容，他们才愿意继续关注该公众号，否则，就很容易转向别的公众号。想要产生变现，留住粉丝是其中最重要的一环。

因此，内容建设是很重要，因为不管引流的手段多么高明，最终满足粉丝需求的都是内容及服务，所以在确保服务质量的同时，做好内容运营，双管齐下，才能留住粉丝。

(2) 活动建设，跟粉丝之间建立一种深厚的感情

粉丝对公众号的信任感需要培养，紧密的粉丝感情更有利于产生转化。一开始，粉丝和公众号的联系不是很牢固，用比较有吸引力的活动促使粉丝参与进来，在多次活动建设之后，慢慢跟粉丝之间建立一种深厚的感情。

(3) 引导粉丝，利用公众号的优势实现变现

微信公众号类型繁多，以公众号的优势去引导粉丝进行相应的活动。从公众号的优势方面入手，让粉丝对公众号有一种更大的信心。

(4) 给粉丝带来实用性

在注意力稀缺的时代，实用本身就是一个刚需。用户对于技能指导、实用建议及干货类的内容会产生更为浓厚的兴趣。并且，实用性越强的文章，被收藏的概率也会越高。

4. 盈利方式

盈利方式有四种，如下所述。

① 建付费交流圈：过滤出一部分有付费能力的人，进行内部资料分享。圈子内提供更具价值的东西，让人感觉物超所值。

② 网络培训课：可以在千聊或者荔枝微课等进行付费授课。

③ 广告费：有了一定粉丝基础，可以适当地接广告，为其他公众号导流、用微信号接朋友圈广告。如果公众号有原创基础，也有了一定的知名度，那么不用依靠流量主，商业广告就能成为微信公众号的主要来源。商业广告分为硬广和软广两种。

④ 卖其他周边配套相关产品等。

四、手机微商城让变现成本更低

现在许多公司基本上都设有新媒体运营部门或者安排微信公众号运营人员，考核之中往往只有阅读量、转发量、点赞量，公司投入了大量的人力物力，可始终没有一个明确的变现回报，而通过微商城变现盈利的方式是有效可见的。许多APP、新兴的直播平台也纷纷选择用电子商务的方式实现变现，在资本的寒冬中得以生存。

1. 微商城简介

微商城又叫微信商城，主要是借助微信公众号、微信朋友圈和微博等媒介推送微店和微商城的产品，交易均通过微店和微商城进行。微商城是基于微信而研发的一款社会化电子商务系统，同时又是一款传统互联网、移动互联网、微信商城、易信商城、APP商城五网一体化的企业购物系统。消费者只要通过微信商城平台，就可以实现商品查询、选购、体验、互动、订购与支付的线上线下一体化服务模式。对于众多商家来说，微信在当前的火热是一个难得的商机，凭借微信操作简便、传播迅速、用户众多等诸多先天优势，微商城为商家提供了一个很好的营销平台。

2. 微商城运营推广技巧

互联网技术高度发展的今天，微商城遍地开花的当下，微商城商家想要获取更多流量与客户，对商城的宣传与推广是不可缺少的。

(1) 微信活动推广

微信庞大基数的用户群体成为无数商家的推广首选，微信活动的推广包括线上和线下活动两种方式，比如通过介绍朋友进入商城就可以获得折扣礼品，鼓励客户关注微信可以获得免费小礼品等。这些活动都能够使商家获得大量粉丝，成功做好微商城推广。

(2) 分佣推广

① 微分销系统最具特色的功能之一就是分佣，因此分佣也可以作为微商城运营推广的方式。

② 分佣推广是按流量、会员注册量和订单成交量来进行计费的推广模式。参与分佣推广的买家只要成为微信商城的会员，通过微信、微博等渠道将产品分享出去，其他买家通过这些渠道进入微商城完成浏览或注册会员购买，买家均可赚取推广佣金。

(3) 打造爆款

打造爆款产品要考虑多方面的因素，首先要保证产品的品质、价格以及产品的库存充足，并能够获得足够利润。之后再通过更多的线上、线下渠道让用户知道预热产品的信息，展开优惠获得用户。

3. 微商城的平台优势

(1) 平台费用低

相对于自己做一个完善的移动端微商城，第三方的微商城平台能够解决绝大多数企业的需求，而且费用相对企业独自开发要低得多。一些贪图便宜的商家选择了购买便宜的源码结果导致平台的服务性能和更新速度完全跟不上，得不偿失。

(2) 较完善的互动工具

现在像微猫这样的微商城，后台拥有多种互动营销工具，如拼团、优惠券、秒杀、抽奖、发红包等。一站式的服务能够提供最前沿的营销手段。

(3) 运营数据

成熟的商城内均有 ERP 和 CRM 系统，能够得到较为全面的店铺运营数据从而指导运营方向。

第四节　移动电子商务造就新零售最后一块拼图

一、O2O 是过渡还是终点

1. 新零售定义

新零售，即企业以互联网为依托，通过运用大数据、人工智能等先进技术手段并运用心理学知识，对商品的生产、流通与销售过程进行升级改造，进而重塑业态结构与生态圈，并对线上服务、线下体验以及现代物流进行深度融合的零售新模式。

线上线下和物流结合在一起，才会产生新零售。新零售具备精准、品质强、便利、效率高的特点。

2. 政策背景

2016 年 11 月 11 日，国务院办公厅印发《关于推动实体零售创新转型的意见》（国办发〔2016〕78 号），明确了推动我国实体零售创新转型的指导思想和基本原则。同时，在调整商业结构、创新发展方式、促进跨界融合、优化发展环境、强化政策支持等方面作出具体部署。该意见在促进线上线下融合的问题上强调："建立适应融合发展的标准规范、竞争规则，引导实体零售企业逐步提高信息化水平，将线下物流、服务、体验等优势与线上商流、资金流、信息流融合，拓展智能化、网络化的全渠道布局。"

3. 新零售出现的原因

在电子商务突飞猛进发展的很多年之后，大家开始意识到最近发展增速放缓。电子商务的统计数据加在一起，电子商务用户消费者总额加在一起，只能占中国消费品零售业总额的

10%，某些特殊品类大概占 20%。究其原因是因为线下捍卫了三个重要的特性，就是体验性、可信性和即得性。今天所谓的新零售就是要想尽一切办法把线上高效性、便捷性和线下的即得性做一个结合。

① 对线上而言，线下有庞大的客流量，如亲子、娱乐、影院等服务性业态，必须在线下才能体验到，这是线上没法比拟的；而且现在线上流量获取的成本越来越高，引流一个用户成本要两三百元，遭遇"天花板"。

② 对线下而言，缺乏互联网思维和相应的技术、平台，比如微信社交圈、小程序、线上支付等，合作能互补、共赢。

③ 新科技的应用。新零售就是一个百花齐放的模型，线上和线下的融通，人脸识别、大数据应用、SaaS 服务等极大地提高了企业对消费者的识别能力。消费者被识别以后，供给商、零售商对消费者用户的触达能力就大幅度地加大了。

二、新零售是新物种吗

1. 新零售兴起

2016 年 10 月 13 日，马云在阿里云栖大会上首提"新零售、新制造、新金融、新技术、新资源"的"五新"概念，并指出线上线下加上现代物流合在一起，才能真正创造出新零售。2017 年 2 月 20 日，阿里巴巴与百联集团宣布达成正式战略合作，被看成是阿里集团真正落地"新零售"的第一步。新零售概念一经提出，随即成为风口。截至目前，虽然新零售入局者日益增多，但新零售的概念依然火热。

2. 新零售的模式

新零售普遍认同的观点是 O2O，但具体的体现模式各有不同，主要有以下的四种模式。

（1）新零售的宠儿

盒马鲜生、超级物种、大润发优鲜、鲜食演义……生鲜市场成为新零售的热门。

这是因为生鲜类产品有着特殊的属性，它们对于物流和库存有严格的要求，无论是盒马鲜生或超级物种，它们的服务范围都是在线下 3 公里内的商业圈，具有新零售特点的生鲜门店目的就是为了获取用户的关注、广泛的营销和流量，在线上采用零售＋配送＋餐饮的模式，而在线下则注重仓管和把控产品。

这种模式成为新零售的形态，从盒马鲜生、超级物种的疯狂扩张来看，生鲜市场的竞争将越来越激烈。

（2）无人超市

2016 年底，亚马逊宣布了一个震惊科技界的消息，那就是它们将推出一家不用排队、不用结账，拿了东西就能走的无人超市，名为 Amazon Go，过了半年时间，无人超市在国内走红，出现了无人便利店、无人货架等多种形式的零售。

然而好景不长，"无人系列"不到几个月时间从一片叫好到转而唱衰。这是因为"无人系列"除了面临成本和技术的考验外，还夹杂着对人性的考验，要知道用户是最不可控的一个群体。或许无人零售是个新的趋势，但目前还需要一个漫长的过渡期。

（3）体验店

站在新零售的角度来看，相对于线上零售渠道，它们最具优势的莫过于体验，并出现了一批以体验消费进入新零售的企业，网易考拉的"海淘爆品店"、MUJI HOTEL 酒店都是如此。这种新零售模式的目的是为了占据新零售的线下市场，最终挖掘出让企业效益增长的新道路。

（4）自助式无人零售

这种轻体量的无人零售类的自助售货机则走着"用完即走"的路线，甚至不会在意用户是否对产品留下印象。

通过这四种新零售模式我们会发现，新零售的不同模式，直接影响着该零售的走向和格局，但它们都有一个共同性，那就是无法缺少用户。

3. 新零售的未来趋势

①在电子商务巨头集体回归线下市场时，打造超级产品成为企业核心。在2015年之前的手机市场中，互联网成为企业制胜的关键，到了2016年不少企业便进入了瓶颈期，例如，小米、魅族、OPPO、vivo等知名手机品牌，但华为却进行着"千县计划"，在许多人不曾看好的三四线城市中进行线下布局，下沉市场成为获利关键，华为稳定了产品的销售量，在产品受到用户的喜爱后才能使得产品成为超级产品，为企业带来更高的利润。相较于线上居高不下的营销和推广费，线下的渠道反而较为踏实。

② 智慧标记、智慧结账将不再是额外的购物体验，而是基本必备。

③ 客户体验持续扮演重要角色，消费者希望在店内获得更多的交流及互动。

④ 社群媒体让人们可创造并推广自有品牌，使电子商务业者及小型卖家数量增加。

⑤ 创新且人性化的体验店将扮演零售业者橱窗，让客户透过AR/VR科技创造个人化的购物体验。

三、更大挑战在于整合

1. 生态系统

新零售线上与线下的整合涉及很多方面，而移动互联网时代企业的商业生态系统的整合无疑面临着许多挑战。

1993年，美国著名经济学家穆尔（Moore）在《哈佛商业评论》上首次提出了"商业生态系统"概念。所谓生态系统是以相互作用的组织和个体为基础的经济群落，随着时间的推移，他们共同发展自身能力和作用，并倾向于按一个或多个中心企业指引的方向发展自己。

简单说，商业生态系统包括企业自身及其顾客、市场媒介（包括代理商、提供商业渠道以及销售互补产品和服务的人）、供应商，这些可以看成商业生态系统的初级物种。此外，一个商业生态系统还包括这些初级物种的所有者和控制者，以及在特定情况下相关的物种（包括政府机构和管理机构，以及代表消费者和供应商的协会和标准）。

近几年，"生态"已经成为互联网企业发布战略的代名词，互联网打破了传统企业之间价值链的壁垒，消灭了信息不对称，彻底改变了过去企业与企业之间的关系，使企业和企业之间由过去的零和博弈竞争思维进化到共好共生的生态思维。与传统实体经济不同，在人、货、场三者之间关系的构建方面，电子商务打破了"人到货"的零售路径，开启了"货到人"的互联网商业生态系统发展形态，这个商业生态不是存在于哪个城市的地域空间，而是存在于消费者的记忆空间。互联网商业生态系统是以互联网平台为核心，集成了众多商家、消费者以及相关服务商而形成的互联网商业生态系统。互联网商业生态系统已经颠覆了传统商圈的空间地理区域限制，通过互联网和移动互联网拓展到整个虚拟空间，从而在规模和业态上都极大拓展了商业空间发展格局。更加重要的是，互联网商业生态系统不像传统商圈一样仅仅局限于买卖双方的交易行为，而是拓展整合了商贸流通各个环节，从金融支付、商贸信息、物流体系等方面形成一个完整的商业生态闭环。众多企业在互联网商业生态系统内部不断演化升级，推动互联网商业生态结构不断成熟，形成了电子商务中的"小前端、大平台、富生态"的互联网商业生态系统生态格局。

一个健康的生态，构成生态中的每一个因素都是相互独立且互相影响的，他们彼此的重要性是相对等的。目前我国典型的两个生态系统是阿里巴巴的阿里生态系统与腾讯的腾讯生态系统。两者的生态之争从线上蔓延至线下，可谓激烈。

2. 阿里生态系统

阿里巴巴这个电子商务"王国"作为一个典型的商业生态系统，与众多中小企业一起，经历着构建商业生态系统过程中的四个主要阶段（即发展、扩展、领导、自我革新或死亡），即建立并完善着一条稳定的、共赢的生态链。阿里巴巴目前处于自我革新的阶段，那么生态系统的整合无疑是阿里巴巴一直都在面临的挑战。图4-3展示了阿里巴巴在不同领域的布局，这些领域共同组成了阿里巴巴闭合式的生态圈。

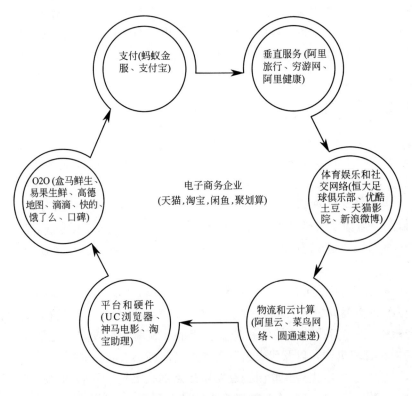

图4-3 阿里巴巴生态系统图

阿里巴巴的生态系统模式是闭合式的生态系统，阿里巴巴是以电子商务为核心，通过淘宝和天猫，实现商品与商品的连接。电子商务业务现在进入红海，竞争非常激烈。阿里巴巴的创始团队具有国际化的融合能力，在国内和国际化扩张都具备很大潜力；在物流方面，阿里巴巴基于电子商务掌控着菜鸟网络；在支付支付领域，阿里巴巴掌控着蚂蚁金服（主要指支付宝），蚂蚁金服相对于微信支付略占优势，主要是蚂蚁金服市场份额稍大；在技术领域，阿里巴巴有着全球领先技术的阿里云系统，超强的云计算能力为阿里生态的发展起到了巨大的推动作用。

阿里巴巴新零售生态版图围绕线下市场、国际市场、农村市场三维度进行构建。2014年起，阿里巴巴通过与银泰百货、苏宁的战略合作，初步探索尝试通过线上线下优质资源整合提高零售效率。2016年伴随马云正式提出"新零售"概念，阿里巴巴依托资本优势，加快线下优质零售商业的整合力度，同时探索尝试无人零售、"天猫小店"等，不断完善新零售生态。2017年，阿里巴巴加快了国际零售市场投资并购力度，同时持续线下实体零售的投资并购，不断丰富创新商业业态，丰富产业生态。此外，阿里巴巴以汇通达、农村淘宝以及零售通为抓手，进一步布局农村电子商务及零售供应链。

从图4-3中可以看到阿里巴巴O2O这个子生态圈中包含着生鲜电子商务、外卖平台饿了么、出行平台滴滴、快的等。下面以阿里巴巴旗下的典型的O2O平台盒马鲜生进行举例分析。

2016年1月，第一家盒马鲜生门店于上海开业，它集合了圣品展示、存储、分拣、加工处理、APP运营等功能，一开店就受到广大消费者的喜爱。盒马鲜生是新零售的第一个产物，区别于传统零售，它打通了线上和线下的商业信息网络，实现了从前台到后台一体化的信息管理，整合了供应链、物流、库存、支付、会员和营销六大零售基本要素。

盒马鲜生依托的是阿里巴巴成熟的物流体系，以及强大的上游生产厂家供应链渠道，与作为下游商家的盒马鲜生门店直接形成了闭合生态圈。与传统零售最大区别是，盒马鲜生运用大数据、移动互联、智能物联网、自动化等技术及先进设备，实现人、货、场三者之间的最优化匹配，从供应链、仓储到配送，盒马鲜生都有自己的完整物流体系。盒马鲜生以算法驱动器运营系统，然后以供应链系统来支撑快速配送。盒马鲜生的供应链、销售、物流履约链路已完全实现数字化，从商品的到店、上架、拣货、打包到配送，作业人员都是通过智能设备去识别和作业，简易高效，出错率极低，一定程度上降低了人工、配送、生产等各方面的成本。

这是零售业转型升级的首个成功案例，探索和验证了新零售商业模式的可行性，这有助于新零售的推广式发展，也会有助于拉动内需增长，促进经济发展。

盒马鲜生成功的秘诀不仅在于零售环节的数字化管理，更关键的是抓住了零售业的本质，即高质量的商品和优惠的价格。无论零售业发展到何种阶段，这都是它的本质和核心所在，数字化的运营管理系统和线上线下联动的消费模式是促进获得持续竞争力的前提和保障。2018年9月，盒马鲜生首次对外公布业绩数据——单个门店日均销售额达80余万元，线上销售额占总销售额的比例超过五成，这说明了消费者对新零售模式的极大认可。就其最终目的而言，阿里巴巴打造的盒马鲜生，一方面是通过数据化的管理降低传统零售的运营成本，之后进行新零售的推广和复制化发展；另一方面，通过射频技术、Wife探头等捕捉和分析消费者的消费过程，为线下企业提供数据支持而联结成实体网络，实现战略扩张。

3. 腾讯生态系统

腾讯与阿里巴巴同属于中国互联网时代的两大巨头，腾讯公司经过20年的发展，以即时通信软件QQ为起点，发展到如今以社交为核心，集金融、娱乐、资讯、工具、平台和人工智能为一体的庞大的商业生态系统。基于生态系统视角对腾讯商业生态系统的演化路径进行研究。腾讯商业生态系统的演化过程是复杂的和系统化的，如图4-4所示。

图 4-4　腾讯生态系统

腾讯的开放式生态系统，使得腾讯系统更加包容和强大。腾讯的核心竞争力依赖社交，通过社交积累大量用户，社交使得用户黏性很强，再通过其他业务进行变现，比如：广告、游戏、电子商务等业务。腾讯最擅长的领域是社交，主要产品是微信、QQ，其微信基本已经普及中国很多三四线的城市，很多人都在使用微信。在游戏领域，腾讯基于微信社交掌控着娱乐游戏。在支付领域，腾讯掌控着基于10亿左右用户的微信支付。

腾讯新零售生态版图以京东为线上零售生态核心，以永辉超市为线下零售生态核心进行零售生态的延伸与完善，同时积极布局国际市场。2014年，腾讯转变零售电子商务布局策略，同京东进行紧密战略合作，布局线上零售市场，同时腾讯依托资本与流量优势，投资唯品会、拼多多、转转等，进一步完善线上零售版图。并且京东因其特有的自营模式，颇有对飙淘宝的气势，当然，借助于微信的熟人社交关系链，如今在三四线城市正如火如荼的拼多多对淘宝来说慢慢的也有了一定的威胁。因此，目前来看，阿里巴巴在腾讯的社交领域基本没有能够撼动其地位的产品，但腾讯在阿里巴巴的电子商务领域的探索却不曾止步，并且也取得了一定的成效。

2017年，腾讯战略投资永辉，以此为抓手尝试进行线上线下渠道融合。腾讯剑指新零售，意在金融与支付。超级物种线上布局方面弱势明显且推广成本高，但是由于永辉在供应链管理上具有完善的布局和独到的经验，在产品采购的时间和价格上有很大的竞争优势。超级物种拥有鲑鱼、盒牛、波龙三大核心工坊，极大减少了外购费用。团队共享、全球供应链，永辉超级物种有不一样的新零售。电子标签、电子叫号器，自动收银台，方便又快捷，减少人工成本。联合京东物流强化配送体系。

4. 总结

阿里巴巴与腾讯作为中国互联网的两大巨头，两大企业的生态系统各有千秋，阿里巴巴在电子商务领域更胜一筹，腾讯在社交领域的地位不容撼动。在新零售的生态版图上，阿里巴巴围绕线下市场、国际市场、农村市场三维度进行构建。腾讯以京东为线上零售生态核心，以永辉超市为线下零售生态核心进行零售生态的延伸与完善，同时积极布局国际市场。未来，阿里巴巴与腾讯在新零售领域的竞争必将越演越烈。

四、新零售完成标准到非标产品变革

1. 从历年的"双十一"热销品排行看标品到非标品的变革

（1）2012 年

通过历年的销售数据，我们观察看到 2012 年（表 4-1），淘宝商城正式更名为天猫。服装、家居品类仍为天猫中最为活跃的类目。杰克琼斯、骆驼销售额均超过 1 亿元，分别排在男装鞋和家居品类的第一名。家纺龙头老大——罗莱家纺，在天猫成交金额突破 9000 万元，在家纺类目排名强势登榜第一，淘宝全网排名第四。在女装类目方面，女装"淘品牌"裂帛、茵曼销售额分别超过 8500 万元和 6700 万元，与韩都衣舍共同位列该类目前三甲。

表 4-1　2012 年天猫"双十一" TOP20 店铺排名

排名	店铺名称	排名	店铺名称
1	杰克琼斯官方旗舰店	11	波司登官方旗舰店
2	骆驼服饰旗舰店	12	韩都衣舍旗舰店
3	全友家居官方旗舰店	13	名鞋库运动旗舰店
4	罗莱家纺官方旗舰店	14	真维斯旗舰店
5	裂帛服饰旗舰店	15	水星旗舰店
6	GXG 官方旗舰店	16	迪信通官方旗舰店
7	海尔旗舰店	17	纳纹服饰旗舰店
8	富安娜官方旗舰店	18	北极绒官方旗舰店
9	顾家家居旗舰店	19	ONLY 官方旗舰店
10	茵曼旗舰店	20	南极人官方旗舰店

（2）2014 年

2014 年时，更为关键的是，随着"双十一"促销阵营的持续扩充和品牌影响力的不断提升，爆品不再只局限于服装和化妆品等日用必需品，食品、手机甚至家电也逐渐成为"双十一"人气颇高的品类，用户客单价从 2013 年的 1 353 元提高至 1 634 元。

（3）2017 年

线下品牌认同度高，化妆品中高端消费趋势明显。持续受益于消费升级下消费对品牌和商品价值的认同，2017 年"双十一"延续 16 年来线下品牌的强势表现，相比淘品牌优势明显。天猫分品类店铺前五中，服装品类仅有女装淘品牌韩都衣舍进入前五。化妆品类的消费升级趋势更加明显，中高端的兰蔻、雅诗兰黛首次强势进入前五，去年列榜的一叶子面膜则被挤出（见表 4-2 和表 4-3）。

表 4-2　2017 年天猫销售额 TOP20 店铺排名

排名	店铺名称	排名	店铺名称
1	苏宁易购	11	新百伦
2	小米	12	森马
3	荣耀	13	格力
4	海尔	14	全棉时代
5	NIKE	15	GXG
6	优衣库	16	科沃斯
7	魅族	17	Gap
8	三只松鼠	18	巴拉巴拉
9	美的	19	太平鸟
10	阿迪达斯	20	小天鹅

表 4-3 2017 年天猫各类目排名 TOP5

排名	男装	女装	女鞋	美妆	珠宝	母婴	大家电	手机
1	海澜之家	优衣库官方旗舰店	skechers 官方旗舰店	百雀羚	周大福官方旗舰店	全棉时代官方旗舰店	苏宁易购官方旗舰店	苹果
2	优衣库	veromoda 旗舰店	UCG 官方旗舰店	自然堂	周大生旗舰店	国际官方直营店	海尔官方旗舰店	小米
3	GXG	ONLY 官方旗舰店	百丽官方旗舰店	兰蔻	周生生官旗舰店	天猫超市	夏普官方旗舰店	荣耀
4	太平鸟	伊芙丽官方旗舰店	staccato 旗舰店	雅诗兰黛	潮宏基珠宝旗舰店	好孩子官方旗舰店	格力官方旗舰店	华为
5	杰克琼斯	韩都衣舍官方旗舰店	卓诗尼旗舰店	SK-Ⅱ	中国黄金官方旗舰店	babycare 旗舰店	美的官方旗舰店	VIVO

家电网购渗透率或持续提升，运动休闲类服饰受欢迎，苏宁易购蝉联天猫单店销售额最高。从天猫 2014—2017 年店铺销售额前十来看，家电手机品类店铺占据半壁江山，而 2014 年以前前十主要是服装家纺类产品，体现电器 3C 网购渗透率持续提高。另外服装品类耐克和阿迪达斯蝉联前十，反映消费升级趋势下消费者对健康和运动休闲的偏好。2015 年进驻天猫的苏宁易购官方旗舰店蝉联天猫单店销售额最高。

（4）2018 年

根据中商情报网报道可知：2018 年天猫"双十一"全球交易额达 2 135 亿元，再次刷新了纪录。"双十一"从最初的 5 200 万交易额发展到 2018 年的 2 135 亿，从 PC 互联网到移动互联网，从线上狂欢到全渠道狂欢，从全民参与到全球共振，"双十一"已经走过十年的辉煌历程。表 4-4 是 2018 年天猫"双十一"全国零售额 TCP20 店铺排行榜。表 4-5 是 2018 年"双十一"全网零售额 TOP20 品牌排行榜。

表 4-4 2018 年天猫"双十一"全网零售额 TOP20 店铺排行榜

排名	店铺名称	排名	店铺名称
1	苏宁易购官方旗舰店	11	森马官方旗舰店
2	天猫超市	12	GREE 格力官方旗舰店
3	小米官方旗舰店	13	美的官方旗舰店
4	天猫国际官方直营店	14	自然堂官方旗舰店
5	NIKE 官方旗舰店	15	荣耀官方旗舰店
6	海尔官方旗舰店	16	三只松鼠官方旗舰店
7	优衣库官方旗舰店	17	宝洁官方旗舰店
8	adidas 官方旗舰店	18	安踏官方旗舰店
9	华为官方旗舰店	19	Lancone 兰蔻官方旗舰店
10	巴拉巴拉官方旗舰店	20	olay 官方旗舰店

（5）2019 年

2019 年"双十一"全网销售额排名第一的是个人护理行业（表 4-6）。其次，美妆和休闲食品则分别位居第二和第三。据了解，作为休闲食品巨头的三只松鼠 2019 年再次成为率先破亿的休闲零食品牌。

表 4-5　2018 年"双十一"全网零售额 TOP20 品牌排行榜

	品牌名称	零售额占比（%）		品牌名称	零售额占比（%）
1	苹果	5.2%	11	格力	0.6%
2	小米	1.8%	12	奥克斯	0.5%
3	美的	1.7%	13	优衣库	0.5%
4	海尔	1.4%	14	南极人	0.5%
5	华为	1.0%	15	西门子	0.4%
6	荣耀	1.0%	16	安踏	0.4%
7	耐克	0.9%	17	巴拉巴拉	0.4%
8	飞利浦	0.7%	18	三只松鼠	0.4%
9	阿迪达斯	0.6%	19	欧莱雅	0.4%
10	联想	0.6%	20	森马	0.4%

表 4-6　2019 年"双十一"全网销售额 TOP8 行业

排名	行业类型	排名	行业类型
1	个人护理	5	车品
2	美妆	6	粮油调味
3	休闲食品	7	饮料
4	奶粉	8	液态奶

根据以上的数据分析得出历年的热销品从标准化的服装品类、3C 品类慢慢转变到如三只松鼠等非标准化的零食、化妆品等非标准化的产品。

2. 标准化产品向非标准化产品变革的原因

中国今天所有的商品分两类：一类叫标品；一类叫非标品。伴随着消费认知的变化，忽视变革的大众品牌会渐渐式微，"货"又会渐渐从标品时代迭代到非标品时代。原因如下：

① 中产阶级开始崛起了，中产阶级更注重个性化。因此每一个细分品类未来都会出现无数多的品牌。

② 需求端的圈层化、碎片化和审美的不同，造成供给端的变化。这个会成为未来十年，中国市场最关键的一个原因，非标品大规模的出现，成为年轻人创业的一个最主要的主战场。消费者愿意为非标品买单。

3. 标品与非标品运营侧重点的区别

由于标品的销售受价格波动和排名影响非常大，做标品，降价销量会取得良好效果，销量好的产品得以继续保持，后面进入的商家很难逆袭。

因此，标品与选款密切相关，先了解市场情况。如果企业的供应端实力不足，可以选择避免与强势的品牌或者店铺竞争的产品。否则，就要做好打价格战的准备，这种做法十分考验企业供应端的实力。

比如京东的运营成功并不在于其简单粗暴的视觉效果、推广、活动策划依靠的是它的价格和物流这两个杀手锏。京东主营 3C 类产品，绝大多数属于标品，京东自营的销售价，有的时候比经销商的拿货价还要低。

所以，做标品，产品的排名靠前很重要，先把产品的排名做上去，之后可以联络其他卖家一起采取提高价格的策略，以保证一定的利润。而做非标品，前端运营要做好产品的差异化，圈定特定的买家群，保证店铺的风格、价位一致。后端要做好库存的管理、让供应链变得更加灵活（表 4-7）。做标品起步难，但一旦排名上去销售就会比较稳定；非标品，起步容易，而且定位做好了，可以有很大的溢价空间，但是后期的维护很重要。

表 4-7　不同商品的营销策略

商品分类	前期策略	后期策略
标品	低价冲量定排名	提升利润（提价、提升客单件、产品延伸）
非标品	差异化定位圈人群	维护老客户（客户关怀、定期上新）

4. 非标准化产品遇到的问题

以菜品生鲜电子商务为例进行说明。它有很大需求，而且是日常需求，但问题在于它是基于 O2O 电子商务的领域，充斥了太多的复杂性。

第一个问题是品控。如果是纯互联网企业做这类的非标电子商务，会面临一系列的问题，比如从货源品质到仓储物流，甚至包括保存不专业可能带来的变质，因为蔬菜在运输中的水分蒸腾，可能会损失 20% 以上的重量，所以，如果是蔬菜种植批发企业切入电子商务，会好很多，因为在这些环节没有问题，只是一个对互联网的理解问题。技术问题是可以解决的，行业理解是必须要有经验和实践的。

第二个问题是用户体验。购物时，对生鲜类产品的挑选是必需的，因为非标，所以每个人的标准要求都不太一样，所以在这些非标品中我们又要尽可能地推出一些标准。这就要求可能要走中高端路线，因为一些进口的水果蔬菜或者有机的产品在同类产品中的品质是比较稳定的，而批发市场同样的一种蔬菜可能会有若干个级别的优劣之分。

第三个问题是用户理解问题。这个领域比较特别的问题就是卖相好的产品不一定是质量好的，就好像有机的黄瓜不一定都长得粗壮顺直，所以顾客看到这个产品这么贵，卖相还这么差，接受起来就会比较困难。

第四个问题是扩张和复制的问题。因为地域化要求非常强，每个城市的蔬菜供应特点和管理特点乃至物流能力都有所不同，所以模式复制会比较困难，换句话说，不见得会有高速推广和扩张的可能。而如果没有高复制性，其天花板就会异常明显，最后这个生意不会被资本市场认可，仅仅可能是一个会赚钱的生意。

第五节　东盟电子商务之窗

以泰国为例进行介绍。

一、东南亚移动互联网环境分析

截至 2018 年 6 月，印度尼西亚、马来西亚、菲律宾、新加坡、泰国及越南六国的互联网用户数超过 3 500 万，相较于 2015 年增长 900 万用户。其中，90% 的用户通过智能手机进行网络连接，使得东南亚地区成为全球移动互联网使用率最高的地区之一。

2018年泰国总人口高达6 924万人，其中城镇人口占50%。互联网用户高达5 700万人，是总人口的82%。活跃社交媒体用户高达5 100万，移动社交媒体用户高达4 900万。手机使用指数高达98%，智能手机使用指数高达71%。

互联网平均每日使用时长高达9小时11分钟，社交媒体平均每日使用时长高达3小时11分钟，视频流媒体平均每日使用时长高达3小时44分钟，音乐流媒体平均使用时长达1小时30分钟。

二、消费者行为

90%互联网用户在线搜索产品/服务，85%互联网用户访问在线商店，80%在线购买产品/服务。32%用户曾通过PC端进行在线商品/服务交易，而通过移动端交易的指数高达71%。

2018年泰国消费者在电子商务方面投入较高。其中时尚类总投入达9.08亿美元，电子设备类投入10.43亿美元，食品/个护类5.71亿美元，家具类6.6亿美元，玩具/创意类5.75亿美元，旅游类41.4亿美元，数字音乐类4 500万美元，视频游戏类1.58亿美元。74%互联网用户使用手机银行，47%用户使用手机支付，71%用户通过手机完成线上商品交易。

三、泰国电子商务主要特征

泰国已经有了非常成熟的生态系统，已建立从平台支付到递送的价值链，但是泰国电子商务市场和中国比起来还是非常零散的，仍然没有垄断市场的巨头。泰国消费者行为和中国非常不一样，其一半以上的交易都是在社交媒体或者Facebook、照片等媒体上进行，卖家把他们产品最新消息发到自己的品牌或者网络偶像的社交媒体上，在网上进行社交活动，消费者喜欢通过这些媒体和商家咨询，通过聊天方式了解产品信息，并把以聊天方式讨价还价，并把喜欢的商品发到朋友圈，很多商家在社交网络设立自己的品牌，线上交易也是他们主要的渠道。通过社交媒体互动，通常都是通过银行转账，包括手机银行的转账，或者通过货到付款的支付方式进行，根据时间和期间卖方选择自己比较熟悉的第三方递送服务送货。泰国也有比较专业的电子商务平台以及本地超市和品牌经营的平台，其中占据市场份额的是阿里巴巴投资在东南亚的Lazada等。

四、泰国电子商务发展趋势

根据eMarketer2019—2023泰国电子商务零售数据。泰国移动电子商务的涨幅均在10%以上，在2019—2020移动电子商务甚至可以达到20%以上的增长，足见电子商务网络、平台近两年在泰国发展的大好趋势。

第六节 电子商务学术进展

本节查询资料来自于知网www.cnki.net。

一、"移动电子商务"相关研究

（一）经典论文
1. 生鲜农产品移动电商发展模式研究
李梦蝶

武汉科技大学管理学院

摘要：移动电商的出现给我国生鲜农产品电商带来了新的思路。生鲜农产品移动电商不仅可以应用在传统的 B2B、B2C、C2C 模式下，对于新兴的 O2O 模式电商，它能够减少物流发展制约，完善农产品电商的客户体验，使鲜活农产品的质量得到保障，并且可以适当减少中间运转环节造成的损失。

关键词：移动电商；O2O；生鲜农产品。

2. 我国微商新业态发展现状、趋势与对策

俞华

商务部国际贸易经济合作研究院

摘要：微商作为基于微信生态圈的移动社交电子商务在我国方兴未艾，已经成为我国分享经济发展的新领域、新业态。微商在我国的发展经历了萌芽期、成长期、整合期三个阶段，即将步入成熟期。微商具有移动社交去中心化属性，重视社群黏性，销售方式便捷廉价，形成了消费商的商业模式，符合去中心化的互联网发展趋势。团队规模化、用户社群化、渠道立体化、技术规范化、产品个性化、营销媒体化、运作资本化、布局趋优化等将成为微商行业的未来发展趋势。面对主体界限不明、难以适用现行法律，商业模式混乱、市场不规范，易与传销相混淆，行业主管部门缺位、行业监管缺失，信任代理有风险、商品质量难保障等微商行业发展所面临的一系列问题，建议政府部门加强规范引导，明确微商行业主管部门，依法加强市场准入，加强监督管理，建立信用评价体系，构建统计监测体系，探索扶持促进经验；建议微商业界进一步加强自律，营造正确的社会舆论环境。

关键词：微商；移动电商；社群；消费商。

3. TML 移动电商与 O2O 发展的现状及问题研究

李强治　曲扬

中国信息通信研究院

摘要：移动电商和 O2O 是互联网发展的又一个风口，是我国电子商务进一步发展的新动力和新空间。首先对移动电商和 O2O 的内涵、发展模式及其关系进行了系统描述，并在此基础上对我国移动电商和 O2O 发展的现状、趋势以及存在的问题进行了分析。

关键词：移动电商；O2O；移动支付；信用体系。

（二）关键文献

1. 最早研究（共 3 条）

① 张学兵. 浅谈移动电子商务与移动信息门户建设 [J]. 商场现代化，2008，(4).

② 张周平. 移动电子商务存在的问题及发展前景 [J]. 信息与电脑，2011，(11).

③ 苏磊. 移动电商：口袋里的超市 [J]. 信息与电脑，2011，(11).

2. 最新研究（共 3 条）

① 张洋，李佳颖，叶楷文，赵泽. 乡村振兴下农村移动电子商务的研究 [J]. 现代商业，2019，(35).

② 万君，郭鸿泰. 网络社群相关属性对移动电商消费信任的影响 [J]. 情报探索，2019，(12).

③ 张光. 基于移动互联网的农业电商系统开发与实现 [J]. 热带农业科学，2019，(11).

二、"新零售"相关研究

（一）经典论文

1. 新零售：内涵、发展动因与关键问题

杜睿云　蒋侃

广西金融职业技术学院　广西大学计算机与电子信息学院

摘要：电子商务在经历了近年来的高速发展之后，开始面临线上用户数量增速放缓、流量红利渐趋萎缩等现实问题与挑战。与此同时，随着我国居民人均可支配收入的提高和商品市场的持续繁荣发展，人们越来越重视购物过程的体验而非商品价格的高低，线上电子商务在满足消费者体验方面的短板也日益突显。因此，以阿里巴巴集团为先导的电子商务企业开始将目光转向"新零售"模式的构建，期望通过对线上、线下以及现代物流进行无缝对接与深度融合，寻找到零售业新的增长点。当然，如果从商业实践层面出发，对于"新零售"模式而言，全渠道平台的搭建程度和新兴技术的支撑力度将成为影响其最终能否获得成功的关键。

关键词：新零售；电子商务；全渠道；新兴技术。

2. "新零售"的理论架构与研究范式

王坤　相峰

圆通速递股份有限公司圆通研究院物流信息互通共享技术及应用国家工程实验室

摘要："新零售"是倡导有关企业做到线上、线下与移动渠道相结合，以三者合力促进价格消费向价值消费全面转型，以大数据和人工智能等"新技术"驱动零售业态与供应链重构，以互联网思维促进实体零售转型升级，以"新物流"为支撑提高流通效率和服务水平。由传统零售向"新零售"业态演进的内生逻辑和关键路径，一是"全渠道"的延展，即传统零售＋新渠道丰富客户消费场景；二是"新零售之轮"的驱动，即传统零售＋新技术促成业态更新。"全渠道"的核心要义是打破原有的仅仅依靠线下渠道的模式，借助线上和移动渠道延伸和拓展零售企业营销渠道，借此解除线下渠道在时间、空间和价格优势等方面的限制。"新零售之轮"给"新零售"提供了内在的技术支撑，技术的更新使企业获得了更好的客户体验、满意度和忠诚度。"新零售"之新，不仅是勇于求变的企业心态，更是不断创新的商业模式，需要新的要素与之匹配，如新技术、新物流、新的企业文化等。"新零售"之核，实则为渠道、技术变革带来的经济效率提升与社会效益增加，一方面表现为零售商库存和消费者支付等成本的降低，另一方面体现为中间环节减少、客户体验提升以及物流交付更加便捷等。

关键词：新零售；全渠道；新零售之轮；移动渠道；新技术。

3. 实体零售业转型"新零售"过程中的问题及对策研究

郑贵华　李呵莉

湖南工业大学

摘要：受宏观经济增速下滑、消费者需求及采购行为变化、电子商务冲击等一系列因素的共同影响，我国实体零售企业发展举步维艰，在这种背景下，"新零售"应运而生。本文分析了实体零售企业转型"新零售"的过程中遇到的营销、定价、配送等方面的问题，提出了一体化营销、线上线下同品同价、传统物流与第三方物流相结合等一系列解决措施，并提出了运用大数据推动生产方式向 C2B 转变。

关键词：实体零售；新零售；一体化。

（二）关键文献

1. 最早研究（共 2 条）

① 王子威. Target 用游戏打造新零售体验［J］. 中国商界，2015，(4).

② 雷宏淼. 浅谈服装业新零售——以就试试衣间为例［J］. 艺术科技，2016，(12).

2. 最新研究（共 3 条）

① 赵佳煊，潘疆微. 新零售背景下海底捞创新发展之路［J］. 经营与管理，2020，(2).

② 郑志兴，金秀玲. 新零售背景下盒马鲜生营销策略研究［J］. 现代营销（下旬刊），2020，(1).

③ 李建阔. 新零售背景下盒马鲜生的发展探究［J］. 现代营销（下旬刊），2020，(1).

3. 综述研究（共 2 条）

① 梁永馨，王凤越. 自动售货机的发展现状及趋势［J］. 当代经济，2019，(2).

② 张静. 新零售与社区便利店转型升级研究综述［J］. 商业经济，2019，(8).

第五章

跨境电子商务能否成为新物种?

本章学习目标：

1. 了解我国跨境电子商务的发展历程并熟知国内外各个跨境电子商务平台的模式、特点。

2. 了解相关的跨境电子商务平台与运作，在分析比较不同模式的跨境电子商务平台中学会如何选择合适的跨境电子商务平台与跨境电子商务模式。

第一节 跨境电子商务如何出现

一、从留学生代购开始

1. 留学生代购简介

2000年，个人代购时代，以海外留学生代购为主体。这一时期可以称为进口跨境电子商务1.0时代。此时的消费者一般为留学生的亲戚朋友，消费群体比较小众，跨境网购普及度不高。消费者主要通过海外买手、职业代购购买进口产品。这一消费模式周期长，价格高，而且产品的真伪以及质量难以保障。

2. 代购发展历程

从2005年开始，海外代购大军已经扩展到出国方便的空姐、留学生等人群，他们依然采用"人肉"带回的方式，收取大约10%的佣金。2008年，随着三鹿事件在中国的曝光，海外奶粉代购的需求暴涨。由此催生的代购大军，不但为中国消费者带回奶粉，也带回了更多的化妆品、服装、包包、食品……

2011年，中国超越日本，成为世界第二大经济体。收入的提高带来了消费升级，对进口产品的需求也进一步扩张。"只有想不到，没有买不到"的代购，迎来爆发期。中国产业信息网的数据显示，2013年中国海外代购市场的交易规模超过700亿元，2014年规模则超过1 500亿元。

然而，2012年的"空姐代购案"，让代购遭到了来自政策层面的打击。前空姐李晓航因从事代购业务、带化妆品入关长期不申报，一审以走私普通货物罪被判处有期徒刑11年，并处罚50万元人民币。

2014年8月,海关总署"56号文"生效,未经备案的私人海外代购将被认为非法,个人物品也将被征税。

3. 代购的未来

个人代购的模式长久以来就存在,实质上就是淘宝的C2C模式,而这种模式会一直存在下去,但是必须要走向阳光化和正规化道路。

有实力的代购逐渐做大,掌握了一定的供应链能力,成为天猫国际、京东全球购、洋码头或微商渠道上的小B或大B类商家,或者自己做独立电子商务。实际上这部分人已经不能称之为代购了,他们走得是囤货卖货的路线,而不是消费者有了代购需求,再去采购。

成为具有独立选款能力的买手,去抓长尾市场,满足消费者碎片化、细化的需求。目前洋码头扫货神器、海蜜、街蜜等基于移动端的C2C平台就搜罗了这样一批买手。

二、曾经千奇斗艳

进口跨境电子商务发展历程如下。

(1) 1.0时代

中国的进口跨境电子商务发展起源于2005年,彼时中国代购产业开始起步,在国外的中国留学生和工作人员人工代购进口产品,这是进口跨境电子商务最初原型,这一时期可以称为进口跨境电子商务1.0时代。

① 商业模式:线上信息服务,线下完成交易。

② 盈利来源:会员费、推广费。

③ 代表:阿里巴巴、环球资源网等B2B平台。

(2) 2.0时代

2007年,开始进入海淘时代,也就是进口跨境电子商务2.0时代,这一时期形成了常规的买方市场和卖方市场,跨境网购用户的消费渠道逐渐从海淘代购转向进口跨境电子商务平台。

① 商业模式:摆脱纯信息黄页展示,实现在线交易平台。

② 盈利来源:交易成功后收取佣金。

③ 代表:敦煌网、大龙网等在线交易网站,兰亭集势、阿里速卖通等B2C出口平台。

(3) 3.0时代

2014年是进口跨境电子商务爆发的一年,流程烦琐的海淘催生了进口跨境电子商务的出现。2015年,随着政策变更以及社会经济的发展,进口跨境电子商务加速发展,跨境购物开始走向规范化,进口跨境电子商务进入3.0时代。2019年,《中华人民共和国电子商务法》(以下简称《电子商务法》)正式实施,进口跨境电子商务迎来合规化发展阶段,行业发展环境不断优化。

① 商业模式:提供跨境全产业链的一站式综合服务。

② 盈利来源:物流货代、金融支付等增值服务。

③ 代表:跨境电子商务B2B平台成熟,B2C进口平台开始起步,B2C出口平台已进入高速发展状态。

三、"大浪淘沙"后的生存者

1. 跨境电子商务行业现状

随着行业"马太效应"加剧,一些中小平台逐渐被淘汰出市场。据相关数据表明,2019

年，我国进口跨境电子商务平台可以划分为"三个梯队"（图5-1）。第一梯队为"头部平台"，在进口跨境电子商务市场中处于"领先地位"，"寡头效应"初步显现，依次为：网易考拉、海囤全球、天猫国际，具有规模大、营收高、人气旺、口碑好、实力强、现金流充沛、流量大、品牌多等特征。第二梯队为"准一线平台"，包括洋码头、唯品国际、小红书、聚美极速免税店。第三梯队为"二线平台"，包括蜜芽、贝贝、宝宝树、宝贝格子等平台，大多是母婴类产品平台。

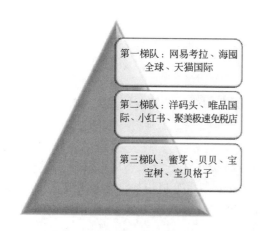

图5-1 跨境电子商务竞争格局

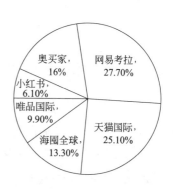

图5-2 跨境进口电子商务市场占有率

从图5-2来看，2019年上半年网易考拉以27.70%的市场份额位居国内跨境进口市场首位，连续第四年稳居市场份额第一。天猫国际和海囤全球分别以25.10%和13.30%的市场份额位列其后。2015年初上线的网易考拉表现可谓优秀，仅用不到两年的时间，便成为跨境电子商务行业最大。2019年9月6日，网易与阿里巴巴共同宣布，阿里巴巴以20亿美元收购网易考拉，这意味着，合并之后阿里巴巴将占据过半市场。

2013年后，进口跨境电子商务平台逐渐出现，跨境网购用户也逐年增加，我国进口跨境电子商务市场规模增速迅猛，2015年由于进口税收政策的规范以及部分进口商品关税的降低，进口跨境电子商务爆发式地增长。2016年进口跨境电子商务在激烈竞争中不断提升用户体验，不断扩展平台商品种类、完善售后服务。据电子商务研究中心监测数据显示，2018年包括B2B、B2C、O2O等模式在内的中国进口跨境电子商务交易规模达19 000亿元，同比增长26.7%。

据统计数据显示（图5-3），中国跨境电子商务交易规模增长迅速，预计在2020年达到12.7万亿元。随着物流便捷化、信息方便化，国家政策支持拉动内需发展，跨境电子商务发展空间巨大，成为电子商务领域快速发展的市场。

2. 未来趋势

（1）趋势一

未来中国进口跨境电子商务市场的交易额会继续以增长的趋势向前发展。整个行业仍处于快速增长阶段，未来将占据更加重要的地位。在2018年首届中国国际进口博览会和多轮降关税感召下，进口跨境电子商务政策红利不断持续释放，预计未来3~5年，行业交易量将会持续爆发式增长。

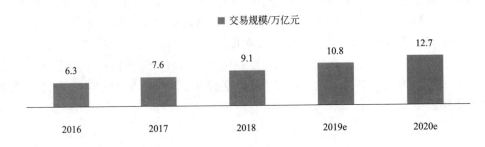

图 5-3　2016—2020 年中国跨境电子商务交易规模及预测交易规模

（2）趋势二

客户体验是核心。在整个流程中，店铺展示、服务的响应、物流的速度等都是客户体验的体现。

（3）趋势三

向线下拓展。2018 年以来，进口跨境电子商务纷纷在线下开实体店，网易考拉首家线下实体店"海淘爆品店"在杭州开业，并接连在宁波、郑州等地纷纷"落地开花"，抢占新零售、新消费风口下的"头口水"。天猫国际线下店也在杭州开业。

（4）趋势四

跨境电子商务将成为满足消费者升级消费需求的最优手段。随着人们生活消费水平提高，消费者的物质文化需求也不断提升，市场迎来消费升级风潮。跨境电子商务平台为消费者提供海外优质商品，且通过建立全球供应链体系，能提供高效物流服务。通过对优质商品的提供，消费者升级消费需求能得到满足，随着跨境电子商务覆盖国别和商品类别不断丰富，跨境电子商务将成为满足升级消费需求的最优手段。

（5）趋势五

跨境电子商务商品供应将愈趋平民化。跨境电子商务供应体系的渐趋完善，使消费者能够接触到更多海外地区的商品，且商品愈趋多样化和个性化。未来跨境电子商务提供的商品种类将不断丰富，消费者日常需求商品如生鲜水果、日化用品等，均能通过海淘的形式购买，在全球范围内购买最优质的商品。

四、跨境电子商务特性与模式

1. 跨境电子商务的特性

（1）全球性

网络是一个没有边界的媒介体，具有全球性和非中心化的特征。

（2）无形性

网络的发展使数字化产品和服务的传输盛行。而数字化传输是通过不同类型的媒介，例如数据、声音和图像在全球化网络环境中集中进行的，这些媒介在网络中以计算机数据代码的形式出现，因而是无形的。

（3）匿名性

由于跨境电子商务的非中心化和全球性的特性，所以很难识别电子商务用户的身份和其所处的地理位置。在线交易的消费者往往不显示自己的真实身份和自己的地理位置，重要的是这丝毫不影响交易的进行，网络的匿名性也允许消费者这样做。

（4）即时性

电子商务中的信息交流，无论实际时空距离远近，一方发送信息与另一方接收信息几乎是同时的，就如同生活中面对面交谈。

（5）无纸化

电子商务主要采取无纸化操作的方式，这是以电子商务形式进行交易的主要特征。在电子商务中，电子计算机通信记录取代了一系列的纸面交易文件。用户发送或接收电子信息。由于电子信息以比特的形式存在和传送，整个信息发送和接收过程实现了无纸化。

2. 跨境电子商务的模式

我国跨境电子商务市场参与者众多、经营模式多样，主体各具优势。具有代表性的是网易考拉的综合自营模式、天猫国际的平台招商模式以及全球购的C2C代购模式。各类模式的对比分析如表5-1所示。

表 5-1 各类模式的对比分析

代表平台	经营模式	模式介绍
网易考拉	自营模式：综合招商	从源头采购商品销售给顾客
天猫国际	M2C模式：平台招商	将第三方商家引入平台，提供商品服务
海囤全球	B2C模式：保税自营+直采	一部分采取自营，一部分允许商家入驻
苏宁易购	线下转型O2O	依托线下门店和资源优势，同时布局线上平台，形成O2O闭环
洋码头	直发/直运平台模式	客户下单后，海外个人买手或商家从当地采购。
美国妈妈	自营模式、垂直	品类的专项化程度高，深耕某一特定领域
唯品会	闪购模式	凭借积累的闪购经验及用户黏性，采取低价抢购策略
全球购	C2C代购模式	客户下单后，海外个人买手或商家从当地采购，通过国际物流送达
返利	导购返利平台模式	通过编辑海外电子商务消息达到引流目的，再将订单汇给海外电子商务

3. 跨境电子商务的物流模式

进口跨境电子商务产业链图谱如表5-2所示。

表 5-2 进口跨境电子商务产业链图谱

模式类型	物流对比图
海外直邮模式	跨境进口电子商务物流 配送速度：较慢 ／ 运费价格：高 ／ 适用模式：平台个人代购 ／ 典型代表：洋码头、小红书

续表

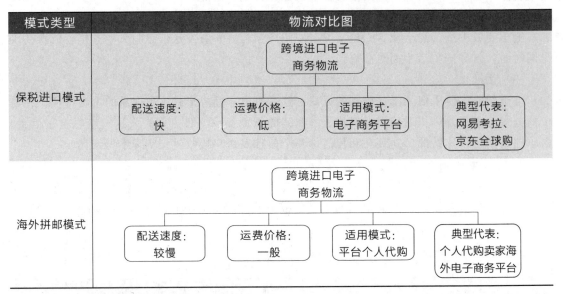

跨境电子商务物流渠道分析如下。

2013年中国跨境电子商务出口额2.4万亿美元。跨境电子商务业务主要通过邮政小包、各种传统跨国快递进行跨境发货,针对各种不同国家的专线,有小部分商家选用海外仓的模式进行发货。四种方式的时效和价格各有不同,如表5-3所示。

表5-3 物流渠道的方式、时效、价格对比分析

渠道方式	客户收到包裹时间	价格/(元/kg)
邮政小包	30天以上	80～90
跨国快递	7～15天	120～130
专线物流	15～30天	100
海外仓	7天以内	100

① 邮政小包。邮政小包主要通过邮政渠道,运用个人邮件形式进行递送。邮政小包的优点是价格便宜、清关方便。邮政小包递送时效慢、丢包率高,如果不是挂号件则无法进行跟踪。邮政小包有巨大的市场,占据跨境商送渠道的最大份额。

② 跨国快递。跨国快递是指市面上熟知的EMS、DHL、UPS、FEDEX等传统老牌跨国物流。针对不同的客户群体,如国家地域、货物重量、体积大小可以选用不同的渠道进行货物递送。总体上来说,除EMS的递送时效不太稳定外,其他递送渠道时效性上都有所保证,并且丢包率低。但是此类递送渠道的物流运费是比较高的,即使是企业账号能够拿到很好的折扣价,价格也比其他类型的物流方式的价格高出很多。

但是快递渠道的专业性和时效服务是值得肯定的,如果价格空间能够降下来,未来会对邮政的渠道造成非常大的冲击。

③ 专线物流。专线物流是一种针对对方国家的一种专线递送方式,它的特点是货物送达时间基本固定,运输费用较跨国快递便宜,同时保证双清。专线物流对于针对某一国家或

者地区的跨境电子商务来说是比较好的物流解决方案。整体来说，专线物流比跨国快递有价格优势，但局限于地域，同时时效也算不错。

④ 海外仓。海外仓是结合电子商务特点，在专线物流方式上的延伸，同时还能提供海外的快速递送专业渠道、精准的海外库存管理、灵活的销售策略以及决策支持。

因为这种渠道可以解决最后一公里的问题，所以海外仓将会是未来跨境电子商务的物流渠道首选。部分国内大型跨境电子商务企业，如速卖通、大龙网等早已意识到海外仓发货优势，提前运筹布局。经对比，海外仓相对而言更占优势，前景良好。

第二节　跨境电子商务的演变

一、政府政策从不明到鼓励

1. 跨境电子商务发展的历程

跨境电子商务的发展历经四个时期，每个时期都有其不同特点，图 5-4 简明地描述了这一过程，下面对前面三个阶段进行详细解读。

探索期（2014 年以前）：从代购到海淘。2005 年，市场上形成了以海外留学生为主体的代购群体。这一时期是进口跨境电子商务的发展初期，消费者一般为留学生的亲戚朋友，消费群体较为小众，跨境网购的普及率较低。2007 年，跨境电子商务过渡到了海淘阶段，这一时期形成了常规的买卖方市场。进口跨境电子商务市场开始形成，消费群体开始扩大，品牌丰富度提升。这一时期，不断有进口跨境电子商务平台成立，如网易考拉、天猫国际等，逐渐开始有消费者选择通过进口跨境电子商务平台购买进口产品。

市场启动期（2014—2017 年）：跨境电子商务正式合法化。2014 年，随着政策变更及社会经济发展，进口跨境电子商务加速发展，购物开始走向规范化。2014 年海关总署发出的 56、57 号文件，明确了跨境电子商务的合法地位，越来越多的消费者选择在进口跨境电子商务平台购买海外产品，各类模式的进口跨境电子商务平台出现，如小红书、洋码头等，使得跨境购物走向常态化。2016 年，推出了跨境电子商务新政，跨境电子商务的发展更趋规范化、公平化。

高速发展期（2018 年至今）：监管流程更加完善。跨境电子商务试点城市再度扩容，为整体市场的持续高速发展奠定了基础。此外，《电子商务法》等政策进一步规范了参与跨境进口零售业务厂商的责任和义务，完善了监管流程和体系，形成了相对长期的安排。

2. 跨境电子商务的规模情况推动政策改变

跨境电子商务丰富了消费者产品选择，崛起的中产阶级成为消费主军伴随着互联网成长起来的"90后""95后"一代，逐渐成长成为消费主力人群，他们追求体验、个性化，更愿意尝试新鲜事物，更愿意花时间研究产品、分享体验。2017 年中国网购市场交易规模达 6.1 万亿元，同比增长 29.6%，占社会零售总额的 16.4%。预计到 2021 年，网购市场规模将占到社会零售总额的 22.7%。随着跨境电子商务市场的不断发展，跨境电子商务的相关政策也与时俱进，不断地进行完善。

3. 跨境电子商务政策演变

我国的跨境电子商务有着辉煌的历史，对我国经济的发展有巨大的推动作用，国家高度重视和支持跨境电子商务的发展，根据不同的情况制定了不同的政策，表 5-4 为对历年中国跨境电子商务零售政策演变的分析。

表 5-4　历年中国跨境电子商务零售政策演变

时间	相关政策	主要作用和分析
2012 年	国家开放了第一批进口跨境电子商务试点城市	成为外贸新增长点，在通关、物流便利化等方面形成了一系列经验做法向全国推广，带动了创业创新和产业升级
2013 年	《关于支持跨境电子商务零售出口有关政策的意见》	出台了支持跨境电子商务出口的政策，提供了良好的跨境电子商务发展环境
2014 年	《关于支持外贸稳定增长的若干意见》	对出口方面给予便利化的支持，强调稳定传统优势产品出口和支持拥有知识产权品牌、营销网络、高技术含量、高附加值、高效益的产品出口
2015 年	《关于加强跨境电子商务进出口消费品检验监管工作的指导意见》	国家规范了进口税收政策并降低了部分进口商品的关税
2016 年 4 月	《关于跨境电子商务零售进口税收政策的通知》	对进口跨境电子商务零售产品实行新税制；规定个人购买限额单次 2 000 元人民币，年度交易限值为 20 000 元人民币；跨境进口标准提高，化妆品、母婴等首次进口需注册备案
2016 年 5 月	国务院对跨境零售进口监管过渡期延期批准	跨境电子商务零售进口监管过渡期延长一年，至 2017 年底
2017 年 1 月	《国务院关于同意在天津等 12 个城市设立跨境电子商务综合试验区的批复》	借鉴中国（杭州）跨境电子商务综合试验区的经验和做法，因地制宜，突出本地特色和优势，着力在跨境电子商务企业对企业（B2B）方式相关环节的技术标准、业务流程、监管模式和信息化建设等方面先行先试，为推动全国跨境电子商务发展提供可复制、可推广的经验，用新模式为外贸发展提供新支撑。明确了有关部门和省、直辖市人民政府推进综合试点工作应遵守的原则
2017 年 9 月	国务院对跨境零售进口监管过渡期延期批准	跨境电子商务零售进口监管过渡期延长一年，至 2018 年底
2017 年 9 月	国务院确定深入推进跨境电子商务综合试验区建设措施	复制推广跨境电子商务线上综合服务和线下产业园"双平台"；建设海外仓，加强物流网络等配套服务体系；健全交易风险防范和消费权益保障机制
2018 年 8 月	《国务院关于同意在北京等 22 个城市设立跨境电子商务综合试验区的批复》	新增 22 个城市为综合试验区，以跨境电子商务为突破口，在物流、仓储、通关等方面进一步简化流程、完善通关一体化
2018 年 11 月	《关于完善跨境电子商务零售进口税收政策的通知》	将跨境电子商务零售进口商品的单次交易限值由人民币 2 000 元提高至 5 000 元，年度交易限值由人民币 20 000 元提高至 26 000 元

二、海外直采 VS 跨境电子商务

1. 海外直采定义

海外直采是指打通了产品的流通环节，减去了传统进口渠道的冗余节点，实现减价、减时。

2. 海外直采的优势

进口商品的传统零售渠道流程烦琐，往往需要经过"品牌商—出口商—进口商—分销商—大区经销商—地级市经销商—零售商—消费者"的经销链条，而海外直采则将这一链条缩减为"品牌商—经销商—消费者"一步到位的流程，节约了大量的中间环节及相应的成本，使进口产品从价钱虚高回归到理性定价，做到了物美价廉，也获得了更多消费者的追捧。

3. 典型案例

典型的海外直采模式的案例为"京东海外直采"。如其中的一个商品——葡萄酒，智利、法国的知名酒庄的原装葡萄酒价格基本上实现了平民化，自营海外直采能够确保电子商务平台的葡萄酒是原装正品行货，这意味着这些海外名品将走向真正的中国大众化市场。

海外直采也因为京东全球购的介入而备受关注，还拿葡萄酒海外直采来说，京东聘请的葡萄酒品鉴师团队在海外飞来飞去做品鉴，海外团队负责海外酒庄的签约和采购。签约采购后，葡萄酒运输到国内，全部进入国内电子商务平台在全国的几大仓储中心，并由快速配送到消费者手中。这样的海外直采对平台方的要求很高，必须组建高质量的不同类目的专业品质管理专家团队，同时，需要针对不同类目商品进行不同的储存方式，比如生鲜类的就需要全程冷链运输和存储。

三、纯跨境电子商务将以利基市场为主

1. 利基市场定义

利基市场是指由已有市场绝对优势的企业所忽略的某些细分市场，并且在此市场尚未完善供应服务。一般由较小的产品市场并具有持续发展的潜力中一些需要但尚未被满足的族群消费者所组成。为了满足特定的市场需求、价格区间与产品质量，针对细分后的产品进入这个小型市场且有盈利的基础，经由专业化的经营将品牌意识灌输到该特定消费者族群中逐渐形成该族群的领导品牌。

① 市场特征：狭小的产品市场，宽广的地域市场。

② 市场分类：自然利基市场和专利利基市场。

2. 利基市场的特点

（1）特点

① 这个市场具有一定的经济规模和购买力，能有让商家获利的机会。

② 利基市场中的产品必须有可持续发展的潜力，利基市场的需求有限，但是具有一定的刚性。通俗点说，就是这个产品不会变成"明日黄花"，火了一阵后就不再火了。

③ 市场不大，有差异性，竞争压力小。

④ 专业化是最基本的核心，做到最强专业化是最基本核心。

⑤ 易掌握控制或具垄断地位：主要是技术垄断、资源垄断、先发制人垄断。

首先，垄断可以是资源垄断，需要具有一定的能力和可以信赖的资源，因为这涉及消费者服务层面。不管是外贸 B2C 还是 B2B，产品质量＋客户服务两者同等重要；第二是技术垄断，通常表现在精密仪器或者要求非常多的某项产品和工程；第三是先发制人，基于所选利基市场所有的特征。要能够在市场上迅速打响品牌，就需要做一个先行者，迅速注册自己

的品牌，生产出市场需要的商品。

目前跨境市场中的热销品有 3C 电子类产品、母婴类产品、美妆、零食、服装类产品、首饰配件类产品、家居类产品等。基本上，这些类目的市场竞争相对而言比较激烈。但仍然有许多的利基市场等待发掘，比如宠物保健产品、生鲜农产品、老年人市场、运动器材、蓝牙设备等。

（2）对部分利基市场的分析

① 宠物保健产品。

宠物保健品是根据宠物生理状况制作的宠物专用调理品，有利于宠物的健康发育成长，同时也可辅助治疗一些患病宠物，助其健康恢复等。

据调查，日本主要以饲养猫为主，而欧美市场则对中小型宠物狗的消费更胜一筹。我国宠物消费市场规模达到了 1 708 亿，和欧美国家不同，这样一个越来越火热的市场，年轻人成为消费主力军，也更舍得在宠物身上花钱。不同国家的宠物市场有不同的情况，全球宠物用品电子商务市场规模可观。

宠物的吃穿用行都可选择海淘，宠物保健品属于宠物食品的一部分，总体来说宠物市场的消费正在逐步升级。

数据显示，宠物食品消费中占比最高的是狗粮，月均消费 335.2 元，再算上营养搭配，宠物犬一个月的伙食费超千元是常事。在中国宠物食品市场中，主食类产品一直是最主要的产品，但市场份额不断下降，宠物零食与宠物保健品份额则不断提升。2005 年，宠物主粮占比高达 73%，截至 2017 年，这一占比已下滑至 51.30%。另外，宠物保健品市场份额仅仅为 8.3%，2017 年已增长至 15.3%。得益于养宠物人群的可支配收入增加、消费升级以及对宠物健康问题的逐渐重视，宠物保健品普及度不断增加，未来宠物保健品在宠物食品市场中的份额将会不断提高，进一步挤占宠物主粮类市场份额。

② 生鲜农产品。

据中国电子商务研究中心发布的报告显示，2013—2017 年中国生鲜电子商务市场交易额年均增长率在 50% 以上，但 2017 年生鲜电子商务的渗透率仍低于 3%，远远小于服装、电子产品等 30% 左右的渗透率。生鲜产品，由于保质期短、易损耗、易变质、配送难等特点，在跨境电子商务交易中存在很大的风险。

尽管如此，生鲜农产品目前已然成为电子商务领域的新"蓝海"，目前生鲜农产品市场在用户数量和市场规模方面尚存在较大的增长空间，这让各大跨境电子商务纷纷把生鲜类目作为新增长点。然而在经历启动期和高速发展期的同时，由于其高成本性和低盈利性，生鲜跨境电子商务行业也掀起了倒闭潮。因此，如何积极利用跨境电子商务模式带动我国生鲜农产品出口增长，找出制约其发展的关键因素，并采取相关改善措施，是当前亟待解决的问题。

③ 老年人"潮服市场"。

在传统观念里，互联网应该是青少年和中年人的"时尚单品"，但随着智能手机的普及，近年来老年人在跨境平台上的消费力不容小觑。即"银发经济"，这是指围绕老年人群体展开的一系列消费行为与经济现象，随着老年人日渐成为日常消费的主力军，洞悉把握这一银发群体消费行为的种种特点，并有的放矢地加以布局便显得极为必要——因为这不仅是商家的机遇，更是国民经济扩内需、促消费的关键抓手之一。

现在不少老年人的心态正趋于年轻化和时尚化，消费观念逐渐向年轻人靠拢，他们比以往更加注重化妆、衣着等方面的展示型消费。但是在市场上的老年服装款式都比较老旧，潮流款式主要是针对年轻人为主，老年人的潮流服装市场还有待开发，尤其是女性老年人在现在的时代更追求时尚潮流，与时俱进。抓住"银发女性"的潮流需求，开创新兴的服装市场。

第三节　跨境电子商务主流平台

一、亚马逊

1. 简介

亚马逊（Amazon）是目前全球范围内销量最高、利润最高的跨境电子商务网站，牢牢占据了跨境电子商务的中高端市场，它在每个贸易发达的国家都布局了站点，其中包括美国、加拿大、墨西哥、法国、德国、英国、意大利、西班牙、日本、中国、印度和澳大利亚。

2. 亚马逊平台模式

在中国的跨境电子商务零售平台中，亚马逊海外购以自营模式为主。出口是亚马逊在中国跨境电子商务战略的另一条支柱，通过"全球开店"将中国商家商品直接给消费者（B2C），通过"Amazon Business"将商品直接销售给机构和企业（B2B）。与亚马逊通过大数据决定在中国进口哪些产品同理，中国企业也可以运用电子商务所搜集的信息了解顾客。

采用自营＋第三方企业卖家入驻商业模式，拥有一套完整的采购、下单、跨境物流供应链体系，线上线下相结合；亚马逊以 B2B、B2C 销售模式为主，其业务多元化，主要针对企业客户。亚马逊布局 FBA 仓支持本地配送，仓储遍布全球站点，供应链体系成熟，卖家和买家对物流时效体验服务较好；亚马逊对跨境物流的服务商选择持开放性，主要做品牌中高端市场，平台较开放，而且还不断推出新的流量服务。

3. 优劣势分析

（1）亚马逊平台的优势

① 平台 B2B 服务强大。据称，亚马逊每年花费 130 多亿美元用于研发。平台提供非常好的用户体验，这有助于刺激提高销售额。亚马逊为 B2B 卖家提供各种专业服务，包括数量折扣、商务报价、采购软件集成以及免税采购等。

② 亚马逊在全球建立 14 大站点，拥有丰富的国际供应商资源，给消费者提供真正的世界百货。

③ 亚马逊全球有 109 个运营中心可配送至 185 个地区。卖家可选择 FBA 发货，可享受产品包装、物流配送、退换货等服务。卖家需要支付一定的仓储费、配送费和其他服务费用，当然卖家也可以选择自发货。解决了目前整个跨境行业存在的跨境配送上的难题。

④ 亚马逊拥有更多的客户群和流量优势。亚马逊相较于其他平台问世早，抢占先机，每个月坐拥千万流量，在客户群和流量方面有着得天独厚的优势。很多人通过亚马逊平台购物。截至 2017 年 1 月，亚马逊有 40 万客户。据 BloomReach 调查发现，更多消费者开始直接在亚马逊搜索产品，而不是谷歌。

（2）亚马逊平台的劣势

① 对产品品牌和产品质量要求高，卖家需要有很强的产品研发或采购能力，不适合大

批量铺货。

② 亚马逊开店手续办理复杂，门槛高，相较其他平台亚马逊需要提供的资料更多，办理的手续也复杂。

③ 需要办理国外银行卡，针对使用第三方收款平台的卖家，需要注册美国、英国或其他国家的银行卡，通过第三方收款工具提现到国内的银行卡内。

二、易贝

1. 简介

易贝（eBay）是一个可让全球民众上网买卖物品的线上拍卖及购物网站。易贝于1995年9月4日由Pierre Omidyar以Auctionweb的名称创立于加利福尼亚州圣荷西。人们可以在易贝上通过网络出售商品。易贝也是老牌的跨境电子商务网站，和亚马逊一样在全球布局了站点，但主流市场是欧美国家，目前易贝在汽车配件、极客改装以及工具工作台为代表的一些品类上遥遥领先亚马逊。

2. 易贝平台模式

易贝跨境电子商务网站为第三方平台，易贝以B2C垂直销售模式为主。主要针对个人客户或小型企业，类似淘宝C店。采用入股第三方物流服务商及整合其他服务商的模式轻资产运营；物流方面主要以专线、小包、海外仓发货为主，平台对供应链的管控稍微欠缺，物流时效不如亚马逊；主要做品牌中端市场，商品品类丰富，有大量中国卖家入驻。

3. 优劣势分析

(1) 易贝平台的优势

① 易贝于2014年2月正式收购了3D虚拟试衣软件PhiSix，在平台上推出服装和配饰产品3D效果模型，消费者只需要安装该软件即可实现。

② 对卖家来说，开店门槛较低，开店手续办理也不会太烦琐；有专业客服支持，易贝客服对中国卖家提供了很好的支持，包括电话支持和网络会话；定价方式多样化，易贝推出了一系列全新的定价方式，包括无底价竞标、有底价竞标、定价出售、一口价成交等5种方式。

③ 易贝比较重视中国卖家，鼓励中国商家开辟海外网络直销渠道，拥有全中文后台管理界面，设立有专门的易贝培训中心，免费注册。

(2) 易贝平台的劣势

① 对卖家而言操作界面不友好：易贝平台的操作界面以英文为主，上手操作不容易。当然卖家可借助第三方工具或插件进行网页翻译，可能不完全准确，但多少会有一些帮助；付款方式太少，易贝一般采用Paypal付款，审核周期长，存在一定的风险。

② 目前推出SpeedPAK物流服务体系，但效果还不明显。物流方式相对单一，一般卖家有成交订单，以自发货为主，前期操作的成本投入比较小。

三、速卖通

1. 阿里巴巴全球速卖通简介

阿里巴巴全球速卖通（AliExpress）正式上线于2010年4月，是阿里巴巴旗下唯一面向全球市场打造的在线交易平台，被广大卖家称为"国际版淘宝"。阿里巴巴全球速卖通面向海外买家，通过支付宝国际账户进行担保交易，并使用国际快递发货。其是全球第三大英文在线购物网站。阿里巴巴全球速卖通作为 B2C 跨境电子商务的代表，在跨境电子商务平台上有其独有的优势。

阿里巴巴全球速卖通在 B2C 跨境电子商务平台具有独特的优势，这些优势主要表现在三个方面。第一，能够节省交易成本，辅助外贸企业获取更多的净利润；第二，其 B2C 跨境电子商务平台能够更为准确地了解和满足顾客的需求，顾客可以通过这一平台查询和购买自己满意的商品；第三，其 B2C 跨境电子商务平台为中小企业赢得了更多市场交易的机会，可以推动中国产品面向全世界。

2. 阿里巴巴全球速卖通平台模式分析

阿里巴巴全球速卖通采用入股第三方物流服务商及整合其他服务商的方式，单一品类的产品供应链齐全，轻资产运营，平台准入门槛低；速卖通以 B2B、B2C 垂直类销售模式为主，主要针对企业客户，客户主要集中在一些发展中的国家，比如俄罗斯、巴西等。平台根据不同的市场推出不同的活动，线上各种流量促销引流；物流方为 4PL 模式，渠道仅有官方物流，主要以小包、专线为主，并逐渐整合海外仓模式，物流时效相对较慢，售后较一般。

3. 优劣势分析

（1）阿里巴巴全球速卖通的平台优势

① 依托阿里国际站资源、流量优势大。

② 在物流体系方面展开合作。

阿里巴巴全球速卖通与俄罗斯境内快递公司合力打造燕文俄罗斯专线，和 Aramex 公司共同建立了中东专线，另外，还建立了中俄快递 SPSR 等快递，全面优化外贸物流体系，缩短了物流运输时间，提高了海外顾客的满意度。

③ 支付安全可靠。

目前阿里巴巴全球速卖通最常见的第三方支付方式是 Paypal，这种支付方式最为安全、可靠，能够保护商家和消费者的合法利益与私密信息。

（2）速卖通的平台劣势

① 入驻门槛高。必须要有品牌，且卖家最低需缴 1 万元以上的技术服务费年费，宣传推广费用高。此外，个人或者无相关资质的企业，不接受入驻。

② 价格竞争压力大。所谓产品"价格为王"，卖家产品价格低才有优势，价格战严重，竞争压力大。

③ 客价和利润低。产品价格太低，导致产品利润也低，卖家只能靠销售量多获利。

④ 平台政策偏向大卖和品牌卖家。对于大卖和品牌商，受速卖通政策影响更小。

四、Wish

1. 简介

Wish 是一家在线电子商务公司，它由谷歌和雅虎的前程序员 Peter Szulczewski 和 Danny Zhang 于 2010 年创立。2017 年，Wish 移动购物应用程序在 iOS 和 Android 平台上拥有超过 1 亿用户。

2. 平台模式

Wish 以 B2B、B2C 垂直类销售模式为主。主要针对手机移动端的客户，以北美市场为主。值得一提的是 Wish 会依靠大数据根据客户的搜索习惯给客户推送相应的产品。

3. 优劣势分析

(1) Wish 平台的优势

① 客户定位精准，Wish 的市场主要分布在北美地区，其中在美国市场人气最高，卖家可以进行精准营销。

② 不同于亚马逊、易贝、阿里巴巴全球速卖通等跨境电子商务平台，Wish 有更多的娱乐感，有更强的用户黏性。亚马逊、易贝等平台是由 PC 端发展起来的传统电子商务，更多的是注重商品的买卖交易；Wish 虽然本质上也是提供交易服务的电子商务平台，但其专注于移动端的"算法推荐"购物，呈现给用户的商品大都是用户关注的、喜欢的，每一个用户看到的商品信息不一样，同一用户在不同时间看到的商品也不一样。

③ 不同于 Wanelo 等社交导购网站，Wish 不依附于其他购物网站，本身就能直接实现闭环的商品交易。作为社交导购网站，用户在 Wanelo 发现自己喜欢的商品后，如果需要购买，则会跳转到相应的购物网站上，无疑妨碍了购物体验。在 Wish 平台上，用户在浏览到自己喜欢的商品图片后，可以直接在站内实现购买。

④ 不同于 Pinterest 等社交图片网站，Wish 提供商品的购买服务。在 Pinterest 上，用户可以收集并分享自己喜欢的图片，但如果想要拥有图片上的商品，却只能通过其他渠道去购买。Wish 上面也有大量的精美商品图片，但只要用户喜欢，便可以随时购买拥有。

⑤ 未来趋势大，据有关数据统计，Wish 平台目前 9 成以上的订单量都来自手机 APP，就目前的移动互联网发展的趋势来看，对于中小卖家来说，Wish 很有可能坐稳跨境移动电子商务第一位置的宝座。

(2) Wish 平台的劣势

① 产品审核时间过长。一般来说，产品审核短则 2 个星期，长则 2 个月。

② 佣金收取费用较高。目前成交订单需要收取 15％产品成交费用和 1.2％的提现费用。

③ 物流方式不成熟。Wish 以自发货为主。

④ 平台的产品审核严格。对产品质量要求高，仿品审查严格，若被抓到侵权销售假冒产品，很容易被关店封号，甚至钱也拿不回来。

第四节　外贸跨境电子商务平台

一、大批发 B2B 平台代表：阿里巴巴

1. 阿里巴巴简介

阿里巴巴国际站于 1999 年正式上线，是阿里巴巴集团最早创立的业务，主要针对全球进出口贸易，是目前全球领先的跨境 B2B 电子商务平台，服务全世界数以千万计的采购商和供应商。阿里巴巴国际站专注服务于全球中小微企业，在这个平台上，买卖双方可以在线更高效地找到适合的彼此，并更快更安心地达成交易，此外，阿里巴巴外贸综合服务平台提供的一站式通关、退税、物流等服务，让外贸企业在出口流通环节也变得更加便利和顺畅。

2. 平台模式介绍

通过第三方跨境电子商务平台进行信息发布或信息搜索完成交易撮合的服务，其主要盈

利模式包括会员服务和增值服务。会员服务即卖方每年缴纳一定的会员费用后享受平台提供的各种服务，会员费是平台的主要收入来源，目前该种盈利模式市场趋向饱和。增值服务即买卖双方免费成为平台会员后，平台为买卖双方提供增值服务，主要包括竞价排名、点击付费及展位推广服务，竞价排名是信息服务平台进行增值服务最为成熟的盈利模式。表 5-5 为主要跨境电子商务 B2B 模式信息服务平台情况。

表 5-5 主要跨境电子商务 B2B 模式信息服务平台情况

信息服务平台	阿里巴巴国际站	环球资源网	中国制造网
盈利模式	会员费、广告费	会员费、线下服务收取的增值服务费	会员费、增值服务费、认证费
主营业务	主要提供一站式的店铺装修、商品展示、营销推广、生意洽谈及店铺管理等线上的服务和工具	提供网站、专业杂志、展览会等出口堆场推广，及广告创作、教育项目和网上内容管理等支持服务	提供信息发布与搜索等服务，帮助中小企业应用互联网开展国际营销
客户对比	帮助中小企业拓展国际贸易的出口营销推广服务，向海外买家展示、推广供应商的企业和产品	面向大中华地区，多渠道B2B 媒体公司致力于促进大众化地区的对外贸易	汇集中国企业产品，面向全球采购商、中小企业
优势	访问量最大的 B2B 网站、推广力度较强，功能较完善	就电子产品有优势，大中华区、韩国、欧美市场有优势	收费较公道，其知名度很大一部分是靠口碑相传
劣势	价格较高，实际效果与宣传有一定差距采购商良莠不齐，客户含金量不高	只有供应商目录查询功能，价格太高，而现有的低价服务效果差，采购商信息采集和分类是其弱项	规模较小，在海外影响力不大，在国内资深推广力度仍不足

3. 商业模式分析

（1）阿里巴巴国际商业模式的核心

阿里巴巴国际商业模式的核心是平台的收入模型，这个商业模式赚取的是中小企业的广告费，平台通过会员费完成商业模式的构建，不同等级的会员费提供不同级别的服务，平台提供两种差异化打包增值服务，其实就是广告打包销售。平台的商品包罗万象，从标准的快消品到化工原料产品都有涉及。

（2）核心渠道

核心渠道有交易平台、广告平台、电子期刊、行业资讯网站、电子商务网站、外部搜索引擎、电视台、户外广告、手机客户端。

（3）成本结构

成本结构包括 IT 基础设施、软件研发成本、人力资本、运营投入、广告投入。

（4）收入来源

阿里巴巴国际站有会员费收入、增值服务两个来源。其中增值服务有标王，店铺升级、认证、看求购、搜索优先和广告收入，而广告收入含纸媒、互联网广告、研究报告收入、金融服务。

二、小批发 B2B 平台代表：敦煌网

1. 简介

敦煌网是一个聚集中国众多中小供应商产品的网上 B2B 平台，为国外众多的中小采购商有效提供采购服务的全天候国际化网上批发交易平台。来自世界各地的进口商能以批发价格购买小批量的中国商品，包括电子产品、服装、装饰物品和运动配件等。敦煌网在全球 227 个国家销售超过 3 000 万种产品。它在全球拥有超过 500 万的客户，目前是互联网上访问量最高的 2 100 个网页之一。

2. 平台模式介绍

敦煌网能够实现买卖供需双方之间的网上交易和在线电子支付，其主要盈利模式包括收取佣金费以及展示费用。佣金制是在成交以后按比例收取一定的佣金，根据不同行业不同量度，通过真实交易数据可以帮助买家准确地了解卖家状况。展示费是上传产品时收取的费用，在不区分展位大小的同时，只要展示产品信息便收取费用，直接线上支付展示费用。

3. 商业模式分析

（1）战略目标

敦煌网目标是打造一个聚集中国众多中小供应商的产品，为国外众多的中小采购商提供有效采购服务，成为全天候国际网上批发交易平台。

敦煌网立志成为中国国际贸易领域电子商务的领航者，提升中国出口型中小企业的国际竞争力。

（2）目标客户

敦煌网定位于国内中小企业和海外小采购商，是被传统竞争忽视的中小客户。

客户特点有以下几点。

① 没有充足的资金来参加中大型的展会。

② 不愿意负担"搜索竞价排名"之类的费用。

③ 绕过中间商的"盘剥"，直接和供货商交易。

④ 活泼周转快，每月甚至每周都要进货。

（3）功能与服务

① 为买卖双方提供信息发布平台。

② 助卖家海外推广商品。

③ 以第三方的身份提供买家和卖家保护机制，协调解决交易中发生的问题。

④ 免费提供物流、支付、翻译等服务。

⑤ 为客户提供免费的行情分析预测。

⑥ 提供敦煌贷款。

（4）收入来源

① 向买家收取"交易佣金"。

② 向卖家收取广告费。

③ 增值服务费及敦煌贷款。

④ 提供免费的行情分析预测，这项服务在未来将成为敦煌网的又一股利润增长点。

⑤ 通过第三方增值服务的公司加敦煌网的客户黏性并创造新的收入来源，保持收入的

可持续性。

(5) 核心能力

① 形成他人难以模仿的特殊环节。敦煌网通过自身经营成本的控制，价格比其他竞争对手更加便宜，为其他商业模式模仿者设置壁垒。

② 企业提供特殊化服务：海外直发、实时客服系统、敦煌驿站通、外贸助手服务等。敦煌网的突出竞争力是物流配送、海外仓。

③ 服务优势：个性化定制服务；自定义运费；新增运输方式。

三、直销 B2C 网站代表：兰亭集势

1. 简介

兰亭集势拥有一系列的供应商，并拥有自己的数据仓库和长期的物流合作伙伴，截止到 2010 年兰亭集势是中国跨境电子商务平台的领头羊，是以技术驱动、大数据为贯穿点，整合供应链生态圈服务的在线 B2C 跨境电子商务公司。

2. 平台模式介绍

兰亭集势采用了 B2C 的商业模式，同时 B2C 是出口跨境电子商务中主要的自营平台之一。

自营平台具有对其经营的产品进行统一生产或采购、产品展示、在线交易，并通过物流配送将产品投放到最终消费者群体的行为。自营平台通过量身定做符合自我品牌诉求和消费者需要的采购标准，来引入、管理和销售各类品牌的商品，以可靠品牌为支撑点突显出自身品牌的可靠性。自营平台在商品的引入、分类、展示、交易、物流配送、售后保障等整个交易流程各个重点环节管理均发力布局，通过互联网 IT 系统管理、建设大型仓储物流体系实现对全交易流程的实时管理。

同时对同为 B2C 平台的模式的环球易购进行对比分析，见表 5-6。

表 5-6 主要出口跨境电子商务 B2C 模式自营平台情况

自营式平台	环球易购	兰亭集势
盈利模式	赚取进销差价	赚取进销差价
物流体系	第三方物流	第三方物流
运营模式	自营为主	自营为主
销售市场	200 多个国家和地区	主要是西欧和北美地区
销售品类	专注服装、3C 类	综合类
供应链模式	超过 1 000 个供应商	超过 2 000 个供应商
采购模式	买断式	买断式
网络营销	通过搜索引擎、展示广告、联盟广告、邮件营销以及社会化营销等推广方式	主要通过搜索引擎推广，方式较为单一
优势	精准定位优势、流量优势，多维立体营销优势、移动端先发布局优势	品类丰富、供应链管理效率高、网站推广力度大

3. 商业模式分析

① 创新的商业模式。绕过所有中间环节，直接对接中国制造工厂和外国消费者，丰厚

的利润尽收囊中。

② 领先的精准网络营销技术。兰亭集势在搜索引擎优化以及关键词竞价排名上具有技术优势，使得它能够花最少的钱获得巨大的网络推广效益，进而为其带来非常可观的流量和销售收入。随着社会化网络营销的兴起和发展，兰亭集势再一次以其打造的社会化网络社区营销为自己赢得了市场。

③ 世界一流的供应链体系。对于外贸B2C而言，供应链在某种程度上起着决定性的作用。兰亭集势的大部分采购商品都是直接对接工厂，省去了很多中间环节，有自己的定价权，甚至很多产品还可以进行定制化。

④ 兰亭集势以国内的婚纱、家装产品为主，这些产品的毛利相对来说比较低，虽然业务量多，但盈利较少，这是国内做普通产品的外贸B2C的大多数情况。

第五节　东盟电子商务之窗

一、东南亚跨境电子商务现状

东南亚是全球增速最快的电子商务市场。从谷歌发布的《东南亚电子商务报告》看出东南亚地区的电子商务市场将在未来10年每年增长30%；预计到2025年，整体市场价值将达到1 020亿美元。这其中跨境电子商务的成分是非常可观的：光从目前的市场结构来看，跨境电子商务就分别占新加坡和马来西亚的电子商务销售额的55%和40%。

二、东南亚跨境电子商务主流平台分析

1. Lazada（来赞达）

跨境收款与资金分发平台Payoneer（派安盈）调查显示，在受访的900多个跨境商家中，Amazon、Wish、速卖通、eBay、Lazada是最受中国卖家欢迎的TOP5跨境电子商务平台。Lazada成立于2012年，总部位于新加坡，是东南亚最大的网上购物和商家入驻平台。目前完全覆盖印度尼西亚、马来西亚、菲律宾、新加坡、泰国和越南等多个东南亚国家。作为东南亚电子商务生态系统的先驱，Lazada通过其电子商务平台为超过155 000家本地和国际卖家以及3 000个品牌提供服务，为东南亚的5.6亿消费者提供服务，并提供广泛的定制营销、数据和服务方案。

① Lazada拥有超过3亿个SKU，提供最广泛的产品，从消费电子产品到家居用品、玩具、时尚、运动器材和杂货。Lazada致力于提供卓越的客户体验，提供多种支付方式，包括货到付款、全面的客户服务以及通过其100多个物流合作伙伴支持的第一和最后一英里（1英里约合1.609千米）货物交付的无忧回报。

② Lazada物流采用官方物流LGS，时效在10天左右签收。要求48小时之内填写物流跟踪号，并在订单产生后5天内将货物寄到义乌或者深圳仓，平台会负责运输妥投。当然，卖家也可以选择自发货。

③ Lazada更倾向于走高端形象路线，更为重视引导卖家突出自己的品牌，强调图片的专业规范，在品牌策略风格上与速卖通较为相似。

④ 2018年阿里巴巴向Lazada追加20亿美元的投资，持股比例83%。几乎完全控股Lazada，足证Lazada与东南亚跨境电子商务的潜力与重要性。

2. Shopee（虾皮）

Shopee 成立于 2015 年，是东南亚与中国台湾地区最大电子商务平台，覆盖新加坡、马来西亚、菲律宾、印度尼西亚、泰国、越南和中国的台湾地区，同时在中国的深圳、上海和香港地区设立办公室。

① Shopee 社群媒体粉丝数量超过 3 000 万人，拥有 700 万活跃卖家，员工超 8 000 人遍布东南亚及中国，是东南亚发展最快的电子商务平台，也是国货出海东南亚的首选平台。

② Shopee 自成立起，一直保持快速成长。2018 年，Shopee GMV 达到 103 亿美元，同比增长 149.9％。2019 年第一季度，Shopee 季度 GMV 同比增长 81.8％，总订单数同比增长 82.7％，APP 下载量超过 2 亿人。其是东南亚地区发展最迅猛的电子商务平台之一。

③ Shopee 为卖家提供自建物流 SLS、小语种客服和支付保障等解决方案，卖家可通过平台触达东南亚与中国台湾地区 7 大市场。Shopee 为买家打造一站式的社交购物平台，营造轻松愉快、高效便捷的购物环境，提供性价比高的海量商品，方便买家随时随地浏览、购买商品并进行即时分享。

④ shopee 的品牌策略更像国内的淘宝，走的是 C 店路线，更为突出产品的价格优势，图片的形式多样。

综合而言，两个平台正处在竞争的拉锯阶段，还没有真正分出高下。从流量可以看出，这两个平台已经彻底在东南亚站稳脚跟，可以说其他大平台已经很难进入这个市场了。

第六节　电子商务学术进展

本书筛选关键字查询，查询资料来自于知网　www.cnki.net。

一、"B2C 跨境电子商务"相关学术研究

（一）经典论文

1.《我国 B2C 跨境电子商务物流模式选择》

柯颖

广西大学商学院

摘要：随着全球消费市场一体化和电子商务软硬件设施的日益完善，我国 B2C 跨境电子商务取得了快速的发展。然而，跨境物流系统建设的严重滞后以及高昂的跨境物流成本，严重阻碍了我国 B2C 跨境电子商务企业的进一步发展。因此，更好地促进我国 B2C 跨境电子商务发展并提升其物流服务效率，应综合考虑经济制度环境、顾客行为偏好、技术管理方式、交易成本等方面影响，科学合理地选择一种适当的跨境电子商务物流模式，以有效降低物流成本，更高效、更经济、更高质量地实现 B2C 跨境电子商务业务。首先，对政府来讲，其作为跨境电子商务市场的监管者，应当在现有扶持政策基础上，进一步出台以促进 B2C 跨境电子商务便利化为重点的专项政策，减少跨境电子商务企业不必要的制度成本；其次，对 B2C 跨境电子商务企业来讲，应积极构建第四方物流联盟，并致力于为顾客提供定制化跨境物流服务，这将成为其核心竞争力的重要来源。

关键词：B2C 跨境电子商务；交易成本；海外仓；物流策略。

2.《B2C 跨境电子商务消费者购买决策影响因素研究》

李凌慧　曹艳

对外经济贸易大学信息学院

摘要：经济全球化和生活水平的提高使得跨境电子商务渐渐融入人们的日常生活。B2C 跨境电子商务给消费者提供了更加便捷的服务。本文结合跨境电子商务网站特点，以二因素理论为基础构建跨境电子商务消费者购买决策影响因素模型，并采用问卷调查法实证分析感知产品质量、感知跨境电子商务网站特色服务、感知风险、网络外部性及网络折价促销等因素对消费者购买决策的影响作用。研究结果表明：感知产品质量、感知网站服务质量、感知风险、网络外部性及网络折价促销对其有显著影响。

关键词：B2C 跨境电子商务；消费者购买决策；感知价值；网络外部性。

3.《我国跨境 B2C 电商平台的发展问题研究》

聂文

浙江工业大学

摘要：本文重点探讨的问题是我国 B2C 跨境电商发展的现状，并通过 SWOT 分析指出我国 B2C 跨境电商发展存在的问题，然后借鉴国内两种比较成功的跨境 B2C 模式——兰亭集势和阿里巴巴的全球速卖通，指明我国 B2C 跨境电商的发展方向。本文共分为五部分。第一部分是本文的绪论部分，介绍了在何种背景下研究 B2C 跨境电商的发展，以及在此背景之下研究 B2C 跨境电商有何意义。第二部分对我国 B2C 跨境电商的发展现状进行了梳理和总结，包括发展的规模和特征等。在分析现状的基础上，本文利用 SWOT 分析法对目前我国 B2C 跨境电商发展所面临的优势、劣势、机会和威胁进行了逐一的分析，并最终指出了我国 B2C 跨境电商发展存在的问题。第三部分分析了国内比较典型的 B2C 跨境电商的成功模式——兰亭集势和阿里巴巴的全球速卖通，分析其运作方式，对两种模式进行评价，同时通过成功经验的总结希望对我国 B2C 跨境电商的发展有所启示。在案例分析的基础之上，在文章的第四部分，本文从产业和企业两个层面提出了促进我国 B2C 跨境电商健康发展的建议。第五部分对全文进行了总结，简要阐述了文章研究所得出的结论，指出了全文的不足之处，并对下一步研究进行展望。

关键词：B2C 跨境电商；交易成本；兰亭集势；全球速卖通。

（二）关键文献

1. 最早研究（共 3 条）

① 柯颖. 我国 B2C 跨境电子商务物流模式选择［J］. 中国流通经济，2015，(8).

② 李凌慧，曹淑艳. B2C 跨境电子商务消费者购买决策影响因素研究［J］. 国际商务（对外经济贸易大学学报），2017，(1).

③ 李楠. B2C 跨境电子商务消费者购买决策影响因素分析［J］. 中国多媒体与网络教学学报（中旬刊），2018，(3).

2. 最新研究（共 2 条）

① 倪甜. B2C 跨境电子商务合同法律适用问题研究［J］. 浙江万里学院学报，2019，(3).

② 李楠. B2C 跨境电子商务消费者购买决策影响因素分析［J］. 中国多媒体与网络教学学报（中旬刊），2018，(3).

二、"跨境电子商务"相关学术研究

（一）经典论文

1.《中国跨境电商物流困境及对策建议》

张夏恒　马天山

长安大学经济管理学院

摘要：电商与物流相伴共生，跨境电商离不开跨境物流。伴随电子商务的飞速发展，中国跨境电商呈现出许多不同于传统电商的新特征，在这些新特征的影响下，中国跨境电商蓬勃发展，同时在跨境物流方面也遭遇到前所未有的新困境。在分析中国跨境电商及跨境物流现状的基础上，结合跨境电商发展的新特征，尝试着分析跨境电商在运作物流时存在的问题与风险，提出通过运作海外仓，可以有效地解决中国跨境电商在物流运作中存在的许多问题。

关键词：跨境电商；物流困境；海外仓。

2.《跨境电商现状分析及趋势探讨》

廖蓁　王明宇

湖南业大学东方科技学院 湖南农业大学信息科学技术学院

摘要：目前，跨境电商逐渐兴起被众多的人所知道。本文以跨境电商发展的探讨，对其发展的原因、现状及阻碍进行研究，并对跨境电商未来的发展提出了建设性的建议和它发展所带来的意义。

关键词：跨境电商；电商；第三方支付；物流。

3.《跨境电商环境下国际物流模式研究》

庞燕

中南林业科技大学交通运输与物流学院

摘要：跨境电商的迅猛发展，给国际物流业带来了机遇和挑战，同时，国际物流运作模式的适应性也成为跨境电商运营的瓶颈。目前，服务于跨境电商运作的国际物流出口模式包括邮政快递（中国）、国际快递、海外仓（边境仓）、跨境专线物流和国内快递的国际化服务，国际物流进口模式包括直邮模式和转运模式。不同模式分别适应于不同的情况，具有各自的优势，但是又都存在着运输时间长、丢包率高、运输成本高、揽收范围和覆盖的海外市场有限等问题。为此，可通过建立国际物流服务能力评估体系，提高国际物流成本管控能力，提升智能监控与协调能力，增强国际物流服务响应能力，改进国际物流差异化服务能力等措施来解决。

关键词：跨境电商；电商物流；国际物流模式。

（二）关键文献

1. 最早研究（共 1 条）

刘丽娟. 跨境电商进化论 [J]. 中国外汇, 2013, (14).

2. 最新研究（共 3 条）

① 梁琳. 新形势下吉林省跨境电子商务人才培养路径分析 [J]. 长春教育学院学报, 2019, (12).

② 张锡宝, 石以涛, 徐保昌. 贸易便利化与我国跨境电商发展——基于双重差分法的

实证分析 [J]. 华东经济管理, 2020, (2).

③ 许晓芹, 周雪松. 经济全球化下对外投资促进我国商贸流通发展问题探讨 [J]. 商业经济研究, 2020, (1).

3. 综述研究（共 3 条）

① 何江, 钱慧敏. 我国跨境电子商务发展研究: 回顾与展望 [J]. 科技管理研究, 2017, (17).

② 李新华. 中小企业跨境电商研究现状综述 [J]. 黑龙江科技信息, 2017, (12).

③ 李文华. 消费者信任和跨境平台绩效相互影响关系述评 [J]. 中小企业管理与科技（中旬刊）, 2017, (4).

第六章

网络营销成为显学

本章学习目标：

1. 了解互联网时代的营销手段，学会运用。
2. 掌握各种网络营销手段，从实践中掌握互联网营销的重要性。

第一节 病毒营销

一、病毒营销定义与原理

病毒营销是指通过类似病理方面和计算机方面的病毒传播方式，即自我复制的病毒式的传播过程，利用已有的社交网络去提升品牌知名度或者达到其他的市场营销目的。病毒营销是由信息源开始，再依靠用户自发的口碑宣传，达到一种快速滚雪球式的传播效果。它的原理就是利用受众之间自我营销的方法，将商品的信息传播出去。中心环节在于受众本身，商家要充分利用受众的人脉关系，让其发自内心的自愿将信息传递给自己身边的朋友或亲人。

二、病毒营销传播路径

病毒营销是网络外部性的最集中体现，一条营销信息的对外传播，其营销作用会随着传播者的增加以平方级的方式进行增长，低成本，高效益。而且病毒营销的传播路径很广，主要有以下六个路径。

1. 电子邮件渠道

电子邮件传播方式是所有病毒营销传播最直接的方法，每当一个用户注册企业网站成为企业会员的时候，系统就随即发送一份关于本网站产品的介绍给客户，而且在今后还会定时定点地发送一些产品优惠信息到客户邮箱。从而起到鼓励客户长期访问本网站增加网站访问黏度并促进购买量的目的，这一点国内很多 B2C 类型的网站做得非常好，如京东、红孩子等。

2. 即时通信软件

QQ 传播方式是所有病毒营销传播最为简单互动的方法。每当一个用户来到企业网站看到本站相关产品信息的时候，它就会把信息复制好传递到它认为有共同购买欲望的 QQ 好友当中来。这种主动发起信息沟通的作用,有效扩大网站营销传播途径,使信息价值最大化。

3. 微博平台病毒营销

微博这个平台对于如今这个高速发展的时代也是一个非常不错的推广方式。腾讯、新浪、搜狐等大型门户站都推出了自己的微博平台。在网站微博平台里,将自己网站的信息内容发布,就能跟微博中对该信息感兴趣的人群进行话题传播了,这样就可以达到传播信息促进营销的目的了。

4. 社交平台病毒营销

SNS 营销就是利用了 SNS 的分享和共享功能,在六维理论的基础上实现信息的分享。每一个网站在推出某产品时都会设置一个优惠价格(或者是促销活动),为的就是鼓励会员进行绑定消费,通过本网站上的 SNS 链接,促使足够多的客户去转载分享优惠信息添加到豆瓣、人人网、开心网等,通过这种病毒式传播的手段让本网站产品被更多的人知道。

5. 节日娱乐式病毒营销

贺卡是很容易传递的东西,接受者改一个名字就可以传递给新的接受者,在节假日的期间,制作精良、意味隽永的贺卡很容易得到传播,这种手段对于引导一个网站的流量来说效果是明显的。如在愚人节,相信大家会收到类似的整蛊图片,你觉得有意思了,就会在发给其他的朋友,这样就形成了病毒营销的效果。

6. 争议性话题式病毒营销

针对大众喜欢围观的心态,一个事件引起了大众的争议,就会引起广泛的传播,芙蓉姐姐、凤姐、各种不同类型的门事故、某些所谓"专家"之间的对决等,都是此类。抓住了争议性话题的点,想不被围观都难。

三、病毒营销成功案例

由于病毒营销的传播速度快、范围广,所以带来的各种效应使得病毒营销成为越来越多的公司首选。表面上病毒营销的所有载体都是基于用户,由用户进行传播,只需要策划一次简单的舆论事件,引发热点就可以了,实际上病毒营销操作起来比一般传统的互联网营销模式更加困难。以下是国内外的几个应用病毒营销获得成功的案例。

1. 国内案例

(1)《旅行青蛙》(2017 年)

《旅行青蛙》于 2017 年 11 月 24 日在安卓上架,在 1 月 18 日、19 日出现了第一次大爆发,迅速登顶 APP Store。被一个拥有 500 万粉丝红 V 评论并转发,接着在微信朋友圈、微博、小红书、知乎等一切能想到的社交平台呈病毒式蔓延。

(2)锦鲤

锦鲤流行背后的狂欢精神,福利刺激下的传播裂变,这两点是锦鲤病毒营销的关键。400 万转评赞,2 亿曝光量,在公布结果后,迅速占据微博热搜第一和第五位,微信指数日环比大涨 288 倍。

(3)电影《我不是药神》

《我不是药神》爆发背后的内容策略和人物演绎,这两点是病毒营销的关键。豆瓣评分 9.0,票房 30.98 亿元,截至 2018 年 12 月 30 日上午 9 点整,2018 年中国内地总票房已经达 596 亿元。

2. 国外案例

（1）《盗梦空间》（2010 年）

影片官网上只有一个旋转陀螺，网友需要完成游戏类小任务，才能看到最新的影片信息。此外片方还拍摄了一段探讨梦境科学、意识犯罪原理的短片给各大电视台，上映前几个星期在街头贴出建筑物卷曲、倒转的巨幅海报，加上宣传语"梦是真的"，营造神秘气质，勾起观众好奇心。

（2）美国电影《Bully》

Bully 一部以童年欺凌为题材的电影，在它 2011 年 5 月 30 号上映之前，因为过于直白的台词被美国电影协会定义为 R 级，被禁。5 月 27 号那天 Hirsch 发了一条 Twitter，结果当天这条 Twitter 被转发 100 多万次，人们纷纷点击在@Bully Movie 私人空间里观看了这部电影。制片方自然也赚得盆满钵满。

（3）Chipotle：用奥斯卡级动画片夺眼球

主营墨西哥烤肉的休闲快餐连锁店 Chipotle，通过和设计工作室 Moonbot Studios（这家工作室曾荣获奥斯卡奖）的合作，推出了一部动画短片《稻草人》和同名移动游戏。他们这么做就是为了引起人们对于食品消费安全的关注，这其中就涉及动物肉类加工、人工添加荷尔蒙、有毒杀虫剂等方面。

四、无病毒不爆款

消费者市场的规模庞大，但是竞争也非常激烈。对于手头资金紧张的初创企业来说，降低客户获取成本非常重要，而病毒营销就是降低成本打造爆款的有效途径。病毒营销要求明确定位，把握网络营销的途径，对于每一个层次的关节点都不能忽视，同时选择社区、论坛、博客和新闻等渠道和手段进行整合营销，使病原体全面爆发成为易感病毒。另外，要结合各方因素，这些因素可能是人为因素，也可能是自然推动力。而最好的引爆点是人为因素和自然因素的有机结合。病毒营销的根本要求在于创新，不能简简单单复制别人成功的案例，这将不会达到自己预期的营销效果。只有将自己对产品品牌的理念注入病原体中才是真正的病毒营销。

而病毒营销的根据地就是互联网了，在互联网中怎样利用病毒营销推广产品，有如下这些操作方法（图 6-1）。

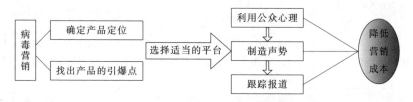

图 6-1　病毒营销操作方法的关键点

① 产品或服务的利益点和价值点要鲜明。为客户提供大量用户的产品和服务信息，或者有趣的活动和话题，值得广大网民去传播或者发散的信息。

② 病毒营销的内容必须简答、易记，用户看过后很自然而然地背下来和分享出去。此时一般病毒营销的制造者都需要构思有趣且吸引人的图片、故事、笑话、视频等广告产品，使网民看过便能过目不忘，也有兴趣去传播这些内容。

③ 传播有价值的信息，让信息从消费群体向大范围群体扩散开来。

④ 调动公众的积极性和行为。"活跃人群"和"意见领袖"是话题的关键，用利益吸引人们的注意力，使人们愿意并且乐此不疲地转发给朋友。

⑤ 利用网络社区、论坛、博客、视频、邮件等现有的通信网站，把编辑好的内容发送给的目标群体。

⑥ 懂得借用别人的资源。借势造势，最大程度地降低成本，争取大众传媒的跟进报道，放大事件，引发网民的关注。

第二节 曾挑大梁的搜索引擎营销 SEO

一、曾经在 PC 时代主宰全局

（一）搜索引擎的发展史（表 6-1）

表 6-1 搜索引擎的发展史

时间		事件	好处
生命起源 （1991~2002 年）	1993 年	Excite 搜索引擎由 Architect 公司创建	提供了关键词、词组和自然语言等多种检索方式
	1994 年	雅虎创建	简化数据的索引和传送，提高搜索速度
	1997 年	谷歌创建	
生成初期（2003~2005 年）		SEO 黑帽大行其道，谷歌搜索发布了算法更新，改进惩罚机制，加大了对垃圾、关键词堆砌等作弊手段的打击	迈入了通过用户搜索历史推荐搜索的第一个阶段
中古时期 （2006~2009 年）	2008 年	谷歌发布了 Google Suggest，即搜索关键词建议系统	使得用户需要更加个性化、全面化、响应化，提高了内容的可用性，增加了网站的曝光率
		其他 SEO 将更多精力花在网站设计以及个性化内容上	
启蒙时期 （2010~2012 年）		谷歌重视对关键词优化，内容质量优化，谷歌知识图谱诞生	社交媒体与 SEO 的结合促使了信息时代的碎片化：快节奏化、个性化以及更加细分化的信息
		社交媒体发展	
当今（2013 年至今）		在被搜索引擎和科学技术入侵的时代，人们担忧信息安全和个人隐私问题，SEO 由 PC 端转向移动端，以谷歌为首的搜索引擎们也在移动算法方面不断改变	
未来		搜索引擎日益趋向智能化，用最少的步骤得到最多、最准确的信息	

（二）搜索引擎优化

SEO（Search Engine Optimization）为搜索引擎优化，即能够利用搜索引擎的规则提高网站在有关搜索引擎内的自然排名。目的是让其在行业内占据领先地位，获得品牌收益。SEO 算是一种营销推广，在 PC 时代，搜索引擎拥有垄断地位的入口，SEO 确实可以让网站在搜索引擎上获得排名和流量。我们见过的很多网站就是通过 SEO 的方式把项目做起来的，这背后的投入少说几十万到百万不等，而且搜索引擎的流量早已不是免费的流量。通过作弊手法欺骗搜索引擎和访问者，最终将遭到搜索引擎惩罚的手段被称为黑帽，比如隐藏关键字、制造大量的 meta 字、alt 标签等。而通过正规技术和方式，且被搜索引擎所接受的 SEO 技术，称为白帽。

1. SEO 的优势

（1）价格优势

长期看来，相比于关键词推广来说，搜索引擎优化需要做的只是维护网站，保证网站具有关键词优势的过程，并不需要为用户的每一次点击付费，因此比竞价排名要便宜许多。另外，搜索引擎优化可以忽略搜索引擎之间的独立性，即使只针对某一个搜索引擎进行优化，网站在其他搜索引擎中排名也会相应提高，达到了企业在关键词推广中重复付费才能达到的效果。

（2）管理简单

如果企业将网站搜索引擎优化的任务交给专业服务商，那么企业在网站管理上基本不需要再投入人力，只需不定期观察企业在搜索引擎中的排名是否稳定即可。而且，这种通过修改自身达到的自然排名效果，让企业不需担心恶意点击的问题。

（3）稳定性强

企业网站进行搜索引擎优化之后，只要网站维护得当，在搜索引擎中排名的稳定性就会非常强，很长时间都不会变动。

2. SEO 存在的发展问题

搜索引擎优化在国外发展迅速，国内也有众多的优化爱好者。他们通过各种方式进行自己的优化工作与学习，不断进步。国内的网站建设运营者对于搜索引擎优化越来越重视，这块市场非常大，相信会有越来越多的人加入到这个领域中。搜索引擎优化技术随着互联网的发展迅速崛起，但是搜索引擎优化到底路在何方，却让很多站长迷茫彷徨。中国的搜索引擎优化技术发展道路上，尚存在着诸多的盲点，具体如下：

（1）关键词排名乱收费

搜索引擎优化行业刚刚起步发展，竞价关键词没有统一的标准，于是就会出现乱收费的现象。从而导致恶意竞争，把整个行业收费标准搞的一片混乱。一般的搜索引擎优化服务公司都会誓言保证网站的排名，但是网络变幻无常，谁也不晓得会变成怎样，砸出去的广告费很多时候都成了肉包子打狗。

（2）SEO 效果不稳定

做过搜索引擎优化排名的站长都清楚，排名上下浮动是很正常的。比如你给一个客户优化网站，第二天让客户验收的时候网站就从首页跑到第二页去了。出现这样情况的时候很多。搜索引擎在不断地变换自身的排名算法。这样也相对增加了搜索引擎优化的难度。

（3）首页排名的局限性

搜索引擎首页的位置是很局限的，首页的自然排名就 10 个位置。大家竞争的就是这 10 个位置。具体来说没有 10 个位置，比如百度，百度自己的产品要占 1~2 个位置，有时候 3 个位置全是百度的产品。最多也就是 7~8 个位置是用优化方式能达到的。所有的人都在竞争这几个位置，比如共有 11 家在做优化，不管怎么优化都会有一个是成功的，总有一个是不成功的。这是做搜索引擎优化的一个不足之处。

(4) 面临遭受惩罚风险

网站优化操作不当，就要被搜索引擎惩罚。因此对于搜索引擎优化技术，还需要加强，同时避免不当的手段，而导致不必要的后果。

二、在移动互联网兴起中没落

随着技术的演进，居于核心地位的产品形态也会发生变化，在传统互联网时代成为流量入口的搜索引擎，在移动互联网时代已然风光不再，但是仍旧有许多人认为 PC 互联网就是移动互联网。然而当所有人都意识到移动互联网不是 PC 互联网的移动化后，APP 纷纷抢占自己的入口、绕开搜索引擎。相对于 PC 时代搜索独霸互联网信息入口，在移动互联网时代，人们许多需求被 APP 各自分走，搜索的统治力下降。总之，PC 互联网在移动互联网兴起后就落寞的原因如下。

① 移动时代搜索引擎被弱化主要因为用户获取内容和服务的行为发生了改变。

在传统互联网时代，用户面对海量的信息，不知道该从何获取，因此通过搜索引擎来检索。而在移动互联网时代，用户不再是这样一种行为方式。所有的信息和服务的入口变成了 APP。

② 搜索引擎为了提升移动端体验，对排序算法做了优化，把移动端适配好的网页提升了权重，导致移动端和 PC 端排名不同。

在手机上使用百度和在电脑上使用百度结果是不一样的。在移动时代，百度的流量被大大地弱化了，百度的团队也在思考这个问题。所以它必须提高在手机端的搜索体验。因此当用户在移动端使用百度搜索时，排名靠前的那些链接基本上都是在手机上做过适配的。

③ 移动时代，信息和内容不再能被搜索引擎索引，搜索行业的标准实际上也被颠覆。

在 PC 搜索时代，搜索引擎定义了一套行业的规范和标准。网站应用的开发者们为了让自己的内容能够被搜索引擎给搜索到，他们都会为搜索引擎特意做一些优化，这是在传统互联网时代一种非常良好的机制。但是在移动互联网时代，大量的内容都在 APP 的内部，而这样的内容无法被搜索引擎所获取。

但是后 PC 时代并不代表电脑将被完全取代，可以预期的未来中 PC 将是所有设备的运算中心，手机和平板都会和它实时分享数据。轻度的运算交由移动设备完成，比较复杂的运算则交由更强大的 PC 处理。移动设备相当于 PC 的一个信息高度共享的子公司、一个分屏，而 PC 的主要职责就是将这些子公司的数据集中管理。所以 PC 不会衰落，与移动互联网相辅相成，优势互补，只是退居幕后而已。下一代计算机也在有条不紊的研发当中，PC 端的未来发展还是乐观可期。

三、改变的不是技术而是用户习惯

移动端发展迅速，短短几年，移动端已经远超 PC 端，在当前这个以流量为主的社会，我们做 SEO 优化不能仅仅优化 PC 端，对于移动端更要有所了解。当然我们要做好移动端优化，必须了解 PC 端与移动端的差别和用户需求。现在的移动网络已经是主流，越来越多的人愿意使用手机登录搜索引擎去查找想要解决的问题，这就促成了移动端 SEO 优化的需求，那么要做好移动端的网站优化需要注意些什么呢，要具体分析其中的差别之处。

(1) 网络速度的不同

移动端大部分用户都是 4G 网络，少部分客户使用 5G 网络，总体而言网速还慢于 PC

端网速。

（2）建站域名的不同

（3）网站的结构和屏幕尺度的不同

移动端屏幕在长度和宽度上，都较 PC 端要更窄更短，所以，在网站的页面内容、布局、文字大小等都会与 PC 端产生差异。

（4）移动端网站要保持高度简练

因网速及流量不可操控的因素，移动设备访问网页较 PC 端慢一些，因而，移动端网站应尽量将页面数量和页面大小控制到最低。从用户体验上来说，运用移动设备访问网站的用户多数是在零碎时间上网，因此移动端网站在规划时应尽量简练。

（5）技术支撑的不同

在 PC 端上能够使用的一些技术，在移动端上很可能无法支持，比如很多移动设备上不支持 flash，如果页面使用了 flash，用户可能根本看不到任何内容。还有一些图片格式在移动设备上支持不充分，因此尽量使用 PNG、JPG 等格式图片。某些移动端浏览器对 JS 的支持不完全，其他的 plug-in，frame 等在移动设备的支持也不完全。

（6）关键词选择的不同

因移动端与 PC 端的显示媒介不同，所以在选择目标关键词时会有差异。移动端上操作更加烦琐，用户更偏向于短语提示类。另外移动用户更偏重于本地化搜索，如本地美食、旅游、地图等一些基于自己的位置而进行的搜索。

（7）移动端与 PC 端排名的不同

（8）相关搜索的不同

用户在输入关键词的时候，PC 端和移动端的搜索结果和下拉框都是不一致的，主要是移动端的搜索结果是根据手机或 IPAD 用户的搜索习惯而推荐的，相对来说，移动端的搜索结果和相关推荐会更加精准，这点对于商家在投放移动端广告时，起到极为重要的作用。

（9）外链建设的不同

PC 端网站的外链种类非常多，如锚文本外链、新闻软文链接、友情链接等，但是在移动端目前并没有外链这个概念

（10）移动端网站与 PC 端网站之间的转换

总之，PC 端和移动端网站的 SEO 优化可以说是大同小异的，在进行网站优化操作的时候，首先针对的就是用户体验进行的优化的区别。而对于解决用户需求的优化操作，这两种终端的优化应该是差不多的。目前用户大多已习惯了通过手机用移动网络进行搜索，因此需要重视移动端 SEO 优化。

第三节　中国特色的社交/社群营销

一、国外玩 Twitter 及 Facebook

随着新兴社交媒体的崛起，大部分品牌都在考虑多平台的社会化营销策略，总体来讲基本上形成了基于六大平台的营销，它们共同承担着长文章、短文章、图片、短视频、长视频的内容传播任务。2019 年以来，社交网站前五名分别是：Facebook（脸书）、YouTube（油管）、Instagram（照片墙）、Twitter（推特）、Reddit（红迪网）（图 6-2）。

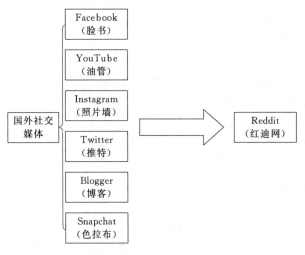

图 6-2 国外社交媒体

1. Facebook（脸书）

Facebook 是美国的一个社交网络服务网站，创立于 2004 年 2 月 4 日，总部位于美国加利福尼亚州的门洛帕克，主要创始人是马克·扎克伯格。Facebook 是世界排名领先的照片分享站点，截至 2013 年 11 月每天上传约 3.5 亿张照片。截至 2012 年 5 月，Facebook 拥有约 9 亿用户。从 2006 年 9 月 11 日起，任何用户输入有效电子邮件地址和自己的年龄段，即可加入。

2. YouTube（油管）

YouTube 是一个视频网站，早期公司位于美国加利福尼亚州的圣布鲁诺。其注册于 2005 年 2 月 15 日，由美籍华人陈士骏等创立，让用户下载、观看及分享影片或短片。YouTube 采用 Sorenson Spark 与 Adobe Flash9 提供的影像编码技术，将用户上传影像档案进行压缩转档。今日 YouTube 影片内容包罗万象，涵盖个人影片及电视节目片段，音乐录像带及家居录影带等。YouTube 影像品质远不如 RealVideo 与 Windows Media 等联机流技术，但因低带宽需求并可简易地借由 Flash Plug-in 内嵌于个人的 Blog 或其他网站中而迅速取得压倒性的知名度与成功。

3. Instagram（照片墙）

Instagram 是一款运行在移动端上的社交应用，以一种快速、美妙和有趣的方式将用户随时抓拍下的图片彼此分享。Instagram 是一款支持 iOS、Windows Phone、Android 平台的移动应用，允许用户在任何环境下抓拍下自己的生活记忆，选择图片的滤镜样式（Lomo/Nashville/Apollo/Poprocket 等 10 多种胶圈效果），一键分享至 Instagram、Facebook、Twitter、Flickr、Tumblr、Foursquare 或者新浪微博平台上。不仅仅是拍照，作为一款轻量级但十分有趣的 APP，Instagram 在移动端融入了很多社会化元素，包括好友关系的建立、回复、分享和收藏等，这是 Instagram 作为服务存在而非应用存在最大的价值。

4. Twitter（推特）

Twitter 是一家美国社交网络及微博客服务的网站，允许用户将自己的最新动态和想法以移动电话中的短信息形式（推文）发布（发推），可绑定 IM 即时通信软件，是全球互联网上访问量最大的十个网站之一。Twitter 是现有博客网站合理发展的下一步,也是博客的初始阶段。网民认为,键入 140 个字并发送到网络上更为便捷,因此 Twitter 实现了信息的流程化。2006 年,博客技术先驱创始人埃文·威廉姆斯创建的新兴公司 Obvious 推出了大微博服务。在最初阶段,这项服务只是用于向好友的手机发送文本信息。截至 2010 年 11 月 1 日,Twitter 拥有约 1.75 亿注册用户,但是却有 5 600 万 Twitter 账户(约占注册用户数的 32%)没有关注其他账户,而有 9 000 万 Twitter 账户没有关注者。这一数据表明,Twitter 的实际用户数远远低于其注册用户数。其他网站方面,截至 2012 年底 Facebook 的每月活跃用户数为 6 亿,与之相比 Twitter 还显得有些微不足道,但它却与 Facebook 截然不同,就像威廉姆斯所言,Twitter "降低了门槛"。

5. Reddit(红迪网)

Reddit 是个社交新闻站点,口号:提前于新闻发声,来自互联网的声音。用户(也叫 redditors)能够浏览并且可以提交因特网上内容的链接或发布自己的原创或有关用户提交文本的帖子。其他的用户可对发布的链接进行高分或低分的投票,得分突出的链接会被放到首页。另外,用户可对发布的链接进行评论以及回复其他评论者,这样就形成了一个在线社区。

二、中国先上微博继而微信

相对国外的社交媒体环境,国内的社交媒体环境进化得更快,也更复杂,但总体来讲也并未脱出长文章、短文章、图片、问答、短视频、长视频、直播这几种主要形式。中国的全平台营销主要基于这些形式,形成了由微博、微信公众平台、优酷、今日头条、抖音、知乎、豆瓣、网易云音乐、贴吧、直播等,再加上自己所处领域的垂直平台,形成的矩阵。微博从 2011 年开始彻底走红大江南北,成为了用户数量增长最快的 SNS。新浪微博的碎片化阅读非常适合移动端,几乎是国内最受欢迎的手机 APP。但随着时间流逝,微博用户逐渐意识到微博的公开性导致它不适用于很多私密的交流。微博虽然有私信功能但一直没有取代 QQ 的地位。此时,微信崛起了。2012 年是微信爆发的一年。新浪直到 2012 年末才开始强推私密 SNS 的密友,此时几乎已不可能撼动微信的地位。2019 年以来,国内社交平台排名分别是:QQ、微信、新浪微博、抖音、陌陌、知乎(图 6-3)。

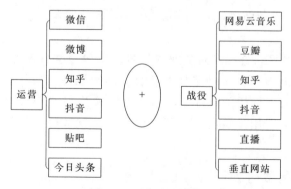

图 6-3 国内社交媒体

1. QQ

QQ 是腾讯 QQ 的简称,基于 Internet 的即时通信(IM)软件。目前 QQ 已经覆盖

Microsoft Windows、OSX、Android、iOS、Windows Phone、Linux 等多种主流平台,其标志是一只戴着红色围巾的小企鹅。腾讯 QQ 支持在线聊天、视频通话、点对点断点续传文件、共享文件、网络硬盘、自定义面板、QQ 邮箱等多种功能,并可与多种通信终端相连。

2. 微信

微信是腾讯公司于 2011 年 1 月 21 日推出的一个为智能终端提供即时通信服务的免费应用程序,由张小龙所带领的腾讯广州研发中心产品团队打造。微信支持跨通信运营商、跨操作系统平台通过网络快速发送免费(需消耗少量网络流量)语音短信、视频、图片和文字,同时,也可以使用通过共享流媒体内容的资料和基于位置的社交插件"摇一摇""漂流瓶""朋友圈""公众平台""语音记事本"等服务插件。微信还提供公众平台、朋友圈、消息推送等功能,用户可以通过"摇一摇"、"搜索号码"、"附近的人"、扫二维码方式添加好友和关注公众平台,同时微信将内容分享给好友以及将用户看到的精彩内容分享到微信朋友圈。

3. 新浪微博

微博是基于用户关系的社交媒体平台,用户可以通过 PC、手机等多种移动终端接入,以文字、图片、视频等多媒体形式,实现信息的即时分享、传播互动。微博基于公开平台架构,提供简单、前所未有的方式使用户能够公开实时发表内容,通过裂变式传播,让用户与他人互动并与世界紧密相连。作为继门户、搜索之后的互联网新入口,微博改变了信息传播的方式,实现了信息的即时分享。

4. 抖音

抖音是一款可以拍摄短视频的音乐创意短视频社交软件,该软件于 2016 年 9 月上线,是一个专注年轻人音乐短视频社区平台。用户可以通过这款软件选择歌曲,拍摄音乐短视频,形成自己的作品。

5. 陌陌

陌陌(MOMO)是 2011 年 8 月推出的一款基于地理位置的开放式移动视频社交应用,是中国的开放式社交平台。在陌陌,可以通过视频、文字、语音、图片来展示自己,基于地理位置发现附近的人,建立真实、有效、健康的社交关系。陌陌的愿景是希望人们通过移动互联网,发现身边的美好与新奇,让人们连接原本该连接的人。

6. 知乎

知乎是网络问答社区,连接各行各业的用户。用户分享着彼此的知识、经验和见解,为中文互联网源源不断地提供多种多样的信息。准确地讲,知乎更像一个论坛:用户围绕着某一感兴趣的话题进行相关的讨论,同时可以关注兴趣一致的人。对于概念性的解释,网络百科几乎涵盖了用户所有的疑问;但是对于发散思维的整合,却是知乎的一大特色。

三、社交营销不只是微商

(一)社交营销与微商的区别

近年来,我国社交电子商务发展方兴未艾。中国社交电子商务行业发展报告显示,过去 5 年我国社交电子商务市场复合增长率为 60%,2018 年成交额达 1.2 万亿元。目前,我国社交电子商务消费人数已超过 5 亿人，从业人员规模超过 4 000 万人。通过分享、内容制作等方式，社交电子商务正在实现着对传统电子商务模式的迭代，成为电子商务创新的主力军。其实社交电子商务和传统微商有很多相通性，都是在利用社交媒体工具，向自己或其他节点的人脉进行商品销售。但从本质上来讲，还是有很多区别的。

1. 操作模式不同

传统微商：传统的买卖方式，即上级向下级压货，每一级进行囤货并向下一级销售，是一种重资产模式的买卖关系。

社交电子商务：电子商务承担商品采购库存、仓储、物流、培训、售后等供应链职能，平台分销员只需要进行分享推荐，就能获取销售佣金，是轻资产模式的分销模式。

2. 分级模式不同

传统微商：多级销售，5～6 级模式很常见，通过上级对下级销售赚取价差。

社交电子商务：一般为 2 级模式，少数为 3 级，通过完成对用户的销售赚取各级别佣金。

3. 思维模式不同

传统微商：卖货思维，通过各种手段招聘代理发展下级，并不断地向下级压货，在终端上不断地通过病毒式传播加粉，思维简单粗暴。

社交电子商务：用户思维，在一定程度上做到了以用户为中心，加强与用户的持续互动，重视用户的体验和评价，知道通过服务完善用户的复购。

4. 裂变方式不同

系统微商：利用熟人关系进行裂变加粉，熟练使用各类加粉软件，不停地加粉裂变，招募代理，习惯在百度、贴吧、QQ 群、微信群里实行霸屏策略。

社交电子商务：基于自有平台粉丝进行宣传、培训，进而转化，注重与自带流量的网红 IP、自媒体大 V、微博大伽、直播网红等的合作，着重培养自己的关键意见领袖（KOL），发展大 V 店主。

5. 传播方式不同

传统微商：传统病毒式的传播模式，主要以向陌生人传播为主，相对简单粗暴，几乎不考虑互动工作。

社交电子商务：向朋友、熟人进行精准投放；或者通过签约店主和网红 IP 利用公众号、自媒体、直播等社交工具进行传播。

6. 产品模式不同

传统微商：一般以单个品牌或产品为主，是将一个产品卖给更多人的模式。

社交电子商务：打造综合供应链，产品涵盖范围广，母婴、美妆、食品、服装等几乎全部包含，关注产品本身质量和丰富度，是将很多产品卖给一个人的模式。

7. 成本构成不同

传统微商：一般讲求 1∶5 原则，即零售价格是产品成本的 5 倍原则，甚至 1 折拿货利润也有很多，各环节利润较高。

社交电子商务：零售价格的 6～9 折不等，基本上没有暴利环节，结构扁平化，追求细水长流。

8. 获客方式不同

传统微商：一般发展陌生人，通过各类软件加粉获客。

社交电子商务：一般是宝妈、学生、上班族、代购，注重从自身粉丝和用户进行转化。

9. 销售结果不同

传统微商：终端转化效率低，用户复购率低，一般不能持久，一锤子买卖的居多。

社交电子商务：粉丝和用户转化率高，用户的复购率提高，业务可持续发展。

（二）微商

微商是基于移动互联网的空间，借助于社交软件为工具，以人为中心，社交为纽带的新商业。微商其实是以"个人"为单位的、利用 web3.0 时代所衍生的载体渠道，将传统方式与互联网相结合，不存在区域限制，且可移动性地实现销售渠道新突破的小型个体行为。可谓是移动互联网下的 C2C 市场，具有投入小、门槛低、传播范围广、足不出户便可推广与销售、只需个体行为等特点，满足了大多数有意愿自己做点生意，却不敢轻易尝试实体性创业，亦没有太多资本投入，也不熟悉企业运营的个体。微商目前已经在市场上形成一种不可忽视的力量，它弥补了传统市场与电子商务市场的渠道费用高成本、短促人员高管理要求、投入成本回收慢等问题，不仅可以快速铺开销售渠道，还可以星星之火燎原之。但是微商如今饱受争议，原因如下：

1. 品牌商对微商运营不了解

微商市场是一把双刃剑，尽管其具低成本、回款快等特点，但由于其门槛低、要求不高、个体行为等原因，给品牌商带来了运营管理上的难题。

2. 用法不当，刷屏不断，引人反感

微商主要的推广渠道是基于目前的微信朋友圈推广，而朋友圈是社交平台，更是一个私人圈子，大多数人上朋友圈是为了利用碎片化的时间了解朋友的最新动态，拉近朋友间的距离，看看新奇特的事物，或者利用碎片化的时间去学习与分享。发布一两次产品，大家可能会觉得新鲜，但简单粗暴地反复刷屏，则会引起朋友们的反感，进而屏蔽甚至删除其朋友圈关系。

3. 大量非法暴利的三无产品混入

由于微商渠道的隐蔽性，容易导致了三无产品的流入。而这些三无产品以明显的效果快速占有市场，而当消费者身体出现不适，媒体曝光后，却找不到生产厂商。

微商营销在朋友圈的不规范，才导致其饱受各界争议。但微商未来的发展谁也不敢妄下定论。可以确定的是，微商不是伪命题，因其寄托了很多向往美好生活，受资本、资源所限没能实体创业的个体人群振奋有为的希望，也将作为一种常态存在下去。

（三）社交微商热土——妈妈母婴消费群

1. 妈妈母婴的群体分析

（1）消费金额方面

调研结果显示，婴孩类消费占比 57%，妈妈类消费占比 43%。而聚焦母婴消费月开支金额在家庭月开支中的比例来看，31%～50% 和 21%～30% 是"90 后"妈妈家庭的常见选项，人群占比分别为 38.8% 和 33.8%。此外，也有近 17.7% 的家庭中，母婴消费月开支金额在家庭月开支中的占比超过 50%，未来，伴随着育儿重视度的不断提高、母婴消费品类的持续精细化，这一比例还存在继续提升的空间。在"90 后"妈妈家庭中，面对种类繁多的母婴消费品类，首先妈妈贡献度高达 40%，是当之无愧的核心消费主力。其次，爸爸也承担了超过30%的母婴消费责任。此外,祖辈和其他亲友也分别对母婴消费进行了17.3%和12.5%的贡献。

(2) 在购买决策内容方面

在进行母婴消费决策的过程中,好物推荐类内容最容易打动"90后"妈妈们的"芳心",对其消费决策的促进比例高达58.8%,另外,促销打折和试用测评类内容在促进"90后"妈妈们的母婴消费决策方面亦各有所长。

(3) 影响购买决策的因素

对比婴孩类和妈妈类消费,对于前者,妈妈们更关注安全性、实用性、材质、品牌等要素,对于后者,妈妈们则在安全性和实用性之外,相对更为关注耐用性、科技感等要素。根据调研结果,整体而言,与三年前相比,妈妈们更加关注安全性、实用性、耐用性、材质、品牌等理性消费决策要素,而对于商品价格等方面的敏感度显著降低。其中,与三年前相比,对于婴孩类消费,妈妈们更加在意商品的品牌、材质及安全性等商品核心价值;对于妈妈类消费,妈妈们则更加关注商品/服务是否可定制化、购物环境如何及是否新品上市等消费附属价值。

(4) 在消费频率方面

调研结果显示,"90后"妈妈进行婴孩类消费的频率主要集中于每月一次以上,占比达到89.0%,其中,每个月消费1~3次的人群比例最高——"适当囤货,用完就补"是妈妈们的常见选择。而对于妈妈类消费,每月1~3次和每季度1~2次则是"90后"妈妈们的优先选择,但平均每个月至少进行一次妈妈类消费的人群比例也超过了70%。

(5) 在购买产品方面

1) 对于婴孩类消费

① 从消费频度来看,"吃">"用(消耗品)">"穿">"用(耐用品)">"学和玩"。

② 奶粉和纸尿裤始终占据"必败榜单"头牌。

③ 消费品类TOP5中,奶粉、营养品及洗护同样位居母婴品类浏览TOP3,与纸尿裤和辅食相比,它们的成分、功效及品牌等选购维度较复杂,妈妈们更需要来自垂直母婴平台等渠道的专业建议。

2) 对于妈妈类消费

① 从消费频度来看,"吃">"用(消耗品)">"穿">"用(耐用品)">"学">"服务"。

② 伴随着对自己的关爱意识觉醒,孕妇/宝妈营养品、清洁用品及奶粉顺利进入"常购清单"。

③ 此外,防辐射服等孕产服装,吸奶器、护理垫等孕产相关用品,以及粉底、口红等孕产妇彩妆是妈妈们常浏览的品类,存在进入"必败榜单"的潜力。

2. 母婴产品

以垂直母婴平台和实体店为例进行具体的母婴消费分析,妈妈们的消费行为呈现出了差异化的特征。其中,在垂直母婴平台中,妈妈们在日用品(如纸尿裤、婴幼儿洗护)、玩具(如变形金刚、滑板车)、儿童及家长内容(如儿歌动画片、儿童教育课程等)等品类上的消费较为突出,在线渠道为以上品类的选购建立了更为直观便捷的消费路径。而对于实体店而言,妈妈们则更青睐于童鞋、孕妇装等服装类,奶粉、儿童钙等饮食类,奶瓶、吸奶器、婴儿车等工具类,以及抚触按摩、月子中心等实体服务消费。

四、拼多多才是后发先至

1. 下沉市场

近年来，在互联网行业整体发展放缓的大背景下，向下渗透和下沉市场成为互联网企业扩大用户增量，寻求新市场机会的重要选择方向。阿里巴巴、腾讯、百度、美团等各大互联网公司，逐渐将下沉市场视为互联网行业"最后的流量红利"，激发并挖掘三线以下城市和农村乡镇地区巨大市场潜力。2019年"618"，拼多多平台通过百亿补贴，释放并满足消费者的需求。微博、微信、支付宝、抖音、拼多多、趣头条及第三方支付、短视频、社交等各类互联网企业都在下沉市场获得了大量用户和新的发展机会。

据 Mob 研究院数据，快手、拼多多、趣头条的三线以下城市用户占比分别达到 68.8%、64.1%和 64.9%。拼多多截至 2019 年 6 月 5 日 11 点的数据，3 亿笔订单中，来自三线及以下市场的成交占 70%。拼多多从创立之初就针对下沉市场，通过社交裂变，以低价取胜，致力于通过多种策略的组合，打造"同类商品最低价格"，实现了惊人的高增长。"618"期间联合品牌方共同补贴 100 亿现金。同时，也在推出"新品牌计划"，改变假货、仿冒、低质等标签形象。电子商务平台聚焦下沉市场，吸引了越来越多用户参与。

2. 拼多多的社交营销

新兴社交电子商务企业是这股风潮的领头羊。拼多多利用拼单购买模式大获成功，2015年创建以来，连续取得三位数的营收增长。拼多多商家也接入快手主播资源做商品直播推广。

拼多多将陌生人连接起来的用意，其实是指通过价格驱动力，拼团手段，让复合购买某件商品的人群，全部集合起来。所以，即便一件商品，拼多多只能影响 1 万人。但是这 1 万人，很可能是这件商品可能触达的全部人群，且都会下单。这种销售效率和会员价值渗透质量，远超过所谓影响到的 1 000 万人。拼多多这种模式下，商品看似普通，然而目标客群的触达和转化效率，更高更精准。一个在行业内喊了多年的"让货找人，消费分级，顾客分层"的创新口号，拼多多的低价好货模式，好像不太费力气地全实现了。

3. 后发先至的拼多多

对比同行电子商务巨头，还在流量流失、订单下降的瓶颈中苦苦挣扎，而后发先至的拼多多却一骑绝尘，笑到了最后。拼多多采用的手段和面临的困境如下。

（1）农村包围城市，曲线突围

当电子商务巨头们都将目光盯在了一二线城市，主打泛高端人群时，拼多多却以迅雷不及掩耳之势，推出了"农村包围城市"的战略，将主阵地放在了三四五线城市。要知道虽然一二线城市拥有超高的消费实力，但在城镇化加速推进的三线以下城市，也拥有着高达五六亿的消费人口，在移动互联网第三波人口红利来临之际，随时有爆发的潜力。在他们的眼中，产品即使质量再好，调性再高，消费体验最贴心，但是如果所有的高附加值都体现在价格上，那么，即使还动心，消费者也不想花那么多钱来购买。而拼多多正是抓住消费者这一心理：低价产品，永远有让人难以置信的市场空间。推出了"低价＋团购"的模式，一度引发无数三线以下城市消费者的追捧，其中有一半以上的用户都是 30 岁的年轻人。如今，拼多多在三线、四线城市的渗透率（分别为 21.38%、35.34%），甚至超过手机淘宝

(20.31%、31.50%)。

(2) 非议中前行，专注改变品牌形象

拼多多作为曾经的追赶者，如今却反超成为电子商务行业的第三势力，各种非议也纷至沓来，此起彼伏。但是，在上市之前，拼多多从低价转向专注品牌的转变，其实早有端倪。从赞助自带超级爆点的全民综艺节目，到主动到各大平台投放广告，而不是仅仅依靠用户自觉式的裂变式宣布。只有逐步改变消费者既定的品牌印象，拼多多才能在由大变强的路上走得更久远。

(3) 强势崛起，却难改亏损

拼多多在迅速攻占三线以下城市高达60%的市场份额时，为了吸引商家入驻，推出免佣金、免费上首页，而在吸引用户时，更是通过降价这种最直接的方式，鼓励买家将APP推广给更多人。而拼多多在获得巨大流量的，却没有盈利的同时，资金链的压力可想而知。

第四节　数据营销持续演进中

一、电子邮件营销曾经辉煌

1. 电子邮件

电子邮件是一种用电子手段提供信息交换的通信方式，是互联网应用最广的服务。电子邮件可以是文字、图像、声音等多种形式。同时，用户可以得到大量免费的新闻、专题邮件，并轻松实现信息搜索。电子邮件的存在极大地方便了人与人之间的沟通与交流，促进了社会的发展。

虽然电子邮件是在20世纪70年代发明的，但它却是在80年代才得以兴起。到80年代中期，个人电脑兴起，电子邮件开始在电脑迷以及大学生中广泛传播开来；到90年代中期，互联网浏览器诞生，全球网民人数激增，电子邮件被广为使用。

不过，随着社交媒体的出现，让电子邮件的社交梦想变得摇摇欲坠，毕竟，没有多少人愿意在荧屏那头刷新着收件箱，等待着没有时效性的回复。电子邮件的社交沟通功能被逐步取代，走向边缘化。而且，垃圾邮件困扰着我们的生活。而随着更大容量、更快的传输速度等细节上的变动，电子邮件似乎也正在成功度过其45岁的"中年危机"（表6-2）。

表6-2　全球电子邮件使用规模增长趋势

时间	全球每天收发邮件数量/亿	全球电子邮件用户数量/亿
2015年	2056	25.9
2016年	2153	26.7
2017年	2253	27.6
2018年	2356	28.5
2019年	2465	29.4

2. 电子邮件营销

电子邮件营销EDM（Email Direct Marketing），是在用户事先许可的前提下，通过电子邮件的方式向目标用户传递价值信息的一种网络营销手段。电子邮件营销是利用电子邮件与受众客户进行商业交流的一种直销方式，同时也广泛地应用于网络营销领域。电子邮件营销有其独特的优势，方能屹立在商业交流和网络营销多年，如下所示：

(1) 覆盖范围广

随着互联网的迅猛发展，截至 2010 年 6 月，我国的上网总人数已超过 4 亿。面对如此巨大的用户群。作为现代广告宣传手段的电子邮件正日益受到人们的重视。只要拥有足够多的电子邮件地址，就可以在很短的时间内向数千万目标用户发布广告信息，营销范围很是广泛。

(2) 操作简单，效率高

由于互联网的便捷性，一封电子邮件可以迅速发送到世界任何地方，只要对方有邮箱，而且通过使用邮件管理软件，如群发软件，计算机可实现每天数百万封的发信速度。电子邮件不需要烦琐的制作及发送过程。发送上亿封的广告邮件一般几个工作日内就可完成。

(3) 成本低廉，易于操作

电子邮件营销是一种低成本的营销方式，成本比传统广告低很多。依据国内目前的通信收费标准。打一次 1 分钟的市内电话需要 0.2 元左右；每发一封商业信函的费用至少为 0.8 元；一些互联网服务提供商提供的电子邮件广告的价格为每个邮箱地址发送一次 0.05~0.1 元，定位程度较高的也有 0.5 元以上的，如果企业自行发送电子邮件，成本相对会比较低一些。

(4) 适用性强

适合的行业也很多，几乎任何企业都可以采用这种方法。广告的载体是电子邮件，而电子邮件营销具有信息量、保存期长的特点，具有长期的宣传效果，且收藏和传播也十分便捷。但是要注意的是，电子邮件营销内容不能出现国家法律禁止类、各类药品类（包含减肥药类）、彩票类、非正规金融机构服务类、各种游戏类、性用品类，以及涉及政治类内容、考题、答案类。对于商用、广告宣传是没有限制的。

(5) 针对性强，反馈率高

电子邮件本身具有定向性。可针对某一特定的人群发送特定的广告邮件，可以根据需要按行业或地域等进行分类，然后针对目标客户进行广告邮件群发。使宣传一步到位，同时也可提高电子邮件的反馈率。当前，电子邮件营销已成为互联网上最常用的服务之一，电子邮件不仅是人们日常生活中的一种交流工具，同时也与企业的经营活动密不可分。人们与电子邮件的"亲密接触"使得电子邮件成为企业网络营销的最佳手段之一。电子邮件具有成本低、方便、个性化、流行、交互式而且可被衡量等多种特点，是网络营销信息传递最有效的方式，许多大公司已将其列为头号营销策略，同时也是主要的顾客服务手段之一。

(6) 信息丰富

文本、图片、动画、音频、视频、超级链接都可以在营销邮件中体现。

(7) 连续推销的机会

用户通过企业发给他的电子书，以及电子杂志中的小窍门、行业新闻、节日问候等更加信任企业和企业的网站。并且由于这些重复的提醒，潜在客户记住了企业的网站。当用户决定买这个产品时，企业的网站就在他的备选网站的最前面。如果网站设计以及电子杂志策划得当，注册电子杂志的转化率达到 20% 左右也是常见的。相对于 1% 的销售转化率，通过电子邮件营销将极大地提高最终销售转化率。

但是这种营销模式也有劣势：一是用户一般称之为"垃圾邮件"，即是，用户对提供的邮件内容不感兴趣；二是不尊重用户权力的情况下强制用户接收邮件；三是反感邮件发送方，从而降低企业的品牌美誉度，如果企业的产品或服务是在用户心中留有较好印象的话，则企业通过垃圾邮件营销则会起到反效果。电子邮件营销优势与劣势并存，然而电子邮件营销与 SEO 的结合，又大大地提高了网络营销的成功效率。未来，电子邮件营销将会向着更加智能、更加便捷、更加安全的方向前进：一是邮件营销智能化和自动化；二是邮件营销个性化；三是邮件营销移动化；四是邮件营销立体化。

二、短信营销最惹众人非议

短信营销就是以发送到普通手机短信的方式来达到营销目的的营销手段。随着经济的不断发展和营销手段的不断更新，短信营销已经成为一种新的营销模式。短信营销的使用范围广：第一，有会员制的单位，都是需要短信的，因为这样可以更好地通知活动、查询积分，还可以给客户日常的节日关怀，并且实施一定的会员管理制度。第二，公办的医疗行业、政府以及银行，甚至还有工商行业，税务管理部门，也在运用短信营销。第三，由于现在电子商品的盛行，淘宝天猫等平台的发展，各大店铺都需要用短信来拉拢客户，新品和优惠都可以及时准确地送达到目标用户的手机里。物流行业也可以进行下单通知接货的提醒，还有各种消息的通知以及货物派送等通知信息。

短信营销应用范围广，各大企业都运用短信营销获得收益，那么短信营销的优势表现在哪里呢？

短信营销是一种新型的交互式营销工具，而交互式营销方式在今天已经越来越受到人们的青睐。与其他交互式营销工具相比，短信营销能够帮助企业和消费者（以及潜在的消费者）建立并保持紧密的联系，拉近与消费者的距离，实现企业与消费者的直接互动。

成本也是促使短信营销迅速发展的主要因素。对于企业而言，平均发送一条短信不足半分钱，并且未来成本会越来越小。不论是对于大企业还是小企业都十分经济适用。

短信营销还可以突破时间和空间的限制，使企业与自己的客户能够随时随地进行沟通。作为覆盖面最广、受众人数最多、互动性最好的新兴媒体，短信营销对众多的商家来说将是一个很好的营销平台。

短信营销具有很强的灵活性。它的方便和快速非常适合于企业发布促销广告、新产品信息和紧急通知。只要有了广告内容，无论寄给一人或一万人，全在"一键"之间，大大提高了信息传播的速度。

短信营销反馈迅速，非常适合于期待有客户直接反应的营销者。目标客户在通过短信得到信息后，可以根据自己的喜好立即做出反应，而客户的直接反应对于企业往往是非常重要的。

短信营销有能力使一些在传统大众媒体上不便公开传播而又备受大众关心的隐秘的信息的传播变为可能。

利用短信营销还能达到"传销"的功能。当收信人收到有用的信息时，通常会将它转发给亲朋好友，于是短信迅速传播开来，给广告主带来无法计算的附加效果。因为自己亲友发来的短信，信息的可信度无疑会大大增加，这也将大大提高短信营销的传播效果。

优势与劣势是并存的，而短信营销又是一种效果比较明显的营销推广手段，但是由于短信营销费用的低廉，导致垃圾短信泛滥。国内很多企业在进行短信营销时操之过急，发送太频繁、内容不够吸引，从而给消费者造成了垃圾短信骚扰的困惑。

三、DSP 网络广告是否精准

互联网广告 DSP（Demand-Side Platform），就是需求方平台，起源于网络广告发达的欧美，是伴随着互联网和广告业的飞速发展新兴起的网络广告领域。它服务于广告主，帮助广告主在互联网或者移动互联网上进行广告投放，DSP 可以使广告主更简单便捷地遵循统一的竞价和反馈方式，对位于多家广告交易平台的在线广告，以合理的价格实时购买高质量的广告库存。DSP 让广告主可以通过一个统一的接口来管理一个或者多个 Ad Exchange 账号，甚至 DSP 可以帮助广告主来管理 Ad Exchange 的账号，提供全方位的服务。它与传统的广告网络（Ad Network）不同，DSP 不是从网络媒体那里买广告位，也不是采用 CPD（Cost Per Day）的方式获得广告位，而是从广告交易平台（Ad Exchange）来通过实时竞价的方式获得对广告进行曝光的机会，DSP 通过广告交易平台对每个曝光单独购买，即采用 CPM（Cost Per Mille）的方式获得广告位。在世界网络展示广告领域，DSP 方兴未艾。DSP 传入中国，迅速成为热潮，成为推动中国网络展示广告 RTB 市场快速发展的主要动力之一。

目前，中国是仅次于美国的全球第二大互联网广告市场，2017 年总收入达到 457 亿美元，比上年提高了 21.9%。根据数据预测，未来几年，这一收入将以 11.8% 的年均复合增长率持续增长，2019 年达到近 600 亿美元，并在 2022 年达到 800 亿美元，如图 6-4 所示。国内互联网广告市场仍有巨大的发展空间。据 CNNIC 发布的《第 43 次中国互联网络发展状况统计报告》，截至 2018 年 12 月，我国网民规模达 8.29 亿人，全年共计新增网民 5 653 万人，互联网普及率为 59.60%，较 2017 年底提升了 3.8 个百分点；我国手机网民规模增至 8.17 亿人，网民中使用手机上网人群的占比由 2017 年的 97.5% 提升至 98.6%。根据统计数据，移动互联网用户数量将以每年 3.4% 的年均复合增长率增长，到 2022 年达到 11 亿人，普及率达到 79%，并推动移动互联网广告收入的市场占整体互联网广告收入的比例达到 72.2%。

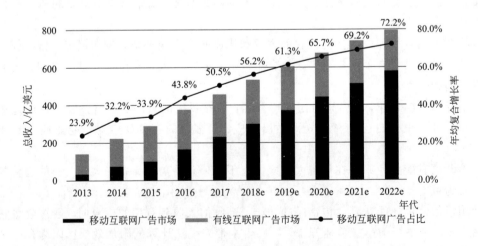

图 6-4 2013—2022 年互联网广告市场发展趋势

全球广告市场规模呈持续增长，部分亚洲地区广告市场规模迅速增长，我国现有及新增广告支出均位列全球第二，市场空间广阔，在不同媒体形式中，互联网广告份额最大且增速最快,并且广告市场表现出以下四个特点:第一,各级广告主发展不平衡,媒体客户结构更加模糊。第二,互联网步入下半场,市场不确定性增加。第三,沟通复杂性增加,数字化媒体蓬勃发展。数字化媒介预算占比在不断提高,数字化带来沟通便利的同时,也增加了沟通的复杂性。第四,消费者关注点多样易变。

1. 核心竞争力

值得注意的是,不同DSP的能力不太一样,因为需求方平台,本质上是基于自身的服务能力基础上,通过接入的广告主来不断验证和提升自己的服务能力的平台,所以根据自身服务的广告主的需求,会造成不同DSP平台,总之,不存在万能的DSP,服务的深度化,必然会导致DSP的垂直化。从通用的几个方面来讲,DSP比网盟优质的几个方面:一是用户精准的力度超过网盟;二是流量覆盖范围超过网盟;三是流量投放的细分力度超过网盟;四是通过不断的数据积累,在效果上会超过网盟。

2. 六大优势

(1) 强烈感官体验

网络广告多以超文本格式文件、多媒体等为载体,更具有吸引性。经由这种方式,受众可以对某种感兴趣的产品更详细地了解,也可以因为对宣传的方式感兴趣进而了解该产品。这种综合运用图片、文字、声音、影像的形式,丰富感官信息,予受众以身临其境的感觉,且这种能够在网上进行预订、交易、结算的行为,更能增强网络广告的实际效果。

(2) 地域、人群定向精准、命中最有潜力的客户

传统广告无法筛选客户的年龄、性别、喜好、兴趣,更无法获知所覆盖的消费者是否有需求。而DSP大数据广告能够划定区域、指定商圈,定制要覆盖消费者的年龄、性别,更能通过消费者在互联网上的浏览爱好、购买行为来圈定精准人群。

(3) 覆盖7.72亿网民

目前,中国网民已经突破7.72亿人,电脑已经成为企业、家庭必不可少的电子设备;而智能手机的使用人群超过5亿人。报纸、杂志已经逐渐淡出我们的生活,电视、电台、户外的关注频率也在快速下降。消费者的注意力已经转移到了互联网上。"消费者的注意力在哪里,我们的广告就应该投放到哪里"。DSP大数据广告投放载体为全国各大网站和手机APP,是消费者每天都要使用,并且是投入时间、频次最多的媒介。

(4) 覆盖全网媒体,传播范围广

传统广告投放渠道有限、投放方式单一。而DSP大数据广告覆盖了PC端160余万家网站、30余万个手机APP,每天能覆盖超过150亿次的客户浏览量。

(5) 性价比高——5元千次曝光

DSP大数据广告效果好,性价比高,价格便宜,5元即可做到千次以上曝光。迅速提升效率,拓展新用户。

(6) 可监测、可追踪、全透明

① DSP大数据广告属于竞价广告,可以实时监测,对投放效果进行效果优化。还可以对进入企业指定网站的客户进行追踪投放。

② 成本透明:采用原始成本对ATD透明,包括每一次广告展示的成本。

③ 人群数据透明:日志级广告投放详细数据和DMP数据通过API等途径向ATP透明。

④ 流程透明:投放全流程向第三方监测和广告验证合作伙伴透明,接受第三方DMP受

众数据的导向指挥和监督透明。

四、智能营销是技术进步所致还是新噱头

智能营销是通过人的创造性、创新力以及创意智慧将先进的计算机、网络、移动互联网、物联网等科学技术融合应用于当代品牌营销领域的新思维、新理念、新方法和新工具的创新营销新概念。智能营销不同于数字营销，而是数字营销的升级。虽然很多户外媒体与受众的交互、户外大屏和手机屏的交互，都是源自于数字营销的技术理念，但智能营销还需要依托交互技术以及营销策略等多方面的基础能力。这阶段市场权利高度集中于消费者手中，产生的主要理论有工业 4.0 理论、人工智能科技、机器学习、3E 工具论、Glocal 营销（全球本地化）理论等。

近年来，在技术与数据的加持下，智能分发技术和智能算法技术得到快速提升。机器写稿、阿尔法狗、无人驾驶、无人零售、智能音箱等成为商业领域的热点，人们被带入到了对于人工智能时代的畅想和担忧中。市场上打着高科技旗号，标榜采用人工智能新技术的科技产品层出不穷，特别是在健康检测、智能家居等领域，也是如此。原本乏善可陈的普通产品，一旦有了"智能"标签的加持，价格便水涨船高。利益驱动之下，有些企业不重视产品功能的提升，而热衷于拿智能化当噱头，进行"网红化"营销。这些"伪智能"产品不仅无助于提升用户体验，还伤及了产业创新的正常生态。今天，对于盲目跟风、投机取巧的企业来说，尤其应从产业发展的历史中吸取教训，摒弃那种靠制造概念、炒作噱头提高估值的短视思维，要把资源投放到满足市场的真实需求上来，沉下心来攻坚核心技术。真正的产业创新，不是打败对手，而是开拓未来。只有练好内功、打好基础，用真实过硬的技术、富有匠心的产品解决寻常生活的"痛点"，才能在人工智能赛道上赢得先机。

1. 智能营销的特点

（1）逼真的互动体验

AR（增强现实技术，Augmented Reality）的增强现实技术就是让效果很真实，用户与产品之间的互动更深入。比如宜家《家居指南》就是利用 AR 解决了很多平面效果图不够直观、不够逼真的痛点。

（2）需求导向的参与感

目前在 AR 上体验的用户除了感觉有趣、新奇之外，重要的就是有需求导向，比如用户想买一个奔驰 E 级车，或者想了解这款车型，搜索行为就是需求导向，之后在原有图文展示之外，AR 让营销更有参与感。

（3）高效

智能营销不仅大大缩短了营销链路，还能利用智能化的技术快速收验和迭代，然后以最快的速度去引爆智能上的一些诉求。

2. 优势与劣势

（1）优势

① 精准定位目标受众，洞察消费者需求。智能营销能够帮助营销人在自有数据库中挖掘高价值潜在消费者，并整合全渠道消费者数据，360°完善消费者画像，让品牌更了解他们的消费者。通过对消费者的行为习惯、年龄、教育程度、消费习惯、社交特征等进行数据分析后做出精准而个性化的判断，得到更为精准的目标消费者的画像并洞察消费者的真实

需求。

② 定制个性化营销策略，智能化投放。在营销策略搭建方面，基于智能技术建立的消费者画像和对消费者需求的洞察，可以针对不同的消费者提供有针对性的营销内容。通过对用户习惯、兴趣、购买力等各项数据的挖掘分析，就能准确地掌握不同用户的具体需求。这样也就能做到让每个用户都看到自己想要的东西，包括营销内容。这种"投其所好"的营销方式，可以避免广告商和平台的资源浪费，让广告投放更加准确和高效，同时不会对用户造成干扰。

③ 双向传播，反馈及时有效。智能营销相比传统营销有一个明显的优势，就是可以实现双向传播。消费者对营销内容的意见和建议，可以及时地传递给内容平台以及广告主。有了这个机制，能更加准确地了解到目标群体的实际需求，对营销方向和内容进行及时的调整。

④ 5G 技术会让营销更加智能和具体。5G 即将普及，互联网营销也将从 PC 互联网和移动互联网变迁至智能物联时代。届时，平台、数据、场景更加深度融合，"牵一发而动全身"。人们的每一次消费行为不再是一个点，而是会形成链条。

(2) 劣势

智能营销的"不能"，是指对消费者情感流动的把握。"情绪"驱动的需求往往有很大的不确定性。因此，如何去捕捉不同时间、空间、场景中的消费者情感、情绪变化，以及基于消费者需求形成预见性的洞察能力，驱动消费者不再重复过去的路径和行为，这仍然是目前智能营销所不能及的部分。因而，对于用户群体的情感、价值观以及生活方式的深度洞察，依然需要营销人的智慧，也就是说，营销人与智能化之间是相互协作关系。无论智能营销"多能"，还是"不能"，回到营销层面，它不仅要思考如何实现全链路的营销覆盖和用户的精准化和个性化，还需要考虑基于生活场景的深度洞察和策略行动，也就意味着，智能营销不能脱离"创意"，也不能脱离"内容"。

3. 智能营销的实际案例

(1) 奔驰 E 级

最近在手机百度 APP 上搜索"奔驰 E 级"等相关的关键词，用户会看到一个很有趣的互动，直接悬浮于页面之上的动画，同时可以点击进入 AR 互动体验，这对于精准的搜索型用户来讲，确实增强了体验感，冲击力很强。

(2) Starbucks Cup Magic

星巴克推出了一款专为圣诞咖啡杯量身定做的 Starbucks Cup Magic 增强现实 APP，用户可以到星巴克门店，通过 APP 对准圣诞节特别版杯子，手机屏幕就会出现丰富的圣诞元素，雪橇、松鼠、圣诞手套等，虚拟与现实之间的互动，很有趣。

(3) 肯德基

早在 2016 年肯德基就开始转型布局智能餐厅，与百度合作在北京打造出一家智能餐厅，即通过在店中引入智能机器人、人脸识别点餐系统等高科技，达到提升餐厅效率、降低损耗、吸引顾客的目的。也正是因为肯德基的这种动作，使拆分后的百胜中国从 2016 年开始业绩节节攀升，尤其是 2016 年净利竟大幅增长了 55% 之多。而这连续三年的业绩涨幅均来自肯德基业绩的拉动。在竞争激烈的餐饮市场，肯德基似乎找到了精髓所在，通过对门店的智能化改革，让肯德基脱离老牌快餐店的固化形象，从科技感、体验感、互动性等方面重新抓住了年轻客群。

4. 趋势

互联网营销已经从 PC 时代的广告、互动、公关，到后来移动端的精准营销，目前已经是人工智能技术推动的智能营销阶段，大流量、大数据之外，未来，随着百度将语音识别、图像识别等技术与 AR 相结合，用户能通过语音、手势等人机交互方式，与 AR 内容展开互动，进而满足年轻用户强参与的诉求。技术的革新改变并推进着互联网营销的发展，从互联网开始兴起到移动互联网、智能物联时代（图 6-5）。

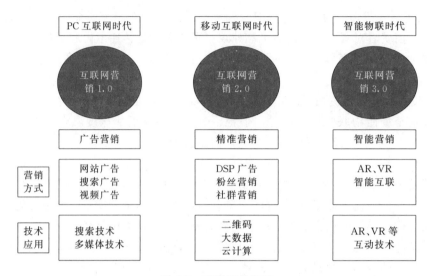

图 6-5　互联网的发展

5. 面临的困难

（1）有智能没有智慧

在"中文屋"的案例中，一个完全没有接触过中文的外国人，待在一个完全封闭的屋内，再给他一本书，书中明确介绍了遇到什么符号的汉字要给出什么符号的汉字，当中文屋外的人向中文屋内传递中文问题的时候，屋内的外国人就按照书本的要求反馈出相应的"中文字符"。人工智能就像中文屋内的外国人一样，他其实并不理解中文的意思，却能够给出准确的反馈，这就是智能与智慧的区别。如果没有智慧，当中文屋外的人递给屋内的外国人一个书本中没有记载的问题时，外国人就"丧失"了他的中文能力。而只有拥有智慧才能够创造性地给予回复。

（2）会计算不会"算计"

人工智能的计算能力是人类所无法比拟的，他们能够在极短的时间计算出多位数的乘除法，能够短时间内处理海量的数据信息，而人类只能够单线程工作，一次只能处理一件事。在计算能力上，人类是输给人工智能的。不过人工智能精于计算，但是却疏于"算计"，人类的智慧很大程度上也体现在"算计"能力上，比如我们去买东西，如果一根黄瓜 0.3 元，那么两根黄瓜就是 0.6 元，如果你面对的是人工智能，他一定会收你 0.6 元。而如果你对面的是一个人类，大部分人则会告诉你，0.3 元一根，0.5 元卖你两根。这个简单的营销手段其实就是"算计"的过程，人工智能只能按照编好的程序来执行指令，没有办法进行创造和"算计"。

(3) 有智商没有情商

在阿尔法狗大战李世石中,即便人工智能运算能力再强,他们也无法理解人类的感情,当柯洁豪言壮志去挑战阿尔法狗又连败三局的时候,本来就冷嘲热讽的围观网友都准备嘲讽柯洁,但是柯洁的失声痛哭和失败者的眼泪却让无数人动容,瞬间由路转粉,而这一切作为人工智能代表的埃尔法狗却根本无从理解。在商业营销中,人工智能的情商缺陷更是暴露无遗。

(4) 有专才无通才

这是人工智能面临的又一个瓶颈,尤其是在营销领域,很多 AI 技术都是针对某个方面的数据分析,却无法做到数据和数据之间的整合,由于很多互联网公司的数据封闭,更无法做到多维度营销。

第五节　新生代营销新武器

一、要找"00后"就上 QQ 与百度论坛

日前,腾讯 QQ 发布《"00后"在 QQ:2019"00后"用户社交行为数据报告》。报告显示,21岁及以下月活跃用户量,2018年第三季度同比增长16%,第四季度同比增长13%。另外根据腾讯微信的相关报告,在微信的用户群体中,60%以上的年龄超过25岁。与此相对应的是,QQ 的用户中,60%以上的用户年龄低于25岁。特别是在"95后"这一群体中,QQ、QQ 空间、百度贴吧成为主要使用的社交应用。而"00后"玩 QQ 而不选择微信的原因有以下几点:第一,QQ 更有个性且内容齐全,微信太过简洁;第二,空间点赞有面子,朋友圈有限制;第三,QQ 注册简单,微信相对麻烦;第四,QQ 是小孩用的,微信是大人用的;第五,QQ 令人放松,而微信经常有一些无用的广告;第六,"00后"没有经济来源,微信主要用来支付。

二、网红带货才是硬道理

根据2019尼尔森社交电子商务深度研究消费者调研数据显示,82%线上购物用户有非计划性消费行为,其中61%用户的非计划性购物源于周围好友推荐,然后是朋友圈产品链接,通过社交裂变产生非计划性购买。"周围好友推荐"的信任背书与在自下而上的快手这类短视频平台上的网红(或"老铁")有异曲同工之妙。在这其中也诞生了直播机构,类似于 MCN 或是公会的角色,聚集网红主播们,负责主播招商、运营粉丝、售后和外部宣传等工作。如今,很多直播机构也开始接触供应链,为主播主动寻找或打造适销对路的产品,也有孵化网红主播的个人品牌。并且,商家多是拥有从微信—微博—小红书—抖音/快手—直播的一条完整营销链路。毋庸置疑的是,商家对于直播带货的投入更大了,不论是自己去做,还是找网红去做,整体量级都在提高。

网红电子商务指网红直接带动销售转化,以"人"为主要驱动力完成销售转化。而网红大多数来自各大直播平台,近年来,国内比较出名的直播平台分别为快手直播、抖音直播、淘宝直播、微信直播等。网红带货是很流行的现象,主要是因为网红带货的价格优惠,网红带货是通过互联网视频形成的,只要将货的信息、用处、性能等告诉用户即可,不需要将所有的货运输到网红那里,直接从商家那边发货即可。在这程度上就省去了运输、储藏、策

划、上架等这些人工和时间。而这些省去的费用可以直接在价格上优惠。所以带货的迅猛和这一点也是离不开的。而且网红带货是网红在带,一个流量大的网红在某种程度上算是一个公众人物,所以带货的质量是有保障的,网红带货也是有选择性的,他们要选择真正质量好的,毕竟网红后面有着一大批粉丝和非常高的流量,他们如果带货带的质量不好就会自毁前程,以后就不会再有人信了。网红有自身的公信力,让人信服。网红带货过程如图 6-6 所示,直播带货企业如表 6-3 所示。

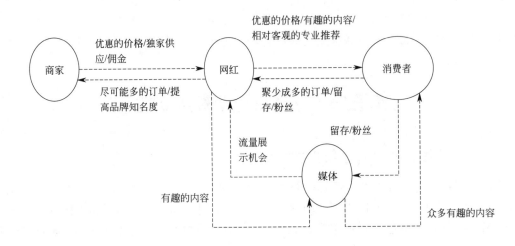

图 6-6　网红带货过程

表 6-3　直播带货企业

名称	带货开启时间	商品来源	DAU（日活跃用户数量）估算	流量来源	MCN参与度	审核机制	热门品类
淘宝直播	2016 年	淘宝/天猫	3000 万人以上	手机淘宝第一屏	较高	非常严格	服装/美食/美妆/珠宝
快手直播	2018 年	魔筷/有赞/淘宝/拼多多/快手	1 亿人以上	快手信息流	几乎没有	宽松	低毛利率/去库存商品
抖音直播	2018 年	淘宝/天猫为主	1 亿人以上	抖音播放页面	较高	比较严格	美妆
微信直播	2019 年	微信小程序	不明	微信公众号	一般	严格	尚待观察

但是网红带货也存在弊端。一是单量夸大。为什么要夸大？其实,只要简单用逻辑思考一下,就能够想得清楚,这是包括网红自身、网红经济、平台三方共同的诉求。从网红自身来说,自然是希望自身所呈现出来的带货能力越强越好,而且中国网络用户向来有鲜明的"羊群效应"特点,越是买的人越多的"网红产品",其越要跟风试一试。二是产品的质量参差不齐,不易得到保障。

1. 网红效应

网红经济如此火爆,这些网红借助商家的促销方式与新奇的互动玩法,更多借助于网红自身的流量 IP,用以吸引眼球,引爆销量。只有真正发挥"线上＋线下＋数据"的真正优势,连接"人、货、场",迎合市场大趋势,打造个性化的电子商务模式,平台才能一直生存下去。那么怎样才能形成网红效应呢?

（1）高调输出生活经验和价值观

可以说,网红的形成是时代新生力量中摒弃传统谦逊、低调价值观的力量日益强大,人们在高压生活中认识到了生命的短暂与无常,尤其是那些以活出自我等价值观为导向的年轻人,渴望被关注、被认可。网红的起步就是不断地高调"晒"出自己的各种生活经验,其中包括买什么、不买什么等很多内容已然是一种价值观的输出。

（2）乐于分享,利他思维

其实,网红一开始由微博起步时,并没有一种明确的商业模式可以导向迅速盈利。在明知不太可能获利的情况下,仍旧坚持分享,除了天性中所追求的被关注、被认可,还有一种可贵的品质是乐于分享的利他思维。

（3）不惧怕自己被工具化

诚如一个男生要用自己的嘴唇去给屏幕前的观众试口红色样,美妆网红要不断地将自己的皮肤和脸蛋当作商品的试验田,服装网红要不知疲倦地将自己的身体当作穿衣架去展示各种服装,网红职业化之后,就要不惧怕自己被工具化。

（4）懂得并善于驾驭互联网媒介

微博、微信、抖音、快手、小红书……不同的媒介平台有着不同的属性、不同的运营规则。对于网红来说,必须首先弄懂这些规则,并且能够抓住不同平台的特性和优势,先把海量的流量转化成粉丝。在微博、微信上主要通过文图内容转化,在抖音、快手上主要通过小视频转化,在斗鱼、虎牙、映客上主要通过直播转化,用内容将粉丝转化为用户后,再往社区方向运营,并借此逐步建立起自己牢固的影响力。早期并不带货,而是着重打造个人 IP。

（5）花大力气进行粉丝维护与价值运营

网红们都明白,平台只是媒介,粉丝才是制胜法宝。粉丝数量直接决定着网红的"咖位"。当粉丝积攒到一定量级,就要开始带货或开店铺,而这时,能否通过个人魅力将粉丝转化成切实的购买力就成了关键。因此,没有哪个网红不看重粉丝运营,很多网红都把每条转发、评论、点赞数据作为测评依据,与销售、供应链紧密相连。每天花费五六个小时看评论、私信,了解粉丝的需求,是网红们的日常工作。

（6）有运气,赶上风口和被投资

不得不承认,同样是网红,究竟红不红、能红多久,除了个人努力之外也存在一些运气的成分。微博上活跃起来的一批网红,很多都是从淘宝模特转型而来,张大奕、雪梨、管阿姨、张沫凡等均是代表。2010 年张沫凡创立了自己的品牌美沫艾莫尔,并成立公司。2014 年,张大奕与冯敏合开了一家女装淘宝店,并被冯敏的如涵控股签下。仅仅两年后,如涵旗下杭州涵奕电子商务就实现营收 2.28 亿元,净利润达到 4478.32 万元。而如涵控股更于 2019 年 3 月在美国上市,目前拥有 113 名网红,粉丝 1.48 亿,年收入近 10 亿元,被称为"中国电子商务第一股"。而知名网红雪梨、林珊珊等则不仅自建品牌,还陆续搭建起了自己的品牌矩阵,将内衣、美妆、母婴和零食等多个品类都集于麾下。但并不是所有网红都那么幸运,以上提到的都是所谓"头部网红",更多"腰部"和"尾部"网红们其实每天都在跟流量进行着艰难的赛跑，竞争十分惨烈。2015年还是中戏研究生的Papi酱开始在微博上传搞笑视频，半年时间内40多条短视频总播放量超过2.9亿次。2016年3月，Papi酱获得真格基金、罗辑思维、光源资本和星图资本的1200万元投资，但纯内容网红变现方式仍旧成为Papi酱继续发力的最终阻力。内容的独特性和不确定性意味着无法复制，无法做到规模经济。还有一些是直播风口催生出的一大批"直播网红"，他们靠才艺收获粉丝，依赖粉丝打赏变现，但除了打赏之外如果不及时开辟其他变现方式，风口一停，恐怕粉丝量级也岌岌可危。

（7）不可忽视的团队力量

但凡做得比较好的带货网红，其背后都必定会有至少几人、有的甚至上百人的团队。网红直播带货创造奇迹的前提是，团队内部分工明确且各司其职：选品、接洽、谈判、签订合同、定档、策划、撰稿、粉丝维护与IP运营……超级网红李佳琦曾创下诸多骄人业绩，3分钟卖出5000单资生堂红妍肌活精华露，销售额超600万元；1秒钟卖完8000套馥蕾诗果萃礼盒套装，销售额228万元；如此强大的销售能力只靠他一人？不！他背后有着300多人的团队帮他打理一切，而他需要的是每天跟团队一起选品，然后快速了解产品功效，并以最具影响力的魔性状态进行直播："Oh my god! 买它！买它！"。

2. 网红带货实现共赢

实际上，网红直播带货是非常有效而且成功的电子商务模式，做到了四方共赢的格局，效率和效果甚至超过测评社区（值得买等）、拼多多等模式。突出的比较有意思的几点是：

① 网红直播带货并没有消耗粉丝，反而通过低价和优惠增强自身的流量能力，这也进一步决定了强者恒强的生态结构。

② 网红直播带货，相较于测评网站，具有更强的互动性和可视化（但对于电子等标准化程度高、低佣金率的品类，网红带货并没有值得买等测评社区高效、低成本）；相比于拼多多，其内容的丰富程度更高，未来将会成为重要的电子商务模式组成。

③ 对于商家来说，低价不仅换来了销量，也换来了新品的搜索权重，节省了一笔可观的营销支出。

三、商业短视频（抖音/快手）让你欲罢不能

联通大数据日前公布沃指数移动应用APP4月排行榜单，结合之前的榜单可以看到，2019年以来稳居月活跃用户数前20名的视频类应用已从去年的"三长一短"变为"三长两短"。抖音短视频成为继快手之后前20名俱乐部新成员。现在的"三长两短"分别是长视频类的爱奇艺视频、腾讯视频、优酷视频和短视频类的快手和抖音。

1. 未来短视频存在多个发展趋势

（1）移动增量红利消失，互联网进入存量时代

艾媒咨询分析师认为，短视频作为新型媒介载体，能够为众多行业注入新活力，而当前行业仍处在商业化道路探索初期，行业价值有待进一步挖掘。随着短视频平台方发展更加规范、内容制作方出品质量逐渐提高，短视频与各行业融合会越来越深入，市场规模也将维持高速增长态势。

（2）时长夺战中，MCN机构竞争加剧，内容趋于垂直化、场景化，短视频正在重构互

联网格局

当行业发展趋于成熟，平台补贴逐渐缩减，MCN 机构的准入门槛及生存门槛都将提升，机构在抢夺资源方面的竞争日益加剧。通过场景化、垂直化的内容进行差异化竞争将是众多 MCN 机构的主要策略。

（3）短视频平台价值观逐渐形成，行业标准不断完善

行业乱象频发凸显了短视频平台在发展过程中存在的缺陷和不足，倒逼其反思自身应当肩负的社会责任。随着技术的不断进步以及社会各界持续的监督，短视频平台价值观也将逐渐形成和确立，行业标准不断完善。

（4）短视频存量用户价值凸显

目前，大部分短视频平台基本完成用户积淀，未来用户数量难以出现爆发式增长，平台的商业价值将从流量用户的增长向单个用户的深度价值挖掘调整，然而用户价值的持续输出、传导、实现都离不开完善、稳定的商业模式。

（5）跨界整合是常态

短视频营销在原生内容和表现形式方面的创新和突破更加成熟化，跨界整合也将成为常态。通过产品跨界、渠道跨界、文化跨界等多种方式，将各自品牌的特点和优势进行融合，突破传统固化的界限，发挥各自在不同领域的优势，从多个角度诠释品牌价值，加强用户对品牌的感知度，并借助短视频的传播和社交属性，提升营销效果。

（6）新兴技术助力短视频平台降低运营成本、提升用户体验

5G 商用加速落地，会给短视频行业带来一波强动力，加速推进行业发展。人工智能技术的应用有助于提升短视频平台的审核效率，降低运营成本，提升用户体验，同时能协助平台更好地洞察用户、更快推进商业化进程。

2. 抖音

抖音，是一款可以拍摄短视频的音乐创意短视频社交软件，该软件于 2016 年 9 月上线，是一个专注年轻人音乐短视频社区平台。用户可以通过这款软件选择歌曲，拍摄音乐短视频，形成自己的作品。从 2019 年的数据可了解抖音的特点。

（1）从使用人群的年龄看（图 6-7）

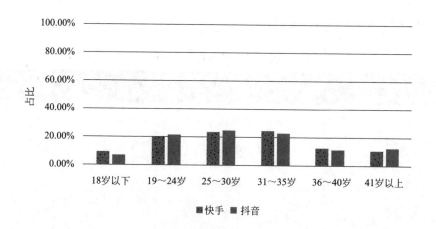

图 6-7　快手与抖音的使用人群年龄分析

(2) 从分布地区看（图 6-8、6-9）

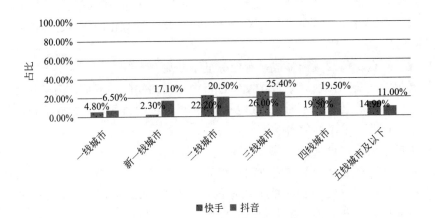

图 6-8　快手与抖音的使用人群按地区分布分析

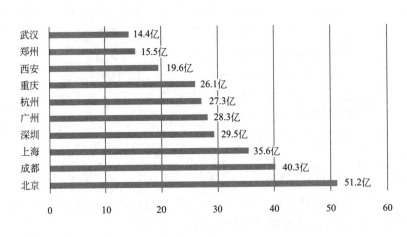

图 6-9　2019 年抖音点赞数按地区统计数

(3) 从抖音的内容上看（表 6-4）

表 6-4　抖音内容分析

年龄层	爱拍	爱看
60 后	舞蹈	婚礼
70 后	美食	手工
80 后	亲子	风景
90 后	风景	生活探店
00 后	二次元	萌宠

（4）从总体上看（图 6-10）

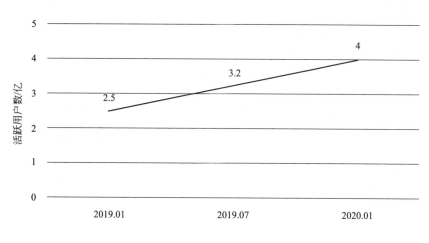

图 6-10　抖音活跃用户数

3．快手

快手是北京快手科技有限公司旗下的产品。快手的前身，叫"GIF 快手"，诞生于 2011 年 3 月，最初是一款用来制作、分享 GIF 图片的手机应用。2012 年 11 月，快手从纯粹的工具应用转型为短视频社区，用于用户记录和分享生产、生活的平台。后来随着智能手机的普及和移动流量成本的下降，快手在 2015 年以后迎来市场。

据 KOK DATA 的 2019 年的数据可知，从性别和年龄上看，在 20～39 岁的主播中，男女比例已经呈现 1∶1；50 岁的快手使用者中，男性多于女性；总体来看，男性的快手使用者热情更高；各个年龄段，男性使用者总数均高于女性。同时，性别和年龄的不同也会使偏好不同，从直播内容上看，游戏、唱歌、卖衣服、婚礼、驾考、美食、运动、野外等，种类丰富，令人眼花缭乱，其中唱歌获得的点赞数最多，卖衣服获得的评论最多，具体数据如图 6-11～图 6-13 所示。

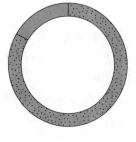

图 6-11　快手 20～39 岁的主播数量性别分析　　图 6-12　快手 50 岁直播观众性别分析

四、Vlog 营销方兴未艾

Vlog 的英文全称叫做"video weblog"或"video blog"，其中 log 就是前 blog 的变体，翻译成中文就是"视频播客"，主要是生活纪实类的短视频。

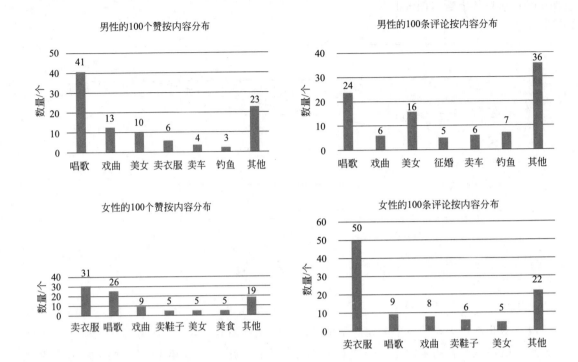

图 6-13 快手用户分析

Vlog2012 年首次出现在 YouTube，深受年轻人的喜爱，Vlog 已经从 2013 年 YouTube 每天 200 余条的上传涨至 2017 年的每小时 2000 余条，如今在 YouTube 上可以检索出一亿条和 Vlog 相关的结果。而如今这波热潮也波及到国内，2016 年至今，Vlog 在国内的搜索量整体呈现上升趋势，且增幅明显。尤其是 2018 年，易烊千玺、关晓彤、欧阳娜娜等明星的 Vlog 频繁出现在大家的视野中，迅速提升了 Vlog 在国内的知名度。与此同时，阿里巴巴、腾讯、B 站等知名平台纷纷推出 Vlog 扶持计划，培养用户生产习惯，诞生了一大批新兴的 Vlogger，使 Vlog 在自媒体圈以及年轻群体中普及开来。

1. 品牌营销方式

Vlog 的主题和涉及内容非常广泛，那么品牌到底应该如何利用 Vlog 做品牌营销呢？可以先去看一看以下几个品牌的"操作"。

(1) 主题故事定制

Vlogger 结合自身故事将品牌倡导的精神在 Vlog 中体现出来。这一种形式能够让粉丝迅速地产生感情，也能够将品牌的精神理念在故事中非常巧妙地呈现出来，这种形式也十分利于品牌传播推广。

(2) 品牌发布会

通过记录发布会现场体验、使用新产品以及对场景的捕捉直接而又非常生活化地将品牌发布会信息向粉丝呈现出来。

(3) 产品测评

邀请 Vlogger 运用新品手机拍摄测评 Vlog，则是品牌们最常用的方式之一。

(4) 沉浸式的体验

某酒店邀请了网红情侣 KatandSid 进行的酒店深度体验就是品牌 Vlog 营销的沉浸式体

验方式。这一种品牌营销方式更加适合酒店等品牌使用，Vlogger 通过记录自然景色、品牌服务和生活状态等能够更加直观地让观众看到细节。

（5）品牌展览

如今许多品牌在开展品牌整合推广时，时常会打造一些品牌展览，为了达到更好的传播效果，品牌会邀请许多 Vlogger 参加。

2．Vlog 与短视频相对分析

以 Vlog 的时长来看，短视频虽然在相同时间段内能够刷出更多广告，但短视频行业中各类细分领域间的马太效应愈发明显，总体上受众已经出现"疲劳态"趋势。从内容来看，各平台仍然无法彻底解决短视频领域内容的总体质量问题，而长视频的成本极高，非专业化团队无法进行创作与发行。再从市场角度来看，短视频领域的流量与变现能力已经呈现稳定态势，长视频领域的市场与资本已经成熟稳定，直播领域的经济价值也已经被众多资本所看好。

无论 Vlog 最终的经济价值到底如何，平台之所以能够多年培育 Vlog，并不断投入资金、举办活动激励创作者，其中当然存在着各平台间品牌与用户资源的相互竞争关系。再有则是 Vlog 所处的市场位置，介于长视频与短视频之间的领域，又与博客有着天然的契合度，同时也是资本市场尚未深入开发的细分蓝海市场。

第六节　万变不离疲劳轰炸效果

一、APP 时代开启高密集传播需求

APP 即客户端应用程序，指运行在智能手机、平板电脑等移动终端设备上的第三方应用程序。APP 营销依托于移动互联网进行，使用移动终端呈现、以 APP（客户端应用）形式发布产品、活动或服务、品牌信息的营销方式。作为智能科技优秀代表，APP 带来了一种全新的媒体应用方式，也创造了全新的媒体交互环境，全新的传播方式对营销方式产生新的影响。

APP 的开发分为三个阶段：一是原生 APP 开发；二是纯 H5 开发的 APP；三是微信小程序（后 APP 时代）（图 6-14）。

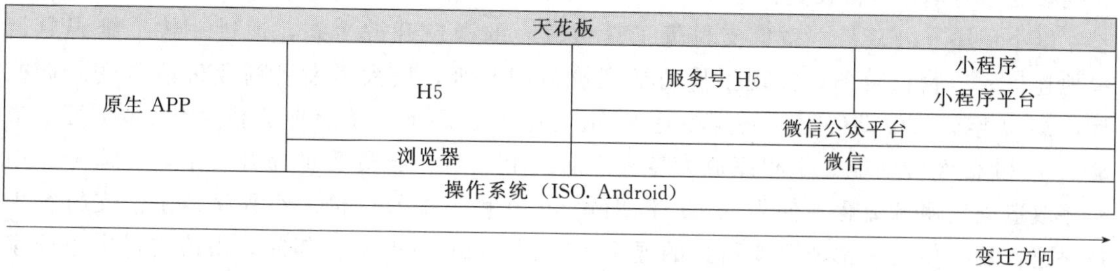

	天花板		
原生 APP	H5	服务号 H5	小程序
			小程序平台
		微信公众平台	
	浏览器	微信	
操作系统（ISO. Android）			

变迁方向→

图 6-14　APP 的变迁

1. APP 的优势与劣势

（1）优势：客户的精准性和黏度高

① 最佳用户体验：安卓与 IOS 需要独立开发，为用户提供不同平台的双向体验。

② 节省成本：APP 只需要通过应用程序就能运行，不需要通过浏览器，这样可以节省宽带成本。

③ 盈利模式明朗：当 APP 积累了一定的用户量，通过流量变现的形式获取收益。

④ 超强用户黏性：用户每天打开手机时间次数多，加深 APP 在用户心中品牌效应。

⑤ 精准性：下载 APP 的人，八成都是有需求或感兴趣的人，属于精准客户。

（2）劣势：最突出的一点是客户的卸载率高

① 维护成本高：安卓与 IOS 独立开发，维护起来相对比较麻烦。

② 留存率低：APP 打开的频率很大程度上决定它的留存率，如果不是经常使用的很可能很快就卸载了。

③ 推广成本高：APP 在没有一定知名度前提下，推广的成本很高，获客成本高。

④ 较大的平台已经完成垄断，小众的企业很难获得粉丝量。

⑤ 客户黏性不高，要了解产品或者企业必须下载 APP，但因为 APP 的空间占用量大，而且实时更新，客户的卸载率高。

2. 后 APP 时代的发展——小程序

APP 发展至今可以说已经达到了成熟阶段，随着各种各样的 APP 被开发出来，人们的生活习惯也随之被改变，而 APP 的优势也在于能够调动大数据，进行资源整合，从而使商家能够提供更好的服务。为了让数据变得更加灵活，让服务变得便捷，改变 APP 臃肿而失活的现状已经刻不容缓，APP 运营方和开发者们也在积极寻找突破口，于是有了"区块链"概念，有了"小程序"。小程序的出发点，就是作为一个开放式平台，让用户在即使没有下载程序的基础上，也可以正常使用 APP 的大部分功能。即满足无须安装也可使用的场景化需求。APP 具备功能强大、体验好，但开发成本高、开发速度慢的特点；H5 具备功能少、体验稍差，但开发成本低、开发速度快的特点。小程序将两者优点集中、弥补两者缺点。

二、微信时代扫码不消停

2020 年 1 月 9 日，《码上经济影响力报告》在微信公开课 PRO 正式发布，首次揭示基于微信二维码开放生态的经济及社会影响力。报告由微信码上经济课题组联合清华大学全球产业研究院、腾讯社会研究中心发布：微信开放生态推动二维码在社会经济各个领域应用，让连接更加简单，让科技更普惠。

以小程序、公众号、微信支付等工具为核心的微信开放生态，通过一枚二维码更简单地连接人、物、服务，实现了价值链到价值网升级，极大激发了商业价值裂变。据统计，2019 年微信带动码上经济规模达 8.58 万亿元，码上经济就业规模人数 2601 万，带动了 1.36 亿经济动能。小程序成为零售门店线上入口，会员数量提升 6 倍，公众号、小程序改造酒店服务流程，使得入住时间缩短至 30 秒，提效 6 倍。小程序、微信支付等工具快速普及，使人人都能享受科技的温暖，2017 年到 2019 年三年间，微信支付中小商家交易笔数增长了 10 倍。2019 年，微信带动总就业机会 2601 万个，自 2014 年以来带动就业年均增长约 22%。消费方式的变化带来了大量新业态和新职业，劳动者的知识、专长、想法有了更广阔的舞台。微信码上生态如图 6-15 所示，2019 年微信码上支付额占比如图 6-16 所示。

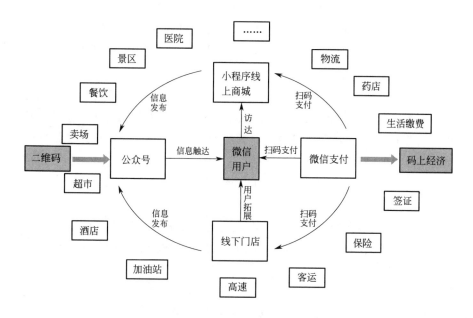

图 6-15 微信码上生态

微信扫码现象如今层出不穷，但是微信随意扫码有安全隐患，易泄露了自己的隐私，还会产生"微信裂变"，在毫不知情的情况下被商家利用，成了商家打广告的工具。

三、地推实现接触消费者最后一公里

地推是地面推广人员的简称，指针对以网吧、高校和社区为主要组成部分的各种地面市场资源，实地宣传来进行传播的一种市场营销推广人员。地推的主要工作是网吧资料的收集以及网吧的定期回访，网吧资料包括机器台数、IP 等，定期回访是为了做好客情关系，进而可以张贴自己的宣传品和安装自己公司的新游戏。

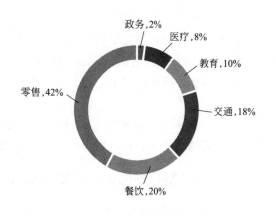

图 6-16 2019 年微信码上支付额占比

宣传资料包括但不限于：门上的推拉、海报、宣传 POP、喷绘、车贴、DM 单。代表企业有网易、搜狐、征途。

1. 地推的分类

① 以销售为导向的地推，考核指标清晰可控，比如超市门口办卡活动。
② 以品牌推广为导向的地推，比如新品赠饮，比如地产路演活动等。
③ 以增加真实用户为导向的地推，比如时下的扫码一条街上的各路 APP。
后两种虽然目标明确，可是核算却不简单。

2. 商业应用

① 2015 年 11 月 12 日，地推服务平台地推吧宣布，获得了千万级的 PRE-A 轮融资。据悉，地推吧做的事情就是整合了上游 CP 客户和下游地推团队的资源。目前已服务过 20 多

家上游 CP 客户，客单价在 100 万元以上，并且"地推吧"每周会新增 3~4 个 CP 需求。

② 2016 年 8 月 19 日，地推吧宣布获得 3000 万元投资，地推吧创始人表示，该笔融资将会用在全国自建团队和研发新产品的布局上。

3. 地推的发展

地推在互联网发展的初期甚至更早，就已经有了。不过随着后来互联网普及化，像搜索引擎、开屏广告等线上营销方式的多样化，地推慢慢淡出了人们的视线。紧接着移动互联网时代的到来，随着 O2O、互联网金融等行业的爆发，尤其是 O2O 平台或者是网站，大部分都需要先做线下推广吸引商家入驻，而后再把线下的用户引导到线上去消费，形成闭环，地推又开始发展起来，比较有代表性的有美团、携程等 O2O 行业。

4. 优势

① 在沟通上，地推是最能与顾客直接沟通的推广方式之一，它不仅能让企业的推广化被动为主动，更能让企业在推广活动中，直接进行商品或业务的推销，提高企业的销售业绩。

② 在便捷上，地面推广更能显示出它的特长。很多时候，往往新的 APP 下载到手机后，用户并不能马上熟练上手。而这时，如果有地推人员上前当面指导一次，用户便会使用了。在日后的生活中，用户更愿意去使用他习惯并且会用的 APP。

③ 在费用上，地推的费用成本，要比传统的高端广告少很多。除了必要的人力成本外，无非就是在礼品和场地费用上下些本钱。甚至，有的地理位置根本不需要场地费。这样一来，要比位置较好的大型广告，节约成本几倍不止。

④ 在操作上，地推的方式非常普遍，而且形式多样，是目前最容易被群众接受的推广方式。甚至在活动过程中，还会出现客户主动上门咨询，为企业的市场推广活动，大大减少了难度。

⑤ 在效果上，地面推广也展现出了它独有的优势。它不仅可以排除顾客模棱两可时放弃打电话的可能性，更可以通过直面沟通改变本来不想关注的过路行人进而关注我们。

四、分众传媒注意力经济的独家生意

分众传媒诞生于 2003 年，在全球范围首创电梯媒体，创始人江南春。2005 年成为首家在美国纳斯达克上市的中国广告传媒股并于 2007 年入选纳斯达克 100 指数。分众传媒最独有的价值是在主流城市主流人群必经的电梯空间中每天形成了高频次有效到达，从而形成了强大的品牌引爆的能力。移动互联网的时代，消费者可以随时随地取得信息，并且成本几乎为零。对绝大多数城市主流消费者来说：人总要回家，总要上班，总要等电梯。分众传媒抓住了"电梯"这个核心场景。而电梯是城市的基础设施，电梯代表着四个词：主流人群、必经、高频、低干扰。这四个词正是今天引爆品牌的最核心以及最稀缺的资源。

1. 分众传媒的产品与服务

① 分众传媒电梯电视：今天 4 亿城市人口，每天 2 亿看分众传媒。分众传媒电梯电视在屏幕上加装 wifi 和 ibeacon，推动分众传媒屏幕与用户手机端的互动。

② 分众传媒电梯海报：电梯海报主要位于社区电梯内，在必经的封闭狭小的电梯空间内形成强制性收视，在乘坐的无聊时间形成极高的广告关注度。

③ 分众传媒晶视影院：分众传媒晶视影院锁定 20~40 岁年轻时尚人群，观影已成为他

们最核心的娱乐生活方式。

④ 分众传媒终视卖场：覆盖超过 150 个城市，超过 1800 家大型卖场，约 6 万台店内电视屏，市场占有率 98%。2015 年，分众传媒终视卖场上布局 ibeacon，可以与微信摇一摇打通，现场领取现金红包及优惠券，现场抵用刺激消费。

2. 分众传媒注意力经济

神州租车、饿了么、快狗打车等新兴品牌纷纷选择分众传媒作为线下引爆的核心媒体。瑞幸咖啡、猎聘、小米、美团点评等成功上市的企业，作为不同行业的开创者，都选择运用分众传媒在时间窗口进行"饱和攻击"，在用户心中取得优势位置，在市场上取得了领先份额。同时，郎酒、波司登、飞鹤奶粉等越来越多的中国传统行业领导品牌也选择在分众传媒投放，以实现品牌的转型升级，并收获了销量的大幅增长。阿里巴巴的新零售基础设施能力和大数据能力与分众传媒的广泛的线下触达网络形成化学反应，为用户和商家带来全新的体验和独特价值。2019 年 1 月，分众传媒与阿里巴巴共同宣布推进"U 众计划"，携手引领线上线下全链路、品效协同的新营销模式。

注意力经济时代，人类的眼睛盯住哪里，哪里就会有商业接踵而至，扩张媒体点位势在必行。对于未来，江南春也在 2018 年提出了分众传媒的中期目标，要覆盖 500 个城市的 500 万个终端，日覆盖 5 亿城市新中产，触达中国城市绝大部分的主流消费力。

第七节　东盟电子商务之窗

网络营销产生于 20 世纪 90 年代，90 年代互联网媒体以新的方式、方法和理念，通过一系列网络营销策划，制定和实施的营销活动，可以更有效地促成交易的新型营销模式。

2018 年越南活跃社交媒体用户高达 6200 万人，占总人口的 64%。活跃移动社交媒体多达 5800 万人，占总人口的 60%。社交媒体平均每日使用时长长达 2 小时 32 分钟，平均每个互联网用户拥有 10.8 个社交媒体账号。出于工作目的而使用社交媒体的互联网用户占 45%。Facebook 和 YouTube 为 Top2 社交平台，Facebook Messenger 和 Zalo 为两大主要通信应用。越南是全球 Facebook 用户第七国，该国家 Facebook 用户已经约达 5900 万人。这些用户主要集中在胡志明市和河内。

越南在移动数字广告的支出，在 2016 年和 2017 年分别占总数字广告支出的 25.5% 和 36.6%。不过根据当前的增长速度，该指数或将在 2019 年增长至 64.7%，至 2020 年或将增长至 68%。

2013 年 5 月，皮康王皮肤软膏产品推出越南版广告片——越南《痒痒舞》，劲爆的音乐、搞怪的舞姿让该视频迅速蹿红网络。视频里身穿红色衬衫花色短裤的越南青年在越南各地大跳挠股沟舞，以"恶趣味"的舞蹈、夸张的表情和动作表演了痒痒来袭时，患者的痛苦和尴尬。据统计，越南《痒痒舞》5 月底在 YouTube 上播出，至 6 月初点击量已经超过 500 万，网友点赞数量超过 20 万次。而这源于国外社会化媒体的无厘头视频，反作用于国内，亦掀起热潮，引得数万网友自发传播。社会化媒体时代的来临，使病毒营销有了更广阔的发挥空间。越南《痒痒舞》"恶趣味"化的内容容易引起网友的转发欲望，主动传播性较强。而相比纯粹的广告，越南《痒痒舞》本体的娱乐性远超了它的商业性，所以才引起了人们大范围的讨论和传播。

第八节 电子商务学术进展

本书筛选关键字查询，查询资料来自于知网 www.cnki.net。

一、网络营销

（一）经典论文

1.《社会化媒体营销研究述评》

邓乔茜　王丞　周志民

深圳大学管理学院

摘要：在移动互联时代，越来越多的企业运用社会化媒体开展营销，而国内学术界在该领域的研究才刚刚起步。有鉴于此，本文对国外相关文献进行了梳理，介绍了社会化媒体营销的概念和类型，辨析了社会化媒体营销与传统营销的区别，探讨了社会化媒体营销对企业资产的积极效应，归纳了社会化媒体营销的策略要点，并在此基础上指出了未来的研究方向。

关键词：社会化媒体；社会化媒体营销；社交网络；网络营销；营销创新。

2.《浅议网络团购》

钱大可

嘉兴学院管理学院

摘要：网络团购已逐渐发展成为一种新兴的电子商务模式。本文在比较传统电子商务模式和网络团购的基础上，描述了网络团购的业务运作流程，分析了这一新兴模式的优缺利弊并对网络团购与网络营销整合的可行性作出了基本分析与评价。

关键词：网络团购；模式；网络营销。

3.《我国网络营销的现状与发展趋势研究》

赵丽霞

重庆城市管理职业学院

摘要：网络营销作为一种新兴的、基于互联网的推广与营销模式，它来源于传统营销，但与传统营销又有着巨大的差别。该研究通过对网络营销概念与内涵的阐述，以及我国网络营销兴起与发展的简述，来解析网络营销在我国目前的存在现状，并进一步通过对我国目前网络营销中所存在的弊端分析来判断网络营销在我国的发展趋向问题。

关键词：市场营销；网络营销；经营环境。

（二）关键文献

1. 最早研究（共2条）

① 刘常勇. 企业经营的大趋势——网络营销[J]. 中外管理，1996，(11).

② 刘常勇. 论网络营销[J]. 企业管理，1995，(11).

2. 最新研究（共3条）

① 高林林. 发展地产网络营销迈向智能地产商业[J]. 科技经济市场，2019，(20).

② 叶阿真，刘晓敏. 基于翻转课堂的高职网络营销混合式教学模式研究[J]. 科技经济市场，2019，(20).

③ 江帆，颜思宇. 供给侧改革背景下网络营销的新特点与策略研究——以"拼多多"为例 [J]. 中国市场，2020，(1).

3. 综述研究（共3条）

① 余航，王战平. 网络口碑影响的研究综述 [J]. 情报杂志，2013，(6).

② 贾茜，陈晓丹. 社会媒体研究评述 [J]. 情报科学，2013，(8).

③ 陈丽花. 基于贝叶斯网络的网络营销风险评估和管理研究综述 [J]. 中国管理信息化，2010，(18).

二、病毒营销

（一）经典论文

1.《微博营销的病毒特征及应用策略分析》

祝映莲

北京物资学院商学院

摘要：随着微博在全球的迅速发展，微博营销受到企业的重视，越来越多的企业利用用户对微博的关注传递信息以达到营销的目的。本文对微博营销和病毒营销进行了分析，指出微博营销既是网络营销的一种模式，同时又是病毒营销的具体体现，因为微博营销在信息内容、传播速度、传播方式、传播成本、人际影响和信息源等方面都具有极强的病毒化特征，并提出更好地利用微博营销的病毒特征提高营销效果的应用策略。

关键词：微博营销；病毒营销；病毒化。

2.《全媒体时代高校图书馆的营销策略研究》

刘兰

北京师范大学图书馆

摘要：《2012年北京师范大学图书馆毕业生寄语》经过各种媒介的广泛传播，在2012年全国高校毕业季活动中脱颖而出，获得一致好评，更是高校图书馆营销的一大成功案例，拉近了图书馆与用户的距离，大大提升了用户对高校图书馆的认同感、亲切感。高校图书馆应采取诸如借助特定时机，主动设置议程；引入湿营销理念，吸引目标用户群体关注并参与；融合全媒体的集成效应，引爆病毒营销；开放心态、重视舆情监督与引导，并快速响应等营销策略，提高服务的满意度、知名度和美誉度。

关键词：高校图书馆；营销策略；全媒体；自媒体；湿营销；病毒营销。

3.《病毒营销在SNS中的应用——以校内网为例》

李妙恬

上海外国语大学新闻传播学院

摘要：本文在对病毒营销和SNS进行简单介绍的基础上，以国内知名SNS校内网为例，分析和探讨了病毒营销在SNS中应用的策略并提供建议，从侧面证明两者结合的可行性和实用性。

关键词：病毒营销；SNS；社交网络服务；校内网。

（二）关键文献

1. 最早研究（共3条）

① 胡宝介. 实施病毒营销 [J]. 成功营销，2003，(2).

② 王卓. 病毒营销："ILOVE [J]. 成功营销，2003，(5).

③ 王卓. 病毒营销："I [J]. 发现，2003，(6).

2. 最新研究（共 3 条）

① 王军亮. 基于手赚 APP 平台的品牌传播模式探析 [J]. 课程教育研究，2019，(51).

② 李尚昆，李若兰，张志鑫. 基于微信表情的营销策略研究 [J]. 科技风，2019，(32).

③ 李锋，林宁，魏莹."病毒"营销策略下报童问题研究 [J]. 系统管理学报，2019，(6).

三、搜索引擎

（一）经典论文

1. 《垂直搜索引擎研究》

肖冬梅

湘潭大学图书馆

摘要：网络信息资源的"爆炸"式增长使得人们获得有用信息日益困难，垂直搜索引擎应运而生。文章简要分析了综合搜索引擎的局限、垂直搜索引擎的优势及其发展方向。

关键词：搜索引擎；因特网；信息检索。

2. 《一种提高中文搜索引擎检索质量的 HTML 解析方法》

宋睿华　马少平　陈刚　李景阳

清华大学计算机科学与技术系　清华大学智能技术与系统国家重点实验室

摘要：中文搜索引擎经常会返回大量的无关项或者不含具体信息的间接项，产生这类问题的一个原因是网页中存在着大量与主题无关的文字。对使用关键字检索方法的搜索引擎来说，想在检索或者后处理阶段解决这类问题不仅要付出一定代价，而且在大多数情况下是不可能的。在这篇论文中，我们提出了网页噪声的概念，并针对中文网页的特点，实现了一种对网页自动分块并去噪的 HTML 解析方法，从而达到在预处理阶段消除潜在无关项和间接项的目的。实验结果表明，该方法能够在不占用查询时间的前提下 100% 地消除中文搜索引擎隐藏的间接项，以及大约 11% 的无法过滤或隐藏的无关项或间接项，从而大幅度提高检索结果的查准率。

关键词：计算机应用；中文信息处理；HTML 解析；降噪；分块模型；搜索引擎。

3. 《搜索引擎的几种常用排序算法》

常璐　夏祖奇

江苏省委党校图书馆　南京农业大学信息管理系

摘要：介绍几种比较著名的搜索引擎排序算法，分别是词频位置加权、Direct Hit、PageRank 和竞价排名服务，并重点讨论影响它们的因素以及各自的优缺点，最后对它们进行简要的分析和比较。

关键词：搜索引擎；排序；词频位置加权；Direct Hit；PageRank；竞价排名。

（二）关键文献

1. 最早研究（共 3 条）

① 林立，刘思得. 网络中文信息搜索工具——悠游（GoYoYo）[J]. 情报探索，1997，

(4).

② 杜林. 搜索引擎如何在幕后工作 [J]. 中国计算机用户, 1997, (34).

③ 郑菲. Internet 搜索引擎 AltaVista 的研究 [J]. 现代图书情报技术, 1998, (1).

2. 最新研究（共 3 条）

① 赵一鸣, 刘炫彤. 中外文搜索引擎自然语言问答能力的比较与评价研究 [J]. 情报科学, 2020, (1).

② 钱红兵, 李艳丽, 张蕊. WebCollector 和 ElasticSearch 在高校网站群敏感词检测中的应用研究 [J]. 电子设计工程. 2019, (24).

③ 杨梦, 周恩波. 基于专家系统的煤矿事故现场处置方案自动生成系统研究 [J]. 煤炭工程, 2019, (11).

3. 综述研究（共 3 条）

① 高云全, 李小勇, 方滨兴. 物联网搜索技术综述 [J]. 通信学报, 2015, (12).

② 苏君华. 搜索引擎评价研究综述 [J]. 情报杂志, 2011, (4).

③ 马费成, 望俊成, 吴克文, 邱璇. 国外搜索引擎检索效能研究述评 [J]. 中国图书馆学报, 2009, (4).

四、社交营销

（一）经典论文

1.《基于社交网络的电子商务特征及精准营销模式研究》

李宝玉　黄章树　叶志龙

福州大学经济与管理学院

摘要： 微博、微信等社交媒体的广泛应用，丰富了企业电子商务营销渠道，而如何有效进行社交营销成为广大企业共同面对的问题。文中在分析 SNS 营销特点和当前存在的问题的基础上，研究基于 SNS 平台的电子商务精准营销模型，并介绍精准营销的一般步骤，为企业开展 SNS 营销提供参考与帮助。

关键词： 社交营销；电子商务；精准营销；AISAS。

2.《艺术品微拍：媒体融合状态下的社交营销》

魏长健

摘要： 互联网已经改变了影视、出版、音乐等传统文化产业的生态，如今更是"入侵"最顽固的艺术品市场：一年来，全国冒出几百个艺术品微拍群。在南京，艺术品微拍更是打上了深深的传统媒体烙印，《壹收藏》周刊、《现代快报》、《扬子晚报》等媒体先后组织的微拍，玩得风生水起。媒体玩艺术品微拍，实质上是媒体融合状态下的一种社交营销，无论能走多远，都值得关注。

关键词： 艺术品市场；媒体融合；营销；社交状态；传统媒体。

3.《2015 中国微信营销研究报告》

王正飞

微盟研究院

摘要： 公众号成为企业与用户的重要连接，企业将在微信空间中重新审视和消费者的关系。微信营销是指基于微信进行的营销，包括销售、公共关系维护、品牌形象塑造、客户服务等一系列营销形式。微信在经历了"连接个人"阶段的跑马圈地后,开始了"连接企业",微信营销随之兴起。随着移动互联网的发展,企业营销向移动端转移,而得益于微信用户规模以及生态的多样性,微信成为目前移动社交营销的重要阵地。

关键词:营销研究;品牌形象塑造;营销形式;自主运营。

(二)关键文献

1. 最早研究(共3条)

① 高晓勤. 基于因子分析法的中国葡萄酒营销策略探析 [J]. 中国商贸,2009,(7).

② gary stein. 社交网络和搜索将走向整合 [J]. 中国传媒科技,2009,(11).

③ 岳占仁,孙黎. 市场营销 [J]. IT 经理世界,2010,(9).

2. 最新研究(共3条)

① 蒋建国,陈小雨. 网络"种草":社交营销、消费诱导与审美疲劳 [J]. 学习与实践,2019,(12).

② 华泰证券. 美妆:国货美妆有望崛起 [J]. 股市动态分析,2019,(44).

③ 林默澜. 新媒体时代圈层营销模式探析——以网易"可以说这很青年了"IP 项目为例 [J]. 齐齐哈尔大学学报:哲学社会科学版,2019,(11).

五、数据营销

(一)经典论文

1.《大数据时代下的微信营销价值》

吕清远

兰州商学院商务传媒学院

摘要:大数据的迅猛发展对当下的网络环境产生了巨大影响,也催生了微信的数据营销价值。微信凭借庞大的用户群体,塑造了一个超过4亿人的数据平台,通过与企业或第三方机构合作,为企业的广告投放和营销策划等提供数据支持,微信也在用数据改变着当下的广告营销。

关键词:大数据;微信;数据营销。

2.《大数据时代的电影营销》

刘婧雅 文田

中国人民大学文学院 中国艺术研究院文化发展战略研究中心

摘要:进入大数据时代,在社会"碎片化"的趋势下,挖掘分析大数据,可提升电影营销的效率。影响电影营销的要素有影片本身、观众需求和行为、电影宣传活动的经验及反馈等多个维度。大数据在电影营销中有局限性和滞后性,大数据营销应以电影品质为基础。

关键词:大数据;电影营销。

3.《大数据时代互动式整合传播营销体系的建构》

李晓英

上海应用技术学院经济与管理学院

摘要:本文提出基于海量数据与技术体系的大数据互动式整合营销传播框架模型,阐述了该框架模型中大数据营销信息平台建设、消费者洞察与细分、制定并实施互动式整合营销传播策略、营销效果的监测反馈评估四个步骤的实施策略。此外,互动式整合营销信息还应与生产经营各环节联动以提升营销价值。

关键词:大数据;新媒体;互动;整合营销传播。

(二)关键文献

1. 最早研究(共3条)

① 傅德印. 转变统计观念刍议 [J]. 统计与预测,2001,(6).

② 江桂军. 业务精英如是说 [J]. 中国商贸,2004,(8).

③ 朱学东. 从关系营销到数据营销——报业广告的必由之路 [J]. 广告人,2006,(2).

2. 最新研究(共3条)

① 赵琪. 家居产品网店数据营销体系的构建策略 [J]. 江苏商论,2019,(12).

② 候春俊. 互联网背景下数据营销的运用研究 [J]. 科技经济市场,2019,(7).

③ 母小海. 数据营销驱动传统零售的数字化转型 [J]. 中国新通信,2019,(13).

六、短视频营销

(一)经典论文

1.《移动互联网时代短视频营销策略和价值研究》

单文盛　黎蕾

湖南师范大学新闻与传播学院

摘要:在遵循网络整合营销传播4I原则的基础上,结合成功案例,提出了短视频营销的4个主要策略:与品牌相关的短视频创意众筹、品牌推送趣味和实用内容、短视频达人个性与品牌精神的结合以及无时不在的互动。短视频营销的价值在于通过提升品牌认知度、产生品牌联想以及提升品牌忠诚度,进而极大提升了品牌自身的价值。

关键词:短视频营销;营销策略;营销价值。

2.《"七秒"营销——浅谈短视频营销》

白皓天

东北财经大学新闻传播学院

摘要:营销界有这样一个"七秒定律",即被消费者瞬间进入视野并留下印象的产品,其时间是七秒,消费者会在七秒内决定是否有购买商品的意愿,第一印象占决定购买过程的60%。与传统视频相比,短视频在放弃部分观赏性的同时将更具沟通性与对话性。在移动互联时代,短视频这种与生俱来的交流特性让它在众多的营销方式中另辟蹊径。本文主要通过短视频社区APP在我国的发展历程,研究短视频营销的发展优势和契机以及相关案例。

关键词:七秒定律;短视频营销;短视频社区APP。

3.《短视频营销策略研究》

赵明莉

吉林电视台

摘要:在如今移动互联网技术迅速发展的新时代,短视频已经一跃成为时代的宠儿,基于移动互联网思维对短视频营销策略进行研究,既能促进对现有营销理论的发展,也对各大企业在营销方面有一定的实践指导意义。本文首先分析短视频的内涵及特点，进而结合理论和实践对短视频的营销现状进行系统研究，并在此基础提出了关于短视频营销的一些启发和建议。

关键词：短视频营销；碎片化；社交化；品牌文化。

（二）关键文献

1. 最早研究（共 3 条）

① 单文盛，黎蕾. 移动互联网时代短视频营销策略和价值研究［J］. 长沙大学学报，2015，（4）.

② 白皓天. "七秒"营销——浅谈短视频营销［J］. 新闻传播，2016，（6）.

③ 罗小纯. 短视频营销手段的创新与变革［J］. 科教导刊（中旬刊），2018，（4）.

2. 最新研究（共 3 条）

① 周荣. 扶贫农产品线上视觉营销中的问题与创新对策研究［J］. 创新创业理论研究与实践，2019，（22）.

② 吕路坤，农朝幸. 休闲农业园区短视频营销的体验式内容设计探讨［J］. 农村经济与科技，2019，（21）.

③ 许曦. 短视频营销与网红景点的打造——以洪崖洞景区为例［J］. 中外企业家，2019，（33）.

七、APP 时代

（一）经典论文

1.《APP 时代小微企业创新模式研究》

朱峰　刘薇　王宗水

广东白云学院　广州航海学院　中国科学院大学管理学院

摘要：随着移动互联网时代的到来，小微企业既得到了发展的机遇，也面临着严峻的挑战。由于小微企业自身的特点，选择适当的创新模式起到至关重要的作用。本文在分析 APP 时代小微企业的创新模式及其特点的基础上，找出影响小微企业创新的关键因素，最后提出适合小微企业发展的创新策略，以提升小微企业的整体创新水平。

关键词：APP 时代；小微企业；创新模式。

2.《APP 时代体育新闻传播新景观》

蔡俊杰

沈阳体育学院

摘要：自 2011 年智能手机普及以来，移动新媒体逐渐成为信息传播的生力军，体育资讯成为现代传播的主要内容之一，以体育新闻资讯为主要传播内容的 APP 亦开始不断发展壮大，APP 时代的体育新闻传播呈现出与以往不同的新景观。

关键词：APP 时代；体育新闻传播；移动终端。

3.《APP 时代下体育新闻传播新前景》

张占英

北华大学体育学院

摘要：随着科学技术的发展，我们的生活与科技产生了密切的联系，智能手机就是其中最关键的一个项目。在 2011 年，智能手机开始广泛地使用，信息传播有了新的载体，体育新闻也依据智能手机得到更好的传播效果。比如某些专门为了传播体育新闻而设置的手机软件，方便用户下载。本文主要讨论智能时代下的体育新闻传播。

关键词：APP 时代；体育新闻传播；移动终端。

（二）关键文献

1. 最早研究（共 3 条）

① 朱峰，刘薇，王宗水．APP 时代小微企业创新模式研究［J］．商业时代，2014，(24)．

② 王海洋．APP 时代音乐教师的网络合作模式［J］．音乐时空，2014，(17)．

③ 蔡俊杰．APP 时代体育新闻传播新景观［J］．新闻研究导刊，2015，(18)．

2. 最新研究（共 1 条）

张占英．APP 时代下体育新闻传播新前景［J］．新闻研究导刊，2015，(22)．

八、注意力经济

（一）经典论文

1.《关于旅游品牌的深层思考》

王崧　韩振华

浙江大学西溪校区管理学院旅游系

摘要：旅游品牌与一般产品品牌的区别在于旅游产品是一种服务产品。服务是一组对他人他物使用的权利，是使用权的让渡。旅游是一种注意力经济，旅游品牌的成长以 S 形发展。旅游品牌的培育应以公共品牌的培育为基础，体现企业品牌的个性为重声。

关键词：旅游品牌；服务产品；注意力经济。

2.《中国传媒的注意力经济与影响力经济》

陆军

湖南第一师范学校新闻与传播系副教授　复旦大学新闻学访问学者

摘要：随着互联网时代的到来，信息量以爆炸的方式激增，注意力成了稀缺资源，成为 21 世纪经济的基础。大众传媒作为注意力资源最主要的拥有者，在企业运作模式下，盈利模式以注意力经济为基础，随着竞争市场的逐步成熟，由注意力经济逐步转向影响力经济。

关键词：注意力；注意力经济；影响力经济。

3.《基于 LBS 的移动社交传播模式及应用研究》

邵晓

南京大学新闻传播学院

摘要：在移动互联网时代，移动起来的用户带来了对位置信息的需求，围绕附着于空间位置上的信息资源进行开发，无疑具有很大的价值，移动位置服务的商业化运作（LBS，Location Based Service）正是在这种背景下发展起来的。本文对基于 LBS 的移动社交传播模式进行分析，并尝试探索其商业利用价值。

关键词：位置服务；移动社交；LBS 结构洞；注意力经济。

（二）关键文献

1. 最早研究（共 3 条）

① 崔桓．注意力经济的时代［J］．软件，1998，（3）．

② 李学凌．面对网络化浪潮冲击的"冷思考"（二）［J］．新疆新闻界，1998，（2）．

③ 陆群．创造未来的最好方法——评《2.0 版数字化时代的生活设计》［J］．互联网周刊，1998，（10）．

2. 最新研究（共 3 条）

① 曾昕．博物馆经济视域下的年轻态传播——以故宫 IP 为例［J］．价格理论与实践，2019，（8）．

② 曾田．网络内容平台竞争与反垄断问题研究［J］．知识产权，2019，（10）．

③ 白龙．叙事模式、场景呈现与发展逻辑：Vlog 的传播意义解读［J］．新闻论坛，2019，（5）．

九、地推

（一）经典论文

1. 《拓跋鲜卑早期历史辨误》

杨军

吉林大学文学院

摘要：通过对拓跋鲜卑早期历史的几个重要问题所做的考辨，认为目前学术界通行的观点是有问题的。计算《魏书·序纪》所载拓跋鲜卑早期世次的积年时，应以 22～25 年为一世，而不是 30 年为一世。嘎仙洞是乌洛侯人报告的拓跋鲜卑先世的石室，但现在还不宜轻易断定这里就是拓跋鲜卑的发源地。拓跋鲜卑的信史最早仅能上溯至成帝毛，昌意、始均等记载都是后人编造的传说，不具有史料价值。拓跋鲜卑先世的第二推寅与檀石槐的西部大人推演不是同一个人。计算拓跋鲜卑人口时固然可以按一"落"5 人估算，但拓跋鲜卑人的"落"并不能等同于家或户。

关键词：《序纪》；成帝毛；嘎仙洞；推寅；落。

2. 《豫南农村中小学推广普及普通话状况调查与思考》

陈伟琳　陈兴焱

信阳师范学院

摘要：豫南农村中小学推广普及普通话状况表明，我国农村中小学推普状况不容乐观。要如期实现国家语委提出的学校推普工作目标，需要在宣传、培训和落实规划等方面加大工作力度。

关键词：农村中小学；推普。

3. 《从石解墓志看唐后期制度的变通性——志文中的换推、避籍》

宁欣

北京师范大学历史学院

摘要：大唐西市收藏的"唐故衡王府长史致仕石府君墓志铭并序"记载了正史中不见传载的石解一生的经历。墓志中，涉及了唐朝的鞠狱换推、任官避籍等，在具体层面上反映了唐朝尤其是唐后期制度的变通性。

关键词：唐朝；石解；换推；避原籍。

（二）关键文献

1. 最早研究（共 3 条）

① 陈伟琳，陈兴焱. 豫南农村中小学推广普及普通话状况调查与思考［J］. 语言文字应用，2003，(4).

② 杨军. 拓跋鲜卑早期历史辨误［J］. 史学集刊，2006，(4).

③ 宁欣. 从石解墓志看唐后期制度的变通性——志文中的换推、避籍［J］. 山西大学学报：哲学社会科学版，2011，(4).

2. 最新研究（共 3 条）

① 朱玥. 浅析南康家具的"地推"模式［J］. 现代营销：经营版，2020，(1).

② 郝尚富，徐婷，郑剑海. 基于思维导图的口袋单片机教学研究［J］. 现代信息科技，2019，(2).

③ 巴永青，高俊，邱询锴. 从地推看互联网校园金融的营销创新［J］. 中国石油大学胜利学院学报，2018，(1).

第七章

产业全面互联网+造就电子商务大未来

 本章学习目标：

1. 了解各产业在互联网上的发展。
2. 掌握如何获得互联网产业的成功。

第一节 旅游电子商务

一、电子商务化的先锋

旅游电子商务是利用先进的计算机网络及通信技术和电子商务的基础环境，整合旅游企业的内部和外部的资源，扩大旅游信息的传播和推广，实现旅游产品的在线发布和销售，为旅游者与旅游企业之间提供一个知识共享、增进交流与交互平台的网络化运营模式。

而我国的旅游电子商务相较于欧美发达国家起步较晚，1994年左右开始零星出现旅游网站；1996年左右，开始出现专业化的旅游电子商务网站，主要以计算机互联网为载体；2001年我国加入世界贸易组织，全球化竞争加剧，同时涌现很多富有创新力和竞争力的互联网旅游供应商；2001年末中国旅游业增长速度减慢，但在2002年开始有了整体的回升。依托计算机网络技术基础、Internet 与 Web 服务、企业内联网与企业外联网、数据库技术基础等的技术支持，旅游电子商务行业呈现磅礴发展之势。

1. 商业模式

旅游电子商务的商业模式分为三种：第一，B2B模式即网站对接旅游企业。第二，B2C模式即网站直接对接游客，网站是旅游供应商为游客提供旅游产品预定、购买的便利渠道。这是国内最早产生的旅游电子商务模式。第三，C2C模式即游客自行组团、结伴而行。

2. 中国旅游电子商务的未来展望

（1）旅游网站智能化

目前人工智能技术日趋成熟，网络信息化不断普及。旅游网站的运行将会呈现智能化的趋势。旅游网站通过大数据的采集，根据旅游者的性格、性别、兴趣爱好、消费力、购买力等，筛选出有用的信息，为旅游者提供个性化的方案。依托计算机的高效处理能力，旅游网站将实现售前售后自动化。3D 和 VR 的结合，为顾客提供更好的售前体验。

（2）经营模式多元化

旅游电子商务发展到一定的瓶颈，势必会导致企业的转型整合。大部分缺乏创新力或者资本匮乏的企业，就会被并购或淘汰。出现几个旅游寡头和多个"小而美"的创新型旅游企业，这些创新型旅游企业具有清晰的市场定位，做强做精，如专注于酒店的预订、机票预订等。二寡头企业，主要提供全方位、一体化的服务。

（3）旅游品牌差异化

品牌都是企业价值的核心。不同企业之间的品牌特色差异会成为各自客源市场占有率的核心竞争。企业应当做到在技术上不可替代，在服务上不可模仿，在企业文化上不可复制，以此建立企业自身的品牌优势，在激烈的竞争中占有一席之地。

（4）旅游服务个性化

旅游消费主体开始趋向年轻化，年轻喜欢自由行，这催生了更多个性化定制需求。不过个性化定制不仅仅局限于年轻一族，各个年龄层都有其需求。

二、从完全竞争到寡占竞争

1. 中国旅游业的发展阶段

中国旅游业改革开放 40 年来，取得了举世瞩目的成就，从世界旅游市场中的无名一族，成长为世界重要的旅游目的地和客源国。40 年来，中国旅游业的发展成就包括市场格局均衡发展，大众旅游时代来临、产业定位不断提升，旅游功能日渐丰富、供给体系逐步健全，出游品质显著提升、管理体制逐渐完善，旅游治理取得突破、旅游竞争力快速提高，国际影响显著增强。以时间为主轴，结合行业发展的重要事件，可以将改革开放后我国旅行业划分为三个发展阶段。

（1）1978—1991 年：对外开放和初步改革阶段

在改革开放初期，面临的最大困难是新中国成立以来近三十年，形成了高度集中的计划经济体制，生产要素全面固化于固定的单元，改革开放任务尤为艰巨。如何启动改革，扩大开放，面临着以什么产业为突破口的选择难题。与其他产业相比，旅游业的市场化程度较高，对政府依赖较小，而且旅游业具有轻、小、灵和关联性强、综合带动能力突出的特点，推动旅游业成为对外开放的最前沿，启动改革的突破口。

（2）1992—2011 年：对内开放和加快改革阶段

对内开放与加快改革阶段，旅游业改革开放面临着两个时代背景：一方面是宏观环境的变化，推动着改革开放的进一步深入推进，对旅游业改革开放提出了更高的要求；另一方面，经过十几年的改革开放，人民的收入水平获得了较快的增长，产生了较为强劲的旅游需求。

（3）2012 年至今：双向开放和深化改革阶段

2012 年党的十八大召开，选举产生了党的新一届领导核心，我国开启了新一轮的改革开放；特别是 2013 年十八届三中全会的召开，中共中央作出了《关于全面深化改革若干重大问题的决定》，这同时也标志着旅游业改革开放进入双向开放和深化改革的新纪元。在双向开放和深化改革阶段，旅游业改革开放面临着两个重要时代背景：一方面，从国际上来看，2008 年开始的金融危机，全球经济并未复苏，持续低迷，全球总需求不振，导致我国出口急剧减少，经济增长面临不少压力，为了稳增长，需要刺激国内居民消费，发挥消费在推动经济发展中的基础作用；另一方面，从国内来看，2014年中央经济工作会议的召开，提出了我国已经进入经济新常态的重要论断；2015年11月10日召开的中央财经领导小组第十一次会议上，习近平总书记又提出了供给侧结构性改革。

2. 群雄争霸

1997年，随着全球互联网技术不断革新，互联网开始向传统行业进行渗透，进而催生了中国第一批旅游网站，如：华夏旅游网、携程旅行网、中青旅在线等。1999年，艺龙和携程相继成立，他们通过收购传统的分销商来拓展市场覆盖范围，是中国最早的一批OTA（Online Travel Agency）。BAT（百度、阿里巴巴、腾讯）也都在这一时期成立，对后来在线旅游的发展与格局起到了决定性的作用。作为中国领先的综合性旅行服务公司，携程成功整合了高科技产业与传统旅行业，向超过3亿会员提供集无线应用、酒店预订、机票预订、旅游度假、商旅管理及旅游资讯在内的全方位旅行服务，被誉为互联网和传统旅游无缝结合的典范。凭借稳定的业务发展和优异的盈利能力，携程于2003年12月在美国纳斯达克成功上市，上市当天创纳斯达克市3年来开盘当日涨幅最高纪录，目前市值超过230亿美元。今日的携程，在线旅行服务市场居领先地位，连续4年被评为中国第一旅游集团，目前是全球市值第二的在线旅行服务公司。随后的3年里，同程、穷游、去哪儿、马蜂窝、途牛相继成立。在线旅游开启了电话呼叫中心服务与网络相结合的预订方式，向旅游消费者提供全方位的旅游产品预订服务。2010年艺龙打响了同携程的价格战，艺龙放弃机票与度假业务，专攻酒店预订市场。到2012年初，艺龙的酒店预订量达到了携程的一半。这迫使携程不得不采取有效行动，同年7月，携程宣布投入5亿美元与艺龙网对攻价格战。2011年，社区网站马蜂窝正式成立公司投入运营，到2015年9月马蜂窝用户数已经过亿；2011年，途牛获得红杉资本、乐天集团、DCM、高原资本等C轮联合投资5000万美元；开始布局全国市场，设立多家分公司。2012年6月，美团刚刚开始启动酒店业务，次年7月，成立了美团酒店旅游事业群，业务范围进一步扩大；2014年，阿里巴巴旗下的阿里旅行成立，开始进军旅游行业。携程通过资本运作先后收购同程、艺龙、去哪儿，结束了老玩家混战的时代。2015年5月22日，携程宣布联手铂涛集团和腾讯收购了艺龙大股东Expedia所持有的艺龙股权，艺龙和携程的价格战告一段落。但市场并没有给携程太多的喘息时间，2016年10月，阿里巴巴集团宣布，将旗下旅行品牌"阿里旅行"升级为全新品牌"飞猪"，2017年4月，美团点评正式推出旗下"美团旅行"。同程旅游集团旗下的同程网络与艺龙旅行网在2017年12月29日共同成立公司同程艺龙，2018年11月上市。阿里巴巴和美团虽并未能撼动携程系的"霸主"地位，却也让携程感到了深深的危机。

时至今日，国内在线旅游企业基本形成了如下格局：以携程为首的携程系、美团和阿里飞猪位居三甲，同程艺龙、途牛旅游、景域集团以及马蜂窝等新型业态已经占据了较大的市场份额。

旅游垂直领域的发展前景对海外巨头Booking、Airbnb、OYO等有强大的吸引力，已经在逐步进行国内布局。此外，滴滴、今日头条、京东等流量巨头也开始布局旅游垂直领域。在线旅游竞争格局相对平静的水面下，孕育着新的竞争巨鳄。

三、全产业链消费者闭环完成

1. 旅游网站

（1）携程

创办于1999年2016年12月，随着携程旅行APP7.0版本的发布，它推出独立餐饮品牌"携程美食林",至此,携程覆盖到的服务领域,除了旅游常规的门票、订车、玩乐产品、签证,还有全球购。携程具体的产品与服务如下所示。

① 旅游度假产品。携程度假提供数百条度假产品线路,包括"三亚""云南""港澳地区""泰国""欧洲""名山""都市""自驾游"等 20 余个。

② 私人向导平台。携程旅游私人向导发布的服务在国内是徒步向导,包括 9 小时每天的讲解和向导服务。游客可以通过平台完成服务预订和交易全过程:游客可在平台上根据向导的年龄、性别、价格、服务次数、点评等选择自己心仪的导游。选择后,还可与导游沟通初步确定需求。在出行前,导游也会对游客的需求定制个性化的游玩线路。确定行程后,游客即可在平台上确认合同、在线支付。

③ 携程顾问。携程顾问是携程旅行网于 2016 年倾力推出的全新的"B2C2C"个人旅游分享经济服务模式。携程顾问借助携程品牌和产品库为客人提供旅游咨询和预订服务。

④ 酒店预订服务。携程旅行网拥有中国领先的酒店预订服务中心,为会员提供即时预订服务。

⑤ 高铁代购服务。携程于 2011 年 7 月 5 日推出高铁频道,为消费者提供高铁和动车的预订服务。

⑥ 携程信用卡。该卡集金穗贷记卡金融功能以及携程 VIP 会员卡功能于一体,秉承中国农业银行与携程旅行网的优质服务。

⑦ 携程礼品卡。携程旅行网自 2011 年推出代号为"游票"的预付卡产品,并逐步深度优化产品的用户体验及支付范围,2013 年,正式定名"携程礼品卡"。已有"任我行""任我游"两类产品供选择。

⑧ 票价比价。携程网推出的机票、火车票同时预订功能在国内在线旅游行业中尚属首次出现。该功能来源于对用户行为习惯的深入观察,创新性地将机票和火车票放在同一页面进行价格上的对比,改变了传统火车票单一的订票页面模式,解决了因价格选择难的问题。

(2) 同程

① 同程网。中国一流的一站式旅游预订平台之一,网站拥有国内齐全的旅游产品线,提供国内 20 000 余家及海外 100 000 余家酒店预订,覆盖全国所有航线的机票预订,8 000 余家景区门票预订,全球热门演出门票预订,200 多个城市租车预订,境内外品质旅游度假预订。提供互联网预订、手机无线预订和 365×24 小时电话预订,网站秉持"有保障的低价"原则,在行业内首创"先行赔付"和"点评返奖金"等特色增值服务,成为中国增长速度极快的旅游预订平台。

② 一起游。中国一流的旅游资讯类门户网站,为超过 1 000 万会员提供真实可信的出行指南和旅游资讯。网站形成了以旅游攻略、点评、问答、博客为特色的旅游社区,为旅游者提供全球上千个热门目的地官方旅游攻略。

③ 旅交汇。中国一流的旅游 B2B 交易平台,为包括旅行社、酒店、景区、交通、票务代理等在内的旅游企业提供专业的交易、交流和信息化管理服务,拥有注册旅游企业会员 14 万余家,其中 VIP 会员 10 000 余家,被誉为永不落幕的旅游交易会。

2. 智能出行

近年来,一系列智能+出行解决方案的推出在"便捷、安全、绿色"这一核心交通课题上成效显著,创造了巨量经济价值和无法估量的社会价值。

在便捷出行上,城市大脑智慧交通公共服务版已在近 200 座城市落地。平台具备交通流实时分析预测、交通信息实时推送、车辆路线智慧诱导、信号灯智能控制等功能。每年实施车辆智慧诱导约 1.5 万次，帮助驾驶人有效规避拥堵、封路等交通事件。

下面以高德为例介绍。通过帮助用户合理规划路线和规避拥堵，高德每年为用户节省时间 19.3 亿小时，创造约 143 亿元的经济效益；每年为用户节省出行 109 亿公里，相当于约 51.3 亿元燃油成本。

在安全出行上，高德通过对道路、天气、车辆、驾驶数据的精确监控与分析，识别危险驾驶行为、危险路况和突发交通事件，实时对驾驶人语音提示，主动消除交通安全事故隐患。而危险驾驶行为的高频次提示也培养了驾驶人良好的驾驶习惯，助力全社会文明交通的建设。同时，高德的智慧护航产品可通过控制路口绿灯、APP 端提醒沿途用户车辆避让等方式，保证救护车、消防车等特种车辆畅通行驶，缩短通行时间，提高救助成功率，挽救无价的生命。

在绿色出行上，一方面，高德通过帮助驾驶人合理规划路线、躲避拥堵，减少车辆燃油消耗带来的碳排放和污染物排放。另一方面，高德通过智慧公交等一系列解决方案显著改善居民公共交通出行体验，辅助优化居民出行结构。每年，高德的智能+出行解决方案通过改善交通管理效率、减少交通安全事故、减少汽车尾气排放、促进公共交通出行创造了难以估量的社会价值。

政府也从政策层面推动交通拥堵缓解、交通安全提升和出行结构改善，从而促进城市交通出行便捷、安全、绿色地发展。城市道路交通拥堵日趋严重，交通管理和决策受制于信息完整性、及时性和指令响应有效性，虽取得一定成效，但仍有进一步提升空间。汽车保有量持续增长为道路交通安全带来更大挑战，道路交通安全风险防范和事故应急处理成为安全保障的核心话题。中小客车（私家车）是我国城市空气污染的重要来源。我国公交系统的网线覆盖范围、运力水平、服务等仍有待提升，影响了民众选择公交出行的意愿。智能+出行借助政策和技术的双重推进为交通问题的解决和智慧交通体系的未来发展打下了坚实基础。

第二节　生鲜电子商务

一、电子商务创业的一块热土

1. 生鲜电子商务的发展

生鲜电子商务是指用电子商务的手段在互联网上直接销售生鲜类产品，如新鲜果蔬、生鲜肉类等。作为电子商务市场少有的蓝海，生鲜电子商务具备着其他传统电子商务没有的特点，首先高关注度，由于很多人爱吃生鲜产品，所以很多人关注生鲜电子商务，其次，生鲜电子商务具有着高用户黏性，一旦培养了用户习惯，用户会经常光顾。再次，高利润水平，生鲜电子商务的利润比传统的电子商务高很多，这也导致了生鲜电子商务吸引了大量的参与者。其中生鲜的发展一共经历了三个阶段。

（1）起源于传统零售商的生鲜电子商务

生鲜最初的"触电"，是在 2006 年。有人把它叫做超市电子商务，有人称其为食品电子商务，更有甚者被扣上了"零食电子商务"的帽子。最早参与这个市场的正是传统零售商们，麦德龙、沃尔玛、家乐福、卜蜂莲花等都是最早的触网者。在 2009 年，这批最初寄望产业链延伸的生鲜电子商务们几乎倾巢败退。2009—2011 年，传统零售商们的生鲜电子商务业务还存在，但已没有专门的团队管理，这是传统零售商涉足电子商务的第一次大败退。

（2）生鲜电子商务的第二次分化

2012年，三个零售电子商务平台开始惹人注目：中粮的我买网，被沃尔玛收购的1号店，以及很小但是很特别的本来生活网。本来生活网一成立定位就是生鲜食品，后来成立了自己的线下体验餐厅；而坚持线上服务线下的我买网、1号店则先销售其他品类商品，再进入生鲜食品领域，1号店则推出自营生鲜品类。

（3）生鲜电子商务的崛起

生鲜电子商务市场第三次大变化，源于顺丰优选的冒头，以及此后快速崛起的沱沱公社、优菜网和大卫之选，让人看到了生鲜电子商务冷链配送的机会。业内人士指出，2013年中国全社会生鲜产品零售总额约2.5万亿元，而线上的交易额仅为1%，未来这一比例有望达到10%，2500亿元的市场前景是各方看好的根本原因。然而，做大做强生鲜电子商务的难题是，冷链配送的高成本使得利润摊薄，而绿色农产品有限的供给又制约了企业规模的壮大。

2. 生鲜电子商务的发展要点

根据搜狐财经的统计数据，生鲜产品的潜在市场规模已经高达了十万亿，而生鲜的电子商务渗透率则非常低，电子商务的交易额在2017年只能够达到1500亿元，这么低的渗透水平，其实表明着生鲜电子商务巨大的市场前景，但是光有前景该怎么做呢？

（1）建立完善的冷链物流体系

尽管生鲜电子商务具有极为庞大的市场容量，但是生鲜产品远不是普通的工业产品，几乎没办法通过普通的物流进行配送，所以冷链物流就成为了制约生鲜电子商务发展的第一瓶颈。2017年国内尚未有一家企业能够彻底建成一个完整的生鲜物流配送体系，所以大多数生鲜产品的配送依然处于半冷链的配送状态。而完整的冷链配送由于居高不下的建设成本，成为了生鲜电子商务入门的一大门槛。无论是任何企业，只要想做全渠道的生鲜电子商务就必须建立属于自己的冷链配送体系，只有大资本才能有生鲜电子商务全渠道的控制能力，冷链物流正在成为生鲜电子商务的核心竞争力，谁能拿下冷链物流，谁就拿到生鲜电子商务头把交椅的入场券。

（2）生鲜O2O具有全面爆发的潜质

生鲜电子商务其实还有一个问题，这就是生鲜电子商务如何能够实现消费者良好的用户体验，由于互联网的原因，看不见摸不着成为了制约生鲜电子商务用户量增长的关键，所以永辉等生鲜电子商务企业抓住了自身线下的优势，从而开始构建自己的O2O商业体系，在这方面阿里巴巴的盒马生鲜也是如此的布局，依托线下门店的优势让体验真正到达消费者的手中，这样就能够实现用户体验的线上线下统一了。与此同时，生鲜电子商务的O2O战略还有一个最后一公里的问题，由于大家已经习惯了电子商务将产品送到家，所以生鲜电子商务的最后一公里就是要如何打入居民的社区，一旦攻入了社区，生鲜电子商务将会拥有无法比拟的差异化竞争优势，这种优势是传统电子商务企业所难以企及的，甚至于说通过生鲜电子商务进军传统电子商务也都不是不可能的事情。

（3）中高端差异化将会成为生鲜电子商务的突破口

现阶段生鲜产品的主力购买人群是中老年人，这些人每天会进入超市和菜场购买生鲜产品，而不是习惯于在网上购物，由于这种长期养成的用户习惯，导致这些中老年人群其实很难改变其固有的生活方式，而这些人往往就是年轻人家中的老人，所以如果针对年轻人群体来做生鲜电子商务的话,其实普通的同质化产品并不是年轻人群体的必需品,大众化食材必然会遭遇线下菜场与超市的直接竞争,而这个时候如果突出特色化的高品质生鲜产品,往往会比这些大众化产品更具食材竞争力。所以如果主动集中于20~40岁的白领消费人群,生鲜电子商务将会有大的突破。

二、非标产品质量标准控制成关键

1. 生鲜O2O的痛点

(1) 冷链供应

由于生鲜类产品本身具有很短的保质期,因此需要冷链仓储、冷藏车辆等保鲜措施。但是自建冷链配送的重资产模式有一定难度,对中小电子商务来说,以北京一地为例,冷库平均租金约在2元/(平方米·天),即便是5 000平方米的中型仓库,也意味着每年要付出近400万元租金成本,再加上硬件设施、人力等因素,每单生鲜品类的配送成本要占比30%以上,如果相应企业主营目前市面上价格较低的水果等产品,那几乎不赚钱。除此之外,低成本的冷库温度不可控,生鲜的质量又会受到严重威胁,所以做生鲜电子商务必备的冷链供应首先就意味着花钱严重。如果是像京东、顺丰优选等生鲜电子商务一样选择自建供应链,则需要强大的资金链作为后盾,而且短期内无法实现盈利。

(2) 非标产品+视觉感触弱,用户体验成难点

为了吸引用户,生鲜产品同样要求图片质量高、吸引人,展现产品的高自然感、高新鲜度,而实际用户收到的产品却不可能像图片展示的那样,密封的包装、层层的节点运输和食材水分流失,这些都使实物发生损耗,实物的现场品质感、新鲜感等自然大打折扣,实物和图片的差距很容易降低用户体验。除此之外,生鲜产品和化妆品、服装等电子商务产品不同,比如同一种水果,因为产地和季节的不同,就会带来味道的不同,而消费者无法通过线上购买的过程获得充分的感知和认可,相反线下购买则可以很仔细地去挑选。

(3) 盈利难和品类局限性几成恶性循环

生鲜电子商务具有明显的局限性,不能覆盖所有生鲜商品品类。因为作为非标产品的生鲜产品除了冷链供应和极速物流带来的高成本之外,其损耗也较大(一般损耗率在25%左右),若是选择销售低端商品,仅物流费用这一项成本,电子商务就难以承受。目前各大电子商务主要销售一些高附加值、高价位的商品,比如进口水果。但高额的价位必然带来消费者购买数量的减少,仅仅是尝鲜而非大量购买的消费诉求也会导致客单价偏低的现状在短期内很难改变。

(4) 食品安全

生鲜产品不仅仅是带有易损耗特点的非标产品,其本质更是食品,但凡食品都是很容易产生安全性的问题,这就要求生鲜电子商务必须对食品安全问题负责,要进行全产业链监管,更要建立一定的监督体系。例如阿里巴巴要求食品经营者提供食品生产、卫生等许可证,京东要求销售商提供品牌质检报告、食品流通许可证等证件。然而不是巨头的大量中小型生鲜电子商务,很难建立起完善的食品安全监督体系。

(5) 不同地区的习惯差异

对于当前的生鲜电子商务来说,能千辛万苦把商品尽量安全地送到消费者手中,已经意味着一次成功的销售了,然而他们可能没想到更大的用户痛点就发生在这时。

以荔枝为例,有人喜欢收到的时候是新鲜红艳的,有人喜欢带叶能多保存几天,还有人

喜欢冻荔枝，果皮黑点没关系，图的是冰凉清甜的口感。简单点说，非标产品之所以难卖，就是因为众口难调。

2. 生鲜的非标准化

生鲜最容易被人提起的一个词就是非标，非标的意思就是非标准化。标准化其实就是要规范农产品的安全和品质。安全标准化暂时不说，单说品质标准化。顾客对农产品的体验感受，绝大多数都来自于品质。体验，是一系列复杂的人体感官的综合感觉，通过眼睛鼻子嘴巴和触摸的方式反应，要把这些感觉与产品分级分类对应量化，这本身是没有任何标准可参考的，完全要依赖生产者自己进行划分。而生鲜是非标准化产品主要原因有两点：第一，中游流通层级多，终端毛利低；第二，损耗率高。

然而随着专供社区的生鲜市场越来越多，社区生鲜市场产品一物一码追溯可以让消费者看到食品质量，倍受消费者亲睐。生鲜追溯系统，在商品上贴上一个二维码标签，消费者通过手机就能时刻掌握精确的快递信息及具体送达时间，物流过程的全程追踪。通过技术，使每一件产品都有一个二维码标签。消费者通过扫描追溯码，便可追踪产品从原料供应、生产、质检、包装、出货、物流、销售等所有环节的详细信息，提高信任度。同时帮助企业对产品生产、销售、流通等所有环节进行周期管理。

简单来说，食行生鲜想做的事情是，提前收集用户购买需求，然后将收集好的需求分发到供应商（即基地）处，供应商会根据分配到的需求量来配货，并且将配好的生鲜送到"食行生鲜"的配送中心。"食行生鲜"做的则是称重、检测和验收的环节，验收之后，他们会将生鲜分拣并且出车配送到社区内，放入自提货柜，等待用户提取即可。这个模式就是C2B2F模式。

三、无公害溯源绿色农业是显学

1. 无公害农产品

无公害农产品指使用安全的投入品，按照规定的技术规范生产，产地环境、产品质量符合国家强制性标准并使用特有标志的安全农产品。无公害农产品生产系采用无公害栽培（饲养）技术及其加工方法，按照无公害农产品生产技术规范，在清洁无污染的良好生态环境中生产、加工的，安全性符合国家无公害农产品标准的优质农产品及其加工制品。无公害农产品生产是保障大众食用农产品消费身体健康、提高农产品安全质量的生产。广义上的无公害农产品，涵盖了有机食品（又叫生态食品）、绿色食品等无污染的安全营养类食品。无公害食品标准内容包括产地环境标准、产品质量标准、生产技术规范和检验检测方法等，标准涉及120多个（类）农产品品种，大多数为蔬菜、水果、茶叶、肉、蛋、奶、鱼等关系城乡居民日常生活的"菜篮子"产品。公害食品标准以全程质量控制为核心，主要包括产地环境质量标准、生产技术标准和产品标准三个方面，无公害食品标准主要参考绿色食品标准的框架而制定。

2. 绿色农业

绿色农业是指一切有利于环境保护、有利于农产品数量与质量安全、有利于可持续发展的农业发展形态与模式。绿色农业在其循序高级化过程中会逐步采用高新绿色农业技术，形成现代化的产业体系。绿色农业的发展是成熟的绿色食品产业发展模式向农业的全面推广和示范，是一种"精英平民化"的发展模式。绿色农业涵盖一个"大农业"整体由低级逐步向高级演进的漫长过程，在这个过程中，随着社会和居民消费偏好的逐步升级，农业科学技术与管理手段的进步，绿色等级认证的规范化和标准化在整个农业产业链条的实施，初级绿色农业模式渐进演变为高级绿色农业模式。当前，绿色农业发展的阶段性要求应该是绿色等级认证制度和产业标准化的构建及相应制度环境的构建与完善。

3. 无公害食品（农产品）、绿色食品和有机食品（农产品）的联系与区别

三者都是以环保、安全、健康为目标的食品（农产品），都重视农业的可持续发展，代表着未来食品（农产品）发展的方向。三者从基地到生产，从加工到上市都有着严格的标准要求，都依法实行标志管理，都是安全农产品的重要组成部分。绿色食品具有有机食品和无公害食品的特征，AA级绿色食品相当于有机食品，而A级绿色食品则为AA级绿色食品的过渡产品。不论是AA级绿色食品还是有机食品生产，均禁止使用基因工程技术。无公害农产品的质量水平和生产要求相当于A级绿色食品，可以看作是绿色食品的过渡产品。三者的区别主要表现在发展目标、质量水平、标准内容、生产资料使用要求、生产环境要求、病虫草害防治手段、标识与运作方式等方面。

第三节 互联网医疗

一、互联网+大数据医疗，促进大健康产业的发展

1. 大健康产业

大健康产业是我国大力发展的战略性新兴产业。大健康是指围绕人的衣食住行、生老病死，对生命实施全程、全面、全要素的呵护，既追求个体生理、身体健康，也追求心理、精神等各方面健康。而发展大健康产业的重要前提，就是转变传统医疗产业发展模式，即从单一救治模式转向"防—治—养"一体化防治模式。图7-1阐述了大健康产业的范围。

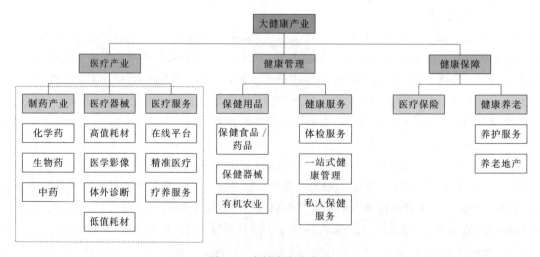

图7-1 大健康产业范围

从驱动力的角度，医疗健康行业的驱动力主要来自于四个维度。第一个维度是消费升级，随着居民消费水平的逐步提高，追求更好的就医体验和治疗效果的需求上升，同时民营诊所、精准医疗等新概念、新业态也会迎来发展机遇。第二个维度是老龄化，这导致对于肿瘤、心血管疾病等的关注上升，以及对康复、护理的需求增长。第三个维度是科技进步，例

如经历了技术的不断迭代升级，单抗药物迎来快速发展的黄金期。第四个维度是政策鼓励，2018年以来，医疗大健康行业利好政策不断，覆盖创新医疗服务、仿制药研发、互联网＋医疗健康、健康养老、健康医疗大数据等多个方面。

在中国医疗健康独角兽中，服务平台类型的占比较高。"互联网＋医疗"相对发展较快，目前我国两大估值较高的医疗服务平台独角兽为平安医保科技和微医。而技术壁垒更高的生物医药、精准医疗和医疗器械等行业也相继诞生了多家独角兽企业，预计未来在科创板的利好之下，这些行业的垂直细分领域有望迎来新的突破，孵化更多个创独角兽企业。

2. 互联网医疗

互联网医疗，是互联网在医疗行业的新应用，其包括了以互联网为载体和技术手段的健康教育、医疗信息查询、电子健康档案、疾病风险评估、在线疾病咨询、电子处方、远程会诊及远程治疗和康复等多种形式的健康医疗服务。互联网医疗，代表了医疗行业新的发展方向，有利于解决中国医疗资源不平衡和人们日益增加的健康医疗需求之间的矛盾，是卫生部积极引导和支持的医疗发展模式。

新医改11年来，改革抓手从基层机构、公立医院、社会办医到医保制度，进行了轮番尝试，但看病难、看病贵的问题仍旧存在。在国内，对于医疗行业的推动可以说影响最大的是"互联网＋医疗"大战略，从国家提出这个战略设想发展到今天，国内的互联网医疗可谓是日新月异，从微医和挂号网解决挂号难问题，到好大夫、丁香园等互联网问诊平台再到化验无忧的医学检验，结合京东、叮当快药等网上药店和微信、支付宝在线付款平台，已经完成了一个完整的闭环。

从互联网医疗发展到今天，从健康管理到挂号预约、从医生问诊到线上药品，在互联网平台模式和各路资本的帮助下，互联网医疗的服务链条正在不断完善，但在医检这一领域的企业猎云网却少有发现，将医检搬上互联网，这种模式可以是B2C也可以是O2O，还可以嫁接多元渠道，渗透多元服务，在互联网医疗的产业闭环中是相当重要的一个环节。在医疗行业重度垂直发展的历程中，现在市场上还少见企业通过自建或整合某个领域资源的一站式医疗服务链条，让消费者可以在一个企业的平台上获取全部服务的商业模式。猎云网近日了解到的化验无忧正在迈出这一步，从医检切入医疗，做医学检验一站式服务平台。

3. 互联网医疗在大数据上的运用

医疗数据加速汇聚，大数据技术成为优化医疗服务利器。一是健康医疗大数据实现重大疾病监测预警。国家医疗健康信息平台加快推进全员人口信息、电子健康档案、电子病历等数据库建设。全国已有27个省（区、市）建成省级人口健康信息平台，初步建立涵盖医疗机构、医师、护士等的专业注册数据库，健康服务信息系统实现对艾滋病、结核病等22个重大疾病的长效化监测和大数据预警。二是医疗大数据平台为精准医疗奠定基础。贵州医科大学附属医院远程医学中心的"贵州远程医疗大数据监管平台"接入省内199家县级医院和1543家乡镇卫生院，实现远程收集、更新今日分诊量、完成量、会诊量排名等医疗数据，并将未在规定时限（4小时急会诊、48小时普通会诊）内受理的申请纳入"超期预警区"，迈出了精准医疗的第一步。三是医疗大数据技术助力辅助诊断加快进步。例如，腾讯推出人工智能医学影像筛查平台（腾讯觅影），助力癌症等重大疾病患者的早期筛查和临床辅助诊断，提高早期癌症诊断的准确率及检出率。健培科技推出医疗影像机器人和智能影像云，为基层医疗机构提供远程阅片、智能筛查等服务。

二、政府法规限制严格

我国从 20 世纪 90 年代就开始规范和推广远程医疗服务,陆续出台了相关政策,规范和指导了远程医疗的资质管理、医疗责任控制等内容,如表 7-1 所示。

表 7-1　政府相关政策

时间	政策
1999 年 1 月	原卫生部颁布实施《关于加强远程医疗会诊管理的通知》
2009 年 7 月	原卫生部颁布实施《互联网医疗保健信息服务管理办法》
2010 年 2 月	原卫生部颁布《2010 年远程会诊系统项目建设管理方案》
2014 年 8 月	国家卫生计生委发布《关于推进医疗机构远程医疗服务的意见》
2014 年 12 月	国家卫生计生委发布《关于印发远程医疗信息系统建设技术指南的通知》
2015 年 1 月	国家卫生计生委下发《关于同意在宁夏、云南等 5 个省区开展远程医疗政策试点工作的通知》
2018 年	国务院办公厅发布《关于促进"互联网+医疗健康"发展的意见》 国家卫生健康委发布《关于深入开展"互联网+医疗健康"便民惠民活动的通知》 国家卫生健康委和国家中医药管理局发布《互联网诊疗管理办法(试行)》《互联网医院管理办法(试行)》和《远程医疗服务管理规范(试行)》。 国务院办公厅《关于促进"互联网+医疗健康"发展的意见》

三、创业者与医疗体系的互动

互联网已经颠覆了许多消费领域的行业惯性,但医疗行业比大部分行业更为保守,互联网对医疗行业的影响依然在体制允许的范围内,互联网医疗和现有体制往往以紧密的合作进入一个良性的互动。在传统的医患关系中,无论患者遇到什么问题,都必须到医院挂号后才能见到医生。而移动医疗不仅改变了这个必经路径,而且将医患关系细分成了诊前、诊中和诊后三个环节。诊前,通常这个领域的创业公司立足于疾病预防、健康管理,基本思路是通过用户数据采集,由医生给予相应的健康指导;诊中,移动医疗创业公司在诊中的切入往往是撮合双方交易的功能,通过名医资源的积累,为有需求的患者提供门诊、手术服务;诊后,切入诊后的创业公司往往采用服务医生的方式,比如诊后随访、病例积累等,但长期来看,这种方式最终仍然是建立医生与患者的联系。在传统的医疗体系当中,大医院具备各种医疗资源,而三甲医院成了最大的社区服务中心。互联网要做的就是让医院输出医疗资源,扩展优质资源的辐射范围。网络医院或者叫云医院、互联网医院,叫法大同小异,但本质是一样的,通过互联网,大医院可以让自己的医生直接服务于医院外的患者;远程医疗特指大医院对基层医疗机构的远程医疗,创业公司希望通过构建二者之间的联系,来增强基层服务能力和转诊能力;第三方,比如医疗应用、智能硬件、健康保险等都需要采集医疗数据,而医院是最大的医疗数据汇集地,很多创业公司希望建立医院与第三方之间的数据通道。

四、只有实力派方生存

1. 智能医疗市场分析

智能医疗市场面临的挑战很多。

① 线上渠道匮乏:目前,智能硬件产品主要依靠电子商务、预售等线上平台销售,而

线下渠道较为匮乏。

② 产品制造商合作困难：除部分大型公司外，多数企业由于资金和销量的问题，产品的订单量一般较少，代价高、生产周期长、质量难以保证

③ 系统碎片化、应用缺失：目前整个智能医疗健康设备市场生态环境高度碎片化，多由硬件厂商自主开发相应的应用软件，开发成本高，第三方应用少，用户体验较差。

④ 缺乏实体店，售后服务不便：智能硬件厂商普遍没有实体店。客户如果遇到产品质量问题，只能通过邮寄的方式返修，维修成本高和时间长。

2. 智能设备

智能血糖仪、智能血压计、智能心电仪等。

3. 健康大数据服务形式

智能医疗健康检测设备采集的用户个人体征，医院或医疗机构采集的患者个人体征，文献数据采集（通过多种传感器或数据源采集用户数据）。

① 云处理平台：接收、存储、分析用户基础与疾病库、病毒库等数据库进行自动匹配。

② 服务开发者：针对大数据发出各种健康咨询、健康管理等服务产品。

③ 服务形式：最终用户包括普通用户，通过手机、电话、短信、微信等方式为用户提供健康服务。

4. 国际主流健康大数据云服务平台

① 阿里健康，将通过阿里健康云平台存储、计算、数据的支撑，为企业提供市场评估与决策、销售网络、优化渠道，进行合理跟踪、供应链便捷管理等产品与服务。

② 百度健康云，结合大数据服务，将数据分析服务提供给健康服务层的提供商，包括医院、健康咨询机构、建设机构等，这些机构通过百度提供的数据对患者提供专项服务。

③ 腾讯健康云，将打造云端生态，通过开放连接终端用户的能力，将合作伙伴、腾讯云的客户和最终用户连接在一起。

④ 春雨健康云，打通数据采集、数据分析与解读数据干预三个环节，提供数据服务给医生、医疗机构、医疗硬件和患者等。

第四节　内容电子商务

一、内容生产与保护现况

内容电子商务是指在互联网信息碎片时代，透过优质的内容传播，进而引发兴趣和购买，其采取的手段通常为直播、短视频、小视频等。2016 年被称为内容元年，在这一年中各大新媒体平台随之崛起，各大平台中开始设计自己的内容，内容创作刚开始的时候只是普通的广告接入，然后按照文章的浏览量来获取对应的广告费。没过多久，内容创作者发现其实可以把广告商品嫁接到内容当中去，这样就可以更加直接获取广告收益，从市场反应程度和广告转化率来看，效果非常得好。

但是内容电子商务在大受欢迎的同时，也频频被爆出各种问题，例如刷单、假评论等，为了打击这些虚假内容电子商务，特别针对食品药品，2019 年 9 月至 2020 年 12 月，最高人民检察院、国家市场监督管理总局等三部门在全国联合开展落实食品药品安全"四个最

严"要求专项行动。专项行动高度关注"网红"食品信息，梳理违法犯罪线索。要求电子商务第三方平台切实履行监管职责，并对"刷单""假评论"涉嫌违反广告法、反不正当竞争法、消费者权益保护法的违法行为进行查处。

二、内容有效变现方能今天生存

互联网革新浪潮滚滚而来，随着技术的升级、设备的普及，内容载体的广度和深度被进一步拓宽，短视频、直播产业快速崛起，KOL红人影响力达到新的巅峰。网红们借助抖音、快手等流量巨大的短视频平台各显神通，迅速成长为不同圈层的意见领袖，利用流量价值为品牌实现商业变现。在2017年，短视频开始侵入社交网络，自从抖音崛起后，基于越来越碎片化的阅读方式，越来越多的人开始喜爱上这种短视频的传播方式，从而形成了一个巨大的"流量池"。于是人们逐渐地找到了新的商机，从那时候起，很多网络达人开始利用这个模式，为自己的商品创造更多的流量。通过好内容使创作者和用户之间发生信任链接、刺激用户购买动机，内容电子商务正在强势崛起。

而相比于传统电子商务的满足需求而进行活动引流，内容电子商务的关键更在于让KOL"创造需求"，即以有价值内容、KOL自身影响力的内在逻辑制造向往，贴近用户，刺激用户的消费冲动，促成购买。相比传统的电子商务形态，内容电子商务有着去中心化、自传播的特性，不受流量上限束缚。但用户的真实需求、购物意愿和经济环境的起伏，成了内容电子商务最大的不确定性。从商业模式来说，内容电子商务有效缩短了产品和用户的距离，卖家通过生产内容，吸引大量阅读者，再根据粉丝互动的反馈，将内容进行优化，传播到消费转化，在这个过程中，内容凝聚了流量，粉丝社群又将流量沉淀下来，从而减少了获取流量的成本。图7-2是内容带货模式。

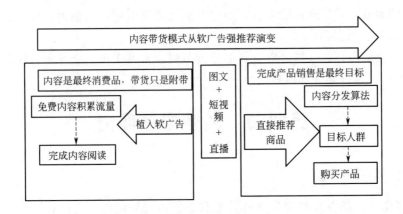

图 7-2　内容带货模式

1. 发展内容电子商务的原因

① 移动购物行业对用户的获取成本愈发高涨，正寻求能够低成本实现高转化的拉新促活方式，行业对用户注意力的争夺也同样受到了来自短视频的冲击，月人均使用时长明显放缓，这也为短视频带货提供时长基础。

② 虽然头部电子商务合计规模已超8亿，但CR3有所下降，电子商务行业对中小企业玩家仍然存在机会。

③ 在用户侧，移动购物行业迎来新的核心群体，"90后"和"00后"合计占比超四成，他们购物欲望强烈，虽然大部分人的收入可能不及年长群体，但易受到诱导，产生冲动消费，线上消费能力明显高于全网总体。

④ 新时代的年轻人追求娱乐化、社交化的生活方式，纯粹的购物流程逐渐难以满足他们的需求，相比逛电子商务，"90后""00后"们更喜欢聊天互动、看视频、听歌，电子商务行业需要针对他们有所改变。

⑤ 经由以分发内容为载体的红人私域流量，内容电子商务改变了传统电子商务原本的流量获取方式，减少"货找人"的环节，节约相关营销费用，降低获客成本。

图 7-3 是传统电子商务和内容电子商务的区别。

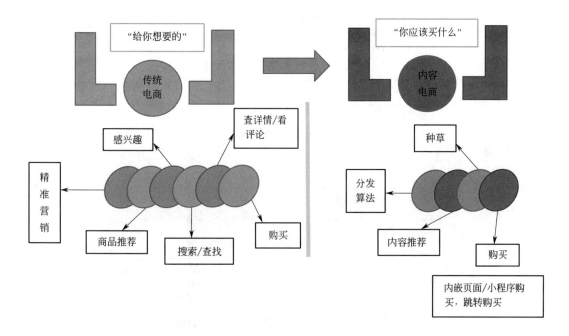

图 7-3　传统电子商务和内容电子商务的区别

⑥ 内容电子商务能够实现多方位赋能，给全链条参与者带来新价值（图 7-4）。

2. 内容电子商务的发展方向

现阶段内容电子商务的发展分为两种方向：一种是电子商务平台构建内容，改变了原本的流量获取方式；另一种是内容平台的电子商务化，通过向电子商务平台导流或是自建电子商务，实现平台商业变现（图 7-5）。

3. 内容电子商务的形式

（1）UGC 形式

UGC 形式即用户将自己的原创内容通过互联网平台进行展示或者提供给其他用户。它可以代表民意，互动性强，内容丰富多样，但缺乏专业性的指导。UGC 形式就是指用户生产内容，比如小红书、朋友圈、论坛贴吧、微博评论等都属于 UGC 形式。

（2）OGC 形式

OGC 形式指有专业的学识、资质，在所共享的内容领域有一定的知识背景和工作资质的人做出的内容。它具有权威性，适用领域为内行人士，专业程度高的文化或者技能领域。

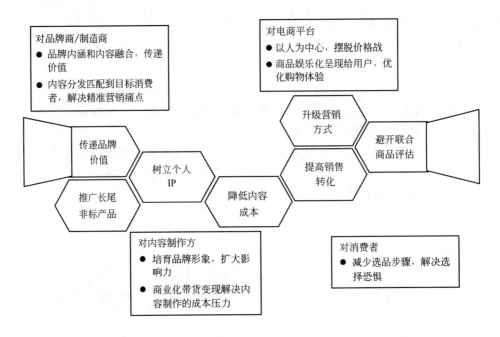

图 7-4　内容电子商务多方位赋能

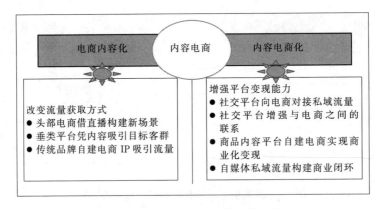

图 7-5　内容电子商务两种发展方向

（3）PGC 形式

PGC 形式指专业产生内容，具体指文字编辑人员撰写的内容。具体表现有个人自媒体、电视节目、纸媒通过互联网、视频网站和微博传播。

4. 内容电子商务的优势

① 流量优势，这是内容电子商务最大的优势，根本上优质的内容更容易引流。

② 渠道优势，在自媒体文章直播、视频中促成购买。

③ 品牌优势，内容品牌的打造很大程度上改变了原有的形态，带来了巨大的优势。

④ 体验优势，随着平台的优化，消费者的购买体验更加顺畅。

三、内容电子商务发展未来看好

1. 电子商务有三大发展趋势

① 过去，电子商务即物流，物流即电子商务。

② 现在，餐饮零售化，零售餐饮化。
③ 即将，内容电子商务化，电子商务内容化。

2. 内容电子商务化和电子商务内容化

QuestMobile 发布内容电子商务研究报告。在报告中，QuestMobile 认为现阶段内容电子商务的两种发展方向，分别是电子商务平台构建内容以及内容平台的电子商务化。内容电子商务化是先有传媒属性，后有电子商务交易；而电子商务内容化则是先有内容消费，后有商品消费。在电子商务内容化方面，平台可以改变流量获取方式。其中，头部电子商务可大力发展内容，借短视频、直播构筑消费新场景。目前，直播＋电子商务的融合，正成为商家触达消费者最直接也是最重要的途径之一，美妆、服饰、消费电子等行业的商家纷纷做起直播。在内容电子商务化方面，平台需要增强变现能力。其中，社区平台可以向电子商务对接红人私域流量：流量明星和大 V 以微博作为聚集地，他们生产的内容与微博用户形成良好的联动，吸引大量年轻女性关注，再通过诸如微博信息流展示广告和链接的形式，向电子商务平台完成导流变现。

3. 内容电子商务的未来发展前景广

近年来，包括京东、淘宝、苏宁等电子商务平台，不再是简单的铺货、卖货……越来越感受到随着可消费渠道数量增长、消费品类的可选择范围达到前所未有广度，消费者变得不再那么容易被说服了。同时也能看到更多的电子商务平台开始靠内容来打通消费者进行决策的最后一环。从淘宝二楼的火爆到京东发现频道的出现……靠"内容"卖货成为各大电子商务平台新的法宝。

究其原因，并不难理解，首先内容能带来流量，进而能促成消费转化。根据 2017 年数据统计，我国人均每周上网时长超过 26.5 小时，而当中占用消费者时间最多的分别是交际、游戏、新闻、视频等移动应用产品及其内容。刷新闻、看视频……都是用户在消费"内容"而目前招引用户注意力最好的方法正是"内容"，内容能吸引受众的注意力，也能引导受众进行消费。其次，物质高度发达的社会，比起更耗费精力的挑选，消费者更愿意做判断。众多的消费渠道、品类繁复的商品、海量的产品信息使得消费者疲于在商品选购上耗费更多的时间与精力，也是各大电子商务渠道树立商品相关内容板块的重要原因。如淘宝头条、有好货、必买清单等都是将商品挑选整合，以图文、视频形式的内容提供给消费者。在很大程度上避免了消费者挑选的过程，面对这些内容，消费者仅需要做出判断即可。再者，消费渠道遍地，用户对商品的感知维度增加。丰富的消费渠道和物质条件下，人们的生活水平不断提高，如前文所提到，"消费者在消费阶段更多的会弱化对价格的感知，另外则于产品的品质感感知增强"平台仅靠价格很难再形成差异化，但通过产品的内容却可以。

第五节　互联网教育

一、类型与市场匹配才是成功

1. 互联网教育与市场的匹配

从时间性和结构性角度看，当下中国经济一方面宏观放缓、一线市场大喊消费降级，另一方面，大量高增长公司仍不断涌现。就教育市场这个经济魔方论，在线教育正以高性价比、高便捷性等特点翻转一二线与三四线城市的潜力地位，快速催熟下沉市场。国家政策助力加之市场广阔，驱使诸多教育机构迅速完成在线教育的转型或布局。而逃离一线，前往下沉城市，虽有无奈，但主动更多。除了一线市场企业生存成本高、市场趋于饱和外，还有不得不下沉的原因，一是在线教育的品牌规模化势能远高于线下教育机构，瞄准更大体量的下沉市场，可较短时间内激发增量市场，合情合理。二是一线市场的教育机构往往在资本运作、师资、课程、推广渠道等方面角力，而部分在线教育公司正是这些方面稍显薄弱。三是较之线下教育机构，在线教育的下沉过程，可拿到各种政策优惠福利。

2. 类型

① B2C 模式：指的是企业向个人提供教育培训服务的交易模式。比如猿题库、51Talk 等。

② C2C 模式：老师和学生直接在平台上进行授课学习及交易。比如 YY 教育、泸江网等。

③ O2O 模式：线上线下结合，比如 e 学大、新东方等。

④ B2B2C 模式：通过和线下教育机构合作，让个人老师入驻到平台的形式。比如网易云课堂、51CTO 等。

3. 互联网教育的困境和机遇

相比线下整体教育市场而言，互联网教育市场规模虽有所增长，占比仍较低，现在仍存在着许多问题在制约着行业的发展。

(1) 困境

① 技术壁垒：基础教育的难题是个性化教育，以及家长与学生的互动、学校的互动，尚且存在许多门槛。

② 人才壁垒：目前基础互联网教育领域内真正有水平和能力的产品设计和技术开发人员数量与行业的发展速度相比是严重短缺的。

(2) 机遇

科技企业巨头近几年在人工智能领域密集布局，通过巨额的研发投入，组织架构的调整、持续的并购和大量的开源项目，正在打造各自的人工智能生态圈，并不断推进人工智能成为各行业的基础设施。人工智能已应用到智慧课堂、辅助课程设计、学习进度与成效分析等领域，并取得了良好的成效。在云计算、大数据、物联网、深度学习算法等基础技术不断取得突破与成熟的背景下，人工智能＋教育的发展进度也有望进一步取得突破。智能手机以及各类终端设备的覆盖与更新，不断降低用户接触在线教育的门槛并提升硬件体验。人工智能的发展与应用，推动着如语音识别技术、智能教学技术的应用和优化，也持续提升着用户的使用体验。除此之外，互联网教育在政策上、文化上、经济上都取得了很大的突破。

二、国内目前主要业者分析

互联网在线学校三节课发布《2018 知识付费和在线教育从业者生存状况报告》，报告显示上海成为知识付费和在线教育从业第二大城市，女性多于男性……目前面临最大的问题是"劣币驱逐良币"，市场目前处于无序竞争的状态。

1. 北京市从业者最多，行业集聚推动产业升级

知识付费和在线教育从业中，有38.30%的人工作地在北京，占比最多，这也基本符合人们的日常认知。上海占比13.20%，成为第二大城市。值得注意的是，非省会城市或地区的从业者仅占6.70%，可以看出，目前来讲，知识付费和在线教育是一个高度集中于一线城市的行业，如图7-6所示。

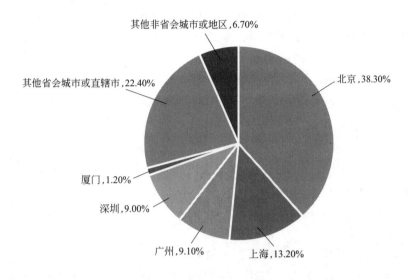

图 7-6　国内教育从业者地区差异

2. 从业者平均年龄低于30岁，女性稍多于男性

知识付费和在线教育行业是年轻职场人的战场。30岁以下的从业者占比77%以上，25岁及以下占36.5%。当然存在这样一种可能性，职位更高、年龄更大、时间更贵的从业者填问卷的可能性低，易造成统计偏差。但仍然可以看出，行业的一线从业者年轻化特征明显，如图7-7所示。

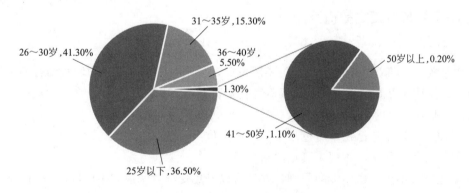

图 7-7　国内教育从业者年龄差异

3. 从业者多由互联网产品运营岗转入

所谓"知识付费"和"在线教育"，如果对标传统的商业社会，会涉及"出版、教育、传媒"三大行业，但是在目前的知识付费领域，从教育和传媒、出版中跳行过来的加起来才只有22.5%，而从互联网产品或运营这一个渠道转过来的就有31.8%。

4. 训练营成为主要课程形式

以课程+实战+深度点评批改为内容的训练营是占比最多的产品形式。当然对"深度点评、批改"定义的模糊或许会影响到数据情况,但也可以看出目前知识付费和在线教育市场上,基于课程的后续服务的重要性。

5. 团队平均半年生产8个以上课程类单品

从课程生产速度来看,2018年上半年内生产课程在3个以下的团队占比最多,占到31.5%。如果不考虑团队规模,半年内,平均每个团队生产课程类单品大约在8~9个。

6. 劣币驱逐良币是行业最大问题

在从业者眼中,目前知识付费和在线教育领域最大的问题是课程或产品质量良莠不齐,导致"劣币驱逐良币"。这也反应出来目前行业内大家普遍的焦虑。

7. 超半数从业者年薪15万元以下,薪资涨幅较高

目前知识付费和在线教育行业中,有17.7%的人年薪在6万元以下,这意味着他们的月薪不超过5000元,对于一个新兴的,甚至是处在风口上行业来说,可以认为低薪从业者的占比比较高。且在这些人中,有60%的人生活在一线城市中,这意味着有10%的从业者生活在包括北上广深等省会城市中,月薪不超过5000元。有50%的人薪资水平在6万~15万元这个区间范围内。

8. 从业者个人成长速度与职位、地域相关

半数以上的从业者都认为自己在这个行业中成长较快,但是相比之下,新媒体从业者和其他职能支持类的从业者认为自己成长较慢,而课程生产和研发、产品研发和设计从业者则更多地认为自己成长快速。

9. 行业忠诚度高,是否成长决定未来职业方向

在思考未来的职业发展时,受访者中78%的人愿意留在知识付费领域,无论是在已有的岗位行做出更好的成绩、转去更大的公司,或是自己创业,这说明从业者对行业的忠诚度、认可度很高。

三、互联网教育与正式教育互动

1. 互联网教育

互联网教育是随着当今科学技术的不断发展,互联网科技与教育领域相结合的一种新的教育形式。在社会发展过程中,互联网教育优劣势并存,如下所述。

(1) 互联网教育的优势

① 促使学生确立自己在学习过程中的主体地位。

② 网络背景下的学习体现了真正的因材施教。

③ 学生学习不受入学年龄的限制,并且可以避免传统教学模式下时间和空间的限制。

④ 互联网环境对学生来说是时空的解放,宽松的学习氛围可以使学生发挥自己的聪明才智,学生可以在学习活动中相互启发、协作交流,学会交流与合作。

⑤ 网络背景下学生学习有较强的独立思维能力,不迷信教师,能批判性地学习。

⑥ 网络背景下的学习是一种多向的信息交流活动,学生在获取不同的学习资源时可进行比较,集思广益,取长补短,深入理解和消化所学的知识,益于对新知识的内容建构。

⑦ 学生学习动机呈多样性，学习压力因素各异，而在网络背景下的学习者可根据自身的特点采取不同的学习方法。

⑧ 有益于实现教育的民主化。

（2）劣势

① 学生在网络背景下学习，由于自主性加大，在学习过程中往往容易下意识地只注意自己的心理顺序，而忽略了学科本身的逻辑顺序。

② 教师不敢大胆地放手让学生自主获取知识、自主交流讨论、自主探寻研究答案。于是教师经常会采用传统的想法介入学生的学习。

③ 网上资源纷繁复杂，尤其是还有许多不健康网站，很难保证学生学习不受不利资源的影响，有些学生甚至可能沉湎其中不能自拔。

④ 如果没有教师的适当指导，学生失败或无效学习的可能会加大。

⑤ 学生的思维容易中断。

⑥ 不利于师生的情感交流。

⑦ 青少年由于在认知水平、辨析能力等方面都不成熟，面对网上的多元价值观时往往难以做出正确的选择。

⑧ 网络学习中存在情感淡漠和情景变异的可能性。

2. 正式教育

正式教育指有目的、有组织、有计划，有固定机构与场所，有专职教学人员，对学生进行系统的文化科学知识和思想品德的训练和培养的教育。一般意义上的教育都是指正规学校教育，其优势和作用是明显的。但是正规教育既不能传授人一生所需要的全部知识和经验，也不能满足人们因社会经济发展而产生的多种教育需要。

3. 互联网教育在大数据上的运用

教育大数据覆盖面广，驱动在线教育创新发展。一是大数据加快推动教育资源广覆盖。中央地方多层互联的教育信息化系统，促进优质资源共享，推动全国中小学互联网接入率跃升到95%、多媒体教室比例提升到88%，网络学习空间数量激增到7 100万个。国家教育资源公共服务平台服务水平日渐提高，2017年平台页面访问人次超过6亿次，服务用户近2 700万人。二是教育大数据助力"因材施教"深入推行。北京翠微小学、厦门英才学校等引入教育大数据技术，构建全向互动、数据把脉、精准反馈、轻负高质的高效互动课堂。牛顿、智慧学伴等平台已经构建出适应性学习系统，对在线教学行为进行数据采集和深度分析，推动规模与治理并重的个性化教育的快速发展。三是大数据技术驱动在线教育蓬勃发展。近年来，市场上出现一批利用结合大数据、人工智能、VR/AR等技术，满足用户多元化、个性化在线教育需求的互联网企业，例如VIPkid等。截至2018年6月，中国在线教育用户规模达1.72亿，在线教育用户使用率达21.4%。

四、互联网教育的未来

1. 教育内容精准匹配，更好地满足用户个性化学习需求

相比传统教育而言，互联网教育所提供的内容与学习资源更加丰富多样。但资源的聚合带来内容的良莠不齐、教育资质的审核等问题。未来，互联网教育在发辉资源聚合优势的同时，更应利用互联网技术实现内容的筛选与用户的个性化推荐，获得更好的用

户体验。

2. 大数据及人工智能等技术将持续助力教育行业创新发展

从传统教育到信息化教育，大数据以及人工智能等新兴技术正在进一步迭代在线教育的形式。这当然也不断推进着互联网教育平台向纵深发展，促使其更加高效、智能且个性化。与此同时，大数据及人工智能技术也将促使行业间的竞争从初期的偏重内容竞争转变为重视内容、产品及底层技术的运用，从而推进行业形成争相应用新技术、改进产品设计的浪潮，促使行业整体创新。大数据以及人工智能等技术在教育平台领域应用方向，如图7-8所示。

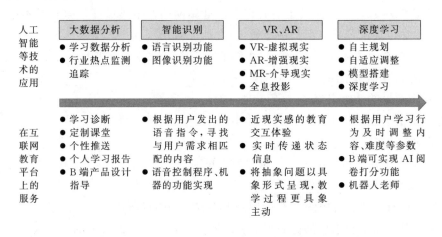

图 7-8 大数据以及人工智能等技术在教育平台领域应用方向

3. 细分领域走向专业化

随着在线教育市场细分领域的增多，专业性也会逐渐增强，未来会向专业化方向发展。一方面是现有的各个细分领域的专业性会增强，如音乐、编程等培训将会走向专业化道路；另一方面是随着专业性需求的提高而新增细分领域，企业的定位会更加精准。

4. 线上线下教育趋于融合

相对于书斋封闭式的自学，开放式互动式的自学对于化解本能恐慌、能力危机有着尤其重要的意义。未来在线教育将与传统教育体系逐步融合，以其自身优势改善中国教育资源分配不均的问题，更好地辅助国内人才的培育与成长。

第六节　互联网金融

一、从宽容试行到严格管控

信息不对称决定了金融业的风控至上，永远把风控摆在第一位，而把资产规模的扩张摆在第二位。互联网金融不是互联网和金融业的简单结合，而是在实现安全、移动等网络技术水平上，被用户熟悉接受后（尤其是对电子商务的接受），自然而然为适应新的需求而产生的新模式及新业务，是传统金融行业与互联网技术相结合的新兴领域。2016年10月13日，国务院办公厅发布《互联网金融风险专项整治工作实施方案的通知》。2018年10月10日，由中国人民银行、中国银行保险监督管理委员会、中国证券监督管理委员会制定的《互联网金融从业机构反洗钱和反恐怖融资管理办法（试行）》文件出台并公布。

二、众筹到 P2P

1. 众筹

众筹翻译自国外 Crowdfunding 一词，即大众筹资或群众筹资，香港地区译作群众集资，台湾地区译作群众募资。由发起人、跟投人、平台构成。具有低门槛、多样性、依靠大众力量、注重创意的特征，是指一种向群众募资，以支持发起的个人或组织的行为，众筹过程图如图 7-9 所示。

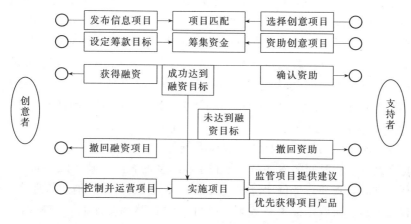

图 7-9　众筹过程图

2. P2P

P2P 是英文 Peer to Peer Lending（或 Peer-to-Peer）的缩写，意即个人对个人（伙伴对伙伴），又称点对点网络借款，是一种将小额资金聚集起来借贷给有资金需求人群的一种民间小额借贷模式，P2P 运作模式如图 7-10 所示。

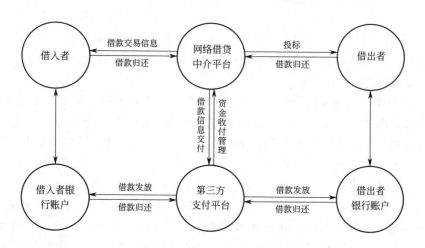

图 7-10　P2P 运作模式

(1) 起步期和探索期（2007—2011 年）

2007 年拍拍贷上线，标志我国 P2P 网贷业务的开端，这一时期平台主要分布在上海、深圳等地区。截至 2011 年底，大约有 20 家网贷平台，月成交额在 5 亿元左右，有效投资人数约 1 万人。P2P 起步期，主要复制国外的模式，基本上没有出现跑路的状况。

(2) 扩张期（2011—2012 年）

这一阶段，一些民间线下具有放贷经验的人开始关注网络并尝试开设 P2P 网贷平台，同时一些软件开发公司开始研发网络平台模板。此时，国内的网络借贷平台从 20 家左右迅速增加到 240 家左右。截至 2012 年底，月成交额在 30 亿元左右，有效投资人数在 2.5 万～4 万人之间。由于个别平台老板管理粗放、欠缺风控，导致平台出现挤兑倒闭情况。

(3) 扩张与风险爆发并存期（2013—2014 年）

2013 年初中央电视台多次报道 P2P 网贷，标志主流媒体开始把网贷当成一个行业看待，这一时期网贷平台从 240 家左右猛增到 600 家左右。截至 2013 年底月成交额在 110 亿元左右，有效投资人数在 9 万～13 万人之间。这一阶段随着平台数量的剧增，P2P 的竞争日渐激烈，相关风险也在不断积聚。2013 年可统计的出现经营困难、倒闭或跑路事件高达 74 起，使得 P2P 风险成为舆论的焦点。

(4) 以规范监管为主的政策调整期（2014 年至今）

P2P 网贷在经过一段时间的发展后，累积了相当多的客户基础。P2P 网贷企业希望通过监管来改变行业现状，促使行业健康发展。同样，投资人也希望政府去管理这一行业，保障自己的合法权益。这一阶段，国家在政策上支持 P2P 网络借贷平台，鼓励对互联网金融进行创新。使得关注 P2P 网络借贷平台又害怕风险的企业和金融巨头开始尝试进入互联网金融领域，组建自己的 P2P 网络借贷平台。截至 2014 年末，平台数量达到 1600 家左右，月成交额在 300 亿元左右，有效投资人约 50 万人。

3. 从众筹到 P2P

P2P 与众筹的融合是一个很自然的趋势。它们的基因本就相似，P2P 在国内实际业务都是 P2B，资产端对接的是企业项目，因此 P2P 实际是债权众筹。在常规业务中，P2P 平台对公司、产品、行业都有比较深入的了解，具备做众筹的基础和优势。另外，借贷双方都有需求。"国内 P2P 项目普遍期限短、金额小，并不能契合企业实际的融资需求，很多时候企业需要长期的、稳定的资金。而投资人也不能完全满足于短期的预期年化收益，也有进行股权投资的需求。"范斌分析指出。

2007 年随着国内第一家网贷公司的成立，P2P 正式进入中国。其实 P2P 进入国内初期，发展得并不是非常火热，由于人们对新生事物不了解，所以对 P2P 并没有多大的热情。随着余额宝的出现，大众认识到了互联网金融的力量，P2P 也由此火爆发展起来，并一发不可收拾。面对着 P2P 平台的高额收益回报，让吃到甜头的投资人无法停下来，不断地再投资，直到跑路、非法集资等风险的出现，才让投资人停下来，随之，P2P 行业由快速发展期进入了调整期，整个行业处在低迷的状态，大部分关门倒闭或者转行，平台数在急速下降。P2P 平台的低迷，让原本默默无闻的众筹浮出水面，受到企业和投资人的关注。其实，众筹和 P2P 的存在并不矛盾，并不是因为 P2P 的没落，才显得众筹的重要。其实众筹早在 2010 年就进入了中国，和 P2P 一样，度过了一段遇冷的时期，直到互联网金融的广泛普及和国家的大力支持下，众筹才进入快速发展轨道。

P2P 在快速发展的同时，也埋下了不少风险隐患。2014 年 12 月以来，惠州本土 P2P 平台就频出问题,文妥财富、聚宝盆等网络借贷平台先后被曝"出事"。P2P 跑路潮、监管政策迟迟未落实,对整个行业的发展有所阻碍。近年来,P2P 这一理财方式逐渐走进普通民众的生活,而在全民创业的热潮下,众筹这种融资方式也备受关注。2015 年 5 月,国内最大的互联网众筹平台——众筹网在惠州设站。6 月 25 日,众筹网惠州站首个鼓励众筹项目成功上线。

三、传统金融拥抱互联网

随着移动支付、云计算、社交网络等新技术的兴起,金融行业逐步迈入了互联网时代。互联网金融是传统金融行业与互联网相结合的新兴领域,它与传统金融的区别在于所采取的媒介不同。2014 年,互联网金融呈现井喷式发展,已成时下最热门话题。互联网金融究竟是什么?是第三方支付、余额宝、P2P 网贷平台,还是网上银行?陆军简单地将其解释为"基于互联网、IT 技术的新的金融方式"。总之,互联网金融就是互联网技术和金融功能的有机结合,依托大数据和云计算在开放的互联网平台上形成的功能化金融业态及其服务体系。

1. 典当行

典当行,亦称当铺,在中国已有数千年历史,曾作为中国古代金融业重要的组成部分长期存在。在"互联网+"时代,各种传统的商业模式迎来前所未有的加速变革与更新,典当行业也不例外,拥抱互联网后,典当这棵老树也开出了互联网的新花,打破了只能"坐地经营"的局限。樊卫球指出,"转型变革才有出路,如今长沙市的典当行都已融入了互联网基因,纷纷搭建互联网平台宣传推广业务,一个典当行辐射的服务范围不再局限于临街的店铺和过往的路人。"从 2015 年长沙市各典当行的经营情况来看,通过网络吸纳的业务已经占到了五成,并且还有增加的趋势,典当行现在基本上都配备了一名人员专门负责网络推广,人力成本不高,却能带来巨大的效益。

2. 小贷

作为草根金融,小额贷款行业一直致力于服务"三农"及中小微企业,贷款高效、灵活、门槛低,贷款额度从几万到几十万元不限,对大多数小企业而言可谓是"江湖救急"。"小贷行业快速发展,但很多小贷公司有钱不敢借,有生意不敢做,主要是征信问题,不敢轻易放贷。"业内人士表示,由于政策限制等原因,小额贷款公司获取客户信息的成本高、难度大,小贷公司大多以熟人银行或委托商业银行合作查询等方式获得客户征信信息。传统金融拥抱互联网后,长沙一家小贷公司的负责人表示,小贷、担保等民间金融机构都加入征信系统,通过信息共享,可以防范恶意借款行为,客户信贷记录登入征信系统,增加客户违约成本,还款意愿也会增强。"接入央行征信系统,通过大数据的共享,可以降低小贷公司风险。"

对于小贷公司而言,接入央行征信系统是一把"双刃剑"。只贷不存,让小贷、典当等传统民间金融机构本身就缺钱,网贷公司还越来越多地抢它们的生意。在这样"腹背受敌"的情形之下,很多小贷、典当和投资担保公司等,都寻找互联网基因,转型做起了 P2P 业务。然而,转型并没有让它们找到"互联网+"的真正路径。

3. P2P 和众筹

P2P 网贷与网络众筹是两种重要的互联网金融业态。在国外,其发展可被视为一种新的金融脱媒的表现。P2P 网贷与网络众筹均依靠互联网的技术，突破了地域的限制，使得原本只能存在于一定的社会关系网络内的社会融资或民间融资模式得到全新的发展，本质上只是提供了一个资金供给者与资金需求者自行配对的平台。这类互联网金融企业对金融行业的影响在于创造了一个新的金融市场。对于这些新的金融业态，国内跟进的步伐不可谓不快，但是由于种种原因，国内的 P2P 网贷与网络众筹与国外主流模式相比却发生了很大的改变。最为明显的区别是，无论是 P2P 网贷平台还是众筹融资平台，总体上看更像是担当着新的融资中介的职能，与金融脱媒并无太多关联。

4. 第三方支付平台

第三方是买卖双方在缺乏信用保障或法律支持的情况下的资金支付"中间平台"，买方将货款付给买卖双方之外的第三方，第三方提供安全交易服务，其运作实质是在收付款人之间设立中间过渡账户，使汇转款项实现可控性停顿，只有双方意见达成一致才能决定资金去向。第三方担当中介保管及监督的职能，并不承担什么风险，所以确切地说，这是一种支付托管行为，通过支付托管实现支付保证。

四、大数据与人工智能推升未来发展

（一）人工智能

人工智能（AI）是计算机科学的一个领域，旨在利用机器模拟人类感知、学习、理解、推理、决策等过程。人工智能可以显著提升人类效率，将成为新一轮科技革命的重要力量。习近平主席曾在 2018 世界人工智能大会的贺信中指出："新一代人工智能正在全球范围内蓬勃兴起，为经济社会发展注入了新动能，正在深刻改变人们的生产生活方式"。中国正致力于实现高质量发展，人工智能发展应用将有力提高经济社会发展智能化水平，有效增强公共服务和城市管理能力。近年来，人工智能在各个行业都有突出表现，助力着各产业智能化升级，如图 7-11 所示。

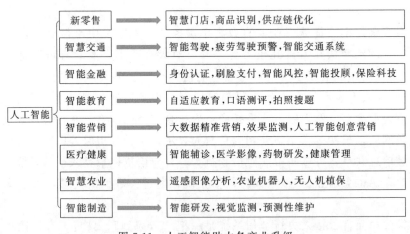

图 7-11 人工智能助力各产业升级

1. 企业应用

（1）百度

基础资源积累＋深度学习是百度的核心；基础资源和核心技术是指以云服务形式并基于技术开发应用商业化，百度提出"百度大脑计划"将对人工智能技术进行全面研究。

(2) 科大讯飞

科大讯飞是以技术研发为核心的公司，目前以语音识别等人工智能技术为核心，构建技术开发平台，开发人工智能应用；科大讯飞未来战略依旧以技术研发为核心，提出"讯飞大脑计划"，从感知智能向认知智能发展。

(3) 优必选

优必选的核心是基于运动控制等技术实现基础开发、生产机器人；未来将以机器人为载体，接入服务打造机器人生态。

2. 挑战

当前，全球人工智能正加快进入商业化应用，尽管产业发展势头迅猛，但是也要警惕技术发展和应用的过程中面临的问题，积极应对各种挑战。

(1) 涉及数据的关键问题亟须破解

人工智能产业发展需要更为开放、互通的数据信息标准，打破数据壁垒，推动数据共享。数据安全是人工智能技术发展过程中普遍存在的问题，已经受到各国政府和相关学者的高度重视。数据质量也是影响人工智能效果的关键问题。

(2) 全球伦理与治理合作需进一步加强

随着人工智能的快速发展和落地应用，人工智能技术的安全性已经成为全球各国共同面临的问题，世界各国应从伦理道德合作研究、技术标准制定、构建健康的法律环境等方面加强国际间合作，共同面对这一新技术带来的新问题，为人工智能的安全应用保驾护航。

(二) 大数据和云计算

大数据产业是指以数据生产、采集、存储、加工、分析、服务为主的相关经济活动，包括数据资源建设、大数据软硬件产品的开发、销售和租赁活动，以及相关信息技术服务。云计算就是通过互联网向用户交付服务器、存储空间、数据库、网络、软件和分析等计算资源。大数据和云计算有着十分密切的关系，大数据往往以云计算为基础。一方面，大数据需要云计算来满足其对计算能力的需求，需要云存储来满足其对数据存储和传输的需求；另一方面，云计算最重要的应用领域就是大数据。因此，二者经常被相提并论，对企业而言，大数据与云计算的结合也是未来巨头的生态标配。

随着信息技术和人类生产生活交汇融合，互联网快速普及，全球数据呈现爆发增长、海量集聚的特点，对经济发展、社会治理、国家管理、人民生活都产生了重大影响。十九大报告提出"推动互联网、大数据、人工智能和实体经济深度融合"。习近平总书记在致2018中国国际大数据产业博览会的贺信中指出："要把握好大数据发展的重要机遇，促进大数据产业健康发展。"李克强总理在2019年政府工作报告中提出"深化大数据、人工智能等研发应用，培育新一代信息技术、高端装备、生物医药、新能源汽车、新材料等新兴产业集群，壮大数字经济。"根据中国信息通信研究院测算，2018年中国大数据产业增速约为31.9%，产值达到6 200亿元，2019年大数据产业产值超过8 000亿元。

1. 数据化：中国创新生态的全新格局

数字经济成为了中国GDP增长的重要来源之一，数字经济正在与实体经济快速融合，帮助已经到达瓶颈的实体经济摆脱增速放缓的困境。近几年互联网模式和大数据的快速发展，使得数字化的概念融入社会各个行业。在数字化的推动下，中国的创新技术和产品正在迈向全球化。电子商务、移动支付和共享单车为中国在世界领先的创新模式，都是与数字经济紧密相关的。

2. 改善民生

以大数据洞察民生需求，为发现民生"痛点"创造前提，将抓住人民最关心最直接最现实的利益问题，解决民生领域的突出矛盾和问题，优化提升民生服务、弥补服务短板。在民生领域，"互联网＋教育""互联网＋医疗""互联网＋文化"等利用教育、医药卫生、文化等领域的大数据，深度开发各类便民应用，让百姓少跑腿、数据多跑路，提升公共服务便捷化水平。家居、交通等领域基于大数据的智能产品和服务提供，探索新的服务场景，创造新的用户体验，满足人们家庭健康、教育、出行等多元化应用需求，使生活服务提档升级。在扶贫领域，大数据技术通过扩大信息采集渠道、提高数据分析能力和加工效率，找准脱贫的主体、重点和关键，也能确保扶贫项目科学合理、精准到位，有利于最大限度发挥扶贫资金的使用效益，也有利于当地政府对贫困人口的分布状况、致贫原因、帮扶情况、脱贫进度等做到精准把握，因地制宜、分类施策、因人而异发展产业，对接帮扶，确保脱贫得以取得实效。在生态领域，通过对地理大数据、环境大数据、水利大数据等综合数据进行环境分析，能有效预测自然灾害的发生地，并做出相关的防护措施。政府管理、决策部门通过创新环境信息管理的体制机制，实现环境大数据管理的系统化、科学化、专业化，生态环境得以加快改善。

3. 大数据推动金融体系建设完善，金融业态日益丰富

一是金融投资决策更加智能。金融机构利用大数据、云计算技术系统分析借款人的各种精细解析数据，为投资者创建专属的投资组合。例如，中信证券、国泰君安等券商相继布局大数据智能投资领域，帮助用户获得更高的投资理财收益。通联支付发行的"浙商大数据智选消费"偏股混合型基金，利用大数据将资金更多地配置在景气度向好的行业上，实现了较高的年化收益率。二是金融风险管控能力显著增强。金融机构通过对数据挖掘建立大数据风控模型，及时发现交易风险，减少大量经济损失。例如，光大银行运用大数据技术对企业客户进行过滤，经过大数据预警信号过滤的企业在预警后 6 个月发生违约的平均概率为 27％，比传统基于专家规则模型的概率有明显提升。三是金融产品定价趋于合理，金融产品和金融衍生品通过对顾客进行精准画像和大数据分析，价格制定更科学。例如，蚂蚁金服"车险分"服务借助大数据等技术，将车主潜在风险量化为"车险分"。保险公司在获得用户授权的情况下，依据"车险分"进行更为公平的车险定价，使长期安全驾驶的车主买车险更便宜。四是普惠金融服务覆盖更广。在大数据等金融科技手段的帮助下，对小微企业进行授信评估，帮助没有征信记录的小微企业享受到普惠金融服务。例如，人民银行宁波市中心支行建成了普惠金融信用信息服务平台，成为 64 家银行、小额贷款公司、保险公司重要的授信审批和风险管理工具，目前日均查询逾 7 000 笔。网商银行利用大数据等技术，解决了无抵押、无信用记录、无财务报表的电子商务平台小微商家的融资难题，已经服务了约 1 100 万的小微商家。

第七节　互联网农村电子商务

农村电子商务，通过网络平台嫁接各种服务于农村的资源，拓展农村信息服务业务、服务领域，使之兼而成为遍布县、镇、村的三农信息服务站。作为农村电子商务平台的实体终

端直接扎根于农村服务于三农,真正使三农服务落地,使农民成为平台的最大受益者。

一、国家支持

在 2015 年 10 月 14 日的国家常务会议中宣布,决定完善农村及偏远地区宽带电信普遍服务补偿机制,缩小城乡数字鸿沟;部署加快发展农村电子商务,通过壮大新业态促消费惠民生;确定促进快递业发展的措施,培育现代服务业新增长点。2018 年,国家高度重视"互联网+农业"的融合发展,围绕农村电子商务、农产品电子商务、电子商务扶贫等领域,陆续发布了《乡村振兴战略规划(2018—2022 年)》《关于开展 2018 年电子商务进农村综合示范工作的通知》等一系列促进农村电子商务发展的政策文件。2019 年 2 月商务部举行例行新闻发布会,回应当前商务领域热点。国家职业教育研究院电子商务行业分院副院长、商务部国际贸易经济合作研究院电子商务专家李建华对中国经济时报记者表示,"在国家电子商务进农村综合示范的推动下,我国农村电子商务优化和重组了农产品的生产、流通、消费等环节,重构了农产品产业链,极大地释放了农村电子商务对经济发展的放大、叠加和倍增作用。"

自从 2014 年商务部会同财政部、国务院扶贫办开展电子商务进农村综合示范以来,经过五年时间,电子商务给农业农村带来了重要的影响和变化。李建华表示,虽然农村电子商务仍面临公共服务能力不足、物流成本过高、人才匮乏、农产品上行乏力等问题,但不容忽视的是,农村电子商务对于农业农村的改造作用正在日益凸显,正在为传统的农业农村注入新的基因,势必会成为乡村振兴的重要抓手。由此可见农村电子商务已经在稳步发展中。

二、农村电子商务发展的优势

① 农村消费需求提升:近年来我国普遍消费水平提升,农村消费需求同样提升,但是没有更多的渠道获得更多的商品。而农村电子商务的发展正好解决了这个问题,让消费者可以满足自己的消费需求。

② 国家政策的大力支持:国家对农村电子商务的发展一直给予政策支持,包括鼓励高校毕业生、农村青年、返乡农民工等积极参与农村电子商务。此外,国家还投入大量资金给予支持。

③ 电子商务向农村经济社会渗透:农村电子商务是互联网技术、电子商务技术和农村经济工作的结合。

④ 农民巨大的消费潜力逐渐被释放:互联网普及后,农村地区、三四线城市的消费潜力被释放,因为边远农村地区的商业基础设施不太完善,所以只能通过网络释放。

⑤ 农产品流通的驱使:传统的农产品流通有传统的渠道,但当企业提供互联网平台之后,农民和农村的生产者通过互联网去销售他们的产品,就形成了农村电子商务巨大的群体。

⑥ 电子商务平台降低了商品和服务的流通成本:互联网加上第三方支付和物流的发展,使小生产者可以用低成本接触到大量的消费者。农村地区的流通成本迅速下降。

⑦ 农村生产力的释放:农村地区有很大的生产力,但是原来这个生产力是没有地方释放的,因为传统渠道比较小,能进入传统渠道的都是小众,互联网提供了一个广阔的平台,形成了农业生产力的释放。

⑧ 农村群体有大量的休闲时间:农民通过互联网可以做很多其他的工作,传统的农业生产、现代的服务等都可以实现。

⑨ 农村电子商务基础设施,包括物流、互联网等发展良好。随着我国互联网及通信的

发展，很多边远乡村地区上网已不是问题。

⑩ 为农产品提供了销售渠道，提高农民收入：农产品的销路一直是困扰农民的一个问题，而农村电子商务则为这样的农产品提供了销售渠道。通过电子商务平台，农民可以把农产品销售到全国，这种做法提高了农民的收入。

三、农村电子商务发展的趋势

当前，随着国家电子商务进农村综合示范的深入开展，互联网的基因正逐步渗透到我国乡村的各个角落，让更多贫困群众用上互联网，让农产品通过互联网走出农村已逐步成为现实，农村电子商务发展进入快车道。2019年，农村电子商务有哪些发展趋势？具体如下所述。

① 乡村振兴战略为农村电子商务发展带来新机遇。农村电子商务的发展，促进了农村和城市资源要素双向流动，并初步形成了农村电子商务的新兴业态，为乡村振兴注入巨大活力。

② 农村电子商务模式进一步演化。主要表现是零售与批发并重、社交电子商务与社区电子商务异军突起。随着农村电子商务的市场规模扩大，其模式不断演化，在农产品上行方面由单一的网络零售向网络零售、网络批发并重转变，从传统的电子商务向社交电子商务、社区电子商务并重转变，从只注重线上销售向线上线下融合转变。另外，社交电子商务是在移动社交时代背景下产生出来的电子商务新形式，并已成为农产品上行的重要推动力量，随着线上流量红利的消失、消费升级趋势的加速推进、共享经济的崛起和双创的潮流，社交电子商务逐渐摸索出一条独特的农村电子商务之路。

③ 电子商务扶贫的实践路径日益多元化。主要表现是赋能贫困主体、赋能产业。各大电子商务平台依托自身资源优势，探索各具特色的电子商务扶贫模式。

④ 农村电子商务将进一步推动农业产业结构升级。主要表现是重塑农产品供应链。一是诸多电子商务企业开始向农业产业链深度进军，进一步推动农业标准化生产、商品化处理、品牌化销售、产业化经营。二是农村电子商务助推农业产业和市场需求更对称，从而倒逼农业结构调整、提升农产品品质，从生产决定消费转向消费决定生产，走订单农业、定制农业、众筹农业、预售农业等道路。三是农民角色发生变化，改变农民单独生产、原材料供应的角色，向加工、储藏、物流、销售及电子商务服务配套产业延伸，促进农村一二三产业融合发展，助推农业全环节升级、全产业链升值、为农村经济转型升级注入新活力。

四、大数据在农业上的运用

近年来大数据在农业生产、经营、管理、服务等各个环节融合应用的成功实践与典型模式不断涌现，大数据正全方位、多层次、立体化地加速农业的数字化进程。

1. 大数据推动生产模式优化升级，精细化农业生产全面展开

在种植领域，基于土壤、气象、病虫害等多维数据推动精准化种植的生产模式，正在全国各地积极开展，有效促进我国农业生产提质增效。例如，黑龙江现代农业示范区建立了"东北大田规模化种植数字农业试验示范区"，利用卫星、无人机和地面物联网构建"天空地"一体化的农业信息采集方式，实现对农业数据的多维度感知与分析，并在此基础上实现精准化种植。在养殖领域，互联网巨头纷纷加快布局，与农业企业合作推进基于大数据的智能化养殖，推动养殖业增产提质。例如，阿里云推出的ET农业大脑，已应用于四川特驱集团的猪场，通过采集、分析猪的体型、体温、进食、运动等多种数据，精准识别和控制各头猪的健康状况及运动强度，从而保障猪肉品质并及时预警疫情。

2. 大数据促进农业信息广泛共享，科学化经营决策加速推广

近年来，政府、企业等加快构建各农业细分领域的大数据平台，通过对海量农业数据的采集、整合与发布，有效缓解了农业领域的信息不对称问题，越来越多的农民正基于农业大数据做出更加科学合理的经营决策。例如，在生猪行业，重庆荣昌区政府、九次方大数据、重庆农信生猪交易公司等联合建立了"生猪大数据中心"，利用大数据技术构建生猪价格发现机制，汇聚生猪全产业链数据，化解全国生猪数据信息交流阻碍，为生产经营主体及时了解市场行情、调整经营结构提供了决策辅助。此外，农业农村部信息中心建立了覆盖全国31个省市及多种农产品的综合性农业数据服务平台——中国农业信息网，每周发布"农产品批发价200指数"以及重点监测的鲜活农产品批发市场价格，每月发布5个大宗农产品供需平衡表和19个重点品种供需分析报告，越来越多的农民利用该平台发布的数据信息科学合理地决策农业生产重点。

3. 大数据支撑农产品质量安全追溯，精准化农业监管广泛普及

在地方层面，各省市积极利用物联网技术和设备，采集农产品追溯链条的物流、信息流、人流等信息，在此基础上借助大数据挖掘和分析技术，实现对整个农产品产业链条的高效监管。近年来，浙江、江苏、江西、河南、河北等省份已陆续建立了以大数据、物联网等技术为支撑的农产品质量安全追溯平台，形成了"用数据说话、用数据管理、用数据决策"的管理机制，实现了对农产品产地、农药使用情况和产品质量等信息的精准追溯。在国家层面，国家农产品质量安全追溯平台已在2017年正式上线，实现了对追溯、监管、监测、执法等各类信息的集中管理，为公众快捷、实时查询农产品追溯信息提供了统一查询入口。国家农产品质量安全追溯平台一方面与省级平台对接，获取农产品生产过程追溯信息，实现追溯管理到"田头"；另一方面与食药、商务等部门探索建立入市索取追溯凭证制度和系统对接模式，实现追溯管理到"餐桌"；通过开放与兼容，实现了农产品全程可追溯，有效助力农产品质量安全监管效率提升。

4. 大数据助力服务方式加快变革，便捷化农业服务多点推进

在农村金融服务方面，金融机构积极利用农业大数据建立健全农民征信体系，提高农业领域的金融风险把控能力，农业领域金融服务的门槛及成本不断降低。例如，互联网信用评估平台闪银和互联网金融公司农信宝开发的"八戒分期"，通过对超过300个维度的农户数据的采集与分析，在数秒内完成对农户的信用评分并反馈给审核人员，显著降低了农户的贷款门槛与融资成本。在农村物流服务方面，第三方平台等广泛采集、深入挖掘运输需求、物流车辆等数据，基于大数据技术对农产品运输需求做出快速响应与精准匹配，农业物流服务愈加便捷高效。例如，农信互联开发的嘟嘟货车，通过对车主信息、车辆清洁状况、检验检疫等信息进行采集和分析，优化整合车辆资源，使农民能够更容易地匹配到农产品运输车辆，有效增加农产品运输的便捷性和可靠性。

第八节　东盟电子商务之窗

如今，东南亚已成为世界上最活跃的移动互联网用户的所在地之一，共有3.6亿互联网用户，其中90%主要通过手机进行连接。调查显示，包括电子商务、旅游、网约车和送餐在内的服务在过去几年里有了显著的增长。尤其是网约车服务的需求已经出现爆炸式增长，活跃用户的数量激增了 5 倍，如今已超过 4 000 万活跃用户，而 2015 年东南亚新兴的网约车服务只有 800 万活跃用户。目前东南亚的网约车行业市场由两家公司主导：总部位于新加坡的 Grab 和来自印度尼西亚的 Gojek。其中，在旅游电子商务上，越南于 2009 年首次举办了东盟旅游论坛（ASEAN Tourism Forum，ATF），10 年后第二次在越南的广宁下龙湾举办，该地已被联合国教科文组织列为世界文化遗产地。在媒体会上，越南国家旅游局同时发布其旅游应用程序 Vietnamgo，具体功能涵盖了旅游信息、天气情况、越南主要城市目的地和当地特色，还提供 360 度全景照片，以及 3D 和虚拟现实观看等方式，目前支持越南文和英文两种语言版本。下一阶段将继续完善旅游应用程序，包括和城市省份合作，更新增加更多目的地的餐馆、购物中心和交通信息，以及电子地图、音频指南和 360 度视频等，并计划再开发中文和俄语两种语言，以增加与游客之间的互动；到 2020 年，将采用大数据并利用人工智能技术来增加用户体验，实现越南各地都能通过应用程序提供旅游信息，以便有效地向游客介绍他们的位置和优质景点。

另外，东南亚数字支付预计将从 2019 年的 6 000 亿美元增长到 2025 年超过 1 万亿美元，并成为该地区每 2 美元支出中近 1 美元的数字支付方式。在东南亚将近 4 亿成年人中，只有 1.04 亿人拥有充分的银行存款，并能够全面享受金融服务。同时，有 9 800 万人被认为银行账户资金不足，信贷、投资和保险渠道不足，令人震惊的是有 1.98 亿人没有银行账户。

第九节　电子商务学术进展

本书筛选关键字查询，查询资料来自于知网 www.cnki.net。

一、互联网营销

（一）经典论文

1.《我国消费者对 B2C 网站信任度的实证研究》

周劲松

中山大学管理学院

摘要：消费者对互联网 B2C 网站的信任与对传统的零售店的信任是不同的。本文研究影响消费者对 B2C 网站信任的因素，并以所选取的中国 B2C 网站作实证研究，旨在寻求有效的提升 B2C 网站信任度的方法，以帮助 B2C 网站的发展。

关键词：互联网营销；电子商务；消费者行为；信任。

2.《互联网时代农产品运销再造——来自"褚橙"的例证》

葛继红　周曙东　王文昊

南京农业大学经济管理学院

摘要："轻专一平台"型电子商务——本来生活网加盟"褚橙"运销商业生态系统后，运用买手制、讲品牌故事和新媒体营销等方法为"褚橙"运销带来了新活力，不仅将"褚橙"打造成网络畅销款、带动线下销售，而且改变原有"褚橙"运销渠道和市场结构，完成互联网时代的"褚橙"运销再造。"褚橙"经验表明，在互联网时代要想成功开拓电子商务渠道，就必须选择适合电子商务销售的农产品、做出好产品、重视品牌建设、采取优价策略、加强渠道管理、善于利用互联网营销以及正确理解线上线下销售关系；同时农产品特性以及消费者购买习惯决定电子商务渠道不会完全取代以批发市场、超市为代表的原有农产品运销渠道，因此不必过分盲从建立电子商务渠道。

关键词：互联网营销；农产品运销；商业生态系统；生鲜电商；电商销售。

3.《新媒体时代下的互联网营销浅析》

周杨

北京新浪网产权频道

摘要：在新媒体时代，互联网营销已经成为越来越重要的品牌营销手段，本文根据当前互联网营销的发展状况，从媒介传播方式的变革以及消费者行为和角色转换的角度出发，简略分析了新媒体时代下互联网营销的特点，归纳出了消费者角色的社交化以及互联网营销的精准化、碎片化和杠杆化特点。

关键词：新媒体；互联网营销；品牌营销。

（二）关键文献

1. 最早研究（共3条）

① 汪晓霞，郑吉春，葛禄青. 互联网营销组合策略的创新［J］. 经济师，2001，(5).

② 秦秋莉，葛禄青，郗钊. 基于电子商务的互联网营销理论研究［J］. 科学学与科学技术管理，2001，(6).

③ 彭环宇. 许可营销——在线旅游企业网络营销的新方法［J］. 湖南大学学报：社会科学版，2001，(S1).

2. 最新研究（共3条）

① 冯喆，侯霄昱，郭子欣. 客户情绪视角下互联网订购环境对客户黏性的影响探究——以天津烟草行业为例［J］. 天津理工大学学报，2019，(6).

② 秦先普. 如何做互联网时代的大创意？［J］. 中国广告，2019，(12).

③ 沈晶. 基于"互联网＋"的宁夏葡萄酒营销策略分析［J］. 经济研究导刊，2019，(33).

二、旅游电子商务

（一）经典论文

1.《旅游企业电子商务O2O运营模式的发展研究》

姚聪　王明宇

湖南农业大学东方科技学院　湖南农业大学信息科学技术学院

摘要：本文从分析旅游电子商务产业现状着手，着重关注我国的第三产业旅游业的电子商务发展之路，分析旅游企业的电子商务运营模式，探讨在电子商务席卷我国旅游业之际，旅游产业中的企业该如何抓住机遇。

关键词：旅游电商；O2O；移动商务。

2.《"互联网＋"背景下旅游电商发展趋势探析》

童艳霞　刘乃源

威海职业学院

摘要：阐述了旅游电商目前的发展现状，分析了在"双创"的驱动下旅游电商的发展势头，并进一步探讨了未来"互联网＋旅游电子商务"的发展趋势。

关键词：互联网＋；旅游电商；创业及创新。

3.《浅析中国旅游电商发展趋势》

刘锋华

江西财经职业学院

摘要：旅游电商的发展已实具规模，将给旅游业带来革命性变化，并从根本上改变旅游业的发展模式。但旅游电商自身也存在许多不足，同时面临一些发展瓶颈。本文在对旅游电商的现状进行分析的基础上，为我国旅游电商的发展提出了一些建议。

关键词：旅游电商；发展；提升；探讨。

（二）关键文献

1. 最早研究（共3条）

① 李源. 邀游网：打开通往世界的另一扇门. 中外管理，2011，(4).

② 江操. 管窥第一届赢时代年会. 市场观察，2011，(5).

③ 刘恒涛. 悠哉网：网上的旅游超市 [J]. 经理人，2011，(10).

2. 最新研究（共3条）

① 周浩. 社交电商时代邮轮旅游短视频营销问题和对策研究. 电子商务，2020，(6).

② 殷梅英. 数字经济带动县域发展转型升级. 经济，2020，(6).

③ 任劲劲. 旅游电商企业促销困境及创新策略研究. 石家庄学院学报，2020，(3).

三、生鲜电子商务

（一）经典论文

1.《美国生鲜电子商务模式研究》

程艳红

苏州经贸职业技术学院

摘要：本文分析了中国生鲜电子商务的发展概况，介绍了美国生鲜电子商务的O2O模式、平台运营模式、"C2B+快物流"模式以及高密度仓库实现快物流服务，总结了美国生鲜电子商务模式对中国的启示。中国未来生鲜电子商务的发展方向应该是和采购基地或家庭农场通力合作，实现"上游+下游供应链"的整合；通过"C2B+O2O"模式，控制物流成本；抓住市场，强化购物体验，发展"粉丝"经济；创新生鲜物流配送体系，加快建设冷链物流。

关键词：生鲜电子商务；农产品电子商务；O2O；家庭农场；冷链物流；"粉丝"经济。

2.《国外生鲜电商发展模式探析》

吴传淑

重庆电子工程职业学院

摘要：随着中国电商环境的不断成熟，生鲜农产品电商迎来了良好的发展机遇。本文介绍了国外生鲜电商具有代表性的4种发展模式，在此基础上提出了优化供应链、推广C2B与O2O模式、加强冷链物流体系建设、拓展营销方式等加快中国生鲜电商发展的具体对策。

关键词：生鲜电商；发展模式。

3.《基于冷链物流的生鲜电商发展模式研究》

易海燕　张峰

西南交通大学交通运输与物流学院

摘要：本文介绍了生鲜电商行业的特征、当前三种发展模式、面临的问题，提出生鲜电商行业未来的四种发展模式，并指出政府在生鲜电商行业发展过程中的职责，探讨生鲜电商企业在未来该自建冷链物流还是外包冷链物流。

关键词：生鲜电商；发展模式；冷链物流。

（二）关键文献

1. 最早研究（共3条）

① 郝智伟. 饕餮客的生鲜电商经[J]. IT经理世界，2012，(13).

② 冉宝松. 亚马逊中国开卖生鲜[J]. 中国物流与采购，2012，(14).

③ 宋爽劲，耿越. 失败的"菜贩"[J]. 新经济，2013，(4).

2. 最新研究（共3条）

① 纪良纲，王佳淏. "互联网+"背景下生鲜农产品流通电商模式与提质增效研究[J]. 河北经贸大学学报，2020，(1).

② 刘若阳，申威，史稳健，唐长虹. 基于TF-AHP-TOPSIS的生鲜电商冷链物流服务商评价[J]. 现代商贸工业，2020，(1).

③ 杨子燕. 新零售环境下盒马生鲜零售运营模式分析[J]. 现代商贸工业，2020，(2).

四、互联网医疗

（一）经典论文

1.《我国互联网医疗运行现状——基于3家医院的调查分析》

王安其　郑雪倩

首都医科大学卫生管理与教育学院，中国医院协会法制专业委员会

摘要：目的：为我国互联网医疗合法、有序发展提出完善意见。方法：基于3家医疗机构实地调研，分析我国互联网医疗的运行机制，并就当前互联网医疗运行中存在的问题进行剖析。结果：互联网医疗服务在技术上已逐步实现，能满足患者的基本需求，对分级诊疗有一定的促进作用。当前互联网医疗在医保报销、服务区域分配、电子处方审核、电子病历及病案档案保管、运营监管等方面存在着问题。建议：出台有关互联网医疗的法律法规、逐步完成互联网医疗与医保报销制度的接轨、由政府统筹进行服务区域划分、在医院内部设立专门的监管部门。

关键词：互联网医疗；运行现状；分级诊疗。

2.《"互联网+医疗"的创新发展》

李颖　孙长学

首都医科大学卫生管理与教育学院　宏观经济研究院体管所

摘要：随着"互联网+"行动计划的积极推进，深化医改政策意见的密集出台，互联网医疗已成为我国医疗领域发展的一个新方向。但是，目前"互联网+医疗"概念热与投资热并未深入到医疗机构的核心业务诊疗服务，其根本原因是存在着各种障碍。为此，建议尽早出台互联网医疗发展的政策法规，制定行业标准规范；尽快推进电子病历建立等互联网医疗发展的基础性工程建设；利用"互联网+医疗"的技术手段支持慢性病的防治和管理；支持全科医生培养，鼓励全科医生开办诊所；研究制定将"互联网+医疗"相关业务纳入医保报

销体系的相关政策。

关键词：互联网医疗；"互联网＋"；医药卫生体制改革。

3.《中国互联网医疗的发展现状与思考》

孟群　尹新　梁宸

国家卫生计生委统计信息中心　东软管理咨询（上海）有限公司

摘要：2014年伊始，互联网医疗成为热词。各方社会资本纷纷涌入，力图以"互联网＋"颠覆传统医疗健康行业，打造互联网医疗新业态。随着我国对互联网医疗相关扶持政策的陆续出台，未来互联网医疗领域必将迎来跨越式发展。本文通过对我国互联网医疗发展现状及主要应用模式的研究，对我国互联网医疗未来的发展提出几点思考与建议。

关键词：互联网医疗；分级诊疗；医养融合。

（二）关键文献

1. 最早研究（共3条）

① 侯继勇. 东软造梦互联网医疗 [J]. 中国外资，2013，(17).

② 中信证券. 医疗：互联网医疗发展前景不可估量 [J]. 股市动态分析，2014，(8).

③ 颜玖源. 互联网医疗的中国式应用 [J]. 中国医院院长，2014，(11).

2. 最新研究（共3条）

① 方卫华，王梦浛. 互联网医疗服务平台公众使用意愿影响因素研究 [J]. 北京航空航天大学学报：社会科学版，2020，(3).

② 本刊编辑部. 互联网医疗 [J]. 中国全科医学，2019，(36).

③ 尹妍，郭秀海，张新胜，吉训明."互联网医疗诊治技术国家工程实验室"建设与管理的探索及实践 [J]. 中国医院，2019，(12).

3. 综述研究（共2条）

① 郑曦，何晖雄，黄少伟，陈善隆，缪伟. 互联网医疗研究综述：回顾、现状与监管 [J]. 中国卫生法制，2018，(4).

② 梅胜，孙雪松. 我国互联网医疗在便民服务中的应用现状 [J]. 中国数字医学，2017，(10).

五、内容电子商务

（一）经典论文

1.《内容电商发展及运营逻辑思考》

屈冠银　张哲

北京劳动保障职业学院

摘要：移动电商时代到来，自媒体兴起，使内容电商越来越受业界重视。内容电商的逻辑是以制造富有吸引力的内容为手段，吸引内容消费者，进而把内容消费者转化为产品和服务的消费者。内容电商运营需要遵守专著性原则、独创性原则、多样性原则和持续性原则。

关键词：内容电商；运营逻辑；运营原则。

2.《价值链转移视角下内容电商发展策略探讨》

戴明禹

新南威尔士大学

摘要：随着经济全球化的发展，全球价值链竞争愈加激烈，价值链逐渐发生转移，在此背景下我国需要从价值链中的低附加值的劳动密集环节向技术密集和信息、管理密集的高附加值环节升级。而对于我国电商行业来说，把单纯的利用互联网销售商品转变为具有更高附加值的内容营销势在必行。目前我国内容电商已经有了初步发展，价值链转移则给我国内容电商提出了更高要求，本文首先对内容电商的内涵、运作逻辑、价值链相关理论进行分析，继而探讨了价值链转移视角下内容电商的发展机遇与挑战，最后提出了内容电商的发展策略，以期为我国电商行业的发展提供一定的借鉴与启示。

关键词：价值链；转移；内容电商；发展趋势；前瞻。

3.《基于"内容电商"的传统电商平台创新生态体系构建研究》

许定洁

重庆电子工程职业学院管理学院

摘要：在电商企业竞争激烈、实体店大力发展体验式营销的今天，如果电商平台仅以"销售平台"的角色进行传统模式的运营，其远达不到企业增强自身竞争力、获取更广阔的市场、保持顾客黏性的需求。因此，本文基于"内容电商"视角，对传统电商平台创新生态体系进行研究，着重从营销体系及商品运营两个方面探讨平台电商创新生态体系的构建，以期为相关企业的发展起到一定促进作用。

关键词：内容电商；电商平台；生态体系。

（二）关键文献

1. 最早研究（共3条）

① 任翔. 数字出版应超越电子商务模式. 出版广角，2011，（11）.

② 胡朝阳. 2011融变之营销. 中国广告，2012，（2）.

③ 李绘芳. 内容营销：外柔内刚. 营销界（农资与市场），2013，（4）.

2. 最新研究（共3条）

① 张立，吴素平. 2019我国短视频领域年度报告：市场格局与投资观察. 传媒，2020，（11）.

② 万力源，熊小明. 用户生成内容模式电商平台下品牌信任的影响因素研究. 经营与管理，2020，（5）.

③ 贾德润南等. 农产品社交电商推荐系统的设计. 电脑知识与技术，2020，（13）.

六、互联网教育

（一）经典论文

1.《"互联网＋"时代传统行业的创新与机遇分析》

徐争荣

中国人民大学财政金融学院

摘要：分析了"互联网＋"的本质和特点，列举了中国互联网发展的三大时代特征，并且从通信、金融、交通、医疗、教育等领域，说明互联网与其他传统行业的融合与发展，最后展望了"互联网＋"在中国的发展趋势。

关键词：互联网＋；互联网金融；互联网教育；互联网医疗；互联网交通。

2.《互联网促进教育变革的基本格局》

黄荣怀　刘德建　刘晓琳　徐晶晶

北京师范大学教育技术学院　北京师范大学智慧学习研究院

摘要：互联网与教育的深度融合被人们期待着将彻底变革传统教育，然而这一观点又受到众多质疑，因此探究互联网促进教育变革的基本形态及其走势是教育界及社会普遍关注的热点问题。该文回顾了人类文明进程中的教育形态变迁，深入分析了工业时代教育和信息时代教育的关键特征。通过深入剖析互联网教育进化的基本要素及其关系，提出了互联网教育进化的基本要素框架——互联网教育的"九宫格"图谱和互联网教育进化的走势模型——互联网教育"蝴蝶效应"，二者共同表征了互联网促进教育变革的基本格局。面向工业时代"双基"教学的思维方式和行为惯性与面向信息时代的技术驱动和求变意识是当代教育转型期的两股主要势能，它们将相互作用、相互渗透和长期博弈。当前我们仍然处于互联网促进教育变革的起始阶段，需深入研究互联网环境下人才培养目标、学习方式和新型学习环境，并从政府教育供给、学校制度、教师制度等方面进行教育综合改革的制度设计，才能确保互联网教育变革有序而健康进行。

关键词：互联网教育；教育变革；蝴蝶效应；思维方式；行为惯性；技术驱动；求变意识。

3.《学习科学：推动教育的深层变革》

尚俊杰　庄绍勇　陈高伟

北京大学教育学院　香港中文大学教育学院　香港大学教育学院

摘要：当前教育信息化蓬勃发展，在备受赞赏的同时也屡被质疑。至于原因，恐怕还是"人究竟是怎么学习的，怎样才能促进有效学习？"这一根本性问题依然未得到彻底解决。该文从教育信息化的发展现状谈起，剖析目前存在的问题及解决方法，然后仔细梳理了学习科学的发生、发展和研究现状，指出脑科学与学习、基于大数据的学习分析和技术增强的学习等学习科学研究将有助于推动教育从更深的层面发生变革。

关键词：学习科学；教育技术；互联网教育；脑科学；大数据；变革。

（二）关键文献

1. 最早研究（共3条）

① 王小辉. 检索工具在互联网教育资源检索中的使用 [J]. 天津市教科院学报，1999，(2).

② 赵联宁. 简析 Internet 网上教育 [J]. 教育探索，2000，(1).

③ 卜卫. 儿童生活中的互联网 [J]. 少年儿童研究，2000，(Z1).

2. 最新研究（共3条）

① 黄荣怀，陈丽，田阳，陆晓静，郑勤华，曾海军. 互联网教育智能技术的发展方向与研发路径 [J]. 电化教育研究，2020，(1).

② 余蕾. 互联网背景下教学模式探究 [J]. 当代教育实践与教学研究，2019，(23).

③ 黄莉. 互联网模式下线下课堂教学研究 [J]. 湖北水利水电职业技术学院学报，2019，(4).

七、互联网金融

（一）经典论文

1.《互联网金融模式及对传统银行业的影响》

宫晓林

中央汇金投资有限责任公司

摘要：随着信息技术的快速发展，互联网金融模式逐渐兴起。本文在总结互联网金融模式的概念、特征和功能的基础上，阐述了互联网金融模式在战略、客户渠道、融资、定价以及金融脱媒等方面对传统商业银行产生的影响。本文认为，互联网金融模式短期内不会动摇商业银行传统的经营模式和盈利方式，但从长远来说商业银行应大力利用互联网金融模式，以获得新的发展。与此同时，互联网金融业的持续健康发展要依靠互联网金融企业的自律、积极创新，还要吸引更多的客户、加强系统安全建设。

关键词：金融创新；互联网金融；金融脱媒。

2.《互联网金融监管的必要性与核心原则》

谢平　邹传伟　刘海二

中国投资有限责任公司　特华博士后科研工作站　广东金融学院

摘要：本文讨论了互联网金融监管的必要性与核心原则。我们认为，对互联网金融，不能因为发展不成熟就采取自由放任的监管理念，应该以监管促发展，在一定的底线思维和监管红线下，鼓励互联网金融创新。对于互联网金融，金融风险和外部性等概念仍然适用，侵犯金融消费者权益的问题仍然存在。因此，审慎监管、行为监管、金融消费者保护等主要监管方式也都适用。鉴于部分互联网金融活动的混业特征，针对互联网金融的监管协调也必不可少。

关键词：互联网金融；功能监管；机构监管；监管协调。

3.《中国互联网金融：模式、影响、本质与风险》

郑联盛　中国社会科学院金融研究所

摘要：目前国内存在传统金融业务互联网化、互联网支付清算、互联网信用业务以及网络货币等四大业务模式。互联网金融目前在各自业务领域的影响整体较小，对银行部门影响短期有限但长期可能较为深远，对金融体系整体的影响是综合性的但目前极为有限。互联网金融没有改变金融的本质，是传统金融通过互联网技术在理念、思维、流程及业务等方面的延伸、升级与创新。互联网金融风险具有两面性，目前不会引发系统性风险，主要风险环节在于强化了风险的内在关联性。互联网金融监管应兼具包容性和有效性，建立较为完善的互联网金融监管和发展框架。

关键词：互联网金融；传统金融；金融监管；金融风险。

（二）关键文献

1. 最早研究（共 2 条）

① 陈静. 电子商务对金融业之影响. 中国计算机用户，2000，(23).

② 陈静. 立足央行职责　推动电子商务健康发展. 中国金融电脑，2000，(8).

2. 最新研究（共 3 条）

① 谢飞，潘北啸. 基于迁移学习的 LSTM 互联网金融指数高精度预测方法. 西南民族大学学报：人文社科版，2020，(7).

② 王钢，张恬，石奇. 金融知识能助推农村居民家庭参与互联网金融吗？——基于 2015 年中国家庭金融调查数据分析. 新疆财报，2020，(3).

③ 符国邦. 互联网金融对我国商业银行金融产品的影响研究. 商讯，2020，(8).

八、农村电子商务

（一）经典论文

1.《农村电子商务模式探析——基于淘宝村的调研》

郭承龙

南京林业大学经济管理学院　南京航空航天大学经济与管理学院

摘要：截至2014年，我国已出现212个"淘宝村"。以"淘宝村"为代表的农村电子商务是互联网与农村经济相结合的自然产物。在深入淘宝村调研后发现，经济基础较好、贴近市场的淘宝村经济偏向工业化道路；偏远地区、经济基础薄弱的淘宝村则以农业禀赋、传统资源与文化等优势发展本地经济。自发形成的"淘宝村"具有典型的产业集群特征，但"淘宝村"的集群水平、经营效率等普遍低下，出现同地同村同业的恶性竞争。基于此，本文首先概括提出农村电子商务的共同特征；依据不同划分标准，将农村电子商务模式划分为不同类型，指出现行农村电子商务模式存在的隐患；为了促进农村电子商务健康持续发展，需要分类引导农村电子商务模式的升级。在共生理念指导下，提出农村电子商务模式的共生结构，将农村电子商务模式重新划分为寄生模式、非对称模式、偏利模式、对称模式和一体化模式等，同时分析不同共生模式的机理；最后，本文提出大众创业、集群规模正态分布、双通道的网销渠道、深度挖掘农村自然禀赋的商业价值、多平台运营和内生化资金供给等农村电子商务共生发展路径，为寻找农村经济发展的新突破提供参考。

关键词：农村电商；模式；共生。

2.《农村电商的发展现状研究》

林洁

泸州职业技术学院

摘要：在农村信息化建设进程不断深入发展的影响下，农村生产、经营管理等方式以及农民的生活均发生了翻天覆地的变化，农村电商也应运而生。然而由于受到农民传统观念、文化水平，以及农村信息化基础等条件的限制，农村电商的发展依然存在一定的问题。本文首先论述我国农村电商目前取得的成绩以及存在的问题，其次提出促进我国农村电商发展的有效策略。

关键词：农村电商；信息化；策略。

3.《创新导向的农村电商集群发展研究——基于遂昌模式和沙集模式的分析》

董坤祥　侯文华　丁慧平　王萍萍

青岛农业大学经济与管理学院　南开大学商学院　中国农业大学经济管理学院

摘要：农村电商集群是农村信息化与产业化深度融合的产物，其强劲的创新力促进了新农村建设，推进了农村城镇化，推动了农业和农村经济的发展。但是，由于农村地区资源禀赋不均、经济基础薄弱，导致农村电商集群发展出现同质化竞争、经营效率低、融资困难等问题。基于此，本文分析了遂昌、沙集两种典型农村电商集群发展模式和阻碍因素，并使用系统动力学方法构建了以产品与生产创新、商业模式创新和金融模式创新为导向的农村电商集群发展模型。最后，给出了促进农村电商集群可持续发展的对策建议。

关键词：农村电商；集群发展；创新导向；模式创新；发展模型；系统动力学。

（二）关键文献

1. 最早研究（共 2 条）

① 范晓东. 物流：农村电商起飞的引擎. 互联网周刊，2011，(20).

② 季鸿宇. 农村电商改变中国. 互联网周刊，2011，(20).

2. 最新研究（共 3 条）

① 施莉，高永全，李春艳. 面向农村电商发展的学生创新实践能力培养研究. 高教学刊，2020，(17).

② 贾蕊. 法律依托与农村电子商务风险研究. 农业经济，2020，(6).

③ 龚凤梅. 大视角下湖南农村电商的协同发展研究. 中外企业家，2020，(17).

第八章

电子商务协作领域

 本章学习目标：

1. 了解我国的电子商务协作领域：包括支付的平台及其发展，物流体系的构成与特点，电子商务领域的相关政策与安全制度。

2. 了解我国目前的第三方支付平台和物流模式，有效选择并运用支付平台和物流模式，遵循国家的相关政策，利用电子商务的安全保护政策和技术等更好地促进电子商务领域的发展。

第一节 支 付

一、支付宝横空出世奠定电子商务发展基础

1. 简介

支付宝是淘宝网在 2003 年凭借"第三方担保交易"优势而推出的产品，目前可为用户提供付款、提现、收款、转账、担保交易、信用卡还款、生活缴费、理财产品等基本服务，基本融合了生活的各个领域。支付宝的出现，是电子商务催化的产物，买卖双方要达成交易，诚信和支付的环节必不可少，诚信是基础，支付是手段。

2. 盈利模式

（1）模式一：服务佣金

第三方支付平台的服务佣金可以简单总结一下，即服务佣金（客户缴费费用）＝缴纳给银行的手续费率＋平台自身的毛利润。

（2）模式二：广告收入

在主页上，支付宝会设置不同类型的广告，有横幅的、有按钮的、有插页的等。从整体上可以看出，广告布局合理，设计到位，内容简捷、可视性强。更为重要的是，主页上有若干公益广告和技术行业信息等，可以帮助到真正有需要的人。此外，其他的增值性服务也不少，如保险服务、滴滴出行等日常生活服务。

（3）模式三：沉淀资金收入

沉淀资金收入是支付宝最主要的收入来源。沉淀资金收入多产生于淘宝网的交易中，支付宝交易流程图如图 8-1 所示。

3. 支付宝的优劣势

（1）支付宝的优点

① 支付宝背后的阿里巴巴集团旗下拥有淘宝网、天猫商城以及口碑网等线上支付场景，具有极强的垄断排他性。

② 多方合作。采用了与众多银行合作的方式，极大地方便了网上交易的进行。银行对于中国消费者来说就是诚信的保证，大大降低了用户对网上支付风险的担心。

③ 全额赔付。因使用了支付宝而被欺骗遭受损失的用户，支付宝将全额赔偿损失。

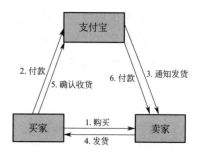

图 8-1　支付宝交易流程图

④ 服务多样。能够提供增值服务，帮助商家网站解决实时交易查询和交易系统分析，提供方便及时的退款和支付服务。

（2）支付宝的缺点

① 支付宝面临的安全问题。支付宝提供的服务与专业银行提供的网上银行有类似之处，它一样可以成为仿冒和攻击的对象。

② 支付宝交易纠纷。支付宝虽然在信用中介方面有很好的功能，但在用户对所购买的物品进行支付之后，买家对资金的掌控能力便基本丧失。如果遇到纠纷，买家只有申请退款权，而卖家却是资金权利的主要掌控者。买家诉求往往只能通过司法途径解决。而对于这一类纠纷，比如买家在收货后不及时确认收款，而是等支付宝自动转款，这样给卖家的资金流周转带来的影响，支付宝也不能很好地解决。

二、从财付通浴火重生的微信支付

1. 简介

财付通是腾讯公司于 2005 年 9 月正式推出的专业在线支付平台，致力于为互联网用户和企业提供安全、便捷、专业的在线支付服务。财付通作为综合支付平台，业务覆盖 B2B、B2C 和 C2C 各领域，提供网上支付及清算服务。它可为个人用户提供在线充值、提现、支付、交易管理等服务，为企业用户提供安全、可靠的支付清算服务和极富特色的 QQ 营销资源支持。

微信支付是腾讯公司于 2011 年 1 月推出依托微信的通信、社交、钱包、商家、平台五大功能开展的业务，除常规的支付功能外，微信支付还通过内置的微信公众号和小程序积极拓展支付业务场景。

2. 微信支付的盈利模式

（1）提供简洁的交易渠道

微信构建商业的基础是人流和资讯信息流，可以说，微信正在酝酿一种新商业形态：平台提供人流、沟通工具、支付工具，品牌商拥有自己的品牌、独立的商店，独立自主运营。

（2）提供个性化的交易平台

2013 年 10 月，微信宣布对公众服务号收取 300 元一年的年审费用。公众服务号的正规化正不断致力于打造个性化虚拟商店——商家在微信上能开网店，用户打开微信能够选择自己喜爱的商家进行关注和购物，还能与商家进行交流。基于个性化的电子商务形态，微信支付也逐渐往个性化交易平台的方向发展。

(3) 提供价值巨大的广告平台

随着微信支付的不断发展,微信商业化的触手必定会伸向微信支付,甚至会向朋友圈等社交领域发展。与微博、人人等传统社交网站相比,移动社交圈关系更加紧密,也更加具有广告价值。

3. 微信支付的优劣势

(1) 微信支付的优势

① 庞大的用户规模。据腾讯官方数据显示,2013年7月25日,微信的国内用户超过4亿;8月15日,微信的海外用户超过1亿。庞大的用户数量为微信支付奠定了广泛的受众基础。

② 社交基础。用户黏性是衡量用户忠诚度的重要指标。中国速动消费者调查机构针对中国微信用户的调查报告显示,微信的用户黏性颇高,超过四成用户"有空就会上微信",若再加上"有消息了就会上微信",整体比例则高达66.8%。

③ 跨境电子商务不需要兑换货币。跨境支付的时候,微信用户不再需要兑换外币,在结账时使用微信支付,系统将自动使用外币支付,省去了兑换货币的麻烦。

(2) 微信支付的缺点

① 网络安全问题,互联网的普及和广泛使用带来了网络攻击和信息泄露的问题,各种病毒和钓鱼网站层出不穷。用户在使用互联网支付时,稍不注意可能就会被窃取支付密码等重要信息。

② 微信支付和支付宝在功能上并无太大区别,可以说微信支付在支付功能方面的创新还不够,为了赢得激烈的竞争,微信支付还需要进一步创新和利用支付功能,才能在不失去老客户的同时吸引更多的新客户的加入。

三、央行注力银联闪付后发先至

1. 简介

云闪付是由中国银联与各银行机构在2017年推出的共建共享移动支付战略产品,具有跨行银行卡管理、周边优惠与卡权益查询、公共缴费以及线上商城服务。

2. 云闪付的优劣势

(1) 云闪付的优势

① 安全。云闪付与银行关系密切,央行对第三方支付的规范和监管中,银联具有最合规的身份,就资金安全的层面而言,云闪付更令人信任。

② 技术基础。从技术层面来看,做支付起家的银联在移动支付领域也同样有着深厚的功底,银联一直在移动支付领域推进NFC技术应用。云闪付产品,背后用的是NFC技术。目前,云闪付已支持工商、农业、中国、建设、交通、中信、华夏等43家银行的安卓NFC手机闪付一键开通。

(2) 云闪付的劣势

① 支付宝、微信大量用户群体形成的规模效应和正外部性可促使小微商户自发地下载云闪付并贴码使用,不需要专门营销。

② 银联小微商户收款码产品由浦发银行提供收单,云闪付本质上仍是收单模式;其他收单机构宁可推销本机构的支付宝、微信和银联三合一聚合码,也不愿将客户拱手让人。

③ 银联小微商户收款码的零费率和实时到账需收单机构进行费率补贴和代付垫款,不具有可持续性。

云闪付与支付宝、微信功能对比表见表8-1。

表8-1 云闪付与支付宝、微信功能对比表

比较项目		云闪付	支付宝	微信
1. 支付结算	支付转账	①支持结算到银行账户 ②支持二维码支付和手机闪付	①支持结算到支付账户和银行账户 ②仅支持二维码支付	①支持结算到支付账户和银行账户 ②仅支持二维码支付
	信用还款	支持且不收取手续费	支持且于2019年3月26日起开始收取手续费	支持且收取手续费
	收款	支持线下二维码收单和个人收款码	①支持线下二维码收单和个人收款码 ②支持红包、AA收款等个性化收款服务	支持线下二维码收单和个人收款码
2. 账户管理	申请Ⅱ、Ⅲ类银行账户	支持	不支持	不支持
	申请支付账户	不支持	支持	支持
	银行卡管理（余额查询、支付明细、银行卡权益信息等）	支持	不支持	不支持
	银行卡优惠信息搜罗	支持	不支持	不支持
3. 投资理财		货币基金	货币基金、定期理财、黄金、股票、养老保险	货币基金、定期理财
4. 信贷		不支持	花呗、借呗	微粒贷
5. 信用管理		不支持	芝麻信用	不支持（微粒贷使用央行征信来授信）
6. 社交功能		不支持	具备即时通讯、生活圈功能	具备即时通讯、朋友圈、摇一摇、附近的人功能
7. 生活场景	线上场景	仅有水电缴费、手机充值、党费缴纳、校园缴费、医疗挂号缴费、开发票等功能	①出行:滴滴出行、高德打车、ofo共享单车 ②餐饮：口碑网、饿了么 ③电影票务：淘票票 ④演出票务：大麦网 ⑤旅游：飞猪酒店 ⑥购物：天猫、淘宝	①出行：滴滴出行、摩拜单车 ②餐饮：美团外卖 ③电影演出票务：猫眼 ④口碑uu：大众点评 ⑤旅游酒店：同程艺龙 ⑥购物：京东优选、拼多多 ⑦平台：公众号、小程序、游戏中心、表情商店
	线下场景	逐步建立涵盖公交地铁、交罚缴税、校企园区及食堂、公共缴费、餐饮、菜场及周边生活圈、医疗、自助售卖机、停车场及高速公路等九大场景	①借助自身外拓机构、稽核服务商以及其他收单机构力量逐步完成线下场景的布局 ②借助庞大的客户群体和支付账户体系，以个人收款码为切入口，通过群众自发下载使用迅速布局小微商户集中的场景，如小摊点、小便利店等	

四、人工智能+大数据下互联网购物新体验

1. 零售业大数据的应用层面

零售行业大数据应用有两个层面：一个层面是零售行业可以了解客户消费喜好和趋势，进行商品的精准营销，降低营销成本；另一层面是依据客户购买产品，为客户提供可能购买的其他产品，扩大销售额，也属于精准营销范畴。另外零售行业可以通过大数据掌握未来消费趋势，有利于热销商品的进货管理和过季商品的处理。零售行业的数据对于产品生产厂家是非常宝贵的，零售商的数据信息将会有助于资源的有效利用，降低产能过剩，厂商依据零售商的信息按实际需求进行生产，减少不必要的生产浪费。

未来考验零售企业的不再只是零供关系的好坏，而是要看挖掘消费者需求，以及高效整合供应链满足其需求的能力，因此信息科技技术水平的高低成为获得竞争优势的关键要素。不论是国际零售巨头，还是本土零售品牌，要想顶住日渐微薄的利润率带来的压力，在这片红海中立于不败之地，就必须思考如何拥抱新科技，并为顾客们带来更好的消费体验。

2. 人工智能+大数据下电子商务领域应用

电子商务是最早利用大数据进行精准营销的行业，除了精准营销，电子商务可以依据客户消费习惯来提前为客户备货，并利用便利店作为货物中转点，在客户下单15分钟内将货物送上门，提高客户体验。马云的菜鸟网络宣称的24小时完成在中国境内的送货，以及京东的刘强东宣称未来京东将在15分钟完成送货上门都是基于客户消费习惯的大数据分析和预测。

电子商务还可以利用其交易数据和现金流数据，为其生态圈内的商户提供基于现金流的小额贷款，电子商务企业也可以将此数据提供给银行，同银行合作为中小企业提供信贷支持。由于电子商务的数据较为集中，数据量足够大，数据种类较多，因此未来电子商务数据应用将会有更多的想象空间，包括预测流行趋势、消费趋势、地域消费特点、客户消费习惯、各种消费行为的相关度、消费热点、影响消费的重要因素等。依托大数据分析，电子商务的消费报告将有利于品牌公司产品设计、生产企业的库存管理和计划生产、物流企业的资源配置、生产资料提供方产能安排等，有利于精细化社会化大生产，有利于精细化社会的出现。

3. 人工智能在实体零售行业主要的应用场景

（1）客流统计

基于视觉设备、处理系统以及遍布店内的传感器，可以实时统计客流、输出特定人群预警、定向营销及服务建议（例如 VIP 用户服务）以及用户行为及消费分析报告。广州的人工智能企业——图普科技，利用自身在计算机视觉技术的领先优势开发客流统计解决方案，通过对中心内消费者年龄、性别、着装风格等特征的洞察，加上在商城内部聚集热区的分析，为天佑城的活动策划和招商部门提供客观数据佐证。

（2）智能穿衣镜

内置处理器和摄像头，能够动态识别用户的手势动作、面部特征及背景信息。不同于普通穿衣镜，智能穿衣镜可以为用户提供个性化的定制服务，增加用户实际购物体验。镜子提供的视频内容还可以帮助零售商对商场内行为进行评估和分析。智能穿衣镜已经在 Lily、马克华菲等诸多品牌门店中部署。

（3）机器人导购

机器人导购对消费者而言早已不是新鲜事。机器人销售员的优点很明显：成本低，增加用户购物过程的趣味性，从而提升销售。缺点也很明显：商品识别精准度有待提升，人机对话精准度容易受到周围环境（如噪声）影响，语音、语义技术平台还不成熟。

（4）自助支付

随着手机支付的普及，自助支付也将成为线下零售店的标配。自助收银机一般提供屏幕视频、文字、语音三种指引方式，使用门槛低，每6台自助收银机只需配1名收银员。除了银行卡、微信、支付宝等多样化支付方式接入外，刷脸支付等技术的支付手段也将逐渐引入，比如阿里巴巴的刷脸支付尝试。

（5）智能购物车

在超市领域，购物车作为最常见的硬件载体，将有较大机会首先进行智能化变革。在零售方面的智能化创新包括：将生物识别技术与摄像头系统进行结合，从而可以提供人流量统计和人脸识别服务，零售商可以利用智能手机下载的这些信息进行分析，并向顾客提供个性化的销售。

（6）库存盘点机器人

美国《华尔街日报》曾盘点最可能被机器人取代的十大工作，其中仓库管理员荣登榜首。德国公司 MetraLabs 在 2015 年推出和部署了带有 RFID 功能的机器人 Tory，为德国服装零售商 AdlerModem rkte 提供库存盘点服务。Tory 机器人通过传感器进行导航，边走边读取商品上附着的 RFID 标签。

第二节　物　　流

一、传统物流到第三方物流

1. 传统物流定义

传统物流一般指产品出厂后的包装、运输、装卸、仓储，而现代物流提出了物流系统化或叫总体物流、综合物流管理的概念，并付诸实施。具体地说，就是使物流向两头延伸并加入新的内涵，使社会物流与企业物流有机结合在一起，从采购物流开始，经过生产物流，再进入销售物流，与此同时，要经过包装、运输、仓储、装卸、加工配送到达用户（消费者）手中，最后还有回收物流。可以这样讲，现代物流包含了产品从"生"到"死"的整个物理性的流通全过程。

2. 第三方物流定义

第三方物流指一个具实质性资产的企业公司对其他公司提供物流相关服务，如运输、仓储、存货管理、订单管理、资讯整合及附加价值等服务，或与相关物流服务的行业者合作，提供更完整服务的专业物流公司。

3. 第三方物流的特点

（1）服务个性化

从事第三方物流的物流经营者因为市场竞争、物流资源、物流能力的影响需要形成核心业务，不断强化所提供物流服务的个性化和特色化，以增强物流市场竞争能力。

（2）功能专业化

第三方物流所提供的是专业的物流服务。从物流设计、物流操作过程、物流技术工具、物流设施到物流管理必须体现专门化和专业水平，这既是物流消费者的需要，也是第三方物流自身发展的基本要求。

（3）管理系统化

第三方物流应具有系统的物流功能，是第三方物流产生和发展的基本要求，第三方物流需要建立现代管理系统才能满足运行和发展的基本要求。

（4）信息网络化

信息技术是第三方物流发展的基础。物流服务过程中，信息技术发展实现了信息实时共享，促进了物流管理的科学化，极大地提高了物流效率和物流效益。

4. 第三方物流与传统物流的区别

传统物流业一般拥有必要的资产（如车辆、库房等），只提供临时性物资运输或保管业务。与此不同，第三方物流可以拥有也可以不拥有一般运输业的资产，主要依靠现代化信息系统及其所掌握的有关数据库，运用成熟技术和先进物流设备，通过多种物流方案的评估选优，为企业提供长期、最经济、最有效的物流服务。

二、电子商务自建物流的兴起

1. 自建物流的定义

自建物流即自营物流是指企业自身经营物流业务，建设全资或是控股物流子公司，完成企业物流配送业务，即企业自己建立一套物流体系。自营物流具有以下优势：有利于企业掌握控制权，可以利用企业原有的资源，降低交易成本，避免商业秘密泄露，提高企业品牌价值，推进客户关系管理。自营物流具有以下弱势：投资多，风险大，增加企业管理难度等。

2. 自建物流平台

目前整理出了国内 10 家电子商务自建物流平台（表 8-2）。

表 8-2　国内 10 家电子商务自建物流平台

公司/品牌名称	自建物流名称	成立时间（年）
京东	京东物流	2007
苏宁	苏宁物流	1990
海尔	日日顺物流	1999
美的	安得物流	2000
国美	安迅物流	2012
唯品会	品骏物流	2013
洋码头	贝海国际快递	2010
本来生活	微特派快递	2011
易果生鲜	安鲜达	2015
小红书	REDelivery 国际物流系统	2017

3. 自建物流兴起的原因

（1）降低物流成本费用，提升物流服务水平

从中国电子商务市场发展阶段来看，各类电子商务企业竞争加剧，已经从单一产品、价格的竞争发展到服务层面的竞争，为了抢占用户，增加用户黏性，电子商务企业通过加强电子商务"最后一公里"建设，提升用户体验。

(2) 增加电子商务企业的主控性

由于在第三方物流企业中物流管理信息系统的缺失或低效,在电子商务企业与第三方物流企业之间无法实现信息的即时交换和传递。结果造成,货物一经发出,就处于完全失控的状态。而自建物流会解决这个问题。

(3) 提升资金的回流速度

目前,尽管第三方支付市场用户群不断扩大,有很多网上交易的方式,如,支付宝、网上银行、财付通等,但是货到付款一直是部分用户比较青睐的支付方式,既可以攻克消费者的心理防线,见货再付款,又可以提升电子商务企业的资金回收速度。

(4) 培育另一个价值中心

若电子商务企业自建物流,随着自建物流规模的不断扩大、实力的不断增强,电子商务企业的自有物流体系将不仅可以满足企业内部的物流需求,更有可能向外扩展,为其他企业提供物流服务。

4. 自建物流的特点

(1) 优点

① 控制力强。自建物流可使企业对供应、生产及销售中的物流进行较为全面的控制。可以避免因为第三方物流快递公司休假而产生的无人送货的情况,实现节假日无休配送,用户体验更好。

② 支持性强。自建物流能有效地为企业的生产经营活动提供物流服务支持,保证生产经营活动对物流的需要。

③ 协调性强。企业可根据生产经营需要建立,能合理规划物流作业流程。

④ 专业性强。自建物流为企业自身的经营活动提供物流服务,具有较强的专业性。

⑤ 电子商务企业本身掌握货源,可以利用上游商品的利润补贴快递的配送价格。

⑥ 电子商务自建的物流企业往往采取直营模式,在物流配送体系标准化上更胜一筹。

(2) 缺点

① 增加了企业的投资负担,削弱了企业抵御市场风险的能力。企业为了实现对物流的直接组织和管理,就需要投入较大的资金,配备相应的物流人员,削弱企业的市场竞争力。

② 规模化程度较低,不利于核心竞争力的提高。对于非物流企业来说,尽管在有的条件下,物流对自身的活动有着重要的影响,但物流并非企业自身的核心业务,也非自身擅长的业务。如果采取自营物流,一方面减少对核心业务的投入,另一方面企业管理人员需花费过多的时间、精力和资源去从事物流工作,会削弱企业的核心竞争力。

三、物流业者兼并大战

1. 物流并购现状

物流企业在行业内的并购交易中始终扮演者关键角色,领先的物流企业积极开展跨界并购交易。涉及物流企业的并购数量在各期交易总数的占比在 40% 以上,并购规模亦在 2018 年上半年以外的各期占据比较高的比重。2019 年上半年,涉及物流企业的并购交易共 16 宗,交易规模约 103 亿元,占当期产业投资者交易总规模的 51%。

在综合物流服务商的发展趋势下,各细分区域领头羊企业向外扩张,业务边界逐步模糊,如顺丰控股收购新邦物流、敦煌供应链等;而在降本增效、智慧物流的浪潮下,物流企业加大对智能信息化的投资,如顺丰控股投资 Flexport/普洛斯投资汇通天下 G7 等。

下面分别对阿里系的并购和顺丰控股的并购做进一步的分析。

2. 阿里系(阿里巴巴、天猫、菜鸟网络、云锋基金)并购

围绕着电子商务和城市新零售领域,阿里系积极参与物流行业的并购交易,在 2016 年至 2019 年上半年共参与 16 宗交易,主要聚焦快递快运、智能信息化、电子商务仓配等。2019 年上半年发生 1 宗并购交易,为战略入股申通快递。除参与 A、B 轮投资外,阿里系更多聚焦对物流企业开展战略入股,共涉及 6 宗并购交易。

2013 年 5 月,阿里巴巴搭建了自己的菜鸟物流网络——菜鸟网络科技有限公司。该公司由阿里巴巴、银泰集团联合复星、富春、顺丰、"三通一达"(申通、圆通、中通、韵达)及相关金融机构共同合作组建。

此举是为了应对京东的供应链革命。在供应链优化以后,确实对阿里巴巴的电子商务模式造成了巨大的调整。供应链革命势在必行。

阿里巴巴全国布局物流地产,建智能仓储,投资快递配送环节的中通、申通、圆通和全峰,仓配一体化的百世汇通,智能化仓储的心怡科技,大件配送的海尔日日顺,海外清关渠道上投资新加坡邮政,线下门店及仓库网络遍布全国的苏宁,干路运输环节的卡行天下,以及提高顾客体验、使配送在地图上可视化的高德地图。

3. 顺丰并购

从 2018 年开始,顺丰控股的交易数量大幅增加。2018 年至 2019 年上半年共参与 12 宗交易,其中 4 宗发生在 2019 年上半年。围绕着综合物流服务商的发展方向,顺丰控股积极投资智能信息化、生鲜冷链、综合物流等领域。

顺丰控股在关注早期投资机会的同时也积极收购成熟物流企业的控制权,如收购新邦物流、敦豪香港/北京等。

4. 行业未来发展趋势洞察:集中化、综合化与智能信息化

(1)细分领域的集中趋势或将加快加强

行业增速放缓凸显领先企业的规模优势,部分中小快递企业将加快退出,快递市场份额将进一步向头部企业集中。

快运领域持续获得资本的关注,行业集中度持续提升,零担快运竞争愈发激烈,中小零担快运企业将逐步被挤出市场。

物流仓储以其稳定的租金收益继续赢得投资者关注,资本的青睐推动领先企业跑马圈地扩大规模,领先企业将获得更大的市场份额。

(2)综合物流服务商是重要的发展方向

各细分领域领先企业继续进入对方业务范畴,各领域间的边界日趋模糊,如快递快运业务加快融合,物流仓储向快递渗透等。资本将青睐具有综合物流服务商潜质的企业,推动其业务覆盖快递、零担快运、仓储管理、供应链等领域,使其获得足够的竞争优势。

以货流为基础,综合物流商将围绕商流、信息流、资金流等向客户提供延伸全产业链的综合物流解决方案。未来,综合物流企业的业务复杂度将大幅提升,多项业务将提升企业综合抗风险能力,但亦使其难以识别各个业务的真实盈利能力水平,这对企业经营管理分析提出了新的要求。

(3)智能信息化是物流行业发展的重要主题

智能信息化是物流行业实现降本增效的关键方式,可以预见金融、产业投资者将继续关

注智能信息化领域,尤其是同时拥有硬件及软件系统解决方案、具备现实应用场景的自动化、信息化科技企业。即时、海量特征的数据很大程度上推动着物流的发展。

四、单一服务到供应链管理

1. 供应链管理的概念

(1) 供应链管理

供应链管理是一种集成性的管理思想,它执行了供应链中对物流的计划和控制职能,是对供应链中的物流、信息流、资金流、业务流、增值流以及对贸易伙伴之间的关系进行规划和控制的过程。供应链管理包括采购、制造、销售、库管、运输、储藏和客户服务等各个方面。供应链管理的特点是注重用户服务水平与总的物流成本之间的关系,要最大限度地将供应链管理的整体效益发挥出来,达到供应链各相关企业的全体获益目的。

(2) 物流供应链管理

物流供应链管理是以物流行业为对象的供应链管理模式,物流供应链管理致力于整个供应链,意在将所有的物流活动一体化管理。其目标是以物流在整个供应链体系中的重要性为依据,整体降低物流成本,优化降低库存,实现制造业端的零库存,并通过供应链中得到的资源运作效率,赋予经营者更大的市场应变能力,从而做到物尽其用。

2. 供应链现状与竞争格局

供应链概念自 20 世纪 80 年代末提出以后,近年来随着制造的全球化,在制造业管理中得到普遍应用,成为一种新的管理模式。由于受国际市场竞争激烈、经济及用户需求等的不确定性的增加、技术的迅速革新等因素的影响,供应链管理虽然提出时间较短,但已得到广泛关注和应用。其发展大体可以分为传统物流管理阶段、第三方物流管理阶段以及专业供应链管理阶段(图 8-2)。

企业内部纵向一体化的的生产经营管理模式,即将产品的研发、采购、生产、加工、仓储、运输、营销等各个环节都集中在企业内部,内部一体化主要通过公司部门设置或投资控股公司来实现。这种模式下,企业对供应链的全过程拥有较强的控制力,但供应链运行成本高、与产品有关的服务相对欠缺,且企业面对市场需求变化的反应较为迟钝

企业逐渐摒弃了纵向一体化的生产经营管理模式,将投资规模较大或资产利用效率不高的业务(如仓储、运输、通关、国际货代等业务)通过外包的方式委托给专业的第三方物流进行运作。由此,第三方物流行业开始兴起

定制化需求逐渐凸显,企业生产模式从大规模生产变为大规模定制,企业的内部效率提高已经难以满足竞争日益激烈的市场需求,这便催生了核心企业将供应链上的商流、资金流、物流、信息流和工作流全部或部分外包,发挥供应链上的所有参与者的优势,并对供应链上的所有参与者进行一体化统筹管理的供应链管理理念

图 8-2 供应链管理发展阶段

3. 供应链发展趋势

物流总额飞速增长,供应链管理前景广阔。目前,随着中国产业结构日益走向规模化和

专业化的格局，伴随信息技术的大量应用、电子商务的兴起以及对成本控制要求的提升，物流行业也从无序走向有序，近年来物流行业飞速发展，中国社会物流总额呈不断上涨趋势，2017年已达252.8万亿元，2018年我国社会物流总额增长至283.1万亿元，较上年增长11.99%，占GDP比例已经达到14.8%。

(1) 增值服务供应链是主流趋势

增值服务供应链，是以客户需求为中心，通过资源整合，为客户提供物超所值的供应链服务，帮助客户实现价值增值，提高市场竞争力，以此来增强客户黏度，达成长期稳定的战略合作。

(2) 大数据成为新的行业价值点

数据背后蕴藏巨大价值，不仅仅可用于物流运营管理，而且会对消费者需求分析。未来的供应链是数据驱动的供应链，信息逐步代替库存，C2B模式的驱动更需要数据的支持。

(3) 供应链改造，链接优质供需

供应链的价值在于平台将长链条改造成了生态圈，把供应方和消费者全部组织联系在一起，在圈内产生更直接的互动，建立关系网络，不仅供应方和消费者，而且供应方之间、消费者之间以及其他第三方都可以自由互动，加入或退出，可以像滚雪球般汇聚越来越多群体，因而具有自我成长、自我完善的生命力，并且有着强烈的外部性。电子商务平台利用大数据精准匹配，通过强劲的供应链系统、千人千面的个性化推荐、推陈出新的内容电子商务形态，进行供应链整合，促进业务协同发展，进一步提升核心竞争力。

五、智能物流是未来所需

1. 定义

所谓智能物流就是在物流的各个环节之中，充分应用人工智能，以达到提高效率和降低成本的目的，极大限度地满足日益增长的客户需求。

2. 智能物流的优缺点

智能物流可降低物流仓储成本。物流智能获取技术使物流从被动走向主动，实现物流过程中的主动获取信息，主动监控运输过程与货物，主动分析物流信息，使物流从源头开始被跟踪与管理，实现信息流快于实物流。

智能传递技术被应用于物流企业内部，也可实现外部的物流数据传递功能。提高服务质量、加快响应时间，促使客户满意度增加，物流供应链环节整合更紧密。

3. 行业现状

我国物流成本将逐渐降低，智能物流系统空间广阔。我国仓储物流成本较高，智能化仓储物流具有较大潜在需求：2014年我国社会物流总费用达10.6万亿元，占GDP的16.6%；而同年的美国物流费用总额仅占GDP的8.2%，日本是8.5%，德国则是9%。纵观全球，物流费用占GDP比例约为11.7%。2016年我国自动化物流系统市场规模达758亿元，同比增加30%，其中自动化立体仓库达148.58亿元。往前看，我们判断随着自动化设备制造技术的发展以及下游企业对自动化系统需求的增加，物流自动化系统将持续保持高速增长，2~3年之内国内智能物流系统市场仍可维持20%以上的增长，到2018年市场容量有望超过1000亿元，2022年将突破2600亿元。

4. 未来发展趋势

① 全供应链化，大数据驱动整个供应链重新组合，不管是上游原材料、生产制造端，

还是下游的分销端，都会重新组合，由线性的、树状的供应链转型为网状供应链。

② 物流机器人会大量出现，不管是阿里巴巴，还是京东，以及顺丰等各大快递企业都会投入智能物流的硬件研发和应用。随着人力成本的不断提高，机器人成本与人工成本会越来越接近。简单重复性劳动被机器人取代只是时间问题。

③ 社会化物流会变成全社会经济的重要组成部分。数字化物流会让物流资源在全社会重新配置，不管是快递的人员、快递的工具、快递的设施，还是商品，都会进行组合，任何一个社会资源都可能成为物流的一个环节。因此未来智能物流，一定是一个自由、开放、分享、透明、有信用的一套新的物流体系。

第三节 法　　令

一、电子商务法完善游戏规则

2018 年 8 月 31 日中国正式出台《电子商务法》，2019 年 1 月 1 日正式实施。

《电子商务法》是政府调整、企业和个人以数据电文为交易手段，通过信息网络所产生的，因交易形式所引起的各种商事交易关系，以及与这种商事交易关系密切相关的社会关系、政府管理关系的法律规范的总称。

第十三届全国人大常委会第五次会议通过的《电子商务法》是中国电子商务领域首部综合性法律，法律涉及电子商务经营主体、经营行为、合同、快递物流、电子支付等方面，对电子商务发展中比较典型的问题做出明确具体的规定，为电子商务的健康发展提供了法律保障。

《电子商务法》明确了利用微信朋友圈、网络直播等方式从事商品、服务经营活动的自然人也是电子商务经营者，从事个人代购、微商也须依法办理工商登记获得相关行政许可，依法纳税。根据《电子商务法》，今后电子商务经营者会受到严格监管，一旦违规将面临最高 200 万元罚款。并且除了对税务的问题，还有其他比如平台的限制、专利方面的规范、卖家行为规范、买家权益等方面的内容。

二、互联网广告法实务要点

我国现行《中华人民共和国广告法》（以下简称《广告法》）自 1994 年 10 月 27 日公布、1995 年 2 月 1 日实施至今，在规范广告经营行为，维护广告市场秩序，保护消费者合法权益方面，发挥了重要作用。新修订的《广告法》从 2015 年 9 月 1 日起正式施行。此次广告法修改的幅度非常大，其中包括明确虚假广告的定义和典型形态、新增广告代言人的法律义务和责任、强化对大众传播媒介广告发布行为的监管力度等多个方面。具体如下：

① 判断词汇有没有违反广告法，主要从两方面看，第一，看使用的词汇是否属于广告范畴，在网页中介绍与商品或服务相关的内容描述等信息包括但不限于产品标签和说明书内容，是属于法律法规或者规章规定应当予以展示的，不属于商业广告宣传。第二，如果属于商业广告宣传的，适用《广告法》及《互联网广告管理暂行办法》等广告法规，词汇的使用是否合规还要根据所用的语境综合判断。

② 广告宣传用语是否合法合规必须放到相关宣传的商品或服务及所处的语境中去甄别，要通过广告是否真实、合法，是否以健康的表现形式表达广告内容，是否符合社会主义精神

文明建设和弘扬中华民族优秀传统文化的要求。广告是否含有虚假或者引人误解的内容，是否存在欺骗、误导消费者等方面来把握。

③ 新增广告代言人的法律义务和责任的规定。明确规定广告代言人不得为虚假广告代言，不得为未使用过的商品服务代言。

④ 十周岁以下未成年人不得代言。新法规定，不得利用十周岁以下未成年人作为广告代言人，不得在中小学校、幼儿园内开展广告活动，不得利用中小学生和幼儿的教材、教辅材料等发布或者变相发布广告等。

⑤ 网页弹窗广告应能"一键关闭"。如今，网络广告、手机短信广告等已成为广告业中一支不可忽视的力量。在互联网页面以弹出等形式发布的广告，应显著标明关闭标志，确保一键关闭，若不能，至少罚款 5 000 元。

⑥ 明确和强化工商机关及有关部门对广告市场监管的职责职权，明确以工商机关为主、各部门分工配合的管理体制，提高行政执法效能。增加了行政处罚种类，加大打击力度。包括：增加了资格罚，对情节严重的广告违法行为增加吊销营业执照、吊销广告发布登记证件的处罚；增加了信用惩戒，规定有关违法行为信息要记入信用档案。

三、电子商务税务立法有迹可循

1. 电子税务立法历程

确立电子签名的法律效力。2004 年 8 月 28 日，全国人民代表大会常务委员会第十一次会议通过了《中华人民共和国电子签名法》，2005 年 4 月 1 日起施行。这是我国推进电子商务发展，扫除电子商务发展障碍的重要步骤。该法被认为是中国首部真正意义上有关电子商务的立法。

2013 年 12 月 7 日，全国人大常委会正式启动了《电子商务法》的立法进程。2014 年 11 月 24 日，全国人大常委会召开电子商务法起草组第二次全体会议，就电子商务重大问题和立法大纲进行研讨。2017 年 10 月，十二届全国人大常委会第三十次会议，对电子商务法草案二审稿进行了审议。

2015 年国家工商税务系统便开始对电子商务行业的政策实施紧缩。

2016 年 11 月，国务院办公厅发出《关于推动实体零售创新转型的意见》，提出"营造线上线下企业公平竞争的税收环境"，无论采用传统交易模式还是电子商务模式都应享有同等税负，营造公平的税收环境和市场竞争环境。

2018 年 8 月 31 日正式出台《电子商务法》，2019 年 1 月 1 日正式实施（图 8-3）。

2. 电子商务税务立法的必要性

首先，电子商务征税可以促进电子商务行业的可持续发展。就目前的情况来看，电子商务行业已经进入发展的全盛时代。从艾瑞咨询的最新统计数据来看，2012 年中国电子商务市场上的网络购物交易额达到 1.3 万亿元。其中，又以 C2C 运营模式的淘宝网的交易额最占优势。但值得注意的是，一方面我国的电子商务市场并没有贡献相应的税收来与其创造的巨大交易额相匹配。由于中国的电子商务发展较晚，相应的征税制度尚未建立，类似于淘宝网店等电子商务模式尚未纳入现行税制体系，税收流失十分严重；另一方面，由于电子商务行业缺乏必要的监管，进入门槛低，各种商品鱼龙混杂，从我国电子商务协会的调查可以看出，企业和个人受访者对电子商务的不信任比例分别高达 36.6% 和 13.3%。因此，有必要

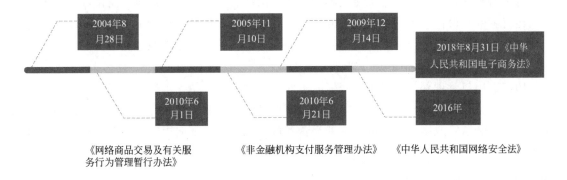

图 8-3 《电子商务法》立法历程图

制定具体的电子商务征税政策，改进现有的税收制度，在增加国家税收的同时，促进中国的电子商务市场健康有序的发展。

其次，电子商务征税是税收公平的体现。为实现网店和实体店的公平竞争，我国必须对电子商务征税。税收公平强调依据纳税人的税负能力和经济水平分配其应承担的税负，可见税负能力相同的人应当承担一样的税负。但是，由于我国信息技术发展相对落后，再加上电子商务交易过程的无纸化、交易信息的电子化和交易主体的虚拟性，使得电子商务征税存在较大的难度，因此相关机构并没有对与实体店税负能力相同的网店征税。但是，这种不征税的"潜规则"完全违背了税收公平原则。与传统交易模式下的实体店相比，电子商务经营不仅可以节省店面租金，还可以节约税款。这种避税获利的优势必然会吸引实体店家向电子商务市场转移，以实现经济利益的最大化。如果放任此种行为，势必会造成传统交易市场的萎缩，使传统交易市场内的就业等因素遭受冲击。因此，考虑到税法的公平原则，依法负有纳税义务的主体之间应当根据承受能力，公平分配税收负担。

3.《电子商务法》有关税收规定

（1）第四条

国家平等对待线上线下商务活动，促进线上线下融合发展，各级人民政府和有关部门不得采取歧视性的政策措施，不得滥用行政权力排除、限制市场竞争。

（2）第十条

电子商务经营者应当依法办理市场主体登记。但是，个人销售自产农副产品、家庭手工业产品，个人利用自己的技能从事依法无须取得许可的便民劳务活动和零星小额交易活动，以及依照法律、行政法规不需要进行登记的除外。

（3）第十一条

电子商务经营者应当依法履行纳税义务，并依法享受税收优惠。依照前条规定不需要办理市场主体登记的电子商务经营者在首次纳税义务发生后，应当依照税收征收管理法律、行政法规的规定申请办理税务登记，并如实申报纳税。

（4）第十四条

电子商务经营者销售商品或者提供服务应当依法出具纸质发票或者电子发票等购货凭证

或者服务单据。电子发票与纸质发票具有同等法律效力。

（5）第二十八条第二款

电子商务平台经营者应当依照税收征收管理法律、行政法规的规定，向税务部门报送平台内经营者的身份信息和与纳税有关的信息，并应当提示依照本法第十条规定不需要办理市场主体登记的电子商务经营者依照本法第十一条第二款的规定办理税务登记。

（6）第七十二条

国家进出口管理部门应当推进跨境电子商务海关申报、纳税、检验检疫等环节的综合服务和监管体系建设，优化监管流程，推动实现信息共享、监管互认、执法互助，提高跨境电子商务服务和监管效率。跨境电子商务经营者可以凭电子单证向国家进出口管理部门办理有关手续。

四、电子商务相关政策

（1）网站设立

有关网站设立的政策有《互联网 IP 地址备案管理办法》《互联网域名管理办法》。

（2）网络信息管理

有关网络信息管理的政策有《互联网信息服务管理办法》《信息网络传播权保护条例》。

（3）商流

有关商流的政策有《网络交易管理办法》《中华人民共和国电子签名法》《关于网上交易的指导意见（暂行）》等。

（4）资金流

有关资金流的政策有《电子支付指引（第一号）》《非金融机构支付服务管理办法》等。

（5）保障与维权

有关保障与维权的政策有《中华人民共和国消费者权益保护法》《中华人民共和国侵权责任法》等。

（6）物流

有关物流的政策有《快递市场管理办法》《快递业务经营许可证管理办法》。

（7）免税政策

2018 年 10 月 1 日起，财政部、国家税务总局、商务部、海关总署联合发文明确，对跨境电子商务综合试验区电子商务出口企业出口未取得有效进货凭证的货物，同时符合下列条件的，试行增值税、消费税免税政策。

第一，电子商务出口企业在综试区注册，并在注册地跨境电子商务线上综合服务平台登记出口日期、货物名称、计量单位、数量、单价、金额。第二，出口货物通过综试区所在地海关办理电子商务出口申报手续。第三，出口货物不属于财政部和税务总局根据国务院决定明确取消出口退（免）税的货物。

通知明确，海关总署定期将电子商务出口商品申报清单电子信息传输给国家税务总局。各综试区税务机关根据国家税务总局清分的出口商品申报清单电子信息加强出口货物免税管理。

通知指出，具体免税管理办法由省级税务部门商财政、商务部门制定。各综试区建设领导小组办公室和商务主管部门应统筹推进部门之间的沟通协作和相关政策落实，加快建立电子商务出口统计监测体系，促进跨境电子商务健康快速发展。

第四节 安全与智能科技

一、电子商务安全叙论

1. 安全问题的范围

电子商务的安全问题主要体现在以下两个方面：一是安全技术问题。电子商务需要通过网络传输商务信息来进行贸易活动的，一个安全的网络环境是开展电子商务活动的最基本要求，而网络安全是需要相应的安全技术手段来保障，如数据加密、数字签名等技术手段。二是安全管理问题。电子商务不仅涉及公司内部的复杂网络环境管理，还面临着企业网与互联网相连时性能、安全、可靠性等方面的挑战。电子商务安全方面的预防和解决必须依赖制度的不断完善、相关法律的健全和实施。

过去 30 年网络安全的内涵和外延正在不断地丰富和延伸，从企业网络安全、网络层安全到网络空间安全，包含了个人安全（2C）、企业安全（2B 与 2G）、万物互联安全（2T）、新安全（2ALL）在内完整的产业生态（图 8-4）。

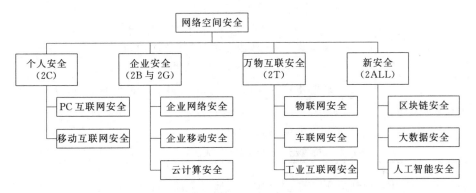

图 8-4 网络空间安全架构

2. 电子商务的安全性要求

随着电子商务的发展，电子商务的安全性方面的要求也越来越高，主要体现在以下几个方面。

（1）信息保密性

指的是信息在存储、传输和处理过程中不被他人窃取。

（2）交易者身份的确定性

网上交易的双方很可能素昧平生，相隔千里。要使交易成功，首先要能确认对方的身份，对商家而言要考虑客户端不能是骗子，而客户也要确认网上的商店不是一个弄虚作假的黑店。因此能方便而可靠地确认对方身份是交易的前提。

（3）不可否认性

由于商情的千变万化，交易一旦达成是不能被否认的。否则必然会损害一方的利益。

（4）不可修改性

交易的文件是不可被修改的，如其能改动文件内容，那么交易本身便是不可靠的，客户或商家可能会因此而蒙受损失。因此电子交易文件也要能做到不可修改，以保障交易的严肃和公正。

二、电子商务安全技术需求与演进

（一）电子商务的技术需求

电子商务自产生开始就与电子商务安全技术息息相关，相互影响，发展电子商务安全技术是电子商务发展的必然需求，但与此同时电子商务安全技术的发展也会受到一些其他因素的影响，比如说如表 8-3 所示的几个因素。

根据时间的不同，电子商务的安全需求会分别收到政策、基础框架和安全事件这三方面因素的影响。

表 8-3　网络安全行业渠道因素分析

因素		具体内容	
驱动因素框架	政策合规驱动（短中期）	ISO 27001（1995）	公安部 151 号令（2018）
		公安部 92 号令（2006）	欧盟通用数据保护条例 GDPR（2018）
		信息安全等级保护制度（2007）	等级保护制度 2.0（2019）
		网络安全法（2017）	关键信息基础保护条例（2020）
	基础框架驱动（中长期）	第一波：信息化/互联网（1995—2010）	
		第二波：云计算/移动互联/工业自动化控制/物联网（2013至今）	
		第三波：IOT/万物互联（2020—?）	
	安全事件驱动（短期）	病毒/木马/蠕虫（2000）	高级可持续威胁 APT(2013)
		流氓软件（2005）	漏洞利用（2014）
		网页挂马网页钓鱼/（2007）	勒索软件（2016）
		软件流量攻击 DDOS/CC（2009）	轮矿劫持/供应链攻击（2017）

从图 8-5 我们可以看到电子商务安全技术的演进之路，是从信息化阶段老三样与加密发展到企业互联时期安全产品体系逐渐完善，最后发展到云计算与万物互联阶段新技术与新场景的应用。

（二）常用的安全措施及技术

电子商务是利用计算机技术、网络技术和远程通信技术，实现整个商务（买卖）过程中的电子化、数字化和网络化。主要的安全问题是支付安全和信息保密、用户认证、信息的加密存贮、信息的加密传输、信息的不可否认性、信息的不可修改性等要求。要用密码技术、数字签名、数字邮戳、数字凭证和认证中心等技术和手段构成安全电子商务体系。保障电子商务安全包括以下三种技术：

1. 安全协议

安全协议是以密码学为基础的消息交换协议，其目的是在网络环境中提供各种安全服务。密码学是网络安全的基础，但网络安全不能单纯依靠安全的密码算法。安全协议是网络安全的一个重要组成部分，人们需要通过安全协议进行实体之间的认证、在实体之间安全地分配密钥或其他各种秘密、确认发送和接收的消息的非否认性等。

① 安全套接层（Secure Socket Layer，SSL）协议是指使用公钥和私钥技术相组合的安全网络通信协议，是网景公司推出的基于互联网应用的安全协议。安全套接层协议指定了一

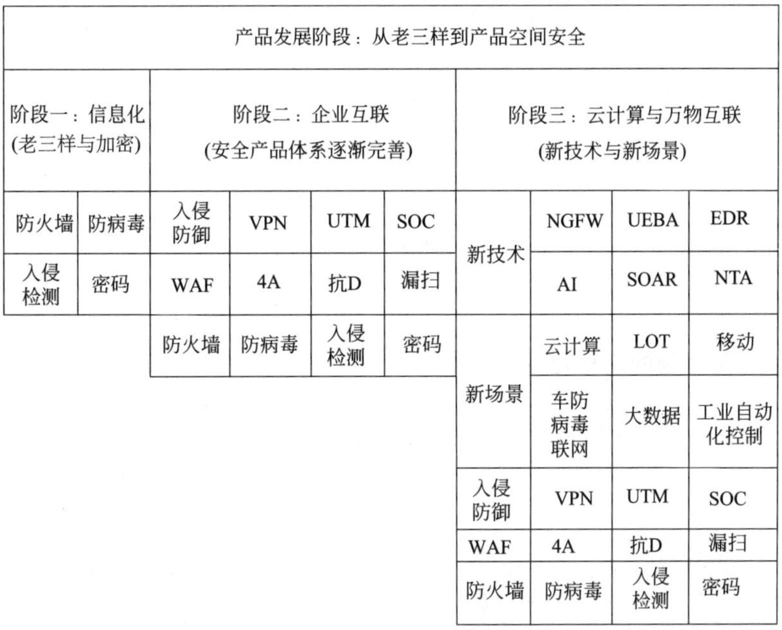

产品发展阶段：从老三样到产品空间安全							
阶段一：信息化 (老三样与加密)		阶段二：企业互联 (安全产品体系逐渐完善)				阶段三：云计算与万物互联 (新技术与新场景)		
防火墙	防病毒	入侵防御	VPN	UTM	SOC	新技术	NGFW	UEBA	EDR
入侵检测	密码	WAF	4A	抗D	漏扫		AI	SOAR	NTA
		防火墙	防病毒	入侵检测	密码	新场景	云计算	LOT	移动
							车联网	防病毒	大数据	工业自动化控制
						入侵防御	VPN	UTM	SOC
						WAF	4A	抗D	漏扫
						防火墙	防病毒	入侵检测	密码

图 8-5　产品发展阶段

不可否认性应用程序协议（如 HTTP、Telnet 和 FTP 等）和 TCP/IP 之间提供数据安全性分层的机制。

② 安全电子交易（Secure Electronic Transaction，SET）协议是由万事达卡（Master Card）和维萨（Visa）联合网景、微软等公司，于 1997 年 6 月 1 日推出的。该协议主要是为了实现更加完善的即时电子支付。

2．加密技术

加密技术具有对称密钥加密体制和非对称密钥加密体制。

加密技术是利用技术手段把原始信息变为乱码（加密）传送，到达目的地后再用相同或不同的手段还原（解密）信息。原始信息通常被称为"明文"，加密后的信息通常被称为"密文"。

加密技术涉及两个元素：算法和密钥。算法是将明文与一串字符（密钥）结合起来，进行加密运算后形成密文。密钥是在将明文转换为密文或将密文转换为明文的算法中输入的一串字符，可以是数字、字母、词汇或短语。

（1）对称加密体制

① 对称加密体制的工作过程（图 8-6）。

② 对称加密体制的算法。经典的对称加密体制算法为数据加密标准（Data Encryption Standard，DES）。DES 算法是一种对称的分组加密算法。简单的 DES 算法是以 64 位为分组进行明文输入，在密钥的控制下产生 64 位的密文；反之，输入 64 位的密文，则输出 64 位的明文。加密过程中，密钥总长度是 64 位，由于密钥表中每个字节的第 8 位都用作奇偶校验，所以实际有效密钥长度为 56 位。DES 算法可以通过软件或硬件来实现。

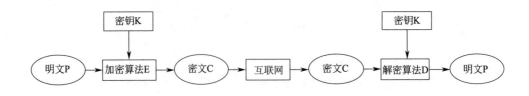

图 8-6　对称加密体制的工作过程

（2）非对称加密体制

① 非对称加密体制的工作过程（图 8-7）。

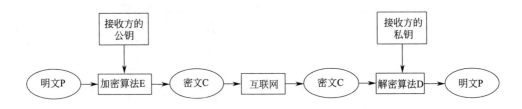

图 8-7　非对称加密体制的工作过程

② 非对称加密体制的算法。目前，非对称加密体制的算法中，使用最多的是 RSA 算法。RSA 算法是 1978 年由罗纳德·李维斯特、阿迪·萨莫尔和伦纳德·阿德曼设计的非对称加密体制的算法，算法以发明者姓氏的首字母来命名。它是第一种既可用于加密，又可用于数字签名的算法。

在实际应用中，通常将对称加密算法和非对称加密算法结合使用，利用 DES 算法进行大容量数据的加密，而利用 RSA 算法来传递对称加密算法所使用的密钥。二者结合使用集成了两类加密算法的优点，既加快了加密速度，又可以安全、方便地管理密钥。表 8-4 为对称加密体制和非对称加密体制的对比。

表 8-4　对称加密体制和非对称加密体制的对比

比较项目	对称加密体制	非对称加密体制
代表算法	DES	RSA
密钥数目	单一密钥	成对密钥
密钥种类	密钥是秘密的	一个私有，一个公开
密钥管理	产生简单，管理困难	需要数字证书及可靠的第三者
相对速度	快	慢
主要用途	大量数据加密	数字签名或对称密钥的加密

3. 认证技术

目前，认证技术有身份认证（也叫用户认证）和消息认证两种方式。身份认证用于鉴别用户的身份是否合法；消息认证可用于验证收到的消息确实来自真正的发送方且未被修改（即完整性），也可以用于验证消息的顺序性和及时性。消息认证主要包括数字签名和数字时间戳等技术。电子商务系统安全示意图如图 8-8 所示。

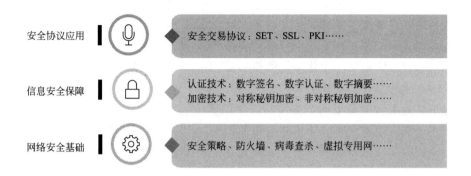

图 8-8　电子商务系统安全示意图

（三）区块链技术

区块链技术（Blockchain Technology，BT），也被称之为分布式账本技术，是一种互联网数据库技术，其特点是去中心化、公开透明，让每个人均可参与数据库记录。传统"信任中介"模式与区块链去中心化对比模式图如图 8-9 所示。

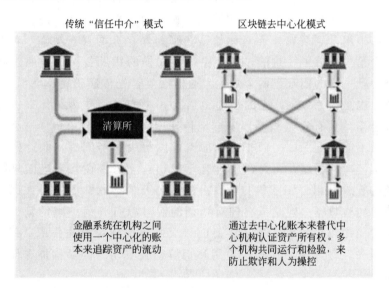

图 8-9　传统"信任中介"模式与区块链去中心化对比模式图

1. 区块链技术的特性

区块链技术具备分布式、防篡改、高透明和可追溯的特性，非常符合整个金融系统业务需求，因此目前已在支付清算、信贷融资、金融交易、证券、保险、租赁等细分领域落地应用。而随着区块链技术的不断发展完善，应用也从金融领域延伸到实体领域，如电子信息存证、版权管理和交易、产品溯源、数字资产交易、物联网、智能制造、供应链管理等领域。随着区块链的价值得到广泛的认可，越来越多的行业正在提出自己的区块链解决方案。

2. 区块链优势明显，保证数据真实性安全性

（1）数据传输真实性保密性使区块链备受青睐

数据传输过程中有两个基本问题：保密性、真实性。数据的传递需要保密，只能被适当的用户查看,此外还要保证传输数据的真实性,同时要保证数据发送者身份真实性,区块链技术以其公私钥非对称加密和数字签名技术保证保密性与真实性。

（2）公私钥非对称加密技术保证信息传递保密性

如果把区块链想象成是一个账本,区块是定时记录一部分数据的账单,区块相连成链。不同以往的中心化数据库,区块链账本是全网公开的,网络中的每一笔交易信息都向全网进行广播,每个节点都维护着全网全部交易记录的账本,并且每隔一段时间（10分钟）进行对账更新。每个节点虽然拥有整个网络全部的信息,但是通过公私密钥非对称加密,只有拥有私钥的用户可以解读数据,其他节点只能如实记录却无从知晓内容,这就保证全网账单公开的同时保证了数据的保密性。

3. 区块链技术中主要应用的是非对称加密技术

保密的原理如下,在网络中传输的数据并不是明文,而是经过加密的暗文,只有用密钥才能解密转化为可读明文。如果没有密钥,即使网络上其他用户截获了该信息,也无从阅读理解,从而保证了信息传递的保密性。

传统的对称加密,由于加密和解密是可逆的,对称加密的速度快,它的加密和解密的密钥是同一把,而非对称加密中加密和解密是用不同的密钥,其中公开的密钥称之为公钥,个人保存的密钥称之为私钥。如果用公钥加密,那么就必须用私钥解密,如果用私钥加密,就必须用公钥解密。而对称加密在密钥保存方面存在缺陷,对称加密好比在一个公共的安全箱里面放了一封信,安全箱通过同样的钥匙打开,寄信人和收信人必须每人保留一把一模一样的钥匙。两个陌生人通信前要首先传递密钥,然后才能进行通信。但是密钥本质上也是一个数据,它的传递也需要一个安全箱作为载体来保证安全。没有密钥就没有安全箱,没有安全箱难以安全地传递密钥,一旦密钥传递过程中被窃取,那么通信的安全并不能得到保证。而非对称加密可以解决这个问题,非对称加密的安全箱特殊设计成两端开口的管型,每个口各自有一把钥匙,信件在管道里面只能单向运动不能回头。对外的管道口用公钥才能打开,公钥是公开的,意味着每个人都可以通过管道给别人发送信息传递数据。但是只有拥有私钥的人可以打开另一端的管道口阅读,别人是无从知晓的。当用户要给别人发送信息时,只需要找到对方的公钥,打开管道口,将信息和数据传进去,对方便可在另一边用私钥解密查看了。同对称加密比,非对称加密和解密速度慢。

4. 区块链四大特性

区块链有四个主要的特性：去中心化、去信任、集体维护、可靠数据库。并且由四个特性会引申出另外2个特性：开源、隐私保护。去中心化指分布式存储与对账：各节点记账并储存,每个节点都遵循同一记账交易规则,而该规则基于密码算法而非信用,同时每笔交易需要网络内其他用户的批准（相当于验算）,不需要第三方中介机构或信任机构背书。在传统的中心化网络中,对一个中心节点（例如支付中介第三方）实行有效攻击即可破坏整个系统,而在一个去中心化的例如区块链的网络中,攻击单个节点无法控制或破坏整个网络。去信任指交易技术性执行：参与整个系统中的每个节点之间进行数据交换是无需互相信任的,整个系统的运作规则是公开透明的,系统内交易批准取决于所有节点共识性原则,规则对于所有节点公平且强制。所有的数据内容也是公开的,因此在系统指定的规则范围和时间范围内,节点之间是不能也无法欺骗其他节点。

三、电子商务安全需管理制度配合

电子商务安全管理制度是用文字形式对各项安全要求所做的规定，它是保证电子商务正常进行的基础，是电子营销人员安全工作的规范和准则。电子商务安全管理制度包括人员管理制度、保密制度、跟踪制度、审计制度、稽核制度、系统维护制度、数据备份制度、用户管理制度、病毒防范和定期清理制度。

（1）人员管理制度

通过网络进行的电子商务流动拥有很强的隐秘性。同时，进行电子商务交易的人员既要拥有像传统市场营销人员一样的知识和手腕，还要必须具备计算机知识，熟识计算机网络。他们是一群拥有高技术性的专业人员，所以加强对这部分人员的管理是保护电子商务安全的首要。要严格选拔网上交易人员，落实工作责任制，并贯彻电子商务安全运作的基本原则。

（2）保密制度

网上交易时涉及企业的市场、生产、财务、供应等多方面的机密，必须实行严格的保密制度。保密制度需要很好地划分信息的安全级别，确定安全防范重点，并提出相应的保密措施。信息的安全级别一般可分为三级：第一，绝密级。如公司战略计划、公司内部财务报表等。此部分网址、密码不在 Internet 上公开，只限于公司高层人员掌握。第二，机密级。如公司的日常管理情况、会议通知等。此部分网址、密码不在 Internet 上公开，只限于公司中层管理者以上人员使用。第三，秘密级。如公司简介、新产品介绍及订货方式等。此部分网址、密码在 Internet 上公开，供消费者浏览，但必须有保护程序，防止"黑客"入侵。

保密工作的另一个重要的问题是对密钥的管理。大量的交易必然使用大量的密钥，密钥管理贯穿于密钥的产生、传递和销毁的全过程。密钥需要定期更换，否则可能使"黑客"通过积累密文增加破译机会。

（3）跟踪、审计、稽核制度

跟踪制度要求企业建立网络交易系统日志机制，用来记录系统运行的全过程。

审计制度要求对系统日志的检查、审核，及时发现系统故意入侵行为的记录，对系统安全功能违反的记录，监控和捕捉各种安全事件，保存、维护和管理系统日志。

稽核制度是指工商管理、银行、税务人员利用计算机及网络系统，借助于稽核业务应用软件调阅、查询、审核、判断辖区内各电子商务参与单位业务经营活动的合理性、安全性，堵塞漏洞，保证电子商务交易安全，发出相应的警示或作出处理处罚有关决定的一系列步骤和措施。

（4）网络系统的日常维护制度

网络系统的日常维护制度包括硬件的日常管理和维护及软件的日常管理和维护。

（5）病毒防范制度

比如给自己的计算机安装防病毒软件，不打开陌生的电子邮件，认真执行病毒定期清理制度，控制权限，高度警惕网络陷阱。具体如下。

① 给企业的计算机安装网络版的防病毒软件，并定期更新病毒库。

② 认真执行病毒定期清理制度。

③ 对于系统中的重要数据，最好不要存储在系统盘上，并且随时进行备份。

④ 不随意拷贝和使用未经安全检测的软件。

⑤ 不要随意打开不明来历的邮件，更不要访问不知底细的网站。

四、智能科技将使安全防护与流程更融合

1. 安全防护依赖的技术

在数字经济时代，生产资料正在逐步转化为各种数据，因此数据的安全实质上是生产资料的安全，其重要性不言而喻。

"以往认为保证数据安全就是加密，但现在的问题是，单纯加密的数据无法处理，因此现在的问题是如何在协作使用的情况下进行数据加密、安全传输和处理。"荆继武表示，今后数据安全发展趋势是数据来源鉴别技术、数据完整性保证技术、数据不可抵赖技术等一系列数据安全技术的协同智能化处理，并通过标准化的多安全等级电子认证可信体系来确保数据在各个环节都安全。

（1）数据的集中存储

在计算机系统中存储大量数据，数据之间联系紧密，极其容易引起攻击者的注意，成为黑客的目标。网络上数据各种各样，来源于不同的途径，如邮件、微博、传感器等，数据相对集中存储在一起易增加数据泄漏的风险，同时对人身安全造成了损失。

（2）数据加密技术

在计算机领域数据加密一直是防止数据泄漏的重中之重，不过仍然有数据泄漏事件。人工智能技术的应用建立在对互联网用户上网数据的采集基础之上，没有大量的数据分析，就不会产生智能化的应用和技术服务。而大量的数据库集中在资源雄厚的大型企业手中，他们一方面收集数据，另一方面分析数据并将之智能化应用，企业对信息安全的资金投入不多，会增加数据泄漏的风险。

（3）杀毒软件的应用

随着电脑病毒的出现，多种多样的杀毒软件应运而生。如果一台电脑中毒，可能会造成多台电脑瘫痪，甚至使整个企业的电脑死机，造成数据丢失。病毒的形式不断地变化，入侵电脑的途径也多种多样，每一次新病毒的出现，才会致使杀毒软件全方面地升级。企业应该不仅仅根据出现的病毒更新杀毒软件，更要防患未然。

2. 企业信息安全的防护措施

（1）对数据安全技术研发

从传统信息安全技术来看，现阶段企业为确保人工智能的顺利发展要加大对数据安全技术开发的投资，同时国家应该大力支持，并给予一定的帮助，多方面地引进新的人才，借鉴其他企业数据安全技术，不断地开发，在网络运营过程中保持数据的安全，让黑客束手无措。

（2）重视敏感数据的保护

敏感信息是指一旦泄漏、非法提供或滥用可能危害人身和财产安全，极易导致个人名誉、身心健康受到损害或歧视性待遇的个人信息。敏感的信息未经用户允许不得泄露，企业对用户的隐私数据要采取重点保护，对设备的使用进行规定，确保网络能正确运行。国家应该对敏感信息制定对应的制度措施，让一些人望而却步。

（3）国家对数据的保护制度

对数据的保护，既是企业的职责，也是个人的义务。政府方面要发挥主导作用，在人工

智能应用中深入分析安全需求，进行顶层设计，推动人工智能技术自主和理论创新，提出安全策略，设置安全要求，加强安全制度建设，加快人工智能应用立法工作。国家要针对数据保护制定相应的法律法规，同时把数据保护渗透到学习课程中，从小教育青少年，真正地把数据安全意识传递给每一个人。个人应及时清除自己的隐私数据，安全文明地上网。

（4）合法共享用户信息

在使用用户信息时，应明确信息来源的合法性，对数据的有效性进行确认，在分享用户信息时要征求用户的意见，不得擅自泄露。在大数据时代，数据就是财富，对数据的合法性进行调查，查清来源。否则得到虚假的数据，进行使用后，将可能会对企业造成损失。

第五节 东盟电子商务之窗

一、发展东南亚跨境电子商务市场的政策背景

1. "一带一路"倡议的推进

随着"一带一路"的不断推进，中国与"一带一路"沿线国家贸易合作取得丰硕成果，贸易领域逐步拓宽，结构进一步优化，新增长点不断涌现，这为中国企业开拓海外市场创造了千载难逢的良机。"一带一路"沿线涉及东南亚地区 11 国，人口总计约 6.39 亿人，GDP 总量达到 2.58 万亿美元，进出口总额共计约 2.3 万亿美元。

东南亚地区在"一带一路"中占有举足轻重的地位，是中国与沿线国家开展贸易合作的主要区域。2016 年，中国与东南亚地区贸易额为 4554.4 亿美元，占中国与沿线国家贸易总额的 47.8%；在出口上，中国向东南亚出口额最大，达 2591.6 亿美元。

2. 中国—东盟自由贸易区的推动

2020 年是中国与东盟建立对话关系的 29 周年。29 年来，双方合作领域不断扩大，层次日益提升，特别是在 2010 年中国—东盟自由贸易区全面建成和 2015 年自贸区升级谈判完成后，自贸区建设在共商、共建、共享原则的指引下，充分满足了中国与东盟各国的内在需求，极大地推动了双边的互利共赢。中国—东盟自由贸易区自 2010 年 1 月 1 日全面启动，标志着由中国和东盟 10 国组成、接近 6 万亿美元国民生产总值、4.5 万亿美元贸易额的区域，开始步入零关税时代。

二、东南亚支付现状

虽然 2016 年东南亚金融科技创企掀起融资热潮，但支付仍是该区发展电子商务最大的障碍之一。许多创企试图创造一个支付产品，但并没有解决基本的支付问题——如庞大的无银行账户人口。

在整个地区，我们看到每个市场上的玩家都试图解决当地的金融挑战，但收效甚微。在泰国，政府企图通过 PromptPay 建立无现金社会，却在政府储蓄银行（GSB）ATM 机被网络黑客入侵盗取 37.8 万美元后，至今一直被延期。

菲律宾的 Coins.ph 使用比特币来增加该国的金融包容性，但仍处于初级阶段。在印度尼西亚，电信公司甚至 Gojek 等网约车应用纷纷推出移动钱包，进行高调的竞争——无疑是受中

国支付宝和微信早期策略的启发——但是,没有一个电子支付产品受到用户的广泛选择。

银行转账以及货到付款仍是最受欢迎的两种付款方式,并继续削弱电子商务。

三、包裹交付正在逐步改善

该地区的电子商务的发展促进了物流基础设施的建设。2015年东南亚物流领域共获得了2816万美元投资,电子商务物流解决方案提供商aCommerce以之前公开的2020万美元融资金额领先。今年7月,aCommerce锁定新一轮融资,融资额达1000万美元。

印度尼西亚最大的物流公司JNE表示,其70%~80%的收入来自以电子商务为主的零售业,并希望保持其30%~40%的年增长率。德国物流DHL也加大注码攫取市场份额,包括在新加坡开设货运枢纽。

On-demand交付服务,主要由Gojek和Grab这样的网约车所领导。采用摩托车实现当天交付,在印度尼西亚和泰国等交通拥堵的市场蓬勃发展。

在菲律宾,像ShippingCart和POBox.ph这样的跨境包裹转发服务针对该国独特的大量跨境交易,以促进其业务发展。

第六节 电子商务学术进展

本书筛选关键字查询,查询资料来自于知网www.cnki.net。

一、"支付"相关学术研究

(一)经典论文

1.《互联网金融监管的探析》

李有星 陈飞金 幼芳

浙江大学光华法学院

摘要: 无论是货币支付还是货币融通领域,互联网与金融两者都在迈向深度融合,这预兆着互联网金融时代的到来。互联网金融主要表现为金融对互联网信息技术的工具性应用,本质上互联网金融仍属金融范畴。非正规金融应用互联网信息技术最突出的成果表现为第三方支付、P2P借贷和众筹融资等金融创新模式的新兴。基于国内法律现状,互联网金融不是在交易角度无法可依,而是在监管角度缺乏规制。互联网金融在发展的同时也出现了风险问题,造成金融安全隐患。对互联网金融实施监管已逐渐成为国内外金融监管机构的共识。在国内实施互联网金融监管,应确定监管主体地方化的方向,采取原则导向监管方式,构建以会员邀请、资金第三方托管、简易信息披露及信息安全保护为核心的互联网金融"安全港"制度。

关键词: 互联网金融;互联网信息技术;监管规制;金融法;第三方支付;P2P借贷;众筹融资;安全港制度。

2.《第三方支付产业的内涵、特征与分类》

任曙明 张静 赵立强

大连理工大学经济学院 内蒙古赤峰市喀喇沁旗农村信用合作联社

摘要: 近年来第三方支付这种互联网支付方式获得了人们的青睐,第三方支付产业逐渐成为支付行业的支柱,其发展状况也受到国家的高度重视。本文通过递进的方式整理归纳出第三方支付服务、第三方支付企业以及第三方支付产业的内涵，并在此基础上以第三方支付产业为研究对象，从其固有的双边市场特征以及特有特征角度进行分析，旨在为中国第三方支付产业的发展提供参考。

关键词：第三方支付；内涵；特征；分类。

3.《从支付宝看中国电子商务中的第三方支付平台》

肖江

中南财经政法大学信息学院

摘要：第三方支付平台作为安全、快捷、方便的网上支付，打开了制约中国电子商务发展的瓶颈。作为电子商务的重要关联产业，其重要性日益凸现。目前，支付宝是中国最大的第三方支付平台。本文介绍了支付宝的产生和发展，在分析支付宝的运营模式基础上，分析了支付宝的优劣势及面临的挑战。进而透视国内的第三方支付市场，思考中国第三方支付平台的发展。

关键词：电子商务；第三方支付；支付宝。

（二）关键文献

1. 最早研究（共3条）

① Mehl B，高翔，陆立军．医院药费管理的指标体系［J］．国外医学（卫生经济分册），1985，（4）．

② 高敏．教学医院应该增加费用［J］．国外医学（卫生经济分册），1986，（1）．

③ 孙西宏．关于健康保险中的几个概念［J］．中国社会医学，1987，（2）．

2. 最新研究（共3条）

① 张佐朋．第三方支付对我国商业银行影响探究［J］．中外企业家，2020，（2）．

② 张晓婷．第三方跨境支付系统——"E支付"［J］．中外企业家，2020，（2）．

③ 李娜．第三方支付行业的发展问题与对策研究——以支付宝为例［J］．中国商论，2020，（2）．

3. 综述研究（共2条）

① 刘天一．浅谈第三方支付［J］．财经界，2019，（2）．

② 包仲航．第三方支付存在的安全性问题及对策［J］．电子技术与软件工程，2018，（3）．

二、"电子商务、物流"相关学术研究

（一）经典论文

1.《电子商务物流发展现状与对策研究》

梁淑慧　荣聚岭　周永圣

北京工商大学商学院

摘要：随着网络购物交易规模的不断扩大和企业规模的快速发展，人们对电子商务物流的要求越来越高。电子商务作为一种新的数字化商务方式，代表未来的贸易、消费和服务方式，因此，要完善整体商务环境，就需要打破原有工业的传统体系，发展建立以商品代理和配送为主要特征，物流、商流、信息流有机结合的社会化物流配送体系。电子商务物流的概念是伴随电子商务技术和社会需求的发展而出现的，它是电子商务真正的经济价值实现不可或缺的重要组成部分。本文通过分析当前电子商务的发展，引出对电子商务物流的探讨，结

合实例研究了目前电子商务物流发展的现状和问题，并提出一些发展对策。

关键词：电子商务物流；电子商务；第三方物流；第四方物流；O2O。

2.《云物流和大数据对物流模式的变革》

梁红波

濮阳职业技术学院

摘要：大数据为企业营销提供科学的、快捷的、可靠的数据分析与建议，依据大数据技术发展云物流，可以高效整合物流资源、降低供应链各节点企业的物流成本、提升物流企业的增值服务水平。在云物流和大数据引领下，一些新型物流模式如物流企业联盟、虚拟无水港、供应链物流一体化等被推广应用。在这个过程中，物流企业在云物流环境下发生着变革、转型和升级。

关键词：云物流；大数据；物流模式。

3.《B2C 电子商务物流模式竞争力评价研究——以天猫为例》

习小琪

杭州电子科技大学

摘要：互联网拉动 B2C 电子商务的飞速发展，而物流则是电子商务发展的支撑体系。高效合理的物流模式能为企业发展助力，文章以中国最大的电子商务平台——天猫为例，分析其当前物流模式中的优劣，为相关企业的发展提供相应借鉴，并提出相应发展建议。

关键词：B2C 电子商务；物流模式；SWOT 竞争力分析；天猫。

（二）关键文献

1. 最早研究（共 3 条）

① 邵晓峰，季建华. 电子商务与电子商务物流［J］. 商业经济与管理，2000，(5).

② 邵晓峰，季建华. 面向网络经济［J］. 管理现代化，2000，(3).

③ 王勇，唐浩阳，秦鹏. 物流运输中的分配调度折扣模型［J］. 重庆大学学报：自然科学版，2002，(11).

2. 最新研究（共 3 条）

① 曲理萍. 我国电子商务物流发展现状探究［J］. 佳木斯职业学院学报，2019，(12).

② 李波良，梁琦. "互联网＋"时代下电子商务物流发展探析［J］. 才智，2019，(35).

③ 蔡正焱. 互联网时代跨境电商物流体系研究分析［J］. 文化产业，2019，(23).

3. 综述研究（共 1 条）

孔令夷. 供应链电子商务协同管理研究进展［J］. 生态经济，2013，(7).

三、"电子商务法律"相关学术研究

（一）经典论文

1.《电子商务法律制度专题研讨——电子商务法律制度的内核》

蒋坡

上海大学法学院

摘要：我们正在走进电子商务，电子商务正在走进我们。当前，电子商务正以迅猛发展的态势影响着我们社会生活，因其网络的开放性与无形性，使得电子商务与传统商务有着许多不同之处。毋庸置疑，电子商务法律问题已向传统的法律制度提出了挑战。如何迎接电子商务法律问题的挑战,这是法律工作者应该思考的问题。为此,本期"民事法制"和"经济法制"栏目集中推出一组有关电子商务法律制度专题研究的文章,以推进电子商务法律制度的健全与完善。

关键词：电子商务法；法律制度；数字证书；当事人。

2.《微商发展的法律困境及其对策》

朱兵强　阮莉莉　肖品祥

湖南师范大学法学院　湖南省邵阳市民生法律事务所

摘要：近年来,以微信为代表的移动社交软件迅速普及,作为一种新型的移动电商——微商因此取得迅猛发展。然而,微商在其发展过程中遭遇到较大的法律困境,包括法律性质不清、主体资格不明、法律监管缺失以及交易风险较大等。微商发展遭遇的法律困境需要从完善微商立法与加强法律监管等方面予以解决。

关键词：微商；传统电商；法律困境；立法。

3.《中国电子商务信用法律体系的完善》

赵博

黑龙江大学法学院

摘要：电子商务信用作为传统商业信用在网络环境下的延伸,既与传统商业信用有许多相同之处,又与传统商业信用有所区别。诚信是电子商务存在和发展的基础。当前中国的电子商务信用保障机制面临很多的困难和障碍,而进一步完善电子商务法律制度是完善信用保障机制的前提条件。完善电子商务信用法律体系不仅对中国电子商务发展具有重要意义,同时其也是全社会信用体系建设的重要组成部分。

关键词：电子商务；信用评价体系；法律制度。

（二）关键文献

1. 最早研究（共3条）

① 张保明. 全球电子商务的政策法规建设［J］. 信息经济与技术,1997,（6）.

② 冯德仁. 电子商务发展的障碍分析［J］. 商业现代化,1998,（8）.

③ 劳诚信. 电子商务成功的关键：政府推动　安全保障　法律支持［J］. 信息与电脑,1998,（10）.

2. 最新研究（共3条）

① 姜吾梅. "一带一路"倡议下跨境电子商务法律监管问题探讨［J］. 法制博览,2019,（34）.

② 王继新. 基于出口导向的跨境电子商务法律风险与防范策略研究［J］. 中国商论,2019,（15）.

③ 齐向宇. 电子合同：转型,一直在路上——对话法大大联合创始人兼执行总裁林开辉［J］. 人力资源,2019,（13）.

四、"安全与智能科技"相关学术研究

（一）经典论文

1.《电子商务安全问题及其解决方案》

李玉海　桂学勤

华中师范大学信息管理系　咸宁学院计算机系

摘要：本文分析了电子商务中存在的安全问题，并特别提出诚信安全问题，同时对当前解决电子商务安全的技术进行了分析，包括 SSL 协议和 SET 协议的特点及其应用中的一些局限。最后，提出了通过支付中介解决电子商务安全特别是诚信安全的方案。

关键词：电子商务安全；诚信安全；支付中介。

2.《安全电子商务 SET 协议的研究与改进》

秦靖辉

广东工业大学

摘要：随着 Internet 的蓬勃发展，计算机和网络已成为人们工作和生活中不可或缺的一部分，利用计算机和网络开展的业务也越来越多样化，其中之一就是电子商务。电子商务是在开放的互联网基础上实施的，由于其高效率、低成本的优势，为企业的发展带来了新的机遇，逐渐成为新兴的商业模式，以后必将成为未来信息社会商务活动的主要形式。在网络上，每个用户都面临着各种各样不安全因素的威胁，而电子商务中又涉及很多个人的敏感信息，所以，它的安全性要求就尤为重要。由于电子商务是建立在开放的 Internet 平台上的，其安全的脆弱性阻碍了电子商务的发展。因此，要发展电子商务就必须解决安全问题，就必须要能保证电子商务的机密性、完整性、有效性、真实性以及不可否认性。电子支付是电子商务中最核心和最关键的环节，是电子商务得以顺利进行的基础条件，所以支付过程中敏感信息需要各种机制来保证其安全性，而电子支付协议是保证其安全的关键技术之一。安全电子交易 SET 协议是由美国 Visa 和 MasterCard 两大组织提出的电子支付协议。它设计的目的是为了解决用户、商家和银行之间的安全交易，以保证信息的机密性和完整性，保证了客户和商家的身份认证。

关键词：电子商务安全；SET 协议；服务器钱包；原子性；分级控制。

3.《大数据时代电子商务安全与数据分析平台研究》

汪新建

贵州财经大学

摘要：近年来，电子商务和移动通信的飞速发展，打开了大数据时代的新纪元，也衍生了大数据这样一个新兴产业。人们对数据的重视程度也在加强，各行各业都在努力寻找数据分析方法，挖掘数据带来的潜在价值。同时，人们对大数据的思维方式也发生了变化，对数据的分析不再以抽样作为标准，而寻求对所有数据进行分析。在很多场合会放弃对数据精度的追求，转向掌握更多的数据信息。电子商务作为发展尤为迅速的数字化平台，承载了大量的、多样式结构和非结构化的数据。当诸多数据与日俱增的同时，数据的收集、存储及分析成为了电子商务亟待解决的问题。现有的电子商务平台是否能容纳海量数据的涌入，是否能回应大规模的并发请求，是否能保障交易的信息安全，是否能对大量结构化、甚至非结构化的数据进行分析，是否能保障大数据的存放安全。随着大数据技术的发展，人们对大数据的需求越来越渴望，也更想知道大数据到底能给我们带来什么。本文将大数据与电子商务安全结合在一起，深入研究了电子商务安全体系的组成及其主要的安全防御策略与技术，并探讨了安全体系存在的一些隐患。由于技术性原因，例如计算效率与严谨性的矛盾，这些隐患不能从电子商务安全体系内部，因此只能依靠外部力量解决。

关键词：电子商务安全大数据；Hadoop YARN。

（二）关键文献

1. 最早研究（共 3 条）

① 雷信生. 电子商务的安全 [J]. 邮电商情，1998，(23).

② 王鲲鹏. 开拓商业网络 [J]. 中国商贸，1999，(1).

③ 崔光耀. 趋势科技启动智能安全威胁防护策略 [J]. 信息安全与通信保密，2006，(10).

2. 最新研究（共 3 条）

① 刘轶华. 计算机技术在电子商务发展中的应用研究 [J]. 电脑知识与技术，2019，(34).

② 刘阳. 基于电子商务安全信息化建设的研究 [J]. 智库时代，2019，(48).

③ 刘茜. 改革开放纵深推进，电商改变生活 [J]. 内江科技，2019，(11).

第九章

案例

案例 1 零售电子商务（永远的两强争霸——论阿里巴巴与其过往竞争者）

一、SCP 分析框架

1. 基于 SCP 模型的 S 分析——行业现状分析

（1）市场集中度分析

中国市场中，最开始 eBay 易趣与淘宝、京东竞争，eBay 易趣占市场份额最大，但是随着 2006 年 eBay 逐渐退出中国市场，淘宝、京东零售业兴起，永辉超市慢步前进。2012 年，中国网上零售市场处于成熟期，淘宝商城更名天猫参与零售竞争。2017 年，线上零售巨头全面发展实体零售，依托移动互联网、大数据及人工智能技术，新零售出现，天猫所占市场份额最大，成为零售业占大头者。各企业在中国零售所占市场份额如表 9-1 和表 9-2 所示。

表 9-1 C2C 市场份额占比

企业名称＼C2C 市场份额占比	2004 年	2005 年	2006 年	2008 年	2012 年
淘宝	7.8%	57.1%	72%	80%	95%
eBay 易趣	80%	34.19%	29%	不足 20%	0.01%

表 9-2 B2C 市场份额占比

企业名称＼B2C 市场份额占比	2004 年	2006 年	2013 年	2016 年	2017 年	2018 年	2019 年
天猫	—	—	50.3%	68.2%	66.23%	67.9%	65.5%
京东	—	10%	20.7%	22.7%	21.4%	17.3%	17.2%
拼多多	—	—	—	0.2%	2.5%	3%	6.1%
永辉	—	—	1.2%	2.6%	3.3%	3.9%	4.1%
eBay 易趣	53%	29%	—	—	—	—	—

（2）产品差异化

每一个顾客的需求是不同的，通过便利的信息沟通和信息处理，顾客可以参与到产品的设计、制造中，实行个性化定制生产。

① 业务量：每年的零售额稳定增长，在每年的业务量存在差异。
2019 年网络零售和社会消费品零售总额增速情况见表 9-3 所示。

表 9-3　2019 年网络零售和社会消费品零售总额增速情况

时间	网络零售增速	社会消费品零售总额增速
1~2 月	—	8.2%
1~3 月	15.3%	8.3%
1~4 月	17.8%	8.0%
1~5 月	17.8%	8.1%
1~6 月	17.8%	8.4%
1~7 月	16.8%	8.3%
1~8 月	16.8%	8.2%
1~9 月	16.8%	8.2%
1~10 月	16.4%	8.1%

② 价格差异化。天猫主要运用了折扣定价策略和差别定价策略，天猫通过折扣定价策略建立了"品牌特卖"频道。京东采用"用最低的价格提供相同的产品"，利用物流优势降低成本；拼多多则是采用低价爆款策略。各个零售商在价格策略存在差异化，通过不同的策略得到顾客。

③ 运输速度。我国零售业主要以天猫、京东、拼多多和腾讯为主，天猫采用第三方物流模式，京东采取自营和第三方配送相结合的模式，拼多多采用菜鸟物流，腾讯采用自建物流，每家企业采用的物流模式不一样，导致每个零售企业的配送速度存在差异化。

（3）进出壁垒

① 费用壁垒：企业要提供优质快速的服务，需要大量的专业化、技术优良的服务设施、设备，众多的线下商铺、大量的网点布置和快速的物流系统，这些因素限制了后来者的进入，后来者需要筹备大量资金才能获取这些硬件设施，而后来者比现有零售企业更加难以筹集资金。

② 规模经济壁垒：用核心竞争力衡量国内零售企业规模经济问题，可以总结为"小、少、弱、散"，即经营规模小，销售品种少，品牌效应弱，零售企业比较分散。在经营管理方面，仍处在摸索市场定位的过程中。

③ 技术壁垒：我国互联网技术，尤其是大数据和云计算等技术的发展，使得网上零售发展迅速，但是我国新零售刚刚起步不久，网上零售细分生态不断丰富，成本不断增加，导致市场进入壁垒增高。

2. 基于 SCP 模型的 C 分析——市场行为分析

（1）广告行为

阿里巴巴旗下淘宝天猫每年的"618"和"双十一"大促；京东采用影视明星代言，门户网站投放广告，专门的搞笑论坛等形式开展广告宣传；拼多多以视频广告投放，平台广告投放为主。

（2）联盟和并购策略

并购有股权并购模式，资产并购模式，混合并购模式。阿里巴巴从 2016 年开始投资盒马鲜生，与易果生鲜、苏宁云商、三江购物、联华超市、银泰以及百联集团达成战略合作；京东很少入股或收购，而选择与沃尔玛、屈臣氏、曲美家居等现有实体零售业者在全中国的超过 50 万家店铺合作，串联起一个无界零售的"联邦"；拼多多的"新品牌计划"是聚焦中国中小微制造企业成长的系统性平台,拼多多将扶持 1000 家覆盖各行业的工厂品牌,帮助他们更有效触达 3.86 亿消费者,拥抱内需大市场,以最低成本培育品牌。

3. 基于 SCP 模型的 P 分析——市场绩效分析

(1) 零售市场规模

从近期中国产业信息网分析得出的关于限额(零售业限额为年商品销售总额在 500 万元)以上企业商品零售额近十年增长率数据来看。2010—2018 年,全国零售市场规模平稳增长,增速有所回落。从零售细分市场上看,各类零售商品零售额增长率波动较大,但是每一年零售商品的增长率相差较大。

(2) 阿里巴巴核心电子商务营收(图 9-1)

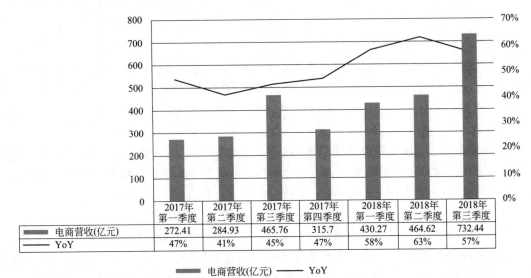

图 9-1 阿里巴巴核心电子商务营收图

由图 9-1 可以看出阿里巴巴的核心电子商务营收在 2017 年第一季度到 2018 年第三季度为止仍然保持着稳定增长的趋势,电子商务营收的当期的数据较去年同期变动逐渐增大。

(3) 京东 2019 年第三季度营收 1345 亿元同比增长 28%(图 9-2)

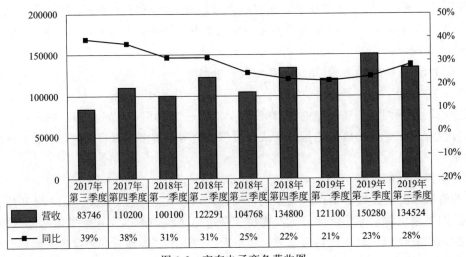

图 9-2 京东电子商务营收图

(4) 拼多多盈利情况

拼多多 2018 年第四季度营业亏损率达 43%，主因是销售费用占营收比率的抬升，但营销费用环比增速高达 81%，而 MAU 环比增速仅为 18%，不成比例的变化足见获客成本的不断走高。未来随着变现率的提升和营销边际转化成本的递减，使得该比率有望下降以改善公司的盈利水平。具体情况如表 9-4 所示。

表 9-4　拼多多主要财务数据　　　　　　　单位：百万元

时间	营收	营收同比	营业成本	营业成本同比	毛利	毛利率	研发费用	研发费用占比	营销费用	营销费用占比	管理费用	管理费用占比	营业利润	营业利润率	净利润	净利率
2018年第四季度	5654	379%	1424	281%	4230	75%	525	9%	6024	107%	322	6%	-2641	-47%	-2424	-43%
2018年第三季度	3372	697%	775	315%	2598	77%	332	10%	3230	96%	306	9%	-1269	-38%	-1098	-33%
2018年第二季度	2709	2489%	388	260%	2321	86%	186	7%	2971	110%	5801	214%	-6636	-245%	-6494	-240%
2018年第一季度	1385	3640%	319	486%	1066	77%	73	5%	1217	88%	29	2%	-253	-18%	-201	-15%
2017年第四季度	1179	—	374	—	805	68%	52	4%	754	64%	12	1%	-23	-2%	14	1%
2017年第三季度	423	—	187	—	236	56%	36	8%	428	101%	7	2%	-234	-55%	-221	-52%
2017年第二季度	105	—	108	—	-3	-3%	25	24%	89	85%	6	6%	-123	117%	-110	-105%

说明：2018 及 2017 因股票激励导致管理费用激增

(5) 三大电子商务 GMV 情况

2018 全年拼多多 GMV 同比增长 234% 至 4716 亿元，活跃买家人均 GMV 同比增长 95% 至 1127 元，但也仅仅是阿里巴巴 2017 年 13% 的水平（表 9-5）。

表 9-5 三大电子商务 GMV 情况（TTM）

时间	拼多多				京东				阿里巴巴			
	GMV	GMV同比	人均GMV	人均GMV同比	GMV	GMV同比	人均GMV	人均GMV同比	GMV	GMV同比	人均GMV	人均GMV同比
2018年第四季度	4716	234%	1127	95%	16768	30%	5492	24%	—	—	—	—
2018年第三季度	3448	386%	894	99%	15658	31%	5130	14%	—	—	—	—
2018年第二季度	2621	583%	763	98%	14735	32%	4696	8%	—	—	—	—
2018年第一季度	1987	851%	674	3124%	13714	35%	4544	6%	48200	28%	8732	5%
2017年第四季度	1412	—	577	—	12944	—	4425	—	—	—	—	—
2017年第三季度	709	—	449	—	11940	—	4484	—	—	—	—	—
2017年第二季度	384	—	385	—	11201	—	4336	—	—	—	—	—
2017年第一季度	209	—	21	—	10137	—	4286	—	37670	—	8297	—

4. 外部冲击

我国的零售电子商务产业中，绝对费用、规模经济较低，但是随着电子商务的不断发展，传统的线下零售建设成本高昂，渠道遭受电子商务分流，获客成本上升，线上零售流量红利、社交红利消失，线上零售走向瓶颈期。接着大数据的广泛应用，让商家与消费者联系更加紧密，但是对电子商务的要求也更加高。进入壁垒慢慢提高，退出壁垒成本也高。

二、阶段一　淘宝与eBay易趣的生死之战

（一）波特五力模型分析（图9-3）

B2C电子商务波特五力分析模型	潜在竞争者进入的能力（较弱） 规模经济,进入壁垒较大;品牌偏好和顾客忠诚形成无形的壁垒;资本与技术的需求增大了贸易壁垒 供应商的讨价还价能力（较弱） 供应商的集中程度低,成本日益透明化 购买者的讨价还价能力（较弱） 顾客选择空间大;购买者转换成本低;购买者价格敏感度低;供货商的一体化发展,抢夺B2C的市场资源 行业内竞争者现有的竞争能力（较大） 商品结构趋同化;相近产业竞争者增多;营销手段层出不穷;网站建设的不断升级 替代品的替代能力（较大） 传统的面对面交易方式;C2C电子商务;电视、电话购物

图 9-3　B2C电子商务波特五力模型分析

根据图9-3概括得出的B2C电子商务波特五力模型分析，下面对阿里巴巴进行具体的五力模型分析。

1. 供应商的讨价还价能力

随着网店的不断增加，网店的搜索资源日益欠缺。对于网店来说，第一搜索页是很重要的，因为买家基本是不会去翻页寻找的，这就不得不使得卖家去竞争获取第一搜索页的位置，由此使得供应商的还价能力受到一定的制约。

2. 购买者的讨价还价能力

在网络经济时代，原有传统经济中客户处于被动地位的状况被打破，客户在交易中占有更大的主动权，同时客户消费更趋理性，消费更加追求个性化。由于互联网提供了更多的信息资源，使得客户很轻易对C2C服务网站进行价格和服务的比较，因而在某种程度上，客

户占据了相对的议价主动权。

3. 潜在竞争者进入的能力

由于网络购物市场的交易规模日益扩大，就吸引了一些想进入网络购物行业的潜在竞争者，这些竞争者（如腾讯、京东等）加入，这就需要淘宝与易趣要达到一定的规模，使得这些竞争者难以进入。

4. 替代品的替代能力

① 传统的交易方式仍然是主流，与网购相比，传统的方式更加安全，也能够让顾客感知到商品的品质，而顾客所承担的风险较小。

② 电视等传统媒体广告依然是顾客购买商品的诱因。

③ B2C 商城：与国外成熟的 C2C 电子商务市场不同，在中国 C2C 电子商务平台上所进行的交易以全新商品为主，并不是传统意义上的网上二手商品市场，而更接近于网上商城的新品购物模式。

5. 行业内竞争者现在的竞争能力

① eBay 易趣。由于商品的同质化，淘宝在 2003 年成立时，易趣已经在同年里获得了 eBay 的投资，这就使淘宝在与易趣竞争时，除展开价格战、品质战，获得行业的份额外，还要注意新进企业的威胁。

② 腾讯拍拍网。拍拍网是腾讯公司旗下的电子商务交易网站。网站于 2005 年 9 月 12 日上线发布，拍拍网依托腾讯 QQ 超过 6.47 亿的庞大用户群以及 2.7 亿的活跃用户资源，具备良好的发展基础。

（二）战略分析

淘宝主要以差异化战略为主，根据本土市场，从低端市场开始，其电子商务针对的主要是 20～30 岁的年轻人。而 eBay 主要针对的是职场白领，淘宝与 eBay 进行错位竞争。同时淘宝实施免费模式，吸引了更多的买家和卖家，免费模式更适合当时尚未成熟的中国市场，特别是对价格敏感的年轻群体。而 eBay 易趣认为只有通过对买家和卖家进行收费才能更好地保证产品的质量以及客户的满意度。

（三）价值链分析

淘宝与 eBay 易趣均是 C2C 模式，但是其在物流、资金流、信息流等几大方面存在着一定的不同。下面根据图 9-4 展开下列分析。

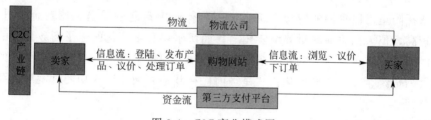

图 9-4 C2C 商业模式图

1. 支付方式

2004 年 12 月，支付宝正式成立，其以"信任"作为产品和服务的核心，致力于为网络交易用户提供基于第三方担保的在线支付服务。eBay 使用安付通，eBay 的 Paypal 是全球知名的支付方式，在美国占据了电子支付 90% 以上的份额。但是当时中国绝大多数用户持有的是借记卡而非信用卡，信用体系不健全，不是习惯想用信用体系的Paypal所能适应的。

2. 物流

2005年，圆通快递与淘宝签订了推荐物流供应商协议，成为淘宝线下物流供应商。随后，中通、申通、韵达也分别与淘宝签订协议，"三通一达"从原来的商务快递商转型为电子商务快递供应商。

3. 免费策略

淘宝免费，而eBay易趣是收费的。在eBay易趣上，卖家刊登商品需要支付平台一定百分比的费用，而且还有店铺月租、图片费等。这样就造成了同样一件商品，在eBay上售卖会比淘宝贵很多。

4. 即时聊天工具

淘宝推出了即时聊天工具阿里旺旺。eBay自始至终都没有推出一个类似于阿里旺旺的软件用于联络买卖双方。较之eBay易趣，阿里旺旺的出现把每次生意的成交变成了社交互动，为用户提供了无与伦比的用户体验，到现在淘宝天猫的用户黏性都还是非常高的。

三、阶段二　天猫与京东的市场争夺战

（一）波特五力模型分析

1. 供应商的讨价还价能力

天猫引进的多为大流量的知名品牌，而如今京东、当当却有实体商店带来的竞争，这其中就有供应商的自主选择权。对于正在提升自己品牌影响力的企业来说，天猫是个很好的平台，所以相对来说供应商的讨价还价能力就偏低。

2. 购买者的讨价还价能力

随着互联网的不断普及，在传统零售行业费事又费力的询价，在网上半分钟就能解决，在品牌、商品、价格一样的时候，消费者消费注重的就是商家服务物流，会在多家B2C商城之间比较，转换成本低，消费者的讨价还价能力越来越高。

近几年各大电子商务企业为占据更大市场份额，吸引消费者，对产品竞相降价。尤其是近年来京东与其他电子商务之间的价格战，以异常激烈的低价竞争抢占市场，但在获得市场份额的同时，也造成了电子商务必须低价出货的印象，同时提升了消费者的讨价还价能力。

3. 潜在竞争者进入的能力

天猫依托阿里巴巴集团的资源在综合类网购行业中筑起的壁垒，使新企业进入B2C的门槛相对较高，但天猫也面临世界级实体零售商沃尔玛和细分化的电子商务公司的威胁。竞争者一是以国美、海尔为代表的，为搭建自己的网上销售平台，寻求线上＋线下的综合性销售渠道的大型传统企业电子商务化；二是当前已在其他领域获得成功的百度等有高流量资源的互联网公司。

4. 替代品的替代能力

天猫的主要替代品是传统实体超市、便利店和淘宝、易趣等C2C网站，以及聚美优品等B2C网站，它们都在完全或者部分充当网络超市的角色。实体超市甚至推出了外卖服务，替代品的威胁很大。就目前国内的零售环境而言，有来自于传统零售、以无人便利店和社交电子商务为代表的新零售、以微商为代表的C2C平台、以电子商务购物为代表的直销渠道的竞争压力。

5. 行业内竞争者现在的竞争能力

由图 9-5 可以看出网络零售 B2C 市场中，京东是天猫最大的竞争者。目前京东物流领先于天猫（图 9-5）。

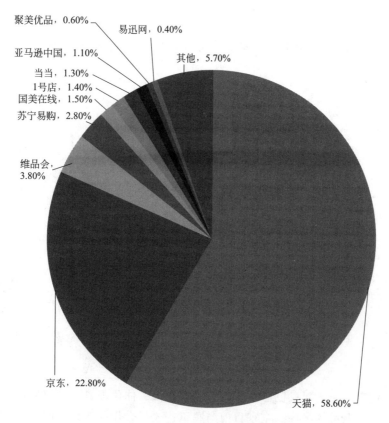

图 9-5　2015 年第一季度中国 B2C 购物网站交易规模市场份额
注释：B2C 市场拥有复合销售渠道的运营商规模仅统计其与网络相关的销售额

（二）三大策略分析

1. 天猫

天猫采取了差异化策略。

（1）价格差异化

天猫通过折扣定价策略建立了品牌特卖频道，消费者可以购买到打折的品牌商品。天猫通过差别化策略，设立了"天猫俱乐部"，对达到不同等级的卖家，给予不同的特权，另外，消费者在天猫购买了商品并确认收货后将会得到金币，金币可用于购物抵扣现金。

（2）促销差异化

2009 年 11 月 11 日起，淘宝网联合众多商家在 11 月 11 日这天进行了"五折"包邮活动，之后的每一年，天猫都集结大批商家在"双十一"当天进行促销活动。截至目前，天猫的"双十一"已成促销日。

2. 京东

京东采取了成本领先战略。

京东合理开销，评估营销方法，降低推广成本，同时慎打"价格战"。

京东的自建物流为京东在成本上赢得了很大的优势。京东的存货周转率很高，几乎11天就可以周转一次。而京东的物流配送速度给京东降低了运营成本。同时，京东的财报显示，得益于京东物流投资规模效应的显现，京东的订单处理成本最近三年持续下降。因此，实施成本领先战略，使京东核心竞争力体现。

（三）波特的价值链分析

以下通过天猫和京东商业模式中的各个部分展开分析（图 9-6 和图 9-7），比如支付、供应链和物流这几个方面。

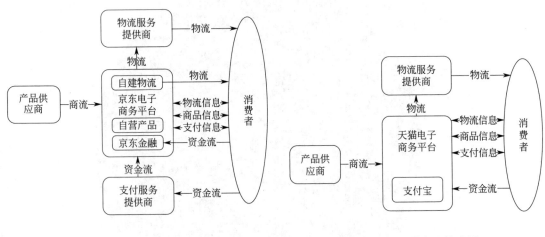

图 9-6　京东商业模式图　　　　　图 9-7　天猫商业模式图

1. 支付

天猫与支付宝同属于阿里巴巴集团，该平台提供一体化服务，不仅使用支付宝支付，还提供了"花呗"分期付款服务。京东目前与腾讯达成了合作，在京东同样支持支付宝、微信支付之类的支付途径，但是京东还没有属于其自身的支付工具。

2. 供应链管理

一开始天猫采取第三方物流服务，但 2013 年阿里巴巴成立"菜鸟网络"，天猫由传统的第三方物流模式向物流联盟转型，提升了其物流效率。京东花费数十亿元自建物流，推出"211 限时达"，减少消费者等待时间。相对而言京东的物流、仓储效率更胜一筹，但是支撑京东自营物流体系也需要庞大的资金。

3. 天猫与京东之间的物流差别

① 京东分布式管理库存，提前把各供应商库存汇集到各区域，订单产生后快速配送。天猫集约式管理库存，订单产生后由快递完成各商家在各区域汇集，然后配送。

② 从商品流通的整个过程看，同等效率下流通总成本是大致相同的。京东模式，需要准确地预测销量，需要权衡物流的成本与效率。天猫模式，由商家预测销量，快递权衡物流成本与效率。但在响应订单环节、库存存储环节、流通参与环节方面双方各有不同，正是这些不同导致响应速度不同。

③ 物流能否更快的关键在于是否采用传统零售的"全国分仓制"，实现商家库存的全国"分布式管理"。传统零售通常将库存分布于全国各地的仓库和门店，就近满足用户需求。京东并没有改变零售的本质，门店被网站和配送站取代，但库存仍分布于各地的分仓，这样才

能快速满足用户需求,当然肯定不如门店快。天猫商家将库存集中于一地,从一地直发全国,速度自然不如京东。

四、阶段三 社交电子商务崛起

(一)波特五力竞争模型分析

1. 供应商的讨价还价能力

淘宝目前有近千万商户。近年来,淘宝对头部卖家进行了重点扶持,从图9-8可以看出,占比只有4%的头部、腰部卖家贡献了全平台四分之三的销售额。毋庸置疑的是,尾部卖家的店铺运营能力远不及头部和腰部卖家,引流困难。因为淘宝的用户趋于饱和,商家引流困难,议价能力并不高。同时商家的获客成本也在逐年递增,日益成熟的阿里巴巴新获客成本已经来到500元往上的高位,这无疑也在一定程度上限制了商家的讨价还价能力。

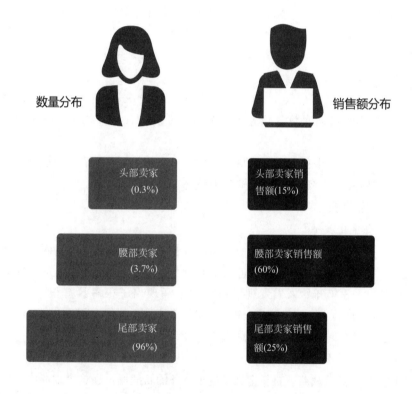

图9-8 2018年淘宝数量及卖家分布

2. 购买者的讨价还价能力

淘宝拥有超过6.5亿消费者用户,商户近千万家,年销售额接近5000亿元,男女比例均衡,购买力强,年轻用户和一二线城市用户比例更高。由用户主导的线上批发平台,通过直播的形式能把C2M能力发挥到极致,用户和商家都在上面获得了规模带来的效益。在一定程度上给了用户极大的讨价还价权力。

3. 潜在竞争者进入的能力

随着线上用户增长减缓,我国互联网时代的人口红利已被渐渐消化。根据毕马威发布的《中国零售服务业白皮书》(表9-6),主流头部电子商务平台的线上新增活跃用户营销成本逐年升高，其中 2015—2016 年是关键临界点，平均线上获客成本突破 200 元，已超过线下获客成本。随着获客成本不断上涨，电子商务平台开始寻找新的获客方式和渠道。由此可以得知当前的电子商务市场进入并不容易。

表 9-6　三家公司获客成本对比表格分析

时间	阿里巴巴（亿元）	京东（亿元）	拼多多（亿元）
2015	166	—	—
2016	526	142	—
2017	228	270	7
2018	300	1502	77
2019	535	562	153

4. 替代品的替代能力

根据电子商务企业主要 APP 渗透率可以看出，目前淘宝的替代者有同为综合商城的天猫、京东、拼多多、苏宁易购等平台。根据极光大数据发布的《2018 年电子商务行业研究报告》，2018 年 11 月，拼多多渗透率为 27.4%，增长 68.5%。

5. 行业内竞争者现在的竞争能力

① 拼多多用户黏性更高。2019 年 8 月拼多多、淘宝 30 日新增用户活跃留存率分别为 21% 和 12%，每日人均启动次数分别为 4.8 次和 3.1 次，每日人均使用时长分别为 25 分钟和 27 分钟。

② 新增用户留存率。根据极光大数据发布的《2018 年电子商务行业研究报告》，拼多多的新增用户 7 天留存率在各电子商务平台中最高，为 77.3%。

（二）三大策略分析

1. 淘宝——差异化策略

淘宝采用的是 KOL 式的带货方式，主要通过扶持淘宝直播的大主播，形成粉丝经济，从而获取卓越的带货能力。淘宝直播拉近线上购物与线下购物在体验上的差距，提升佣金、广告等变现空间。2018 年开始人们发现手机淘宝上涌现出了很多具有很强粉丝互动力或者是强推荐力的内容变现方式，如：网红淘、直播。2018 年 6 月手机淘宝的推荐流量已超过搜索流量，淘宝正在逐步尝试推荐类信息流广告变现。

2. 拼多多——差异化策略

拼多多采用差异化竞争战略，重新定义了电子商务的新战场：在这个战场中，以客户需求为先，提供客户最具性价比商品。拼多多聚焦于提供便宜实惠的商品给客户，提供了独特的价值。采取低端切入战略，在占领中低端用户市场之后，不断向中高端电子商务市场渗透。由于便宜实惠是所有人都喜欢的，随着其整体不断升级，将会逐渐渗透到中高端电子商务市场。

（三）波特的价值链分析

对比拼多多与淘宝，我们可以看出后端商品流——从规模化、去中间化到智能化、C2B。拼多多用社交裂变的方法聚合确定性、成规模的购买意向，卖方依据买方的期货性的购买信息组织生产和供应，这是很清晰的 C2B 实践。下面根据 C2B 模式分别对阿里巴巴和拼多多的物流、供应链、沟通工具这三方面进行具体分析。

1. 物流

① 阿里巴巴：入股"三通"及百世，提升电子商务"基础设施"掌控力。截至 2019 年

第二季度，阿里巴巴持股申通、圆通、中通分别为14.7%、11.1%、7.3%，持有百世快递26.5%股份，拥有46%投票权，略低于实际控制人46.4%的投票权。2019年8月1日，阿里巴巴与申通签署《购股权协议》，若阿里巴巴未来行权，其将持有申通46%股份，成为申通快递实际控制人。

② 拼多多订单量占到"三通一达"的20%以上，是与各快递公司合作的重要筹码；其通过加大电子面单等研发投入，依托规模谋求话语权。

2. 供应链

淘宝C2B/C2M在践行路上，仍处于初级的C2B/C2M。淘宝，电子商务后端供应链的去中间化、规模经济、C2B/C2M三大先进性均已实现；主要体现在节约当前供应链满足各类消费者的个性化需求，网红经济是典型案例。淘宝天猫商户借助大数据，C2B柔性智能生产满足、甚至创造用户需求。淘宝上很多网红店已经开始采用C2B模式，通过日常与粉丝交流深度了解用户需求，然后指导工厂生产匹配用户需求，如张大奕、雪梨等。除此之外，淘工厂和天猫小黑盒也是通过平台大数据来了解目标用户需求，通过C2B柔性生产，实现用户需求精准匹配。

对拼多多而言，去中间化、规模经济发挥充分，但因为主力客群购买力弱、商业模式内在需求（超大体量爆款、去品牌溢价、极致低价等）、上游供应链现状等原因，拼多多在C2B/C2M、智能制造的深度上尚有待挖掘。

3. 沟通工具

淘宝：有功能完善的消息系统，消息页面显示物流信息、系统通知、互动消息、店铺消息、内容号消息和聊天消息，并在接收新消息时有提示。账号淘气值达到400可以开启小黑群，分享商品进小黑群给群友或者购买群友分享的商品都会获得相应的红包奖励。

拼多多：功能简洁，聊天页面展示近期订单信息、物流信息和聊天对话信息，并在信息有更新时提示。会频繁地收到官方发送的优惠活动通知，推送的优惠活动根据浏览商品记录和用户画像私人定制，且无法关闭通知。

五、个案描述（表9-7）

表9-7 以阿里巴巴为主线的零售电子商务编年史

时间	社会大事记	阿里巴巴大事记	竞争对手大事件
1999年	这年澳门正式回归祖国	马云率十八罗汉正式成立阿里巴巴	马化腾推出OCIQ，eBay合并了Butterfield & Butterfield，刘强东在刻光盘
2003年	非典席卷全国	淘宝网成立	eBay投资易趣，成立当时中国最大的电子商务公司，马化腾开始步入电子商务领域，刘强东还在开IT连锁店
2004年	淘宝网发布即时通讯软件阿里旺旺，阿里巴巴推出支付宝	阿里巴巴推出口碑网	刘强东带领公司进入了电子商务领域，正式创办"京东多媒体网"，继而发展为京东商城；马化腾带领腾讯在香港交易所主板挂牌上市；黄峥获得美国威斯康星大学麦迪逊分校计算机硕士学位；黄峥与李开复回到中国创立了Google中国办公室；腾讯在港交所上市，刘强东创办京东多媒体网

续表

时间	社会大事记	阿里巴巴大事记	竞争对手大事件
2008年	奥运会在北京举办，汶川大地震	阿里巴巴推出淘宝商城	eBay易趣与高清晰的网络语音沟通工具Skype实现全面对接，为eBay易趣上的买家和卖家提供了更畅通、更直接的沟通渠道，促成双方交易成功；易趣由收费向免费转型
2012年	莫言获诺贝尔文学奖	淘宝商城更名为天猫	唯品会赴美上市，凡客跌落神坛，天猫"双十一"创新高；京东商城集团正式启动电子书刊业务，销售平台与智能手机/PC阅读客户端软件同步上线；3月唯品会上市
2016年	国家宣布全面开放二孩政策	马云提出"新零售"；天猫超市新帅江畔上任以来首次公开亮相，公布"双20亿"计划，高调宣称2018年成为线上线下最大超市	京东收购1号店，滴滴与Uber合并；京东推出"拼购"；京东到家与达达合并；京东与沃尔玛达成战略合作
2018年	《中华人民共和国电子商务法》颁布	阿里巴巴推出"淘宝特价版"；阿里巴巴与拼多多宣战	在拼多多上市一年后，拼多多推出"多多进宝"，可给推手设定一定的佣金比例，让推手去帮助商家分享商品链接；模式对标阿里淘宝联盟；京东物流集团成立

表9-7的编年史表格记载了1999—2018年期间零售电子商务市场所发生的重大事件，在社会大事件的背景下以阿里巴巴为主角，对比电子商务领域阿里巴巴与其竞争对手在零售电子商务发展20年间发生的种种事情，从20世纪初阿里巴巴的淘宝成立与eBay易趣交锋，到阿里巴巴成立B2C模式的天猫与京东拼杀多年，再到2017年社交电子商务拼多多的崛起挑战淘宝这类传统的零售电子商务的历程中，我们看到阿里巴巴仍然保持着强大的生命力，但零售电子商务领域竞争依然十分激烈。

六、总结

近年来，阿里巴巴在零售电子商务领域的市场份额始终保持在行业前列，目前来说仍然是行业巨头的存在。但是从行业分析和竞争分析的结果来看，阿里巴巴涉及的领域越来越多，有利亦有弊。行业内市场的竞争程度也愈发激烈，京东有着其自建物流的优势，而拼多多在下沉市场根基逐渐稳定。未来，零售电子商务市场阿里巴巴仍然是领头羊，京东与拼多多势头强劲，三足鼎立的趋势日益明显。

案例2 旅游电子商务分析（从孤芳独赏到群雄并起，仍在激战中）

一、SCP模型分析旅游电子商务

1. 市场结构

① 随着消费在线用户消费习惯专业化，越来越多的在线用户选择通过手机进行网上在

线预订。在线旅游份额中占比最大的为携程，其次是去哪儿，然后是飞猪，形成三分天下之势（图 9-9～图 9-10）。

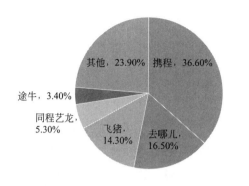

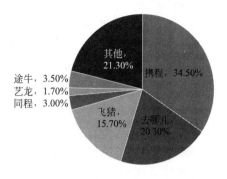

图 9-9　2019 年在线旅游份额　　　　　　图 9-10　2017 年在线旅游份额

②我国旅游电子商务的市场集中度。观察 2017 年度假子市场份额（图 9-11）和 2017 年住宿子市场份额（图 9-12）以及机票子市场的集中情况数据（表 9-8），得出这三组携程仍然占据最大份额，去哪儿、飞猪、同城艺龙等平台各自占据一定的比例。

图 9-11　2017 年度假子市场份额　　　　　图 9-12　2017 年住宿子市场份额

表 9-8　机票子市场的集中情况数据

项目	携程	去哪儿	飞猪	同程艺龙	其他
机票子市场占比	37.50%	20.80%	16.10%	6%	19.60%

2. 市场行为

（1）价格行为

2010 年 3 月 10 日，携程旅行网在上海发布《携程酒店最低价协议书》，即"双重低价保证，三倍赔付承诺"，即在网络预订条件下，携程保证境内酒店价格市场最低，否则赔付三倍现金差价；3 月 17 日，艺龙宣传每周将主动排查并公布价格高于携程网的酒店名单和差价，对于在艺龙网上成功预订并入住酒店的消费者，艺龙都将主动按照 3 倍差价原则进行现金返还；同样在 17 日，游易网宣布以返还佣金的形式保证酒店的最低价。在价格战中，对于 OTA 整体市场而言，各企业的利润率逐年下滑。

（2）非价格行为

① 横行并购：相同产业、产品或者生产阶段中，企业实施的并购行为。

2014年携程投资2亿元给同程，变成同程旅游的第二大股东。投资1500万美元给途牛，拿到途牛的董事会之席。2015年对艺龙进行收购，出资额高达4亿美元，拿到艺龙的37.6%比例的股份，成为艺龙的大股东。

② 纵向并购：生产相同产品的各个阶段并且存在投入，是产出关系的企业之间的并购。

2013年携程陆续对多家旅行社完成了并购，在香港和三亚两地创建了旅游服务中心，对南京人人国旅提供了高额投资，并在如家、华住酒店进行入股。

③ 混合并购：指的是位于各个不同的产业、生产不同的商品并且在工艺上毫无关联的企业之间进行的并购。

混合并购吸引了很多行业外的企业进入行业内，这就使得竞争更加为白热化，在线旅游市场正是因为这么多互联网巨头均参与，成立了很多不同的派系。

3. 市场绩效

① 2018年3月中国标准化研究院顾客满意度测评中心联合清华大学中国企业研究中心、中标兴质科技（北京）有限公司共同公布了我国在线旅游消费者满意度的调查结果（表9-9），市场占比最大的同城得分仅仅居于第2名，艺龙、携程、途牛排名第一。投诉率方面携程高居于榜首，艺龙和去哪儿最低。回复率方面飞猪表现较差（图9-13）。

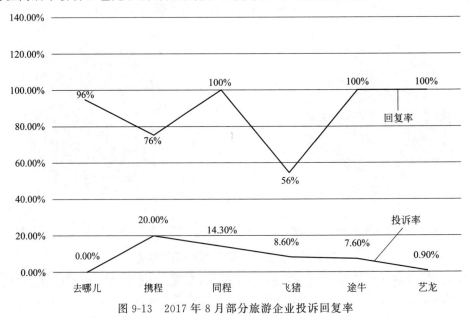

图9-13 2017年8月部分旅游企业投诉回复率

表9-9 在线旅游消费者满意度的调查结果

比较项目	飞猪	去哪儿	同程	途牛	携程	艺龙
品牌形象	3	3	4	5	3	3
性价比	3	4	5	4	4	5
满意需求	5	3	3	4	4	4
更及时性	4	3	4	3	5	5
产品设计	3	4	5	5	5	4
售后服务	3	3	5	4	4	4
支付安全	3	3	4	5	5	5
总体	24	23	27	30	30	30
排名	4	3	2	1	1	1

② 图 9-14 为部分在线旅游企业营业利润，携程的产品及市场费用与去哪儿和艺龙相比较低，目前艺龙的营收表现更为良好。

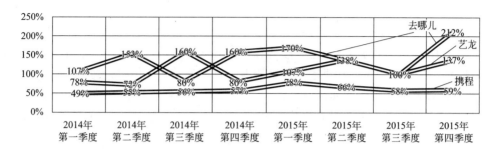

图 9-14　产品及市场费用

根据以上表格和数据分析，我们得出了下列的 SCP 总结（表 9-10）。

表 9-10　SCP 总结

	项目	内容
市场结构	市场集中度	近年来，我国在线旅游市场集中程度不断上升，机票和度假市场处于中上集中寡占型，住宿市场处于极高寡占型市场结构，行业内形成了以携程为首的寡头市场，携程与各大中小型企业和新兴企业并存
	产品差异化	目前我国在线旅游产品主要包括在线机票、在线住宿和在线度假三个部分。机票、住宿产品大量同质化，度假领域产品侧重多元化，并且企业有各自的侧重点
	市场壁垒	进入壁垒偏高，尤其是经济规模以及网络效应这两个方面较为明显。如今各大在线旅游企业已经建立了相当高的市场规模，同时也形成了一定的网络效应，对新进入者设了较高的市场壁垒
	需求增长率	我国在线旅游业处于大幅度增长状态，交易规模和渗透率不断扩大
市场行为	价格行为	由携程牵头的大型 OTA，实施了掠夺性定价，并在在线旅游市场中拉开了大规模的价格战，加剧了无序竞争
	非价格行为	涵盖广告、并购行为。广告行为体现在传统媒体、互联网宣传和聘请代言方面；目前整个在线旅游业并购不断，加剧了市场竞争的激烈程度
市场业绩	利润率	在线旅游业呈现不错的毛利率。净利润上，除了携程盈利之外，其他的都有亏损。在线旅游本身有特殊的产业属性，垄断并未令消费者承受更高的费用，社会福利也没有变少，是一个充满竞争的企业
	技术进步	近年来，无论是在产品研发还是在运营服务等方面都有较大的发展
	消费者的满意度	在线旅游网站的投诉近年持续增加，反映了在线运营方面虽然取得进步，但是仍为在线旅游的一个短板，感知质量这个因素对于消费者满意度的影响程度很大，在线顾客重点关注的是旅游产品自身的质量

二、五力分析模型分析旅游电子商务

1. 供应商的讨价还价能力

对于携程公司来说主要的供应商包括四大方面：电子设备供应商、航空公司、酒店宾馆和旅行社。

① 相对于航空公司、酒店宾馆、旅行社来说，电子设备供应商就相对集中，携程对于硬件设备的需求远远不如信息来得多，使电子设备供应商固定且单一。先进的电子通信手段和强大的后台支持，为会员提供快捷、体贴、周到和充满个性化的服务至关重要，电子设备供应商的讨价还价能力较强。

② 携程的要素替代品是：机票酒店直销服务。顾客直接入住酒店对携程的影响不大，原因在于全国有成千上万的酒店宾馆，顾客在出行时的选择是一大难题，而相当一部分顾客都会比较后再入住，携程正好提供了这样的服务。酒店宾馆供应商讨价还价的能力较弱。

③ 现在许多要素供应商（如航空公司）已经采取"前向一体化"使自身得到更广的宣传与扩张，这对于携程是一大威胁。目前国内的酒店尚未形成连锁经营模式；国旅等中档旅店虽有连锁性质，但在服务上却没有明显优势。携程面临的供应商议价能力有限。具体如表 9-11 分析所示。

表 9-11 供应商议价能力

供应商议价能力	弱	强
1. 电子设备供应商		√
2. 航空公司	√	
3. 酒店宾馆	√	
4. 旅行社	√	
5. 供应商的信息提供使得供方议价能力增强		√
6. 供应商转移成本及代理费用高降低议价能力	√	
7. 国内酒店尚未形成连锁经营模式，虽有部分中档连锁酒店，但在财务上也不具备明显的优势，故供应商的议价能力有限	√	
总体	√	

2. 购买者的讨价还价能力

① 携程在国内的卖方行业由大量相对外资企业来说规模较小的企业组成，拥有 5 000 多家门店布局在二三线城市，收购了北京现代运通订房网络、北京海岸机票代理公司、上海翠明国旅等，购买者的讨价还价能力较强。

② 客户人数的不断增长，目前携程拥有超过 2.5 亿会员，2017 年国内旅游人次达 50 亿，人均出游达 3.6 次。由于作为中介的携程网的客户是商户而不是个人，这些商户有航空公司、酒店饭店、旅行社等，有经常性的优惠。买方在携程网的业务在其购买额中的份额较小，携程网也没有在买方的生产经营中重要投入。讨价还价的能力由此减弱。

③ 携程主要以自助游、商务游、拼团、散客为主，由于会员制提高忠诚度，很大程度上节省了费用，利于买方对价格全盘接受，买方的讨价还价能力减弱。具体如表 9-12 分析所示。

表 9-12 购买方的议价能力

购买方议价能力	弱	强
1. 个体、散客	√	
2. 商户（航空公司、酒店、旅行社）	√	
3. 吸引被替代品吸引过去的客户		√
4. 忠诚度高的老顾客	√	
5. 如果产品价格差不大，则顾客可能选择自行解决		√

续表

购买方议价能力	弱	强
6. 经常推出优惠活动，则买方获利较多，讨价还价能力较小	√	
7. 网上明确公开，客户可了解充分信息		√
总体	√	

3. 潜在竞争者进入的能力

马蜂窝偏重引导用户自发创造更全面高质量的攻略和评价，社交基因非常显著，吸引追求个性、崇尚独特的年轻人。马蜂窝目前已经开发移动客户端数十个，拥有超过 400 万的用户，对携程的发展具有一定的威胁。

更多的外资企业把目光投向中国在线旅游市场，他们的技术先进、资金雄厚。若外企投资竞争对手，对携程具有一定的威胁。

① 携程网有许多特色服务，例如积分，老顾客转移购买的成本较高，但对于新用户或者使用较少的顾客而言，转移购买的成本低。因此一定程度上促进老顾客的忠诚度和吸引新顾客。

② 我国支持和鼓励旅游业的发展，这一方面为携程的发展提供良好的政策环境，另一方面，其竞争对手也借此迎来了良好的发展机遇，提高入侵的可能性。

③ 携程向超过 4 000 万会员提供集酒店、机票、度假、商旅管理、特惠商户及旅游咨询在内的全方位服务。在酒店预订方面，与携程合作的酒店超过 32 000 家，遍布全球 134 个国家和地区的 5 900 余个城市。携程旅行网拥有国内外 5 000 余家会员酒店可供预订，每月酒店预订量达到 150 余万间。在机票预订方面，覆盖国内外所有航线，与超过 5 000 家航空公司合作，并在 60 多个城市提供免费送机票服务，每月出票量 150 余万张。

4. 替代品的替代能力

携程的替代品主要是线下的实体旅行社和机票酒店直销服务，对携程的替代效应较大。

① 虽然自助游的消费者具有较强的消费实力，但若自助游的价格持续上升并超过了消费者的心理预期时，消费者也可能会放弃该种旅游方式而选择跟随旅游团旅行。跟团旅行的主要优点有：具有规模优势，因此性价比很高。尤其是出境游时跟团旅行更加安全，旅行中各项事务有专人负责，节省游客时间与精力。虽然消费者对跟团旅游有着很多不满，但由于其优势也具有一定程度上的不可替代性。此外各旅行社已经注意到其存在的问题并开始着手解决。因此跟团旅游对自助游市场仍有很大的威胁。

② 传统线下旅行代理机构虽然不便捷，但是对于一部分中老年客户来说降低了电子商务带来的经济、产品、信息风险。机票、酒店等直销优惠渠道便捷，对于不采购"机票+酒店"组合产品、寻求单项服务最经济的客户也有一定吸引力。

5. 行业内竞争者现在的竞争能力

① 2016 年我国旅游电子商务品牌综合评价指数前三名分别是携程 79.6%、途牛 75.8%、去哪儿 74.5%。在线机票预订已经占据在线旅游市场交易份额的 53.6%，说明在线票务预订是在线旅游产品的重要业务之一。携程的月度活跃用户规模 2 191.32 万人，去哪儿的月度活跃用户规模 1 862.79 万人。

② 竞争对手的类型有两种：第一种是同质化竞争。分流威胁不大，业务结构和赢利模式基本与携程相似。如艺龙网、芒果网。第二种是差异化竞争。分流较为明显，来自搜索引

擎的威胁。使用户可以通过"比价搜索"选择服务提供商。如去哪儿网、如家、国航、淘宝网、传统旅行社。

③ 战略利益相关性。在线旅游网站之间虽然面对着彼此激烈的竞争，彼此之间似乎也不是相互依存的，但是如果加强致力于不同细分市场的不同网站之间的合作，那么对于彼此的发展都是有促进作用的。

携程网的竞争对手的能力正在不断增强，就此而言携程网所处的行业环境不容乐观，携程网必须引起足够的重视。

业界通常将旅游划分为三个时代：鼠标＋水泥的时代（以携程为代表）、垂直比价时代（以去哪儿为代表）、个性化旅游的自由行时代（以马蜂窝为代表的）。

三、波特的三种基本竞争战略

（一）鼠标＋水泥的时代（以携程为代表）——总成本领先战略

旅游电子商务企业主体数量持续增加，品牌认知度趋于集中。依次为携程、去哪儿、芒果网、同程艺龙、马蜂窝、乐途网、驴妈妈、途牛、逸游天下、酷讯、真旅网、到到网、遨游网、欣欣旅游网、51766。

携程旅行网拥有国内外 60 余万家会员酒店可供预订，是中国领先的酒店预订服务中心。携程采用规模经营的方式加强总成本领先战略在实际中的应用。无论是携程的机票预订业务还是酒店预订，携程都拥有强大的供应商网络，同全球 138 个国家和地区的 32 000 余家酒店建立了长期稳定的合作关系，其机票预订网络已覆盖国际国内绝大多数航线，送票网络覆盖国内 60 多个主要城市。建立世界上最大的呼叫中心，同时接受拥有 1.2 万个座席，呼叫中心员工超过 7 000 名。这样，既降低了成本，又能保障服务的标准化和质量。

（二）垂直比价时代（以去哪儿为代表）——差别化战略

去哪儿是中国领先的旅游搜索引擎，也是全球最大的中文在线旅行网站，创立于 2005 年 2 月，总部在北京。去哪儿网为消费者提供机票、酒店、会场、度假产品的实时搜索，并提供旅游产品团购以及其他旅游信息服务，为旅游行业合作伙伴提供在线技术、移动技术解决方案。2008 年 4 月，去哪儿推出了倍受注目的新服务"签证"搜索频道。6 月，推出了中国首例国际航班搜索服务，为中国消费者提供了前所未有，更全面地获得全世界主要城市航班信息的渠道。8 月独立用户访问量突破 2 400 万。11 月，在多家专业的调研机构所发布的报告中显示，去哪儿在各个类别的在线旅游服务中，均被确立为中国领先的旅游媒体之一。

去哪儿将产品的服务差别化，树立起一些全产业范围中具有独特性的性能特点，极大地提高顾客体验的舒适度和方便性，从而提高了顾客满意度，在顾客心中形成了更为良好的产品印象，从而帮助自身提升服务水平，提高市场占有率，为今后的发展奠定了良好的基础。

（三）个性化旅游的自由行时代（以马蜂窝为代表）——专一化战略

马蜂窝是广受中国年轻一代追捧的旅行网站，被誉为中国的旅行圣经。马蜂窝将复杂的旅游决策、预订和体验变得简单、高效和便捷。马蜂窝是旅游社交网站，也是新型旅游电子商务，提供全球 6 万个旅游目的地的交通、酒店、景点、餐饮、购物等信息内容和产品预订服务。在马蜂窝网站的首页，最显著的位置是用户上传的精美图片、游记。通过把社区氛围、旅行文化、产品功能、社交互动、旅游决策和交易等各种用户体验系统性地融合，获得了稳定的用户流量。

为了激发用户的分享，马蜂窝推出了系列措施：进行个性化的界面创新，优化用户阅读攻略、撰写游记和行程的体验；通过旅游点评、旅游问答，马蜂窝以"所有人帮助所有人"的方式解决用户的疑问并提供决策参考；通过等级制度、虚拟货币（蜂蜜）、分舵、同城活动以及晾晒旅游资产般的"足迹"等。

马蜂窝是基于旅游社交和旅游大数据的新型自由行服务平台，用户通过交互生成内容，经由数据挖掘和分析，这些内容形成结构化的旅游数据并循环流动。马蜂窝依据用户偏好及其行为习惯，对应提供个性化的旅行信息、自由行产品交易及服务；全球的OTA、酒店、邮轮、民宿、当地旅行社等旅游产品供应商通过马蜂窝的旅游大数据与消费者精准匹配，节省营销费用，并能获得不菲的收入。

马蜂窝自由行交易平台的出现，标志着个性化旅游——自由行时代的到来。

在移动互联网语境下，"自由行"的实质是旅游社交和旅游大数据，用户通过网络获取并分享旅游信息、产品和服务。

四、波特价值链分析模型

（一）携程与其竞争者的对比

1. 商业模式（盈利）不同

① 代理模式。例如携程是一个旅行社。帮酒店、餐饮、飞机、高铁、租车、景区等供应商代售，并从中抽取佣金。

② 媒体模式。例如去哪儿优势在搜索渠道，汇集所有旅游相关产品的信息，主要通过收取广告费盈利。

③ 集成模式。例如途牛从批发商那买来机票酒店门票，自己设计打包成跟团游产品，再卖给消费者。其核心价值在它的设计能力，优势在于它的议价能力。

2. 携程和竞争者的优势分析

（1）携程的优势

① 自身优势。服务规模化和资源规模化是携程旅行网的核心优势之一。携程拥有世界上最大的旅游业服务联络中心，携程同全球134个国家和地区超过3.2万家酒店建立了长期稳定的合作关系。规模化的运营不仅可以为会员提供更多优质的旅行选择，还保障了服务的标准化，确保服务质量，并降低运营成本。拥有1.2万个座席，呼叫中心员工超过7 000名。

② 先进的管理和控制体系是携程的又一核心优势。携程将服务过程分割成多个环节，以细化的指标控制不同环节，并建立起一套精益服务体系。同时，携程还将制造业的质量管理方法——六西格玛体系成功运用于旅行业。

③ 技术领先。携程一直将技术创新视为企业的活力源泉，在提升研发能力方面不遗余力。携程还建立了一整套现代化服务系统。

（2）竞争者优势

百度投资了去哪儿网，阿里巴巴投资了美团，还有阿里巴巴的去啊旅行，腾讯和携程都投资了艺龙和同程旅游，唯独携程没有占到BAT的其中一个。

① 去哪儿创始人有大量的民航资源和人脉，网上机票提供商均为去哪儿网旗下各地分公司网站所有；去哪儿网提供的是专业、精准的旅游信息搜索，并且能够保证所提供的信息

确切有效；给用户提供合理合适的旅游产品选择和决策。

② 途牛在直采上竞争力强，价格优势。途牛从旅游批发商获得团队游产品，再通过其网站卖给消费者。提供"机票＋酒店（＋门票、接机）"等自助游产品。往往具有价格优势；产品标准化高；致力做好旅游度假产品。

③ 马蜂窝拥有大量高质量原创内容，并积累了众多创作用户。拥有社交属性，线上线下互动大大加强了用户之间的联系，提高了用户黏性。优质游记攻略内容不仅是对旅游目的地的介绍，更是高质量广告，关联到相关的产品后，会有较高的转化率。

④ 美团作为一个生活服务平台，尤其是美团外卖，其打开频率非常高，美团除了外卖这一高频刚需，还有电影、娱乐休闲、摩拜单车等其他生活服务，频率带来流量，流量带来收入；美团集中在三四线城市，市场大。

（二）携程未来发展方向

1. 拓展国际业务

2018年中国公民出境旅游人数14 972万人次，比上年同期增长14.7%。未来几年，中国的出境游用户还将进一步攀升。对携程而言，其国际机票、国际酒店、国际专车等业务还有继续增长的空间。

2. 关注下沉市场

对于携程而言，目前其用户主要集中于一二线城市，而在三四线城市乃至广大的农村地区，其用户覆盖率还偏低，下沉市场对于携程而言是一个巨大的空白市场，而当前的下沉市场也正在展现巨大的魔力。

3. 做好G2即：Great Quality（高品质）和Globalization（全球化）

① 在高品质方面，以客户为中心，为客户提供最佳服务。将产品和服务做到友好和方便，提供多语言服务；做到服务高可靠和技术高可靠，从而达到全球全覆盖和最佳质量的目标。

② 在全球化方面，携程集团将兼具当地行动和全球视野；要用全球智慧惠及全球客户；要建设全球化的产品、供应链、服务和品牌；同时，要培育和吸引全球化的人才。

（三）携程波特价值链（如图9-15）

旅游电子商务发展态势从孤芳自赏到群雄并起。

国内对手：去哪儿、艺龙、途牛、美团、飞猪、马蜂窝等。

国际对手：Expedia、Booking等。

① 2010年前后，去哪儿网崛起，艺龙重振雄风，携程营收增速明显下降，给携程有重大打击。应对策略：内部打破金字塔结构、拆分成一个个"战斗单位"。对外打出价格战；集中资源发力移动端，同时通过收购补短板以"利益合纵"。

② 2015年，携程收购艺龙、去哪儿网，利用艺龙酒店住房优势；去哪儿机票预订优势来对抗其他竞争者。携程在陆续收购竞争后，已然成为OTA老大。

③ 携程收购艺龙对抗Booking的酒店服务；收购去哪儿、艺龙对抗美团、飞猪。

目前携程主要竞争对手为：美团、飞猪。应对策略：拓展国际业务；关注下沉市场；打好G2战略。

五、编年史

表9-13的编年史表格以1999年携程的成立作为起点，描述携程1999—2019年与去哪

儿、途牛、马蜂窝、同程、飞猪等竞争对手崛起与发展历程，选取了其中具有重大意义的事件进行描述。前期的携程优势独大，直到 2010 年去哪儿崛起，携程的市场巨头地位迎来挑战，旅游电子商务历经浮浮沉沉 20 年，后来去哪儿与携程合并，而此时的飞猪、马蜂窝等网站也慢慢在旅游电子商务这一块地盘中占据一席之地。

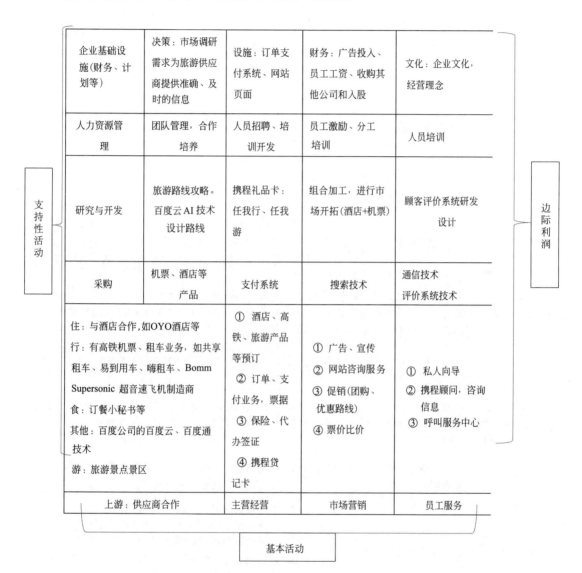

图 9-15 携程波特价值链分析图

表 9-13 携程为主线的旅游电子商务编年史

时间	携程大事记	竞争对手大事件
1999 年	在上海，季琦与美国回来的梁建章、沈南鹏、范敏建立"携程网"	去哪儿创始人庄辰超的鲨威体坛正式上线
2003 年 12 月	在历四轮融资后登陆纳斯达克上市	庄辰超决定回国，开始第三次创业，同程旅游正式上线

续表

时间	携程大事记	竞争对手大事件
2005年	沈南鹏和季琦陆续退出,梁建章辞去了CEO一职到美国读博士	庄辰超和当年一起创立鲨威的朋友再聚首,创办了去哪儿网
2006年	进军商旅管理市场。在全国14所大学设立携程阳光助学金	陈罡和吕刚的马蜂窝网站上线。硅谷风险投资商Mayfield和金沙江创投完成对去哪儿的投资。途牛网创立
2007年5月	推出国内首张商旅信用卡——中行携程卡	去哪儿独立用户访问量突破500万,被明确定位为中国最热门的旅游新媒体之一
2008年	南通呼叫服务中心正式启动	去哪儿推出新服务"签证"搜索频道和中国首例国际航班
2010年	正式落成拥有超过1.2万个呼叫席位的携程信息技术大楼在江苏南通经济技术开发区	马蜂窝正式成立公司投入运营。去哪儿网推出火车票搜索频道,全面超越携程,成为全球最大的中文在线旅游网站
2011年	携程战略投资订餐小秘书	马蜂窝上线首款APP客户端旅行翻译官,获得资本500万美元A轮融资和200万美元无息贷款。去哪儿网获得百度战略投资3.06亿美元
2013年	成立天津分公司,全面推出"平台化"战略,投资6 000万美元给易到用车。投资超过1亿美元入股全国连锁汽车租赁服务商——嗨租车	去哪儿在纳斯达克上市。李少华先生被任命为阿里巴巴集团航旅事业部总经理,后担任飞猪总裁
2014年	出资5亿元联合中信产业基金战略投资华远国旅	去哪儿宣布和中信银行联合推出一款在线"存款证明"
2015年	携程公告称,与去哪儿同意合并,合并后携程将拥有45%的去哪儿股份	此次携程与去哪儿合并的形式为百度出售去哪儿股份,百度将拥有携程25%的股份。马蜂窝的交易业务增长势头强劲
2016年	梁建章辞去携程CEO,担任执行董事会主席一职	去哪儿正式启动了在纳斯达克的退市计划。庄辰超宣布正式卸任去哪儿网CEO一职
2017年	携程整改机票产品	马蜂窝获得1.33亿美元D轮融资。途牛旅游网宣布联合创始人杨嘉宏辞去职位。同程与艺龙宣布正式合并为一家新公司——同程艺龙。阿里巴巴集团宣布,将阿里旅行升级为全新品牌飞猪
2018年	正式上线共享租车业务,与超音速飞机制造商达成战略投资,助力Boom加速2.2马赫超音速客机的研发;关闭里拉支付、否认大数据杀熟	马蜂窝旅游网与银联国际宣布年度合作。飞猪宣布针对机票退改签推出,规定飞猪平台机票代理销售商家如未按照航空公司标准明示、收取退改费用,必须就差价的三倍赔偿消费者
2019年	百度宣布与携程达成深度合作。携程集团与TripAdvisor,Inc宣布达成战略合作伙伴关系并扩大全球合作	马蜂窝旅游网宣布完成2.5亿美元新一轮融资,马蜂窝自由行APP长期入选移动旅行应用总榜的前五名,并获得2015年全球移动互联网大会TOP50最佳应用

六、总结

携程开启了鼠标+水泥的时代,经历多年的发展,旅游电子商务领域形成了以携程为首的寡头市场,携程与各大中小型企业和新兴企业并存。被誉为中国的旅行圣经的马蜂窝旅游网,开启了自由行时代,备受年轻人推崇。未来,马蜂窝的市场潜力巨大。我国在线旅游业处于大幅度增长状态,交易规模和渗透率不断扩大。去哪儿凭借领先的旅游搜索引擎,开启了垂直比价时代。三大网站各具优势,去哪儿与携程合并之后,携程的竞争力无疑提高到了一个新的台阶。但是凭借自由行赢得口碑的马蜂窝还是具备与携程一较高下的能力。未来几年,中国的出境游用户还将进一步攀升,旅游电子商务的前景良好。

案例3 生鲜电子商务(看似好做但难赚的超大市场)

一、SCP架构

(一)市场结构

1. 市场规模

中国生鲜电子商务市场发展迅速,2018年生鲜电子商务市场交易规模突破2 000亿元。市场内存在4 000多家生鲜电子商务企业,大致分为两个系派,阿里系与腾讯系,阿里巴巴与盒马生鲜、易果生鲜等合作,腾讯与每日优鲜、多点和京东合作。进入2019年以来,生鲜新零售模式中前置仓、社区团购等模式发展较为火热。如图9-16及图9-17所示,分别说明了中国生鲜的交易规模和增速,还阐述了各生鲜电子商务企业之间的关系。

图9-16 2013—2022年中国生鲜电子商务市场交易规模及增速

2. 市场集中度

就中国生鲜电子商务市场来说,整体集中度较高,头部效应明显。如表9-14所示,京东到家、多点、美莱商城、盒马生鲜、每日优鲜这五家市场份额占据了几乎一半的生鲜市场。聚焦于垂直生鲜电子商务市场而言,数据显示,2018年中国垂直生鲜电子商务市场CR5占比37.6%,较上一年增加了12.5%,市场集中度快速提升,垂直生鲜电子商务正在

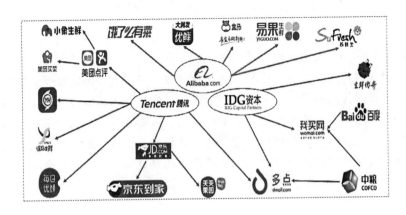

图 9-17　中国生鲜电子商务平台关系图

加速向头部平台聚集。

表 9-14　2019 年上半年生鲜电子商务市场份额占比（GMV）

商家名称	京东到家	美菜商城	多点	盒马鲜生	每日优鲜	其他
占比	13.8%	10.1%	8.5%	6.7%	6.5%	54.5%

3. 产品差异化

生鲜产品本身不太具备差异化，外加一家生鲜产品供应商可以供货给不同的生鲜电子商务企业，目前市场上的生鲜电子商务品牌化还未成功打造出来。从产品服务、配送方面来看，各生鲜电子商务企业运行模式存在送货上门、到店自取、家庭预订等方式。总体而言，生鲜电子商务产品差异化程度较低，重点从感官、价格和渠道来区分，因此，通常产品价格成为消费者区分产品的主要考虑因素。

4. 进入壁垒

（1）冷链物流

当前国内冷链物流体系还不太成熟，而生鲜类产品是一个对物流方面要求极高的产业，为了保证食品的新鲜度，食品必须通过冷链物流进行运输。生鲜冷链物流的成本较普通商品高出 1~2 倍，冷链成本占销售额 25%~40%。因此对于生鲜电子商务来说，它的整个冷链物流建设成本非常高，回报周期又比较长。目前市场份额占比大的生鲜电子商务企业都着重把投资的钱转向了供应链以及自建物流上，逐步形成竞争壁垒。

（2）国内食品安全问题受重视

由于生鲜商品品类繁多、季节变化较大，生鲜电子商务企业对市场把握的精准度有限，卖不出的货品容易形成积压，生鲜产品质量无法把控，食品安全成难点。

（3）供应链管理不完善

因为生鲜类产品很明显不属于标准化产品，考虑到成本、产量、销路等问题，需要产品多样化才能最大化分散各种风险，也不适宜标准化。生鲜电子商务企业为了保证产品的质量，必须不断加强产业链的深入程度，以此保证产品品质。

（4）收入与成本的问题

生鲜电子商务企业 4 000 多家入局者中，4% 持平，88% 亏损，且剩下的 7% 是巨额亏损,最终只有1%实现了盈利。盈利难、花钱多、投入与收入不成正比。2019年6月呆萝卜宣布完成累计6.34亿元A轮投资,但时隔不到半年,呆萝卜便陷入关店和资金链断裂危机,倒下了。没有强力的资金不断投入,生鲜电子商务很难发展。

(二)市场行为

1. 定价行为

绝大多数电子商务企业都采取了快速渗透策略,即以低价格、高促销费用的方式销售产品,生鲜电子商务企业为吸引流量、增加用户数,采取补贴顾客模式,用低价快速占领市场份额,以便后期取得规模效益。市场一度陷入了为吸引流量加大补贴力度—用获取的流量进行新一轮融资—继续加大补贴,进行低价大战的恶性循环。随着大型综合平台的加入,生鲜电子商务市场的竞争加剧,中小型生鲜电子商务企业依靠价格战难以与大型综合平台抗衡,少数企业开始转型,如沱沱工社就计划将重心转移到产品与服务上,主打较高端产品,注重产品品质、深度开发自有品牌,提升现有的服务,提高产品的单价及毛利率。

2. 产品差异化行为

所售卖的品种越来越类似,呈现出同质化的趋势,占据生鲜电子商务主要市场份额的企业则选择大而全品类的生鲜电子商务,而不是各自专注于细分市场。各大生鲜电子商务也选择了垂直差异度,如喵生鲜转向售卖进口产品,即使产品在其他平台也可以买到,但定位于进口食品宣传特色,传递消费者专业化的质量信号。顺丰优选主打其快递的专业化和质量保障,瞄准了消费者对于生鲜冷链运输质量的不信任,以此为契机进入生鲜电子商务。

3. 广告与推广行为

线上通过互联网渠道进行广告宣传,在百度引擎或者视频网站以及导购网站投放广告,京东在自身综合型电子商务平台上增加导流入口以及宣传界面,则线下可通过地铁、公交、商场投放广告。因为生鲜产品具有后验性,在做推广之后采取了体验消费的方式,如喵生鲜和京东到家都有一元购或者一分购的几乎免费赠送的生鲜产品,吸引消费者先行体验。

4. 市场协调行为

(1)并购行为

电子商务领域并购行为频现,生鲜电子商务行业中,"大吃小"、小型电子商务合并的现象时有发生。对需要大量资金投入的生鲜电子商务而言,并购能够更好地发挥协同效应,进行企业间的资源整合,增强企业实力。从目前收购情况来看,根据收购方的类别不同,主要可以分为两类:一类是网络巨头对垂直类生鲜电子商务企业的收购,如阿里巴巴收购易果生鲜;另一类是大型零售集团对垂直类电子商务企业的收购,如高鑫零售收购莆田网、光明集团收购菜管家。在生鲜电子商务企业合并方面,"拼好货""拼多多"合并为"一起拼多多",实现资源的全面融合。

(2)合作行为

战略联盟是生鲜电子商务领域中最常见的一种形式,当前生鲜电子商务发展处于初期阶段,产业链发展尚不完善,行业内伙伴多于对手,大多数生鲜电子商务都在积极寻找盟友,适时地进行战略合作,实现双方互利共赢。如本来生活网入驻国美在线,推进国美生鲜领域布局的同时,也利于本来生活的宣传推广;天天果园与京东进行合作,借助京东专属物流,完善其物流配送体系;易果生鲜、一号店等11家生鲜电子商务企业入驻上海生鲜电子商务企业孵化基地等。

(三) 市场绩效

2014—2015 年，是中国生鲜电子商务行业蓬勃发展的时候。如今，这个行业已经度过探索期与高速发展期，进入了转型升级阶段。据前瞻产业研究院报告显示，中国生鲜电子商务市场发展迅速，平均每年保持 40% 以上的增长率，2019 年的市场规模达到 2 670 亿元左右。

易果生鲜在 2019 年 1 月和 2 月出现过短暂下滑后，月活量缓慢回升，至 2019 年 10 月，月活量达到 3.27 万，同比增长 4.065%，增长动力不足。此外，其下载量也排在 APPStore 购物榜中 100 名以外。

据移动大数据监测平台 Trustdata 发布的《2019 年第一季度中国移动互联网行业发展分析报告》显示，多点 APP 用户数增长强劲，3 月 MAU 同比上涨 52.2%，位列 2019 年 3 月主流电子商务应用 TOP10。在生鲜电子商务领域，多点 APP 已蝉联易观、QuestMobile、极光大数据等各大排行榜的首位近 2 年。最新数据其注册用户近 7 000 万，月活超过 1 200 万。

而沱沱工社为了获得高额客单价，而聚焦于高端消费人群，但是艾瑞数据显示，2017 年平均客单价在 51～100 元的消费者占比达 30%，平均客单价在 101～200 元的消费者占比最高为 39.5%，仅有 17% 的消费者购买生鲜的客单价在 201～300 元，客单价超过 300 元的消费者占比仅为 9.8%。说明消费价格适中更受广阔的中低端市场欢迎，高端消费人群只有小部分而已。

二、五力模型分析

(一) 供应商的讨价还价能力

在供应链方面，易果生鲜主要通过两个方面发力：一是联手国内外优质生鲜公司，提升供应链能力；二是加强标准化体系建设。注重全产业链的标准、注重产品的标准、注重标准的落地和实施、提高标准的精度，是未来生鲜电子商务标准化的优化方向。

在供应商的讨价还价能力上，沱沱工社作为垂直型 B2C 生鲜电子商务，由于网站平台的体量较小，网站的流量偏低，产品的销量也偏低，其讨价还价能力偏弱。

多点的供应商主要来自于物美、中粮集团和其他与物美有一定供应关系的农批市场等，多点 APP 上销售的各种产品，集中在"多点超市"频道之下。多点通过前期的业务规模扩张再收缩以及服务范围调整后，开始与物美集团合作，将近 70% 以上的商品由物美提供，同时，多点初期的运营也是集中在首都经济圈之内，所以在集中采购、谈判议价、供应链成本方面具备一定的优势。

(二) 购买者的讨价还价能力

消费者在选择生鲜食品电子商务平台时会首先选择具有良好产品和具有完善配送能力的平台，而易果生鲜在供应链、快递物流方面都有着自身的优势，因为对易果的满意以至于消费者对于价格不敏感。

沱沱工社的消费群体为旅居中国的外国人和"海归"人士及有高收入或高职位的人群。这类消费者对食品质量格外关注，对于价格不敏感，因此沱沱工社购买者的讨价还价能力并不高。沱沱工社的客户是认可他们的品质价值的小众消费者，只要沱沱工社严格遵循安全、高品质的重要原则，消费者就会给出合理的价格，表现出非常强的忠诚度。

目前消费者购买生鲜的数量较少且物流配送成本较高，导致生鲜品的平均价格较高。生鲜电子商务平台多，用户的选择范围也十分广泛且不同类型的平台也会使用各种促销活动拉新和留住老客户，商品的大批集中采购，供应链价格等对于消费者来说是信息不透明、不对称的，同时中高端的生鲜品销售都是集中在大型零售商超和互联网头部企业，所以顾客的讨价还价空间还是有限的，消费者讨价还价能力较弱。

（三）潜在竞争者进入的能力

易果生鲜有着全方位的布局，即易果生鲜电子商务平台、易果供应链和安鲜达冷链物流。易果生鲜在售水果、蔬菜、禽蛋、肉类、水产和烘焙等在内的全品类生鲜产品。易果生鲜是经营了数十年的生鲜电子商务企业，在市场上占有一定的影响力而潜在竞争者想要进入这个行业是十分困难的。

沱沱工社的潜在竞争者主要为新的行业进入者，现今生鲜电子商务已然形成规模发展，新的生鲜电子商务企业进入生鲜行业的难度越来越大，且生鲜电子商务行业前期所需资本量大，产品运输、加工、保鲜等环节中厂房设备耗费量大，导致生鲜行业成本较高，想要获得消费者的认可和信任需要长期的努力，新的竞争者需要经过长期的努力才能在本行业立足发展，因此新的行业进入者需要长期的准备工作才能对沱沱工社造成威胁。

多点形成规模发展，新的电子商务企业进入生鲜行业前期需要大量资本，产品在采购、运输、加工、保鲜等环节中损耗很大，导致行业平均成本较高。对于线下传统连锁超市，规模体量、零售供应链管理、存量客户群体、线下营销方面具有深厚的实操与资金能力，他们一旦进入将会对多点造成威胁。不过，由于生鲜电子商务平台的搭建与运营需要采购、商品、仓储、物流、交易、支付、质检、售后、品牌等研发投入与支持完善，所以线下传统超市发展电子商务平台难度很大。

（四）替代品的替代能力

易果生鲜属于垂直电子商务，垂直型 B2C 生鲜电子商务在产品方面多以高品质商品满足少数高端人群的需求，容易被其他模式的电子商务替代，但不容易被传统生鲜零售业替代。

沱沱工社在产品方面，多以高品质商品满足少数高端人群的需求，跟其他类型的生鲜电子商务企业相比不具有独特性，被代替的可能性很高。但跟传统模式相比，沱沱工社产品的高端定位和自有的物流配送提供上门服务，是传统生鲜农产品的零售业不能完全代替的。

多点作为 O2O 模式的生鲜电子商务平台，多以提供普通生鲜商品、生活快消品和个别进口高端商品来满足不同年龄阶段的人群，跟其他生鲜电子商务平台相比，多点依托物美实体便利店，根植于生鲜品类，提供配送服务，可是这种模式的配送时效性较长，对于多点生活来说，没有专属的业务壁垒、品类壁垒和技术壁垒，仅仅依靠运营 O2O，辅以提供代购和配送业务，其被替代的可能性还是很高的。

（五）行业内竞争者现在的竞争能力

沱沱工社定位在有机，它在生鲜行业中有自己的生存机会，但生存空间比较窄，因为有机只是生鲜行业中的一小部分。京东、阿里巴巴这样的企业，用户对其的依赖度非常高，他们在重资本的情况下，对于物流建设和商品堆积的速度都是非常快的。普通的生鲜电子商务企业需要三四年的时间才能做到他们目前的规模。毫无疑问，不管是京东还是阿里巴巴，在物流服务和品牌对消费人群的吸引力上，比沱沱工社这些生鲜电子商务企业稍强。

目前国内生鲜电子商务企业大概有 4 000 多家,但是超过 95% 的企业处于亏损状态,多点平台核心竞争优势不明显。同时京东、阿里巴巴凭借强大的资金、技术和品牌建立起像"7FRESH"和"盒马鲜生"这样的"超市+餐饮"一站式购物美食加工服务站。因此,多点生活面临业务模式的竞争态势以及在人力、物力和财力方面的压力还是很大的。

三、三大基本策略

(一)易果生鲜差异化战略分析

易果生鲜以"尊重食材,以原色、原味、原生"为原则,买手踏遍世界 147 个特色产区,精选近千种生鲜,甄选出最佳批次,全程冷链运输搭配食品级高档干冰保鲜,保证送达的生鲜安全美味。易果生鲜的核心优势在于具有优质高效的冷链配送系统。生鲜云是从供应链、冷链物流和流量运营三个维度切入,将易果的运营能力转向标准化和模块化,从而输出给合作伙伴。

(二)沱沱工社的集中策略分析

沱沱工社专注于作为一家安全、专业的有机食品服务商,专门提供高品质生鲜商品销售服务。沱沱工社对于生鲜农产品的定位比较高端,它具备有机食品标准化农场种植、网络化订购、农场直送等理念,并通过对上游资源、物流资源和销售资源的整合,使自己成为有机农业产业的领跑者。

(三)多点的差异化策略分析

2015 年 4 月,多点布局了 O2O 业务。多点与传统零售企业进行更深层次、订制化的系统对接,对传统零售商的商品、会员、支付、流量、供应链、营销等环节进行赋能。

2016 年 4 月,在新零售大环境下,多点与合作伙伴物美实行"线上线下一体化"深度合作模式。多点为物美进行了数字化改造服务的同时,物美也为多点带来了巨大的供应链和渠道优势,品牌知名度不断提升。

2017 年,多点开始与物美深度磨合,将线上、线下优势深度融合,基于充分的行业调研、分析,确定打造多点自有的商品前置仓库、搭建会员平台。多点完成了会员一体化,强支付。多点打造了覆盖最广、体验最好、成本最低的生鲜电子商务平台。

多点依靠两条腿走路,O2O+多点+双打,有别于其他生鲜电子商务平台的差异化发展战略,才是最终的最优方案。

四、价值链分工

O2O 电子商务和 B2C 电子商务价值链如图 9-18 所示,下面按企业进行介绍。

(一)易果生鲜价值链分析

易果业务分为三大板块,如下所述。

供应链管理:在世界范围内为各个地区的不同消费者挑选商品,以及供应商选择、采购时间、价格、品控、交付时间等。

冷链物流:冷链物流在生鲜行业尤为重要,对商品新鲜程度直接负责,少有第三方物流能满足需求。易果自营垂直生鲜平台并自建冷链物流体系安鲜达,还把冷链物流体系开放给其他平台共享。

渠道运营与营销:易果生鲜渠道包括天猫超市生鲜板块、易果官网、APP,还有一些分

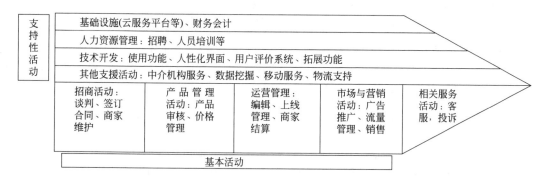

图 9-18 O2O 电子商务和 B2C 电子商务价值链

散渠道,由于每个渠道的用户有不同的需求,所以需要专门运营。

三者串联起来形成业务闭环,缺一不可,同时易果又试图将每一块业务都定性为开放平台。

易果生鲜采取重资产的发展模式,选择自建冷链。易果生鲜同样希望将品控做到"离源头足够近"的地方。易果只输出软性标准和需要采购人员协助,但不会投入工厂建设。此外,易果注重物流链条提供的质检、分拣、包装等职能,希望能以自身的物流网络连接供应商。

(二)沱沱工社价值链分析

1. 人力资源管理

沱沱工社投入巨资用在物流人员配置,使热爱有机事业、了解有机生产,又熟悉物流管理与信息技术的复合型、高学历人才加入到员工队伍中来,需要找到真正认同有机产品理念、愿意投身于有机事业的志同道合者加入到管理团队中来。而且,配送员要遵守统一服务流程,并学习各产品的特性、储存方法等。沱沱工社提供的全流程服务能与客户保持亲密接触,也可以第一时间抓取客户的反馈。

2. 研究与开发

沱沱工社建立了集冷藏、冷冻库和加工车间为一体的现代化仓储配送物流中心,分为标准库和生鲜冷冻冷藏库,此外还购买冷藏冷冻车,通过采用冷链物流到家的配送运作模式,最终实现了新鲜日配的目标。

3. 采购

沱沱工社供应渠道分三块:全球采购、自营农场和联合农场。

除了蔬菜、肉禽等食品由沱沱工社自己的农场供应以外,一些有机食品采用的是对外采购的方式。为此沱沱工社挑选了一些产品可靠、有技术保障的供应商。

4. 内部供应和生产

沱沱工社大力打造从仓储、物流、网络订单管理到售后服务的全产业链条,在自建农场方面,从选种育苗到收割包装,各个环节进行严格把控,实现全产业链的透明操作,从根本上掌控了食品的质量。

5. 物流渠道

沱沱工社依靠自己资金雄厚的实力,配建了专业冷链物流配送队伍,解决了物流及时配送的问题,确保新鲜服务能够新鲜到家。做到了"按需采购、按需配送、新鲜直达"的行业新模式。配有集冷藏、冷冻加工车间为一体的现代化仓储配送物流中心,承诺将最新鲜的食品精准交付给广大消费者。

6. 销售

销售模式有两种:第一种是一般模式,即交易先于配送;第二种是预售模式,即生鲜成熟前发布产品信息,提前备货并在短时间内迅速完成发货。沱沱工社有自己的网站,而沱沱工社自产的有机食品就直接放在网站上销售,线下活动与线上销售相结合。消费者只需要登录沱沱工社官网挑选优质食品,当日下单,次日沱沱工社就可将当日收获的有机蔬果、生鲜蛋肉,用冷链物流车按照客户约定的时间送达指定的地点。

7. 售后

通过消费者的信息反馈,迅速指导农场生产方向和品类,减少不必要的投资风险。沱沱工社全产业链模式也开展线下试吃、免费品尝、参观农基地等活动,打消了消费者对产品品质和初期试销的顾虑。沱沱工社提供环保回收产品包装等,减少白色垃圾废弃物。沱沱工社承诺所售新鲜食品3天内,顾客如有任何不满,无条件退货。

(三) 多点价值链分析

1. 基本活动

(1) 招商活动

多点已与物美、重百、新百、中百、华润万家、麦德龙、夏商、嘉荣、美食林、人人乐等70多家"中国连锁零售百强企业"达成合作,覆盖26省、过百城市、近万家门店。多点开始深度与物美集团合作,将近70%以上的商品品类都是由物美集团提供。

(2) 产品管理活动

多点商家ERP系统与多点数据后台直接打通,所有商品价格、促销活动一致,在重大节日和促销节点进行联合策划。

(3) 运营管理

多点与物美是深度战略合作的关系,双方采用线上线下统一供应链体系,重塑采购、商品管理等环节,多点首先将物美的生鲜产品标准化,不同产品根据其特点按重量、数量、价格等进行打包售卖,既可控制损耗,又便于商品管理,利于网上销售。

(4) 市场与营销活动

多点一直打造"让生活多点新鲜"的口号,多点的愿望是成为中国最大的生鲜快销数字零售平台。多点与腾讯建立合作,将会员消费画像与微信社交数据相结合,帮助商家和品牌进行千人千面的精准营销,在朋友圈等微信渠道进行针对性投放,带来更具性价比的转化。

(5) 相关服务

多点建立客户服务与投诉平台，坚持以客户为中心，以商业全面数字化为目标，实现线上线下一体化、全场景覆盖、全链条联通，提高企业效率，改善消费者体验。

2. 支持性活动

(1) 基础设施

多点 APP、多点自由购、自助购、一款融合到店和到家全场景的移动购物手机应用，品类覆盖生鲜日百等日常消费品，依托与本地大型商超的深度结合，多点 APP 既支持如结账、领券等门店购物场景，又能提供高品质、低价格、2 小时送达的优质到家服务。

(2) 人力资源管理

在整个互联网行业裁员消息频现的时候，多点却要逆势扩张，将进一步增加技术人员的招聘，继续保持自身的技术核心优势。

(3) 技术开发

① 智能收银系统：以自由购、自助购、智能购物车、秒付等多种智能购物手段，发起门店银线革命，改善消费者购物体验的同时，提升商家收银人效，极大节省人力成本。

② 智能防损系统：多点针对自助购、自由购等智能购物方式，搭配不同的防损方案。

④ 支付系统：对多点接入的新商家进行支付需求定制化服务。

⑤ 会员系统：将会员信息自动分类，描绘用户画像，实现细分人群的精细化运营，可形成流量闭环，包括创建用户群、管理消息推送、追踪用户实际打开，甚至后续的实际注册、转化效果等。

(4) 其他支援活动

多点与商超门店共用同一个后仓区域，商品数据协同统一管理，不会干扰门店经营，实现了仓、售、配一体化运营。多点的合作目标锁定为区域零售龙头，用商超联动的仓储模式，在效率和成本的博弈之间找到了一个平衡点。冷链配送活动向上服务于生鲜商品的销售商，向下服务于消费者。

五、个案描述

生鲜电子商务编年史如表 9-15 所示。

表 9-15 生鲜电子商务编年史

时间		生鲜电子商务企业		
阶段	年份	易果生鲜	沱沱工社	多点
探索期 （2005~ 2009 年）	2005 年	易果生鲜成立，是国内第一家生鲜电子商务企业	—	—
	2008 年	—	沱沱工社成立	—
	2009 年	易果生鲜从仅销售单一水果品类扩展生鲜全品类，成为一站式、全品类的电子商务平台	—	—
市场启动期 （2009~ 2012 年）	2012 年	—	注册用户已经达到 50 万,订单数实现 10 倍增长,客单价维持在 300 元左右	—

续表

时间		生鲜电子商务企业		
阶段	年份	易果生鲜	沱沱工社	多点
高速竞争发展期（2013年至今）	2013年	易果生鲜获得阿里巴巴战略投资	10月17日面向全国32个城市正式开通冷链物流生鲜品类商品的配送服务	—
	2014年	阿里巴巴和云锋资本联合对易果生鲜进行了B轮融资	—	—
	2015年	10月，成为SunMoon的客户	—	3月，多点公司成立，APP在北京站上线
	2016年	3月28日，全品类生鲜电子商务易果生鲜宣布完成C轮融资	1月15日开设新模块"沱沱U鲜"	—
	2017年	12月23日联华超市股份有限公司发布公告称，永辉超市与上海易果电子商务有限公司订立股份转让协议，转让其持有的联华超市股份	—	1月1日，多点上线多点秒付

上述编年史是根据生鲜电子商务的三个发展时期，从2005年至2017年，易果生鲜、沱沱工社、多点这三家生鲜电子商务企业发展历程中的大事件来述说，清晰明了地知道了三个生鲜企业的发展方向和发展规模。

六、总结

目前我国生鲜电子商务经历了探索期、市场启动期、高速竞争发展期这三个发展阶段，本书通过分别从SCP大背景、三大通用策略、五力模型、价值链分析易果生鲜、沱沱工社、多点这三家生鲜电子商务的企业发展，明确我国生鲜电子商务市场的前景是广阔的，但因为生鲜是非标产品，所以生鲜电子商务要继续发展，尚且面临例如冷链、供应链、食品安全等诸多痛点。

案例4　跨境电子商务（一切都从留学生带货开始）

一、SCP分析

（一）基于SCP模型的S分析——行业现状分析

1. 市场集中度分析

① 2018年中国跨境电子商务的交易模式中跨境电子商务B2B交易占比达83.2%，跨境电子商务B2B模式依旧占据主导地位。2015年国内的B2B跨境电子商务平台中，阿里巴巴市场份额最大，其次是环球资源网和慧聪网（图9-19）。

2014年跨境电子商务进入2.0时代，这一年被称为跨境电子商务元年。由于B2B模式具有客源稳定、买卖双方合作时间长的优势，行业已经进入成熟阶段，行业集中度较高。

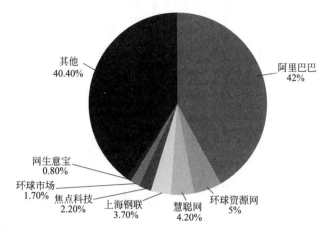

图9-19　2015年跨境电子商务出口B2B平台企业市场份额

② B2C模式在最近几年一直保持高速增长，虽然出口B2C发展时间短，但规模增速较快，跨境电子商务B2C交易占比16.8%。越来越多的B2C跨境电子商务平台建立起来，这些平台跨过众多的中间环节直接连接工厂与消费者，以B2B2C的形式减少了交易环节，消除了信息不对称。B2C模式通过化整为零面向终端的销售模式比传统外贸等形式更为灵活。阿里旗下的考拉海购、天猫国际、海囤全球采用了B2C模式。

2019年9月6日，网易与阿里共同宣布，阿里巴巴以20亿美元收购网易考拉，合并之后阿里系将占据过半市场。具体来看，2018年网易考拉以27%的市场份额位居国内跨境进口市场首位，天猫国际和海囤全球分别以24%和13%的市场份额位列其后（图9-20）。2015年初上线的网易考拉表现可谓优秀，仅用三年的时间，便占据最大市场份额。

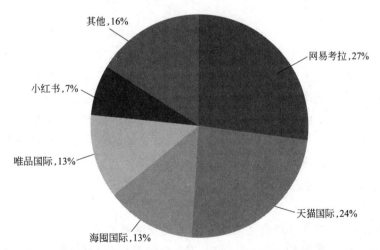

图9-20　2018年中国跨境电子商务平台市场份额分布

2. 产品差异化

①产品主体的差异化是最常采用也是最有效的一种手段，从我国的跨境电子商务行业，可以看出明显的主体性。敦煌网以交易平台的方式运营，从中获取佣金收入以及服务费收

入；兰亭集势以服装类起家，主营品类是婚纱，此后它扩大了运营范围以商品进销差价获利；聚美优品主营各类化妆品、护肤品以及母婴用品；唯品会以名品特卖为特色，提供低价受欢迎的品牌产品。

② 从品牌的差异化看，产品的品牌是产品差异化的浓缩与象征，一个成熟的企业应注重自身产品品牌的建立，提高品牌定位，不断提高品牌的知名度和美誉度。

③ 从价格的差异化来看，价格的差异化体现出产品的档次定位，但在电子商务这个完全信息化的平台里，同类产品的价格会趋向一致，但也可以看到，天猫国际的价格高于淘宝，京东的价格稍高于淘宝，这也体现出不同电子商务平台对自身主营商品的定位。

④ 从渠道的差异化看，渠道的差异化主要体现在产品的来源地、产品的销售市场，但其中差异化最大的应该是物流的差异，有的跨境电子商务单纯依靠国际物流，有的拥有自身的物流，还有的在海外拥有仓储。

⑤ 从服务的差异化来看，在跨境电子商务发展的后期，彼此间所销售的商品已近乎趋同，同一种商品在各类跨境电子商务平台几乎都可以买到。这时，产品的品质以及服务就会被关注，如后期的维修保障、物流的快慢、客服人员等。

3. 进出壁垒

(1) 贸易保护壁垒

有些国家为了保护本国经济的发展，通过提高市场准备门槛或提高关税税率经济措施，阻止或缓解国外贸易对其产生的冲击。这不利于跨境电子商务的发展。

(2) 资本壁垒

资产的专用性以及沉没成本在跨境电子商务产业可见一斑。在其平台成立前期，以大量的资金投入为主。几乎不产生盈利。这些巨额的资产很难出售或变现，企业的沉没成本大，故而企业退出市场的壁垒高。我国的跨境电子商务行业中市场份额占比较大的企业，已形成了自身的成本优势，具有成熟的运营方式，最大化地降低自身成本，这就在一定程度上阻止了新的进入者。

(3) 政策保护壁垒

从国家层面出发。2012 年 5 月开启了跨境电子商务的试点，2014 年 7 月海关确定了跨境电子商务的合法地位。现有的跨境电子商务企业大多获得了国家的认可，如阿里巴巴集团在杭州市可享受一定的政策优惠及支持。政策在一定程度上维护了我国跨境电子商务行业的市场现状，一个跨境电子商务平台依托大量的人员，包括了技术人员，管理人员、物流仓储人员等，还有大量的卖家及买家。员工的培训费、买家的信任度、卖家的参与度等费用及无形资产加大了企业的退出障碍。

(二) 基于 SCP 模型的 C 分析——市场行为分析

1. 广告行为

阿里巴巴在国外的知名度决定了阿里国际的自身网站流量，大活动（九月采购节、"双十一"）直接在外站例如谷歌、Facebook 引流。环球资源比较注重海外线下推广，包括展会和杂志推广。

2. 联合并购策略

(1) 联合策略

2020 年 1 月阿里巴巴与智联招聘合作。此次合作将整合智联招聘和阿里巴巴国际站百城千校定制化培育外贸人才库,并进行人才分层打标,实现从人才培育、招募、匹配、到岗及岗后发展的完整服务链路。双方共同表示,未来将在3年内实现认证人才就业数100万、50万跨境商家人才匹配,同时帮助300家人才服务商盈利。

(2) 并购策略

① 阿里巴巴收购。阿里巴巴宣布以20亿美元全资收购网易旗下跨境电子商务平台考拉。同时,阿里巴巴作为领投方参与了网易云音乐此轮7亿美元的融资。阿里巴巴表示,将充分发挥生态协同效应,让中国消费者得到最好的进口商品消费体验。同时希望双方在文化娱乐领域产生更多化学反应。阿里巴巴收购网易考拉,是在扩充全球供应链的版图,考拉目前拥有的全球供应链资源和诸多的国际品牌授权是阿里产业王国里欠缺的一个板块。

② 海囤全球+唯品国际。2018年,唯品国际和海囤全球在供应链和采买方面达成合作,唯品国际12个海外仓、8个自营仓向京东全面开放。唯品国际平台上的商品均从国际知名品牌方或代理商等正规渠道获得,为从源头上确保平台商品质量,唯品国际对供应商进行严格把关,才与之签订战略正品采购协议。

(三) 基于SCP模型的P分析——市场绩效分析

根据阿里巴巴和环球资源以及中国制造网的年报分析得出,阿里巴巴国际站以54.25亿元人民币的营业收入占出口跨境电子商务B2B的第一位,环球资源网的营收为10.94亿元人民币,中国制造网为6.85亿元人民币。

根据2018年二季度财报,网易整体营收增速仍然持续下行,并创下自2018年二季度以来新低,仅为15.3%。拖累营收增速的主要原因来自于游戏业务的增长乏力,仅为13.6%。相比之下,电子商务业务同比增速为20.2%,高于整体营收与游戏营收增速,是本季度营收增长的最大功臣(图9-21)。

财报显示,二季度,网易电子商务增速保持平稳向好,同比增长20.2%,毛利率在大促季节也未受影响,仍然改善至10.9%,盈利能力持续提升。网易方面表示,这也印证了网易电子商务坚决贯彻战略聚焦后的发展新思路:不盲目烧钱,从关注增速到关注盈利的自造血发展模式。

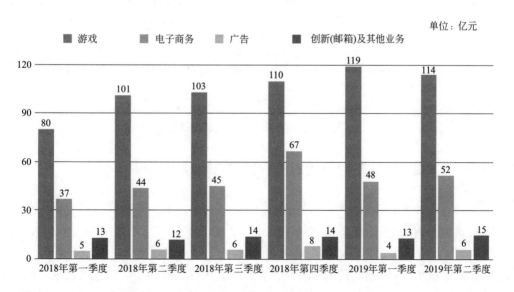

图9-21 网易各季度营收

根据财报，电子商务业务毛利环比和同比增长主要由于考拉和严选的销量增加以及采购、运营效率的提升。

为提升采购、运营效率，网易电子商务重要组成部分之一的网易考拉在供应链、仓储、物流和品牌等方面均做出不少努力。

① 网易考拉持续强化全球高等级供应链优势，与雀巢中国、欧缇丽、强生中国、欧莱雅中国等一线品牌达成战略合作或升级合作。

② 加速仓储物流提效。2019 年 6 月，网易考拉 1 号仓在浙江宁波开仓，这是网易考拉全国规模最大、自动化程度最高的跨境智慧保税仓。

③ 精耕细作流量。第三季度，网易考拉逐渐丰富其电子商务内容化矩阵，先后推出短视频荐物频道"考拉 ONE 物"和直播功能。

二、阶段分析

根据图 9-22 可以看出跨境出口电子商务的发展大致经历了 3 个阶段，跨境进口电子商务目前已经进入高速发展时期，下面将分为 2 个阶段进行分析。第一阶段以 2012 年前后阿里巴巴旗下 B2B 模式跨境出口电子商务的阿里巴巴国际站和与环球资源网为例进行分析。

同时对 2015 年后 B2C 模式跨境进口的网易考拉海购和海囤国际也分别进行比较分析。

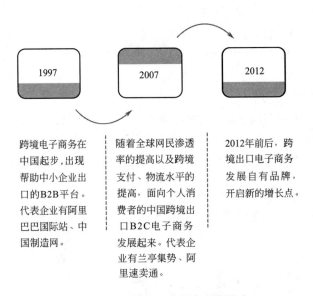

图 9-22 跨境出口电子商务发展史

三、阶段一　B2B 模式下的阿里巴巴国际站与环球资源网

（一）波特五力竞争模型分析

1. 供应商的讨价还价能力

卖家方面，2018 年，中国的供应商有 13 万左右，全球供应商（除中国外）大概有 2 万左右。网络技术的不断发展，使得引荐生产商众多，因此，硬件上，阿里巴巴在基础设施的采购上拥有多个选择，并且供应商的转换成本较低；软件上，阿里巴巴拥有世界级的经营团队，创新能力强，内容服务商，阿里巴巴提供在线平台，文字及图片内容由用户免费提供，

且由于阿里巴巴的知名度，拥有庞大的用户——各类企业，所以用户的讨价还价能力较低。

2. 购买者的讨价还价能力

阿里巴巴 2017 年的活跃买家数是 1600 万，2018 年接近 2000 万，这里面大概有 200 万的支付买家。从买家的分布来讲，数量最多的是美国，其次是欧洲，第三是澳大利亚、新西兰，第四是南亚和东南亚。阿里巴巴采取免费政策，先占领市场，积累大量企业需求信息，提供网上服务，网上逐步养成了利用阿里巴巴平台进行商务或购物的习惯，并产生对其服务的依赖。在实现"Meet at Alibaba"后，为了达到"Work at Alibaba"的战略目标，阿里巴巴利用中国供应商、诚信通等为用户提供所需要的信息，这在一定程度上牵制了用户，但阿里巴巴为吸引更多收费会员而推出的推广策略以及来自其他电子商务运营商的竞争给购买者了一些讨价还价的余地。

3. 潜在竞争者进入的能力

中国网上交易规模不断扩大，尤其汇聚 80% 以上电子商务交易额的 B2B 电子商务领域开始受到各类企业的关注，业内的竞争格局发生了巨大的变化。首先是环球资源网、慧聪网等 B2B 电子商务企业开始积累了一定的实力并占据相当大的市场份额；其次是不少新建企业开始投身 B2B 电子商务，并带来新的经营方向与新方式，一些机构如中国网、多赢网等也涉足此间，利用优势资源占领市场，阿里巴巴的行业地位受到挑战。

4. 替代品的替代能力

电子商务的发展以一系列新型技术为依托，现处于飞速发展时期，能够为分散在各地区的各行业提供低成本、便捷的平台，其中蕴藏了无数的机会和资源，有利于实现信息资源、客户资源、商品资源的等的有效整合，实现买卖双方的双赢。加之，阿里巴巴所实行的免费政策，为众多商家的网上经营降低了成本，赢得了网商们的青睐。而替代电子商务的传统商务模式成本较高，受众面较小。

5. 行业内竞争者现在的竞争能力

① 环球资源网。在海外会员方面和阿里巴巴展开竞争，但阿里巴巴有强大的资金支持后，在海外版会员的增长方面，前景要好。

② 慧聪网。慧聪网是目前国内行业资讯最全、最大的行业门户平台但它推出的买卖通收益较少。

③ 敦煌网。其利用 Google、雅虎等搜索引擎，这是敦煌网目前主要的成本所在，甚至超过其人员成本。在搜索引擎优化没有取得突破的情况下，这是制约其发展壮大的一个重要因素。

（二）三大通用策略分析

阿里巴巴国际站选择差异化战略以求在行业中占领优势地位。

1. 定位差异化

微软在中国推出了出口通业务，采用为中国外贸型企业提供基于关键字的营销手段，主要面对海外用户。而阿里巴巴国际站的定位则是为了中小企业的网上贸易市场。

2. 服务差异化

阿里巴巴国际站服务主要是外贸推广、外贸综合服务和网上贷。企业可在平台通过购买平台会员、流量推广产品、网盘装修等服务对公司进行推广。此外，阿里巴巴一达通为企业开展一条龙解决外汇、保管、退税、物流服务。相比之下环球资源网根据客户需求，为供应商与采购商提供专业贸易杂志、采购咨询报告、买家专场采购会和展会等服务，并及时提供广告创作，教育项目和网上内容管理等支持服务。

（三）波特价值链分析模型

对阿里巴巴国际站的价值链分析将从 B2B 跨境出口电子商务商业模式（图 9-23）中的支付、物流、通关等重要环节进行分析。

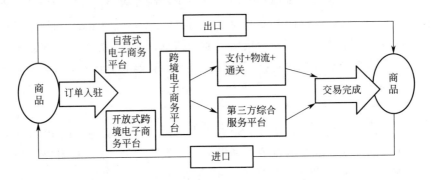

图 9-23　B2B 跨境出口电子商务商业模式

1. 供应商

阿里巴巴国际站实地认证免费，且面向所有 CGS 会员，通过销售亲自上门采信＋第三方认证公司核查相关信息真伪，而环球资源网"核实供应商"仅要求上门 3 次，且无需认证相关信息，相比之下阿里巴巴国际站更具有公信力，核心优势明显。

2. 通关

阿里巴巴国际站全国 96％的报关行以及主要的通关口岸都已经有对接。以前企业要自己跑到监管窗口上交，现在阿里巴巴平台的跨境供应链系统里可以自动完成。商家要是不明白，阿里巴巴国际站在当地还有拍档，去帮商家服务。交易双方在平台上可以看到所有的单据流转、资金汇入，如果要去申请退税，阿里巴巴国际站还会提供给商家一个急速退税的服务。

阿里巴巴国际站有一整套的工单体系。就像淘宝后面有一套客服体系一样，阿里巴巴国际站也有一套外贸拍档体系。一般来讲，阿里巴巴国际站在一小时以内会解决客户所有反馈的问题和诉求。

3. 支付

支付宝就是一个帮助买家卖家的第三方平台。这里面有平台用信用帮用户担保的因素，但也有使用者以前所有的行为，以及信用对使用者的未来形成的约束，最后形成了一套机制。国际站也是这样，用信保服务来解决买卖家的支付。现在阿里巴巴国际站做了一个全球的支付网络，通过互联网方式去重构整个结汇的链路。

具体来说，如果商家是欧洲的一个商户，给一个中国供应商打钱，商家打的账号是一个本地账号，是阿里巴巴在欧洲设立的一个资金中心。打钱是欧洲对欧洲，费率降到一欧元。然后欧洲这个本地账号再跟阿里巴巴新加坡的资金池做支付，相当于银行同业的 B2B 转账，它的成本就会降到非常低，几乎可以忽略不计。最后再从新加坡把钱转回到国内，换成人民币。因为阿里巴巴国际站整个做的量大，所以把它转进来对卖家来讲成本也很低。经过这种集约化的重构之后，客户可以得到更高的效率，付出更低的成本。

4. 物流

在物流基建方面，主要是提供两种确定性履约交期能力。

① 基于全球快递网络提供的端到端的确定性递送及行业化解决方案。如主流国家的五日抵达，针对3C/服饰类产品，阿里巴巴国际站从运力通道，计费重量方面，提供了解决方案，使国际站客户可以走得通、走得好、走得快。

② 基于大宗贸易的集货拼箱方案及拖车、订舱和报关的拖订报一体方案。如以前集装箱运输要客户自己拼，运气不好就拼不上。现在因为阿里巴巴国际站线上订单多，可以帮客户拼箱，拼完箱子再拼整船，让这些订单一起走，这样可以帮助客户降本增效。

四、阶段二　B2C 模式下的网易考拉海购与海囤全球分析

（一）五力模型分析

1. 供应商的讨价还价能力

网易考拉的供应商主打自营直采，京东的海囤全球采用自营＋平台的混合模式。网易考拉在美国、德国、意大利、日本、韩国、澳大利亚及中国的香港地区等地均设有分公司或办事处，深入原产地。相对而言供应商提供的货品质量更有保证。因此供应商的讨价还价能力也随之提高。

2. 购买者的讨价还价能力

顾客可选择的平台有很多，比如海囤全球、天猫国际、小红书等跨境电子商务平台都是顾客参考使用的平台，顾客的选择越多，那么其讨价还价能力也随之增强。

3. 潜在竞争者的进入能力

目前网易考拉海购已经被阿里巴巴收购，与天猫同为阿里旗下的跨境进口电子商务企业，阿里巴巴由此成为行业巨头，这对新进入者而言无疑是一个壁垒。

4. 替代品的替代作用

目前跨境进口电子商务的替代品有海外代购，我国跨境电子商务的发展是由海外代购发展而来的，但是随着各大跨境电子商务平台的建立，代购已不再像当初火热，但仍然占据一席之地，但是其威胁并不大。

5. 行业内竞争者现在的竞争能力

跨境进口电子商务行业发展至今，网易考拉海购的主要竞争对手有天猫国际、京东全球购的全品类电子商务；以唯品国际、聚美急速免税店等为代表的特色电子商务。

（二）三大战略分析——差异化战略

1. 模式差异化

在平台运作上打造整体优势，国内电子商务巨头天猫国际采取第三方平台优势，京东采取自营加第三方的混合模式，网易考拉海购在进行战略分析后采取纯自营模式。该模式既有别于竞争对手，又能充分发挥网易考拉海购的内部能力。自营模式下完全由企业自行定价。当市场形势发生变化时，便可通过协调供应链来及时调整价格以适应市场。同时，这种模式可以让网易考拉海购与国外优质品牌商、经销商进行直接对接，降低了商品的成本和保证商品的绝对正品。

2. 服务差异化提升顾客满意度

仓储物流与网易考拉海购启用对面智能管理系统；"祥龙"和云 TM 系统"瑞麟"，是

国内第一个提出"次日达"物流服务的跨境电子商务。通过系统将监控到的订单消息第一时间推送给快递公司。如果配送环节出现问题，网易考拉海购就能够在顾客反馈之前进行主动服务。

保姆式服务一旦确定合作关系，网易考拉海购就全权负责国外品牌商的商品推广工作以及商品结算、运输、仓储等后期工作，品牌商能轻轻松松地让商品在中国得到推广。这也是国外许多品牌商看中网易考拉海购具有媒体属性的一点。

（三）价值链模型分析

1. 业务流程分析

网易考拉的基本业务活动流程如图 9-24 所示，网易考拉通过该自建采购团队，深入日韩、东南亚、欧美、澳大利亚等全球尖货原产地，基于严格的审核机制选择合作的海外品牌商和供应商，保证把最高品质的商品带给国内用户。而商品从供货商送到用户手上有两种方式："海外直邮"和"保税区发货"。海外直邮是海外直接寄到国内，到货时间在 1~30 天不等，具体流程如图 9-25 所示。保税区发货则是利用保税仓，集中采购一批产品放置在仓库，如果用户下单，用户 1~3 天就可以收到货，具体流程如图 9-26 所示。

图 9-24 网易考拉的基本业务活动流程

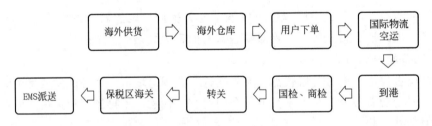

图 9-25 海外直邮具体流程

图 9-26 保税区发货具体流程

2. 自营模式分析

网易考拉海购作为后起之秀，目前已经超过天猫国际与海囤全球。海囤全球（京东全球购）与网易考拉相比，起步较晚，2015 年 4 月份上线。目前的海囤全球多数来自于海外的第三方商家，和天猫一样平台本身没有定价权。而京东，虽然流量和市场份额比不上阿里巴巴的考拉海购和天猫。但凭借自身的长久用户积累和背靠腾讯也让其免去流量的担忧。加之京东倾向性地引流、微信手机提供市场化营销，海囤全球的销售额稳中有升。

网易考拉独特的自营模式。网易考拉海购采用的是"自营模式+微利生态圈+保姆式服务"创新模式。直采自营模式能从来源上保证商品的质量，解决"假货"问题；微利生态圈能让利给客户，使其在激烈的竞争中拥有绝对的价格优势；保姆式服务能吸引更多海外优质品牌和供应商。

网易考拉海购专注自营模式，以便于自主控制采购源头，保证质量。在这方面，网易考拉海购掌握了海淘族核心的痛点——他们的海淘行为本身就是为了买质量较靠谱的进口商品。在"微利生态圈的理念下"，网易考拉海购通过直接对接海外厂商，以量取得利润，并帮助海外商家进行市场推广，节约他们在其他第三方平台电子商务的运营成本，以此保证消费者享受到低价。

五、个案描述

以阿里巴巴为主线的跨境电子商务编年史如表 9-16 所示。

表 9-16 以阿里巴巴为主线的跨境电子商务编年史

时间	阿里巴巴大事件	竞争对手大事件
2011 年	—	环球资源网推出"已核实"买家体系，树立外贸 B2B 行业新标准； 洋码头正式上线
2012 年	—	亚马逊全球开店； 苏宁海外购在东南亚最大的跨境电子商务企业 lazada 正式上线
2013 年	敦煌和阿里巴巴推出跨境电子商务融资	环球资源与深圳国际机械制造工业展览会达成协议，收购旗下相关业务； 跨境电子商务八大零售出口中心和八大试点城市； 兰亭集势上市
2014 年	天猫国际上线，为国内消费者直供海外原装进口商品	出口母婴玩具电子商务企业 PatPat 成立； 进口母婴品牌蜜芽成立； 苏宁海外购正式上线
2015 年	阿里巴巴斥资 10 亿美元收购东南亚最大电子商务企业 Lazada	环球资源网站推出"分析师推荐"栏目，设立的"创客空间"展区和召开相关的研讨会； 2015 年 1 月网易考拉上线； 跨境移动端首个女性购物平台 Bellabuy 上线，继 Wish 后移动端的又一匹黑马，主打移动+个性推荐+垂直化； 京东全球购业务正式上线
2016 年	天猫 24 小时直播全球黑五盛况； 2016 年 11 月 11 日，天猫国际在当晚 23:19 迎来国内首个单日跨境破亿商家——澳洲大药房 ChemistWarehouse，这也是今年 11 月 11 日"亿元俱乐部"中唯一的天猫国际商家。根据 11 月 11 日数据，整个 11 月 11 日期间，澳洲大药房 ChemistWarehouse 始终锁定保健品类目第一的位置	网易 CEO 丁磊藏了 7 年的黑猪竟然一朝在"黑五"爆发，一头网易味央黑猪卖出了 109 501 元的天价； 京东宣布收购沃尔玛旗下 1 号店

续表

时间	阿里巴巴大事件	竞争对手大事件
2017年	6月12日，天猫在天猫618之前宣布"天猫出海"项目正式推出。"天猫出海"是以天猫作为主引擎，利用阿里巴巴核心电子商务板块20亿商品，依托过去十几年打造的涵盖交易、支付、物流、营销、数据、技术等方面的新经济基础商业设施，将天猫生态模式逐步成功复制并落地到东南亚、印度以及全球市场	环球资源向黑石集团出售所有已发行的普通股，由此迈进新纪录；亚马逊澳大利亚站开放，亚马逊全球开店宣布2018年战略；网易电子商务业务2017年增长翻倍，跨境业务稳坐龙头地位。2017年，网易考拉海购以25.8%的市场份额居于跨境进口零售电子商务的首位，这也是继2016年、2017年上半年及2017年第三季度后，网易考拉海购再次蝉联市场份额桂冠的位置
2018年	阿里巴巴对东南亚电子商务平台Lazada追加20亿投资；软银、阿里巴巴11亿美元领投印度尼西亚版淘宝Tokopedia	母婴出口电子商务企业PatPat获得红杉资本领投3亿人民币C轮融资；兰亭集势8 555万美元收购新加坡跨境电子商务平台Ezbuy
2019年	2019年3月，阿里巴巴国际站上线了"全球批发"频道。该频道一期对21个行业开放，包括消费电子、家电、运动娱乐、玩具、礼品工艺品、办公文教等多个项目；2019年9月，网易与阿里巴巴共同宣布达成战略合作，阿里巴巴集团全资收购网易旗下跨境电子商务平台考拉	2019年2月，拼多多悄然上线跨境电子商务项目"多多国际"。商户入驻采取邀约制，需要在后台提交资质，招商人员发送入驻链接和邀请码，等待审核开店上传产品；4月，拼多多正式上线"全球购"，位列APP一级入口；亚马逊中国自7月1日起将不再销售自营纸质书；7月18日起，亚马逊中国正式停止为第三方卖家提供卖家服务，在中国仅保kindle和跨境贸易两项业务

表9-16的编年史从跨境电子商务B2B跨境出口开始兴起的2011年进行描述，主要以阿里巴巴集团进行分析。阿里巴巴旗下的阿里巴巴国际站自成立以来就一枝独秀，在跨境出口电子商务B2B领域独占鳌头，同样是B2B商业模式的环球资源网虽不如阿里巴巴的市场份额多，但在争夺B2B市场份额的路上也频频出招。历年间慧聪网、洋码头等网站如雨后春笋般涌现，阿里巴巴国际站依靠商家优势，市场份额越做越大。虽然B2B一直占据跨境电子商务领域的大头，但是B2C领域的市场形势也慢慢有所发展，天猫国际、网易考拉海购、京东全球购和小红书等B2C模式的平台在近年来竞争激烈。

六、总结

从交易结构上来看，由于我国B2B电子商务出现较早，目前市场还以B2B为主，但随着订单碎片化以及跨境电子商务品牌在海外消费市场的逐渐建立，交易结构正逐渐从企业向直接卖给消费者转换，B2C市场交易占比逐年快速提升。阿里巴巴国际站和考拉海购目前分别作为B2B和B2C的代表引领着我国跨境电子商务的发展。

中国品牌需要走向全球。中国制造正在转型，中国需要向全世界提供高质量的产品，通过高质量的产品吸引消费者。

B2B是未来跨境电子商务市场的主力军。根据数据显示，2016年增速达到55%，到2020年B类买家市场价值会达到6.7万亿美元，是C类买家的1倍多。跨境电子商务从消费互联网到产业互联网的变革，也会促使B2B成为大势所趋。

案例 5　社交电子商务（万物皆有价，无社交不电子商务）

一、SCP 结构分析

（一）行业结构（表 9-17）

表 9-17　社交电子商务分类分析

	拼购类社交电子商务	会员制社交电子商务	社区团购	内容类社交电子商务
含义	聚集 2 人及以上的用户，通过拼团减价模式，激发用户分享形成自传播	S2B2C 模式。平台负责选品、配送和售后等全供应链流程。通过销售提成刺激用户成为分销商，利用其自有社交关系进行分享裂变，实现"自够省钱、分享赚钱"	以社区为基础，社区居民加入社群后通过微信小程序等工具下订单，社区团购平台在第二天将商品统一配送团长处，消费者上门自取或由团长进行最后一公里配送的团购模式	通过形式多样的内容引导消费者进行购物。实现商品与内容的协同，从而提升电子商务营销效果
模式特点	以低价为核心吸引力，每个用户成为一个传播点，再以大额订单降低上游供应链及物流成本	通过分享机制，让用户主动邀请熟人加入形成关系链，平台统一提供仓储、配送及售后服务	团长为基点，降低获客、运营及物流成本，预售制及集采集销式提高供应链效应	形成发现、购买、分享的商业闭环，通过内容运营激发用户购买热情，同时反过来进一步了解用户喜好
流量来源	关系链(熟人社交)	关系链(熟人社交)	关系链(熟人社交)	内容链(泛社交)
目标用户	价格敏感型用户	有分销能力及自愿的人群	家庭用户	容易受 KOL 影响的消费人群和有共同兴趣爱好的社群
适用商品	个性化弱、普遍适用、单价较低的商品	有一定毛利空间的商品	复购率高的日常家庭生活用品	根据平台内容特征
典型企业	典型企业拼多多、苏宁拼购等	贝店、云集、环球捕手、爱库存、花生日记等	兴盛优选、你我您、松鼠拼拼等	小红书、蘑菇街、小红唇、抖音、快手等

（二）行业规模

1. 拼购类社交电子商务：2018 年拼购类社交电子商务规模超 5 000 亿元

经历多年发展的传统电子商务巨头进入品牌升级期，迫使大量低端商家开始寻找新的流量来源。这一部分产能供给与三线及以下城市用户的需求完美契合，在微信等社交流量的助力下，拼购类社交电子商务填补了这一部分市场空白，实现爆发式增长，2018 年行业规模达 5 352.8 亿，典型代表拼多多于 2018 年 7 月成功上市，在短短的 3 年时间内成长为电子商务三巨头之一（图 9-27）。

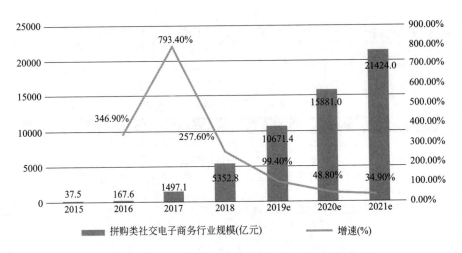

图 9-27　2015—2021 年拼购类社交电子商务行业规模

2. 会员制社交电子商务：2018 年会员制社交电子商务规模达 842.1 亿元

2015 年会员制社交电子商务平台兴起以来，大批微商从业人员的涌入为行业带来了爆发式增长。众多大品牌和传统电子商务企业看到了这种模式的增长潜力也开始入局进行模式探索，2018 年中国会员制社交电子商务行业规模达 842.1 亿元（图 9-28）。会员制社交电子商务平台在发展的早期，强烈依赖通过店主端的裂变与带货能力覆盖更多的消费者，对于小 B 端的争夺与培育将成为这一阶段企业的竞争重点。拥有分销意愿及能力的人群数量是有限的，随着行业的快速发展，会员制社交电子商务平台对这类人群的渗透达到较高的水平之后，平台裂变的能力将逐渐走向枯竭。通过提升供应链与中后端服务能力，以更加物美价廉的商品及优质的服务来吸引更多用户消费将成为会员制社交电子商务平台的发展重点。

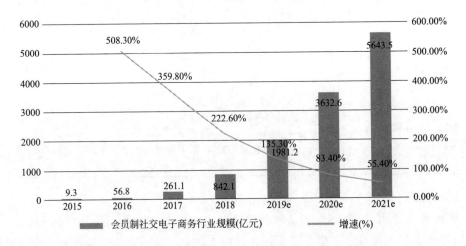

图 9-28　2015—2021 年中国会员制社交电子商务行业规模

3. 社区团购：2018 年下半年爆发，预计 2019 年行业规模将上一个新台阶

自 2016 年起步以来，中国社区团购行业在短短两年的时间飞速发展，如图 9-29 和图 9-30 所示，尤其在 2018 年下半年开始爆发式增长，2018 年全年行业规模达 73.6 亿元。一大批平台在资本寒冬中仍然不断拿到大额融资，几个头部平台的月交易额快速破亿元，供应链上下游密切关注，越来越多企业开始加入到战局中，预计 2019 年中国社区团购行业规模将上一个新台阶。

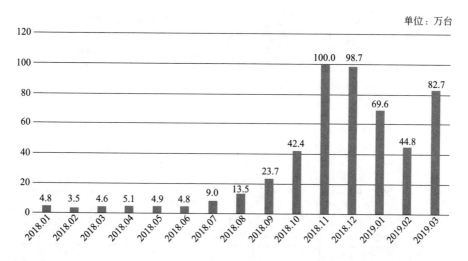

图 9-29　2018 年 1 月—2019 年 3 月中国社区团购 APP 月独立设备数

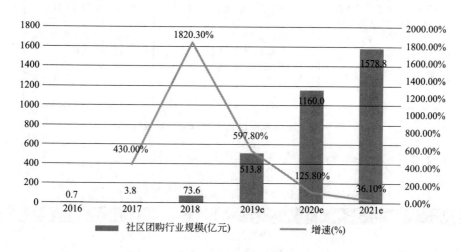

图 9-30　2016—2021 年中国社区团购行业规模

4. 内容类社交电子商务：逐步成为各大内容类社交电子商务平台布局重点

高质量的内容在电子商务平台吸引用户、提高转化率中发挥越来越重要的作用。在众多内容形式中，短视频凭借其适应性广、承载量大、传播力强的突出特点，受到越来越多的关注，如图 9-31 所示，2017 年总计生产超过 3.7 亿的时尚短视频，并且产生了超过 356.2 亿的播放量，预计未来将有越来越多的电子商务内容会由短视频的形式承载（图 9-32）。

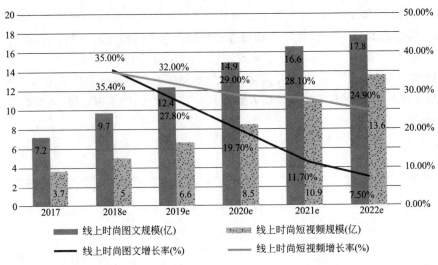

图 9-31　2017—2022 年时尚内容数量规模及预测

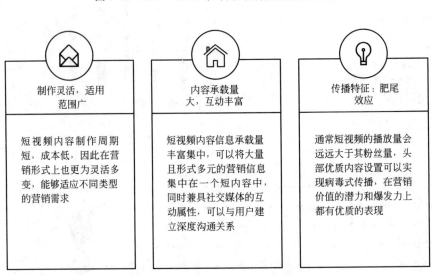

图 9-32　2019 年中国短视频营销价值及特征

（三）外部冲击和企业行为（表 9-18 和图 9-33~图 9-35）

表 9-18　各类社交电子商务的外部冲击及企业行为

	冲击	调整的战略	企业行为
拼购类社交电子商务	拼购类社交电子商务的定位决定了平台积累了大量中小商户，这些商户在商品品质等方面很难保证，使得平台在消费者心目中印象欠佳	①提高平台准入门槛，加大质检力度，完善品控措施；②吸引更多有知名度的品牌方入驻；③扶持平台中小商家，帮助他们打造自身品牌，提升消费者的信赖度；④通过广告、赞助、公益活动等方式，提升平台在消费者心目中的形象	不断通过拼团来提高经济效益。拼团模式最吸引用户的点就是其价格，通过低价获取不少用户，刺激其购买欲望，为了实现自己的经济效益，拉拢他人进行拼团，实现裂变效应

续表

	冲击	调整的战略	企业行为
会员制社交电子商务	平台在发展的早期，强烈依赖通过店主端的裂变与带货能力覆盖更多的消费者，对于低端的争夺与培育将成为这一阶段企业的竞争重点。拥有分销意愿及能力的人群数量是有限的，随着行业的快速发展，会员制社交电子商务平台对这类人群的渗透达到较高的水平之后，平台裂变的能力将逐渐走向枯竭	通过提升供应链与中后端服务能力，以更加物美价廉的商品及优质的服务来吸引更多用户消费将成为会员制社交电子商务平台的发展重点	通过社交邀请形成利益链，并且侧重用户深度运营，增加用户使用黏性，提高用户忠诚度
社区团购类社交电子商务	团长之争是伪命题，未来竞争关键仍是供应链。一些平台开始通过提高给团长的佣金、打价格战等形式来扩充领域，无论是团长和用户都没有什么转移成本，不太容易形成对平台的忠诚度	①物美价廉的商品是吸引用户购买的关键；②提高供应链与精细化运营的能力	—
内容类社交电子商务	逐步成为各大内容类社交电子商务平台布局重点，竞争压力大。低质量的内容影响口碑	①保证高质量的内容，让电子商务平台吸引用户、提高转化率；②内容要不断地创新	引入大量明星、大牌企业、KOL、网红达人入驻，通过引爆粉丝流量，丰富社区内容，增加用户黏性，帮助沉淀社区与口碑

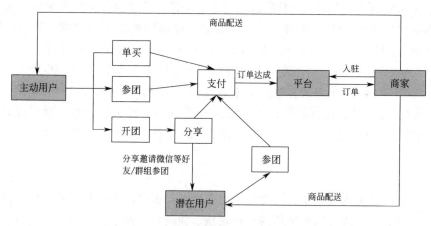

图 9-33　2019 年拼购类社交电子商务模式

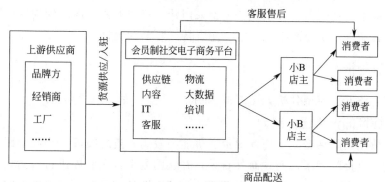

图 9-34　2019 年中国会员制社交电子商务模式

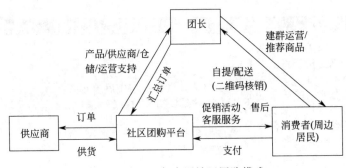

图 9-35　2019 年中国社区团购模式

（四）经营绩效

社交电子商务行业站上风口，众多企业纷纷入局，行业规模快速增长。2018 年中国社交电子商务行业规模达 6268.5 亿元，环比增长 255.8%，成为网络购物市场的一匹黑马。

从 2015 年开始，全国网上零售额同比增速由 39% 降至 2018 年的 25%。而拼多多却走出了几倍于行业增速的增长，2019 年 9 月 30 日往前的 12 月内 GMV 超过 8 400 亿元，同比增长 144%；2018 年 GMV 4 716 亿元，同比增长 234%，数倍于行业增速。这些从侧面印证了拼多多的快速发展。

2019 年 5 月，云集成为了"会员电子商务第一股"。招股书一出来，便吸引了极大关注：付费会员数高达 900 多万，用户复购率超过了 93%。待到 12 月份公布第三季度财报，其会员数已经增长到 1 230 万，会员收入达到 2.067 亿元，成为行业寒冬里的一把火。根据云集第三季度财报显示，2019 年第三季度，云集有效地降低了运营成本，其中，履约费用从 2018 年同期的人民币 2.943 亿元下降至 2.042 亿元，降幅达到了 30.6%。

根据报告显示，小红书上超过五千万的宝藏妈妈群体中，其中有 46% 都是 "90 后" 新手妈妈。截至 2019 年，小红书每天有超过 30 亿次曝光，用户月活超过 1 亿。知情人士称，小红书正寻求新一轮 4 亿~5 亿美元融资，估值约为 60 亿美元。该公司正在与融资计划的顾问合作，并已经敲定了潜在的投资者。知情人士表示，由于筹款尚处于早期阶段，因此尚未最终决定。

（五）商业壁垒

商业模式难以成为竞争壁垒，社交电子商务发展仍面临诸多挑战。社交电子商务本质上是电子商务行业营销模式与销售渠道的一种创新，凭借社交网络进行引流的商业模式在中短期内为社交电子商务的高速发展提供了保证。但这种模式的创新并非难以复制，无法成为企业的核心竞争壁垒。对于消费者来说，无论采用什么营销方式，商品的物美价廉和配送服务的快速高效是其能否对平台产生忠诚度、愿意持续复购的关键。

二、五力模型分析

社交电子商务五力模型分析如图 9-36 所示。

（一）供应商的讨价还价能力

对于大基数用户的平台，供应商讨价还价能力较弱，反之较高。小红书跟海外品牌商或大型经销商建立直接的联系，实现海外直采，并在国内保税区仓库进行备货，从而保证真品和发货速度。小红书在这方面做了很多部署，包括跟海外的品牌商直接的战略合作、大型供

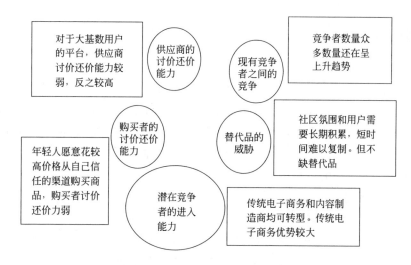

图 9-36　社交电子商务五力模型分析

应商的开发，供应链的搭建。

（二）购买者的讨价还价能力

年轻人愿意花较高价格从自己信任的渠道购买商品，购买者议价力弱。小红书平台的购买者主要是网络购物消费者，也即个人消费者，而非企业顾客。近年来，中国消费者网络购物的规模和比例越来越大，网购消费者众多，而单个消费者的消费能力亦有限，在与卖家尤其是电子商务巨头的谈判过程中，讨价还价能力自然不足。

（三）潜在竞争者进入的能力

对小红书所属的电子商务平台行业来说，进入本行业需要较高的成本，需要得到足够多的资金支持甚至是战略支持，而且现有电子商务平台已经很多，新进入者需要提供更加别样的产品、服务才能吸引足够消费者。另外，现有电子商务平台对市场已经开发的差不多了，任何尝试新进入者均会遭遇已有平台的大力反击，但不可否认的是，尽管很难，但一直不乏新进入者，更有很多未进入者正在观望。因此，虽然行业新进入者的威胁较小，但仍然是存在的，传统电子商务和内容制造商均可转型。传统电子商务优势较大，且已经有转型的苗头。而一旦新进入者成功进入，会对原有竞争格局造成影响。

（四）替代品的替代能力

社区氛围和用户是需要长期积累的，短时间难以复制。但不缺替代品，例如：①微店等以社交驱动的电子商务形态用户注重与用户的点对点交流、适合小众品牌，很难形成规模效应。②蘑菇街。与同样是以女性用户为主的蘑菇街等网站相比，小红书的核心用户的平均年龄要比他们偏大一些，既具有境外购物的欲望，也有境外购物的实力，但它面临的挑战也是巨大的。

（五）行业内竞争者现在的竞争能力

竞争者数量呈上升趋势。例如：网易考拉、社区＋电子商务＋UGC，网易考拉海外购与小红书商业以及引入流量的方法很相似，都是以社区分享导入流量，以社区互动引导用户完成购物消费。对于考拉的运营来说，有了天然的优势，拥有正品自营，海外批发价，微利电子商务生态圈等都是网易大平台所提供的。网易考拉在网易的大势力下建立了自己自营的模式，获得了行业销售额第一的好成绩。

三、三大通用策略

（一）成本领先战略

拼多多采用的是成本领先战略。商家多数是自产自销的小厂商或与小厂商合作的低端卖家，中间流通环节少则中间成本低，非品牌货又无品牌溢价，相比市面上的品牌商品，价格就低。其次，这是一个新的平台，具有新的竞争机会，许多原来的腰部、尾部商家有机会在这个平台成为头部商家，而平台的低价战略势必让其流量资源向低价商品倾斜，因此商家主动让利是新环境下最有效的竞争手段。

（二）差异化战略

云集采用的是差异化战略。

① 云集通过微信的社交体系，把众多微商作为节点串联起来，自身则将上游供应商、下游物流整合，整体输出给商家，最大化地突出微商的社交优势。

② 赋能微商，是云集的重要价值。除了供应链和物流，云集还会给会员（店主）提供各类技能培训。

（三）专一化战略

小红书采用的是专一化战略。

（1）针对女性用户的社交电子商务平台

除了得益于近年来日益增长的消费规模，作为一个86.8%的用户都是女生的社区，小红书的运营和平台支撑与其消费群体分不开关系，日常活动都是围绕女性来提供相应的服务。

（2）建立女性之间的"虚拟闺蜜圈"

大部分女性都喜欢与闺蜜分享日常，小红书通过自己的社区体系，满足女性的需求痛点，在线上建立一个网络圈子，消费者可以在平台上找到志投意合的伙伴，一起交流分享好货。

① 达人体系扁平化。用户可以享受高质量的社交，为大家创造良好的社区环境，正面负面信息有效折叠。小白用户也可以和知名博主顺畅交流，社交效率更高。

② 移动分享高效晒。这里的"晒"，指女性日常分享好货的过程，把自己的购物心得分享到社交圈子。大部分女生在了解护肤、美妆和时尚的过程中，想要实现深层次的了解，都会去寻找相关的信息。小红书设置合理的活动，鼓励用户给感兴趣的笔记主题进行留言，从而有效地引起双方的互动。除此之外，没有通信设置信息模块，让社交更集中于笔记内容。

四、价值链分析

（一）打造多维交互式产业价值链，各类高效商业模式得以实现

传统零售和电子商务流通产业价值链具有单向一维的特征。厂家负责产品的研发和生产，供应商负责仓储和物流管理，零售商则利用营销活动将产品销售给终端消费者。在这一单向的价值链下，各个环节之间缺乏有效的沟通和交流，一般仅着眼于提高自身效率以实现价值增值。传统电子商务主要依靠提高上游供应链管理效率，减少产品中间流通环节、提高库存管理和物流效率来降低成本，形成价格优势。但产业价值链本质上并未发生改变，各部仍然各司其职，互不干扰，缺乏联动性。

而社交电子商务打破了这一传统，产业价值链由原先的单向一维向交互式多维方向发展，使得零库存分销、精准营销、C2B定制等高效化商业模式得以更好实现，从而有助于提高电子商务行业整体效率。首先，供应商与零售商之间可通过微商平台等方式进行信息共享，实现零售商"零库存"等新销售模式，从而提高运营效率，降低运营风险。其次，社交电子商务以社交关系为基础，社交双方往往具备共同的生活条件、兴趣爱好、价值认知等共同因素，零售商则可利用这些共同因素，按人群类别对消费者需求进行深度挖掘，进行更为精准的商品营销。此外，社交电子商务模式下消费者的需求与反馈可以更便捷与直接地传递给供应商，供应商则可利用此开展消费者需求预测、试销、定制等多种C2B模式。

1. 传统电子商务价值链（图9-37）

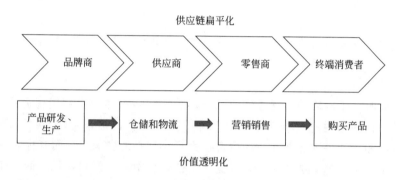

图9-37　传统电子商务价值链

2. 新型电子商务价值链（图9-38）

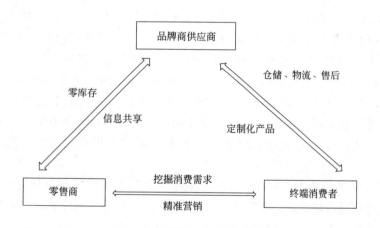

图9-38　新型电子商务价值链

（二）价值链分工

1. 社交电子商务通过"信任＋经济"将"人、货、场"交易模式做到极致，完美打破传统电子商务巨头的垄断

小红书就是新型的社交电子商务，是一个生活方式分享社区，同时设有社区电子商务平台，为用户提供分享文字、图片、视频、笔记的社区平台，同时作为跨境电子商务提供用户购买商品的平台。

(1) 进货物流

小红书跟海外品牌商或大型经销商建立直接的联系,实现海外直采,并在国内保税区仓库进行备货,从而保证真品和发货速度;急速物流配送。小红书已经跟郑州保税区签订战略合作协议,作为第一家移动互联网公司入驻河南保税物流中心。通过海外直采,商品以保税备货模式进入保税区,并通过海关、国检的层层把关,对商品的质量进行审核,然后快速送到用户的手上。小红书福利社进驻保税区的每一件商品,都有国家检验机构出具的检测报告,以保证正品和质量。目前,小红书已经是全国保税仓面积第二大的电子商务企业,货量和发展速度可见一斑。小红书福利社采取保税自营模式,从海外直采到阳光清关,从整个供应链的把控上确保商品质量,保证用户享受到跨境电子商务的极致品质体验。

(2) 生产

主要由海外购入。

(3) 出货

跟海外品牌商或大型经销商建立直接的联系,实现海外直采,并在国内保税区仓库进行备货,从而保证真品和发货速度。

(4) 营销

小红书创办时采用冷启动,通过创始人所在的留学生群体自主编辑优质内容吸引用户,迅速地聚集了一批种子用户。小红书采用口碑营销及感官营销,海外购物攻略在网上推广后,用户的口口相传和各种热情洋溢的留言扩大了小红书的影响力,而其标志性的红色纸盒让更多人知道了"小红书"这个品牌,红盒子上往往会附带一两句好玩的话,如"说我买太多刷你卡啦?",提高了消费者的兴趣,使得消费者从留意到注意再到体验、消费。此外,小红书还十分注重事件营销。小红书在2015年6月周年庆中开展了"小鲜肉快递"活动,使得小红书一炮打响。2016年"红五"期间也开展了"红色大巴车"小红书全球大赏活动,将有辨识度的品牌红色和圣诞节结合起来,"吸睛"之余,话题十足。2017年的三周年庆也开展了"胡歌和小红书的三天三夜"系列活动,增加小红书的话题量和关注度。

① 广告:借助社区用户基础进行口碑营销,打造跨境电子商务平台"福利社",实现交易闭环,"找到国外的好东西",吸引用户。通过推出跨境购物笔记分享社区,让用户对海外产品增加了解,解决用户对海外产品的未知性和担忧心理,"把旅行装进你的购物袋",提升用户黏性。通过集晒生活、商品测评、种草等功能于一体的社区形态,真正以兴趣聚合用户,提高了用户留存率;并通过明星效应,吸引了更多新用户的入驻,提升了社区的活跃度。

② 促销:定向消费人群,打造"内容+电子商务"的新模式和口碑社区;专业PUGC深度种草,品牌口碑销量双赢;明星+KOL点燃,PUGC集中响应实现高频曝光。

③ 销售团队:社区运营;商家运营。

(5) 服务

通过社区后台一系列的数据和调查、消费者的期待和反馈情况,来挑选海外品牌的合作对象。会员制服务,成为小红书会员可以享受会员的专享价、无门槛包邮服务、跨境商品包税、限时购提前抢、七天保价自动退以及专属客服。

2. 辅助活动

① 企业基础设施:扩大和升级团队。开始尝试线下店以及人工智能系统、物流供应链系统等多个独立产品项目的建设。另外,继续加大在产品技术方面的投入,尤其是算法分发

方面的基础设施建设,为用户规模的不断增长做更好的储备。

② 人力资源管理:在管理方式上,小红书效仿谷歌、Netflix 等硅谷成功科技企业的管理模式,并衍生出属于小红书独有的企业文化,其内部称为"四有",即"有结果、有洞察、有格局、有信任"。在团队管理方面,小红书借鉴英特尔和谷歌的 OKR 工作法,鼓励团队成员为自己定"令人兴奋"的工作目标。在团队协作方面,小红书通过共享的数据工具,将决策权下放,同时要求每个人有自己 Ownership,意在组建硅谷级的高效团队。鼓励创新、结果驱动的企业氛围,让小红书各个团队能够基于公司战略目标进行独立思考,从而作出自己和团队能力范围内的创新。

③ 技术研发:线下线上一体化系统构建,自动分拣系统与智能物流的研发,研发团队依靠先进的算法系统,提供了一个拥有强大技术优势,从而支撑稳定的供货来源。

④ 采购:海外直邮,自营保税仓,第三方平台。

五、编年史

社交电子商务编年史如表 9-19 所示。

表 9-19 社交电子商务编年史

社会事件	小红书事件	竞争对手事件
2013 年 6 月,"神州十号"飞天成功,顺利实现与"天宫一号"对接	2013 年 10 月,毛文超和他的创业团队推出了第一款产品"小红书出境购物攻略"APP,上线了 8 个国家或地区的购物攻略,同年 12 月,小红书推出海外购物分享社区	—
2014 年 3 月 8 日,马来西亚航班 MH370 失踪,后宣布航班失事,机上 239 名乘客和机组人员已遇难	2014 年 12 月,小红书正式上线电子商务平台"福利社",从社区升级电子商务,完成商业闭环;并发布全球大赏,获奖榜单被日韩免税店及海外商家广泛使用,成为出境购物的风向标	—
2015 年 7 月 29 日,微软公司操作系统 Windows 10 正式版本面向 190 个国家发布	2015 年 5 月,零广告下,小红书福利社在半年时间销售额破 2 亿元;6 月,周年庆期间,小红书 APP 登上了苹果应用商店总榜第 4,生活类榜第 2 的位置。首日 24 小时的销售额就超过了 5 月份整月的销售额,用户达到 1500 万	2015 年 5 月,肖尚略创办了社交电子商务平台云集并带领云集成为国内社交电子商务领导者,跨境电子商务十强;同年 9 月,成立一家专注于 C2B 拼团的第三方社交电子商务平台,通过沟通分享形成的社交理念,形成了拼多多独特的新社交电子商务思维
—	2018 年 6 月,小红书第一家线下零售店 REDhome 在上海开业;10 月,小红书用户突破 1.5 亿;11 月,小红书参加首届中国国际进口博览会。作为上海交易团成员之一,与全球品牌共同探索年轻市场的机会点和新方式	同年 7 月 26 日,拼多多在美国纳斯达克上市,并通过远程在上海陆家嘴举行敲钟仪式
2019 年 6 月,中国实现 5G 网络预商用	2019 年 1 月,小红书用户突破 2 亿	同年 618,拼多多百亿补贴上线,平台在 618 期间订单数突破 10.8 亿笔,19 日 0 点前订单数已超 11 亿笔,GMV 同比增长超过 300%

上述编年史是根据历年来社会大事件的发生时间，列举小红书从 2013 年至 2019 年以来规模逐渐扩大的事件，以及其竞争对手的发展状况，清晰明了地知道了小红书的各个发展方向和发展规模，以及面临的竞争对手的概况，做到知己知彼。

六、总结

目前我国社交电子商务的规模逐步步入佳境，本书通过分别从 SCP 大背景、三大通用策略、五力模型、价值链分析几家社交电子商务的企业发展。由于社群的复杂多样，社交电子商务将"人、货、物"交易做到极致，完美打破了传统电子商务的局限，占据未来电子商务一块重要的领域。

案例 6　微信服务号商店与私域电子商务（熟人生意还是拉熟生意）

一、SCP 分析

（一）市场结构

1. 市场集中度

2017 年微商行业美容护肤品占比最高，达到 25.80%，其次为服装 23.10%，母婴 12.20%（图 9-39）；女性消费者为主力军；食品、创意类商品有进一步挖掘的空间。

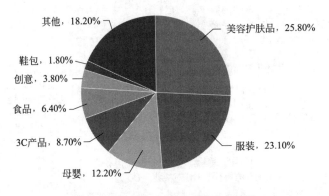

图 9-39　微商行业各产业的市场占比

2. 产品差异化

私域电子商务依托自身业务建立会员体系，整合本地生活服务，聚合价值营销，与线下商业合作，优化资源配置，打通全产业链。私域电子商务使商家、消费者、平台三方互通共赢，是互联网＋共享会员＋社交＋电子商务的新型零售模式，实现信息互通共享。

3. 市场进入或退出壁垒

① 规模经济壁垒：私域电子商务要求规模经济大，客户忠诚度高，资金投入大，转换成本快。微商和私域电子商务还没有形成明确的经营系统，规模较小，产品系统不全，进入壁垒高。

② 技术壁垒：推出满足市场需求的产品对于业内企业是一项持续的挑战。私域电子商务产品的研发需要强大的技术研发团队支持，私域电子商务刚刚发展不久，技术还不够成熟。对于行业新进入者构成技术、研发壁垒。

③ 品牌壁垒。品牌是私域电子商务企业的核心竞争力，成熟的私域电子商务品牌有稳定的客户群，行业的新进入者很难在短时间内建立起为消费者接受的品牌，以争夺现有的市场份额。

（二）企业行为

1. 用户数据化

私域流量池的核心价值点就在于用户可数据化，用数据指导行动。通过大数据系统可以知道会员的个性化需求，从而快速地跟合作伙伴定制商品，反过来再不断地提升客户体验以及优化。比如孩子王一直致力于了解用户母婴相关的数据，如孕期、宝宝成长数据等，甚至有 400 以上标签来描述用户。用户数据化的信息，可以支持企业做更多的理性决策，可以用数据化赋能员工社群营销，让员工对用户有更精准的了解，做更好的客户服务。

2. 员工 IP 化

建立有特色的 IP 形象，跟用户建立专家和粉丝的关系，获得用户的信任和强关系链接，提高转化率和用户黏性。如孩子王的 IP 形象就是育儿顾问。

3. 贴合场景做服务

私域流量池的核心并不是在于变现，而是对于用户服务带来的价值增值，拉新、留存和转化，在不同的阶段，群的运营重点不一样，且跟用户分组中不同组的用户数量占比，相辅相成。比如：在潜在客户占比较多的微信群中，就不要做群内拉新的事情，要开始做群内转化和群内留存的运营。

4. 多渠道拓展私域流量

运用微信、社群、微博、专属 APP 等宣传产品，收获私域流量。让社交圈价值得到变现，让商品或信息通过社交圈进行精准传播，利用"强关系、高信任"的特性，大大提升转化率。

（三）经营绩效

2018 年微商拉动信息消费规模达 2 402 亿元，同时自 2014 年以来年均增长超 26%，占同期我国信息消费总额 4.8%；其中 2018 年微信带动流量消费 2 108 亿元，是 2014 年的 2.4 倍。2019 年 1 月 30 日，"TST 庭秘密"所在的达尔威贸易公司纳税金额 12.6 亿元。2017 年孩子王实现营收 59.67 亿元，同比增长 33.95%，净利润为 1.36 亿元。

通过私域社交流量成长起来的电子商务平台如拼多多、云集异军突起，例如云集 2017 年 GMV 增长率超过 400%，相比之下，传统电子商务京东的 GMV 增速为 39%。在电子商务平台之外，微商、代购等通过熟人进行销售的模式也保持了蓬勃的生命力，屡屡创造营业额超 10 亿元的神话。

（四）外部冲击

1. 电子商务市场竞争冲击

随着电子商务平台的不断发展，各种自媒体也不断涌入，渠道遭受电子商务分流，获客成本上升，社交红利消失，市场趋于饱和，各种竞争更加激烈，易受到实力强大的电子商务平台的发展冲击。

2. 市场竞争反分流冲击

一些私域电子商务做大后,并不明确继续深耕私域场景还是把重心放在天猫、京东等公域场景。一些传统电子商务企业对于是否将销售重心放在私域环境明确,担心造成原公域平台的销售额损失。

3. 货源质量风险冲击

供应链控制能力差,层层推进,无法保障商品的真实性与及时性。尤其是私域电子商务层次结构越复杂,货源质量就越发难以保障,风险越大。

二、五力模型分析

(一)第一阶段:微商

1. 潜在竞争者进入的能力(造成的威胁)

① 外贸化妆品公司的威胁,它们资金雄厚,研发能力卓越,销售实力超群,如:日升化妆品外贸有限公司。

② 相宜本草:主打"本草养肤"中医文化与现代科技的结合,"内在力,外在美"品牌理念深入人心,平易近人的品牌形象深受大学生喜爱。

③ 玉兰油花肌悦:依靠宝洁强大的品牌实力,后劲十足,注重与大学生的互动与沟通,品牌的认知度高,借助名人效应,倡导积极、健康的生活方式。

2. 供应商的讨价还价能力(强)

TST 的很多原材料的生产都是需要高端技术的,比如 TST 的胶原蛋白,主打的是天然原料胶原蛋白,这就无形中形成了供应商的讨价还价能力,加上前向一体化原料供不应求,必然价格上涨。

3. 购买者的讨价还价能力

互联网的普及使买方的砍价能力大大增加,具体体现在下面几个方面。

① 买方掌握了更充分的信息:当购买者充分了解需求、市场价格,甚至供应商成本等方面信息时,要比信息贫乏时更有实力讨价还价。

② 实现团购或联合购买:消费者掌握了更全面的产品信息,因此在与卖方的谈判中可以争取更低的价格和更优的销售服务。

③ 买方地位提高:在电子商务环境下,买方的选择范围更广,商家为了更好地满足顾客需要,纷纷摒弃了传统的以生产成本为基准的定价策略而采取以消费者能接受的成本来制定产品价格的策略。

4. 替代品的替代能力(表 9-20)

表 9-20 替代品的替代能力

药品	器械	运动养生
传统的化工产品已越来越受到消费者的质疑,缺乏安全性且副作用多,顺应顾客要求,出现了药品,注重人性化、健康化,这势必造成传统化妆品的一次变革	纳米技术已经开始用于美容、护肤,其优势在于见效快,周期短,安全性高,针对性强	这是一种绿色的环保养生方式,很多商家也开始注重这方面的研究及开发

5. 行业内竞争者现在的竞争能力（表9-21）

表9-21　行业内竞争者现在的竞争能力

韩束	思埠黛莱美面膜	朵色
韩束微商短短数月，全国加盟代理商突破两万名，继先后成为电视购物渠道、互联网电子商务渠道的化妆品业第一名之后，韩束再次成为微商市场的化妆品行业先行者	靠微商发家的思埠，跟准了移动端的迅速崛起，运用传统日化的市场推广手法和会议营销的方式，抢占了微商发展的先机。以自然美肤理念结合生物科技，基于"胎盘药理学"以五种生长因子协同促进细胞生长，有科技支撑	朵色公司以卓越的品质、科学的管理模式、灵活的经营思路、丰富的市场运作经验、健全的售后服务打造完整的电子商务、网络、实体店等一体化现代性互联网微商

（二）第二阶段：私域电子商务

1. 潜在竞争者进入的能力

① 母婴商家新零售模式下的转型：借助全渠道系统打通各大海关监管跨境保税区，开展直接业务合作，在国检、海关及工商的严格监督机制下打造"前店后仓"与"实体店铺＋网上商城＋跨境保税仓＋国内配送中心"相结合的高品质母婴零售新模式。

② 传统母婴门店的新零售改造：传统母婴门店慢慢将会结合高端皮肤护理、理发店、糕点店、咖啡馆、摄影、幼教、育儿、游乐场板块做多领域结合。

2. 供应商的讨价还价能力弱

市场中有很多母婴产品的替代品，也有其他的供应商，供应商不能够直接与企业抢占市场，且进货商家通过批量销售规模效应向上游供应商有更加高的讨价还价能力。

3. 购买者的讨价还价能力强

随着"85后""90后"年轻一代的崛起，本是中国主力数字消费者的他们已到了为人父母的年纪，育婴观念和消费行为更加升级，他们有着更加新潮的消费理念，物质精神生活更加丰富，对母婴产品和服务品质要求也更高，愿意消费支出网购行为的养成和购物成本的降低以及他们对商品进行筛选比较的能力都会使他们掌握价格主动权。

4. 替代品的替代能力

购物中心、百货、超市等卖场的孕婴专柜，传统个体经营母婴用品实体店铺，母婴连锁专业零售店，京东、天猫、唯品会的母婴频道都会对母婴商家造成威胁。

5. 行业内竞争者现在的竞争能力（表9-22）

表9-22　私域电子商务行业内竞争者现在的竞争能力

凯儿得乐	宝宝树	乐友孕婴童
凯儿得乐用户偏好跨境和二手电子商务、热爱美食和漫画，正在纵深向母婴相关如教育、医疗、旅游等领域融合发展，向综合型婴童服务商进化	宝宝树用户注重健康医疗和教育、偏好星座占卜，利用自身社区用户活跃及内容优势，通过专享电子商务平台美囤妈妈将流量和内容变现	ERP优势：全程电子化管理、物流商品做到全程条码化、自动化智能补货系统、详细的客户信息管理系统。多渠道客户信息推送系统：目录发放、短信发送、电子DM、电话营销。三种模式信息共享：客户资源、促销资源、库存资源、系统资源，集中式的呼叫中心系统和专业CRM系统；三个渠道内任何与消费者的交易行为可随时查询开放平台，与供应商无缝对接；会员积分全国、全渠道通积通兑

三、三大竞争策略分析

（一）微商

1. TST：差异化战略

TST所用的胶原蛋白相对于其他护肤品牌是独特的，主打的主要是天然胶原蛋白。

2. 韩束：集中战略

韩束具有十几年的历史，品牌知名度高，使用集中战略，有助于提升核心力量，进一步提升品牌知名度。

3. 朵色：成本领先战略

朵色追求产品精益求精，要想胜出竞争对手，应该在物流成本、生产成本等上进行控制。

（二）私域电子商务

1. 孩子王：集中战略

孩子王儿童用品有限公司是目前国内第一家三位一体模式（实体门店＋网上商城＋直购手册），为0～14岁孩子及准妈妈提供一站式购物及全方位增值服务的大型零售企业。运用准确的市场细分、针对特定的目标人群，建立合理的品牌定位。通过多样的产品策略、灵活的价格策略、全方位的营销传播体系，创新的圈层营销策略、直观的体验营销以及独特的人客合一顾客经营策略为孩子王在全国的发展奠定了坚实的基础，这种全新的互联网经营思维对母婴行业的发展具有一定的冲击。

2. 乐友：成本领先战略

乐友孕婴集团是全国领先的母婴用品全渠道零售商，与全球21个国家的530多家供应商有合作关系，销售包括童装、孕装、玩具、喂养用品在内的16大类孕婴产品。乐友自主研发的ERP系统是乐友管理层和员工进行决策及日常运营的管理平台，支持着乐友高速平稳发展，堪称"管理魔方"。高效率低成本的运营，使企业实现了全面信息化管理，为乐友的连锁店、网上商城、直购目录三大渠道和物流体系提供了强大的信息化支撑，成为乐友开拓全国市场的有力保障。

3. 宝宝树：差异化战略

"宝宝树"是一个人信息交流纽带的社区化架构，为"爸爸妈妈"提供了一个展示爱的平台，展示孩子的成长过程，妈妈们可以在线上相互交流各自的怀孕经验、育儿经验。客户只需在网站上注册一个会员号，就可以简单地成为会员客户，会员们可以在社区平台向大家分享她的怀孕、育儿经验，更多的会员也能在社区上了解并学习别人的经验。

四、价值链分析

（一）微商价值链分析（图9-40）

1. 商户

商户是微信电子商务价值链体系中的产品和服务提供者。各大电子商务平台通过微信公众号进行产品推送和销售，例如京东、唯品会等在2013年已成立了自己的官方公众号。微商作为供应商的商户包括私人、个人零售商家大型餐饮、化妆品、服务等商家，一些线下商家，积极借助微信平台转型，进入移动电子商务环境。

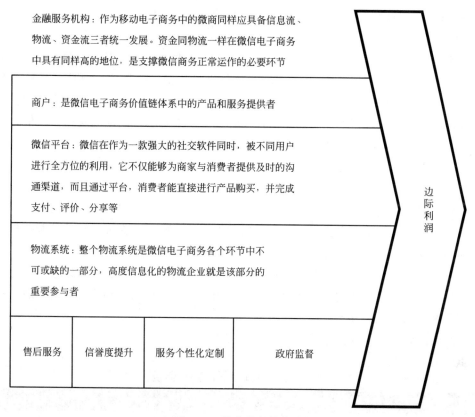

图 9-40　微商阶段价值链

2. 微信平台

截至 2016 年 3 月，微信已拥有用户 7.07 亿，覆盖 200 多个国家。微信作为一款强大的社交软件，能够为商家与消费者提供及时的沟通渠道，而且通过平台，消费者能直接进行产品购买，并完成支付、评价、分享等。微信电子商务于 2012 年开始运作，它是企业或者个人基于社会化媒体开店的新型电子商务，从模式上看主要分为两种：基于微信公众号的微商称为 B2C 微商，基于朋友圈开店的称为 C2C 微商。

3. 消费者定位

微信电子商务的主要消费群体为更追求个人化差异的年轻人，该消费群体在追求消费体验感同时更倾向拥有产品个性化定制。微信给商户和顾客提供了及时通信的服务，顾客可随时一对一地向商户提出个人需求，商户也可以根据用户在朋友圈发布的个人信息，针对用户动态持续对产品进行改进，更加快速地完成顾客个人化需求，达到精准营销的目标。

4. 物流系统

京东等大型电子商务企业配备了自己的物流系统，但目前来看，微信电子商务主要集中在 C2C 交易，大多商户为个人供应商，物流系统以第三方物流为主，另外也存在一部分为顾客自提。整个物流系统是微信电子商务各个环节中不可或缺的一部分，高度信息化的物流企业就是该部分的重要参与者。

5. 金融服务机构

微商具备信息流、物流、资金流三者统一发展。资金同物流一样在微信电子商务中具有同样高的地位，是支撑微信商务正常运作的必要环节。微信商务交易运用更多的是微信支付和支付宝转账。通过微信绑定个人银行卡信息可随时进行支付转账。

6. 政府监督部门

2013年全国人大常委会正式启动了《中华人民共和国电子商务法》。2014年国家工商管理局颁布了《网络交易管理办法》，对微商的规范化起着积极的作用，但目前仍缺少明确规范微商行为的法律法规。在行业监督方面，微信在2015年4月同步上线了品牌维权平台和商标权利人申请接入口，帮助品牌商维权，同时也帮助消费者鉴别商品真伪。微信此举积极地促进电子商务的良心发展。

7. 售后服务

微信好友上限5 000人，顾客基本为商户的朋友以及朋友的朋友，且大多数存在二次交易。在这样的商务环境下，商户所对应的顾客数量较少，对于客户反馈的问题处理较快，并能随时回馈用户处理结果，在售后上达到了问题处理的及时性，保证了售后的服务质量。

8. 信誉度提升

微商是将社交软件与电子商务充分结合的商务交易活动，商户在进行线上交易之后将成交记录及好评截图分享到朋友圈，能够吸引更多的人关注，从而达到病毒效应，取得更多顾客和潜在顾客的认可，提高产品的信誉度。

（二）私域电子商务价值链分析（表9-23）

表9-23　私域电子商务价值链

价值创造主体	角色	作用
供应商	各种母婴产品的提供者	提供产品
平台商	线下实体店铺、网上商城、APP	各方交流的平台、用户信息与数据挖掘、营销推广和售后处理
支付机构	第三方支付企业、微信、支付宝、云闪付 Apple Pay 等	确保支付安全
物流机构	第三方物流和门店自提	确保商品送达消费者手中
网络环境	互联网	提供网络交易环境

五、编年史

（一）微商阶段（表9-24）

表9-24　微商阶段编年史

时间	TST	韩束	朵色
2013年	上海达尔威贸易有限公司创立，推出化妆品品牌TST	韩束花巨资2亿元在湖南卫视、东方卫视等栏目投广告	朵色正式诞生
2016年	TST商标注册成功。首家线下实体店在上海开业。TST品牌线上商城上线	韩束签约郭采洁，打开科技深度补水市场	朵色品牌成为第二届微商春晚的赞助商

续表

时间	TST	韩束	朵色
2017年	TST旗下硅胶洁面仪、乳酸菌微胶囊结构获得实用新型专利证书	韩束巨水光系列产品上市	朵色推出柔雾水润唇釉和朵色气垫CC霜
2018年	TST护肤品、彩妆获得"全国质量信得过产品"CAQI证书	韩束在法国、美国设立分公司	朵色开启"直播＋产品"电子商务模式
2019年	公司一年的流水超过100亿元,是中国唯一百亿级别的微商,入选了2018年上海青浦百强优秀企业	—	朵色赞助中央电视台全国少儿艺术人才选拔徐州赛。推出朵色丝绒光感眼影、朵色三色遮瑕膏

（二）私域电子商务阶段（9-25）

表9-25　私域电子商务编年史

时间	孩子王	乐友孕婴童	宝宝树
2009年	孩子王创立,创办首家旗舰店	8月乐友确立了"集团—分公司—连锁店"三级管理模式	—
2010年	孩子王独特的育儿服务品牌"育儿顾问"诞生	3月乐友全国连锁店数量成功突破100家	—
2013年	推出"亲子电台""美妈经验""妈妈口碑"线上活动	乐友与雀巢签订产品直供协议。连锁店数量达到340家	—
2015年	孩子王上线第一版官方APP商城	全新上线乐友APP,开启O2O体验式乐海淘全渠道销售	宝宝树推出"快乐孕期"手机应用准爸爸版
2016年12月	孩子王成功挂牌新三板,总市值突破140亿元	—	宝宝树正式推出开放平台"宝树号"
2017年	孩子王全新第六代智慧门店诞生。只有1/3卖货,2/3是服务空间	乐友新一代物流作业系统WMS2.0上线。乐友APP乐妈圈正式上线	宝宝树社区绘本馆落成拓展线下"半公里"亲子圈
2018年	将门店、APP、微信服务号和小程序等全渠道整合搭建私域流量池,做到金字塔塔尖的私域流量池模型	乐友与天猫合作,与中国质量认证中心签署合作协议	宝宝树与天猫合作,与阿里巴巴合作,估值达140亿元。"宝宝树孕育"APP推出咨询平台"专家答"。宝宝树在香港交易所挂牌上市

上述编年史是分别从微商和私域电子商务这两个阶段分析,在微商阶段,以TST为主,叙述了TST及其竞争对手韩束、朵色从2013年至2019年以来规模逐渐扩张的事件;在私域电子商务阶段,以孩子王为主,叙述了孩子王及其竞争对手乐友、宝宝树从2009年至2018年以来规模逐渐扩张的事件。分别清晰明了地知道了两个阶段中TST和孩子王的各个发展方向和发展规模,以及面临的竞争对手的概况,做到知己知彼。

六、总结

目前,微信是我国被广泛运用的聊天工具,由于微信的广泛使用,微商和私域电子商务悄然兴起。本书通过分别从 SCP 大背景、三大通用策略、五力模型、价值链分析微商和私域电子商务两个阶段的企业发展。其实,微商和私域电子商务也是社交电子商务的一种。

案例 7 互联网+公益营销
(当互联网碰上公益,是谁成就了谁)

一、SCP 分析

(一)基于 SCP 模型的 S 分析——行业现状分析

1. 市场集中度分析

在兴农扶贫领域,2018 年我国县域农产品网络零售额为 5 542 亿元,其中 832 个国家级贫困县电子商务市场规模共计达 867.6 亿元。电子商务企业中做得较为突出的是阿里巴巴、拼多多。

"2018 年度扶贫互联网企业排行榜"中显示,阿里巴巴、拼多多占据了榜单前两名(表 9-26)。

表 9-26 2018 年度扶贫互联网企业排行榜

2018 年度扶贫企业排行榜	
排名	企业
1	阿里巴巴
2	拼多多
3	京东
4	新浪
5	中国移动
6	苏宁
7	字节跳动
8	快手
9	每日优鲜
10	趣头条

国家级贫困县在阿里巴巴平台网络销售额超过 630 亿元,占到了全国贫困县电子商务市场规模的 72.6%,贡献率超七成。拼多多 2018 年度网络销售额则为 162 亿元,占到了全国贫困县电子商务市场规模 18.6%,综上所述,可知其市场结构为寡占型。

2. 产品差异化

(1)模式差异

①目前,阿里巴巴做公益的模式主要是平台化公益模式。平台公益是利用商业平台,以用户为基础,挖掘数据功能,推动每一个支付宝用户、淘宝用户都建立属于自己的公益账户,借助互联网让公益融入每一个人的生活,随时随地可以参与,并让每一个个体的公益行动都可记录、可传播、可增值。阿里巴巴没有独立的公益平台,而是依托原有商业平台倡导

"平台化公益",力求在商业模式中探索原有业务和公益结合的可能性,支付宝中的蚂蚁庄园、蚂蚁森林就是典型的例子。由于强大的整合能力,阿里巴巴试图利用旗下的阿里安全、阿里健康、菜鸟、蚂蚁金服、UC等体系内的业务线驱动公益发展。阿里系的公益模式,是基于搭平台的理念,去打造公益服务。本质而言,无论淘宝众筹还是公益宝贝这些耳熟能详的项目,都是基于类似"店"和"货"的概念,在平台信用"交易"的环境下去实现。阿里巴巴的公益具有全面性的特点。

目前,在兴农扶贫领域,阿里巴巴形成了电子商务脱贫的三个模式:平台模式、"一县一品"模式和直播模式。

平台模式主要是通过兴农扶贫频道进行大数据选品,制定产业标准,提供营销资源,开展电子商务运营及商品培训等。同时,孵化和培育地方优质服务商,帮助地方提升农产品市场竞争力和服务商能力,将地方优质农产品卖出去,并因此挖掘或是发现可以成为本县域核心产业的商品。"一县一品"模式是深入县域和产业端进行深度合作,通过直供直销进行选品、采购、品控。同时,做物流的供应链输入、消费标准输入,做大数据赋能,整合生态乃至全球优势农业资源的力量进行科技赋能,打造地域品牌并使其可持续发展。

② 与阿里巴巴公益的全面性不同,拼多多的公益模式更强调"社交+公益",依赖社交驱动。其强有力的社交模式易于短期爆发,形成暂时性的热门事件。且拼多多的公益活动主要集中在兴农扶贫领域,较阿里巴巴的公益而言,拼多多的公益具有集中的特点。

在兴农扶贫领域拼多多的模式是:"C2B"+"预售制"模式

特点:依托社交关系推进电子商务,促进同类兴趣的细分顾客聚集,帮助小众商品更加容易突破销售瓶颈。在零售渠道方面,社交电子商务渠道下沉的力度更大,有利于聚焦三四线城市乃至农村市场。

"C2B"+"预售制"模式,帮助农民实现"以销定采"。通过预售制提前聚起海量订单,再把大单快速分解成大量小单,直接与众多农户对接,优先包销贫困户家中农货,实现在田间地头"边采摘、边销售"。

拼多多的社交扶贫的模式一定程度上将用户的需求直接连接生产方。拼多多可以通过拼团方式将大量农产品集中然后分销到消费者手中,一定程度上可以达到先有需求后有供给的定制化生产模式,帮助了大量农村生产者销售产品。较传统农产品上行,效率大幅提升。

(2) 涉及领域差异

阿里巴巴的阿里云、淘宝、菜鸟、农村淘宝及关联业务蚂蚁金服等都将本身业务与公益进行结合,先后在业务中涌现团圆计划等23个公益产品。阿里巴巴的公益项目覆盖层面较广,如阿里巴巴旗下的蚂蚁森林发布公益开放计划、阿里云启动"青山绿水"计划,还有由中国扶贫基金会、阿里巴巴和蚂蚁金服三方共同发起的"顶梁柱"公益项目等,其公益产品覆盖层面有电子商务、生态、教育、女性、健康等领域,拼多多的产品则主要集中在电子商务扶贫领域,其公益项目主要是帮助农村贫困地区人民销售其农货产品。

3. 进入壁垒

(1) 必要资本壁垒

行业中,企业要提供与众不同的产品及服务,需要投入大量专业的设备及人才,并进行线上线下平台的布置,建立快速的到达体系。这些必要资本使潜在进入者在进入市场时需要支付大量的资金。

(2) 用户壁垒

当前的互联网+公益行业,主要由腾讯、阿里巴巴、拼多多等企业占据主要的市场。腾讯和拼多多基于"社交",阿里巴巴基于"支付",这使其拥有着庞大的用户基数,基于强大的社交属性,可以有效地将社交用户转化为募捐公益用户。虽然阿里巴巴在社交上有些逊色,但是阿里巴巴公益开发的"蚂蚁森林"和"蚂蚁庄园"则利用用户的支付惯性,将支付与公益紧紧联系在一起,其公益内容不但吸引了广大用户参与,也更加提高了支付宝和用户之间的黏性。因行业既存企业存在用户优势,潜在的进入者进入行业时会存在较高的用户壁垒。

(二) 基于 SCP 模型的 C 分析——市场行为分析

1. 广告行为

作为特殊的企业的产品,即使是公益产品也需要像普通产品一样需要进行促销行为。进行必要的广告宣传及活动才能够让人们认识到这样的产品,知道它的存在。就如在腾讯"99公益日"之后,阿里巴巴集团也在中华慈善日期间开展了声势浩大的"95公益周"。2017年9月5日,阿里巴巴集团向社会发出"人人3小时,公益亿起来"倡议,并携手多家国内知名公益机构、知名企业共同开启此次"95公益周"。拼多多方面,其广告宣传没有阿里巴巴的力度大。2019年8月14日,拼多多联手全国约500个农产区,上线了"农货节"。此次大促活动持续到8月25日,12天之间,拼多多联合全国20 000多名商家,推出超过20万款农特产商品,通过"万人团秒杀"、多多果园等现象级入口推动农货特产上行。

2. 联合策略

除了"爱心助农",拼多多还积极同公益品牌进行合作。2016年,携手中国扶贫基金会旗下善品公社、腾讯公益,拼多多推出雅安蒙顶山红心猕猴桃,支持雅安灾后重建。蒙顶山红心猕猴桃上架当天,就受到了拼多多用户的大力支持,日销数千单,短短几天内就已售罄。与多多粉并肩,拼多多为雅安果农实现产业重建贡献着自己的力量。12月12日粉丝狂欢节期间,拼多多、益果汇与中国红十字基金会联合行动,推出"眉山脐橙爱心团"活动。消费者在拼多多商城每购买一份益果汇的眉山脐橙,中国红十字基金会"博爱家园·生计保护"项目就会获得0.5元捐赠。

阿里巴巴方面,阿里巴巴联合中国扶贫基金会、中华儿慈会、爱德基金会三家公募基金会,宣布启动"阿里巴巴联合公益暨公益宝贝2.0计划",希望通过协作参与的互联网公益模式,引入更多优秀的公益项目。

(三) 基于 SCP 模型的 P 分析——市场绩效分析

互联网+公益为公益行业做出了巨大的贡献。

阿里巴巴经济体内形成了阿里巴巴公益、支付宝公益、人人3小时三大公益平台,为公众提供爱心捐赠、行为公益、志愿服务等形式,带动人人参与公益。2019财年,三大公益平台累计帮公益机构募款12.7亿元,带动参与人次累计高达4.4亿人,累计产生捐赠超91亿笔,成为全球最大互联网公益参与平台。

在环境保护方面,支付宝蚂蚁森林带动5亿人参与低碳生活,在荒漠化地区种下1.22亿棵树。2019财年,阿里巴巴公益基金会累计投入资金2.52亿元,在389个城市开展了水环境保护行动,守护了1 312条河流,并且通过环境公益诉讼,撬动超过3亿元的环境治理资金投入。

在脱贫攻坚领域，2017年12月，阿里巴巴成立百亿脱贫基金，在教育脱贫、健康脱贫、女性脱贫、生态脱贫、电子商务脱贫五大方向探索了可持续、可参与、可借鉴的"互联网＋脱贫"模式。截至2019年7月，国家级贫困县在阿里巴巴平台的销售额超1100亿元，兴农扶贫业务覆盖242个国家级贫困县。截至2019年4月，蚂蚁森林累计创造超过33万人次的绿色就业岗位、实现劳务增收近5000万元。

2018年3月5日，新电子商务平台拼多多发布扶贫助农年报图（图9-41）。

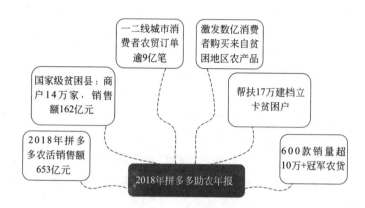

图9-41 2018年拼多多助农年报

报告显示，2018年度，拼多多平台农产品及农副产品订单总额达653亿元，较2017年的196亿元同比增长233%。上述数据表明，拼多多已经成为中国最大的农产品上行平台之一。据网经社获悉，报告显示，截至2018年底，拼多多平台注册地址为国家级贫困县的商户数量超过14万家，经营类目以农产品和农副产品为主，预计带动当地物流、运营、农产品加工等新增就业岗位超过30万个，累积触达并帮扶17万建档立卡户。

二、竞争分析

1. 供应商的讨价还价能力

具体来看，拼多多电子商务平台的供应商主要是其平台上的卖家，也即向网购消费提供产品和服务的网店。在公益领域，其货源的供应商就是外销有困难的农民供应商。拼多多向网购消费者提供网络购物服务，但网购服务的支撑者是这些电子商务卖家。在整个电子商务行业，大大小小的卖家非常多，它们之间提供的产品服务也都大同小异，并且，较少存在某个卖家的销量能够占据平台整体销量很大比例的现象，绝大多数都是小卖家，它们好不容易在一个平台上积累了客户，在不同电子商务平台之间转移的成本也比较高，由此决定它们与拼多多并没有足够的谈判能力。当然也有提供比较独特服务的卖家，但它们的独特服务也决定了它们大多数只能是小众品牌，平台转换成本也很高，当然即使转换了，也对平台的影响微乎其微，因为它们单个卖家占据整体销量比例很低。但拼多多平台提供的产品服务以物美价廉为卖点，大品牌卖家较少，能够提供足够低的价格的非品牌卖家才是其主要供货商，换句话说，拼多多上的卖家是一群"散户"，它们个个都是势单力薄，很难与拼多多抗衡，很多时候只能服从拼多多平台的决定、规定，因此拼多多的供应商讨价还价能力不强。

2. 购买者的讨价还价能力

拼多多电子商务公益平台的购买者主要是网络购物消费者,也即个人消费者,而非企业顾客。一方面,近年来,中国消费者网络购物的规模和比例越来越大,网购消费者众多,而单个消费者的消费能力亦有限,在与卖家的谈判过程中,讨价还价能力自然不足。但另一方面,现在公益平台很多,产品和服务同质化现象严重,而且拼多多电子商务平台主打的就是"低价",自己就拥有主动的降价意愿,消费者的忠诚度也不高,一旦提供的产品服务不符合预期,价格又没有足够吸引人,消费者也会选择离开,因为消费者在不同平台上的转换成本很低。因此,虽然看起来网购消费者的讨价还价能力不强,但网购消费者实质上还是在主导网购的购买行为,拼多多无法做到"店大欺客",依然要服务好消费者。

3. 潜在竞争者进入的能力

对互联网+公益行业来说,进入本行业需要较高的成本,需要足够多的资金支持。而且在互联网+公益行业,现有公益平台提供的公益产品已经很多,且现有的公益项目及服务覆盖的面较广,对此,新进入者需要提供更加别样的产品、服务才能吸引足够消费者。但互联网+公益的发展还不完善,结构还不是特别稳定,故尽管很难,但一直不乏新进入者,更有很多未进入者在寻找机会。且目前在互联网+公益方面的法律法规还不完善,行业新进入者的政策法规进入壁垒较低,故其他企业进入互联网+公益行业较为容易,容易对行内既存企业产生一定的威胁。

4. 替代品的替代能力

替代品的替代能力是指新开发出来的产品或服务,相比原有的,同样甚至更高程度上满足了顾客的需求。顾客一般喜欢追求新品,而且一般新产品性价比更高,那这对原有产品或服务是一个致命打击。而对拼多多电子商务平台来说,消费者的需求是通过其平台购买到各式各样物美价廉的商品,其提供的是"拼农货"助农扶贫模式,虽有创新,但阿里巴巴的农村淘宝及京东的公益物资募捐平台和资金募捐平台等产品会对其产生一定的威胁。阿里巴巴等企业提供的产品、服务虽不尽相同,但满足了购买者的相同需求,使得消费者降低了对拼多多原有的产品服务的依赖,甚至是不再需要。且传统的公益方式也会对"互联网+公益"的模式产生威胁。故在互联网+公益领域,拼多多的替代产品较多。

5. 行业内竞争者现在的竞争能力

针对公益行业来说,由于互联网+公益行业发展并不久,行业并不是非常成熟,市场结构属于寡占型。在互联网+公益领域,腾讯、阿里巴巴等占据较大市场。在扶贫助农领域,电子商务企业中阿里巴巴又对全国贫困县电子商务市场有七成的贡献率。故在互联网+公益行业,拼多多最大的竞争对手是阿里巴巴。除阿里巴巴之外,京东、唯品会等众多企业也在提高对公益行业的投入。从长期来看,拼多多的行业内竞争程度会很高。

三、战略分析——成本领先战略

① 一是在拼多多所覆盖的农产区,拼多多施行了"包销"制。买下覆盖区域内所有的农产品,往往能拿到相对更低的采购价格。二是"产地直发",去中间化、去品牌溢价,实现农产品价格竞争力。例如2019年水果价格上涨以来,拼多多加快了水果"产地直发"速度,绕开大的批发囤货环节。

在传统产业链中,农产品需经由农民—小商贩—产地批发市场—小商贩—销地批发市场—

超市/菜市场—消费者等 6~8 个环节，其中仓储、物流及高强度的劳动力和资本投入，每个环节成本增加都在 30% 以上。而拼多多的"拼农货"体系，前端平台通过拼单购买方式聚集需求，中间通过去中间化、去品牌、产地直发，快速消化掉大规模当季农产品，实现了"多对多"的大规模的供需的匹配，并有效地减少了传统产业链中的环节，降低了成本，从而形成竞争优势。

② 在获客模式上，拼多多背靠微信的社交流量生态，利用熟人"拼单"等多种机制实现用户量的迅速裂变。拼多多获客成本与阿里巴巴相比较低（图 9-42），流量性质更偏重娱乐。拼多多将社交与电子商务结合，推出拼团模式，通过信息流的方式为用户推荐商品，实现货找人，带来的更多是随机性。拼团因为微信的社交裂变，能够在用户之间迅速传播，而不用花费大量成本做导流，从而使获客成本降低。

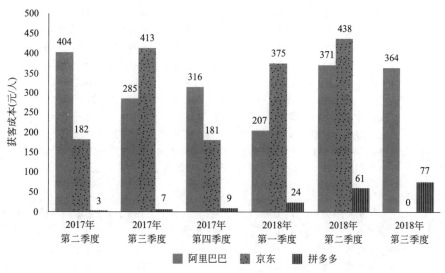

图 9-42　三大电子商务平台获客成本对比

四、价值链分析

根据上述的 SCP 架构、波特五力模型分析和三大战略分析，下面将根据价值链模型，分为主要活动和辅助活动以表格的形式描述拼多多的价值链（表 9-27、表 9-28）。

表 9-27　主要活动分析

项目	内容
进货	拼多多平台成立了爱心助农团队、蜂巢战队，每个蜂巢都深入到农产品的源头，当优质农产品因销路不畅时，蜂巢团队就完成"搬运"的工作，当拼多多平台得知消息后，会联系本地新农上门进行溢价收购
生产	将采摘好的水果或农产品分类、分成上等、中等、次品，分类好后打包装箱。检查完件数，装车
出货	①清点件数，入库储存。 ②客服在拼多多平台上上架该地的水果或农产品。 ③顾客进入界面下单或选择拼单。 ④订单派送，可从原产地直接发货。在原产地安排送货车辆，根据顾客收货地点就近选择发货地

项目	内容
营销	① 线上线下结合，裂变式传播的销售模式。 ② 广告：拼多多充分利用社交关系链的分享功能，在社交平台上一键分享例如分享到微信朋友圈、邀请亲人好友参与购买。使消费者原本的独立购买行为变成了朋友们的集体购买。一边是以"与亲友共享质优价廉商品"为动力，进行主动传播的用户；一边是乐于接受亲友推荐、积极参与的潜在消费。这样用户的需求就可以达到倍数增长。购买的用户本身就是广告。 ③ 促销：拼多多的产品定位是拼单购买，"拼"的模式，让用户以低价购买优质物品。促销方式如下： 助力享免单：邀请新用户助力，达到一定人数可免费获得商品。 砍价免费拿：分享邀请好友砍价，砍价到0元可免费获得商品。 一分抽好礼：支付一分钱开团并邀请好友参团，成团后所有成员获得抽奖机会。 帮帮免费团：免费开团并邀请好友帮忙支付一定金额，成团后团长获得商品。 天天领现金：获得红包，通过邀请好友等方式拆红包，拆足金额用户可得到现金券。 助力、砍价、抽奖等方式活动规则简单明确，获取流量效果显著。 ④ 销售队伍：拼多多它在广阔的农村地区已经培养了超过10万个农产品专业对接团队，以懂技术和运营的"80后"和"90后"新农人为主，做好选品、品控和供应链的资源整合，就跟人体的毛细血管一样，将大江南北的农产品源源不断地运输到全国。拼多多打造了十万个蜂巢战队，每个蜂巢都深入到农产品的源头产地，帮助滞销的优质农产品完成"搬运"工作，送到有需求的3亿多用户手上
服务	售后服务如下： ① 拼多多为贫困人员提供更低的入驻门槛、快捷的审核认证过程以及简洁的后台系统。 ② 提供"拼团"减价服务。 ③ 将瑕疵产品做退换货处理。 ④ 接待顾客投诉，回复顾客意见

表 9-28 辅助活动

项目	内容
人力资源	① 招聘培训：拼多多打造了十万个蜂巢战队（爱心助农团队），招聘懂得电子商务运营和推广的新型职业农民组建团队，培训他们如何通过商业化的力量，帮助消化农村滞销农产品，提高农民的收入，从而实现自身价值。 ② 激励报酬：启动"人才下乡"计划，普通农户不懂网络技术，拼多多通过定点扶持新型职业农民，扶持那些具有高学历和社会经验的新农人返乡创业，让职业农民负责区域农产品的销售，并利用拼多多大数据合理制订种植计划，批量解决农民痛点，实现了商业价值
研究与开发	① 平台搭建：为了充分发挥新电子商务的优势，拼多多持续推出创新性的扶贫助农产品。平台上线了一款名为"多多果园"的应用，在这个应用里，用户通过社交、互动的游戏方式种植虚拟果树，果树一旦成熟，多多果园就会免费给用户送出真实的水果。这些水果，绝大部分来自中国的贫困地区，尤其是四川大凉山、新疆南疆等国家脱贫攻坚的重点地区。如今，多多果园每天送出的水果已经超过一百万斤。 ② 售卖模式：在农产品销售方面，拼多多尝试了不同的方式。一方面，拼多多通过网络平台销售农产品。另一方面，拼多多与国家级贫困县建立直接联系，通过"产地直发"的方式销售当地农特产品

续表

项目	内容
研究与开发	③运营管理：拼多多采用集批量化的订单模式，打通前端生产与终端购买销售，帮助农业生产者直接对接广域大市场，为农业、农村包括贫困地区的农民赋能。这种订单式的农产品运作模式，能够有效降低农作物种植试错成本，避免盲目生产。此外，拼多多创新打造了"农货中央处理系统"，将各类农产品在成熟期内推荐给消费者，由此实现供给和需求的精准匹配。 ④物流系统开发：拼多多与中国邮政联手，由拼多多为苗家村核桃开辟重点销售窗口，华阴邮政负责发往全国的物流运输，为当地村民解决核桃难销、物流不畅的问题。 ⑤市场需求：立足社交关系、拥有 1.5 亿用户的拼多多，因社交电子商务的模式创新，供需双方实现了双赢，首先拼多多"以销定采"的模式能极大保证农产品的新鲜品质，并有助于降低仓储、运输等方面的成本。从用户开始购买，到有其他用户参与、拼单成功，这个过程给商户留出了充分的时间。预计成单多少，就采摘多少，不担心囤积损坏。 ⑥销售渠道开发：拼多多打造了不少地标"网红"产品，例如：赣州脐橙、蒲江柑橘、烟台红薯、山东樱桃等。通过"社交"的熟人口碑传播模式，使得商品信息与品质更加透明化，在带来更详尽的商品信息的同时，有效刺激、唤醒了需求，也帮助农产品拓宽了销路
采购	①运输服务方面：拼多多和各大物流公司都有持续的合作，与邮政系统的合作也非常紧密，为农货产品的运输流通提供了基础。 ②计算机服务：拼多多要把拼单信息自动化批量录入管理系统

五、个案描述

以拼多多为主线的互联网＋公益编年史如表 9-29 所示。

表 9-29 以拼多多为主线的互联网+ 公益编年史

时间	拼多多大事记	阿里巴巴大事记
2015 年	2015 年 9 月，拼多多正式上线	2015 年 9 月，马云公益基金会发起"马云乡村教师计划"
2016 年	2016 年 9 月，拼多多与拼好货宣布合并	阿里巴巴 2016 年 4 月 7 日，开始"公益宝贝"计划；2016 年 5 月整合钉钉、淘宝、高德、支付宝等阿里系移动力量，为公安部研发互联网+ 打拐的团圆系统；2016 年 8 月 27 日蚂蚁森林上线
2017 年	2017 年 12 月拼多多与腾讯应用宝、腾讯公益合作，提前开启"公益剁手"模式，共同打造"双十一购物打折，爱心不打折"公益活动	2017 年 12 月，阿里巴巴脱贫基金正式启动，阿里巴巴宣布投入 100 亿元到脱贫事业中，并宣布全面进入公益时代
2018 年	2018 年 4 月 25 日，拼多多上线"一起拼农货"；2018 年 5 月份上线了一款名为"多多果园"的应用	2018 年 5 月 23 日，阿里巴巴启动绿色物流 2020 计划
	2018 年 7 月，拼多多在美国纳斯达克证券交易所正式挂牌上市	2018 年 7 月，阿里巴巴农村淘宝在杭州落地了第一家线下农产品体验店
	2018 年 10 月入驻微信钱包的拼多多小程序，于"双十二"期间在首页推出"多多助农"频道	2018 年 8 月，阿里巴巴女性脱贫小组发起"蚂蚁好保险"项目，充分应用互联网公益保险和金融科技的力量，让贫困县的女性能上学、看病有保障
	拼多多于 2018 年 12 月发起新品牌计划，聚焦中国中小微制造企业成长	—

表 9-29 的编年史表格主要以拼多多和阿里巴巴两大企业在公益方面的对比分析。从 2015 年到 2018 年，两大电子商务企业的互联网公益之路，拼多多先后推出"公益剁手""多多果园"等公益项目，而阿里巴巴也相继推出"蚂蚁森林""阿里巴巴脱贫基金""特色物流"等特色的公益活动。

六、总结

互联网＋公益产业兴起较晚，目前我国的互联网＋公益仍处于初期阶段。在互联网＋公益领域，腾讯、阿里巴巴等占据较大市场。在扶贫助农领域，电子商务企业中阿里巴巴对全国贫困县电子商务市场有七成的贡献率，而电子商务领域的拼多多利用其下沉市场的优势采用"包销制"和"产地直发"来降低成本，增强自身的竞争能力。拼多多和阿里巴巴依托自己的用户群和支付平台来实现低成本、广覆盖的公益结果。未来，随着互联网的不断普及，互联网公益面临的挑战和机遇都将不断增多，比如公益平台的透明度问题，如何吸引、保留原有的公益捐助者等问题。

案例 8　网红 KOL 内容电子商务（杀手级应用造就抖音海外王者）

一、SCP 分析

（一）从博客时代分析

（1）行业结构

博客时代大众的审美等重点其实一般都跟随于较为出众的博主，一般都是博主在博客上分享自己的服装穿搭，致使博客变成博主的一个与大众沟通交流的平台，此时代潮流的主要推出途径也是因为博主们分享自己的穿搭经验，而那时，网络购物并不是主流，大众只能通过一般的商场途径找同款商品，与此同时，那时行业间竞争压力并不大，大众的选择购买意识一般都是跟着主要的博主走，公众自我独特的意识并不十分强，所以对于产品需求来讲，这个时候的主导还在买家手中。

（2）企业行为

博客时代的竞争意识初现，但是各类竞争的主体较少，所以相对来说竞争压力较小，此时的企业一般都会扩大经营能力，服装产业尤其会更加注重经营产品的品质以及产品是否符合当今时代主流，此时的企业会特别关注游走于各类初代网红间，生产或与她们合作形成自己的主推品牌，达成购买。

（3）经营绩效

在整个博客领域，巅峰时期博客用户总数量超过 2.2 亿人，而使用率超过 62％，每天的博客发文数量也超过 400 万篇。在 2014 年 7 月发布的 CNNIC 第 34 次互联网报告中显示，短短两三年的时间里，博客的使用率从 2011 年的 62.1％降至 19.3％，总用户规模仅为 1.22 亿人，早已从当年的爆红产品沦为小众应用。

（二）从微博时代分析

（1）行业结构

微博时代的到来，大众普遍的眼光都会停留在网络上，而微博也是一个可以获取很多新鲜事物的软件，这对于电子商务来说也是一个时代培育出的绝佳时机，这一时代的来临致使部分服装界的网红逐渐向 KOL 转变，网红自身将自己的产品展示在微博，吸引大众眼光，不过与前一时期不同的是这些网红可以将自己的服装产品的链接放在服装穿搭旁，在一定程度上降低了大众选择的机会，大众一般会以网红穿搭为主来选择搭配，对比之前时代的"货比三家"购买，直接放链接贴图是更快能吸引大众的方式之一，而在此时代，网红 KOL 发展正趋于旺盛时期，竞争压力很大，各类网红 KOL 争相以更新奇更独特的方式吸引大众目光以获得商机，而在此时，大众的自我意识逐渐增强，更愿意购买能表达自己的具有独特性的服装，产品需求也从最开始的由买家主导慢慢变为由卖家主导的方式。

（2）企业行为

微博时代的竞争压力大从而导致了企业为了能在挤满各类网红 KOL 的市场立足就不得不实行一些措施，这个时期的网红博主主要依靠于粉丝的支持，具有多数粉丝的网红 KOL 在一定程度上抢占了市场先机，粉丝可以为其店面做推广，同样可以购买该家产品，在一定程度上既是消费者也是拉动潜在消费者的主流大众，是很重要的市场群体，一般的企业在此时会选择大力推广自己的微博，例如关注才能读完全文，又或是关注博客可以领取优惠券即在其店面购买产品，一些博主会日常送福利等来吸引一波粉丝的关注，这个时期来讲，涨粉是网红 KOL 的发展方式。

（3）经营绩效

2019 年第三季度微博的净营收同比增长 2% 至 4.678 亿美元，依据 2018 年同期汇率计算同比增长 6%；广告和营销营收 4.125 亿美元，同比增长 1%；增值服务营收 5530 万美元，同比增长 9%。归属于微博的净利润为 1.462 亿美元，2018 年同期为 1.653 亿美元；合每股摊薄净盈利 64 美分，2018 年同期为 73 美分。2019 年 9 月的月活跃用户数为 4.97 亿，较上年同期净增约 5 100 万。月活跃用户数中约 94% 为移动端用户。2019 年 9 月平均日活跃用户数为 2.16 亿，较上年同期净增约 2 100 万。

（三）从抖音时代分析

（1）行业结构

抖音等短视频 APP 的兴起，使得网红 KOL 的发展模式又多了一条分享渠道，就是通过短视频来打响自己的品牌，这个时期的工作节奏加快，上班族学生党由于时间的关系，只能通过零碎时间来放松，这就导致部分只活动于微博等常规软件的网红 KOL 的购买力度减弱，于是企业通过零碎时间的穿插链接来吸引购买，网红 KOL 可以借助其靓丽的外表拍摄短视频，也可以通过试用产品来展示给大家更明显的体验，由于短视频不限制粉丝群体，所以任何刷到贴有服装链接的视频后的潜在消费者都有很大的可能性会选择购买。

（2）企业行为

抖音等短视频的火爆很大程度上带动了大多数寻求商机的新网红 KOL 的诞生，而抖音时代的降临，也在一定程度上增大了竞争力，企业在此时一般会用更具有新意的方式来吸引消费者，或者实行低价优惠等措施，例如：拍摄搞笑段子或降价等方式。

（3）经营绩效

据了解，抖音 APP 于 2016 年 9 月上线。2018 年 1 月，日活破 3 000 万；2018 年 3 月，

日活破 7 000 万；2018 年 6 月，日活破 1.5 亿；2018 年 11 月，日活破 2 亿；2019 年 1 月，日活破 2.5 亿。抖音发布的《2019 抖音数据报告》显示截至 2020 年 1 月 5 日，抖音日活跃用户数已经突破 4 亿。

二、五力分析模型

（一）互联网博客时代

在此时期，网红的持续发展主要得益于购买者的讨价还价能力不强，使得她们可以不断地带动产品的销售，发展自己的名气。

1. 供应商的讨价还价能力

在互联网博客时代，人们对于网红的概念还很模糊，影响力也比较小。而这个时期的网红都是以个人发展起来的，没有团队，在"呛口小辣椒"走红之后，各大服装品牌会找她们代言与合作，而且比较抢手，供应商为了打广告，一般给的价格比较高，因此讨价还价能力弱。

2. 购买者讨价还价能力

就购买者的讨价还价能力而言，大多数的服装市场属于女性，而女性都抱着爱美的心理，网红"呛口小辣椒"穿搭看着很舒服，挑衣服很会选细节，尤其是拍照修图做的实在太完美了，完全不输给现在的一大票的淘宝摄影师，修图和穿搭真的吸了不少粉，大多数人都没见过的品牌都被她带火，消费者也想变美，不去考虑价格什么，形成盲目购买。

3. 潜在竞争者进入的能力

在互联网博客时代，人们接触的新鲜事物不是很多，而网红作为一个刚出现的名词，每个人都有很强的尝试心理，且大众的接受能力也强，只要能与众不同就会引起关注，潜在竞争者的威胁较大。

4. 替代品的替代能力

在人们对于网红不太了解的时候，最火的就是明星能够吸人眼球。网红相比较于早期的明星还是有很大的差距，网红虽然分享的是穿搭，但是明星的带动能力更加强大。因此，替代品构成的威胁很大。

5. 行业内竞争者现在的竞争能力

人们的审美普遍偏低，有着很强的追捧心理，此时期的"呛口小辣椒"和"Zoe Suen"都属于穿搭达人，有着自己独特的穿搭，不同的是"呛口小辣椒"为各个品牌代言，使这些品牌出现在消费者脑海中，而 Zoe Suen 是不为品牌代言，只是分享，行业内竞争者威胁比较小（表 9-30）。

表 9-30　博客时代行业竞争者能力对比

类型	强	弱
供应商的讨价还价能力		√
购买者的讨价还价能力		√
潜在竞争者进入的能力	√	
替代品的替代能力	√	
行业内竞争者现在的竞争能力		√

（二）微博时代

微博时期，行业内竞争者的竞争能力是最显著的，时刻影响着网红经济。

1. 供应商的讨价还价能力

在微博时代，网红 KOL 有背后的团队合作，她们的供应商就是直接厂商或者是自己签约公司，公司帮忙找资源。2014 年，如涵控股与张大奕合作开淘宝店，借助其团队营造的网红身份带货并获得巨大销量，而张大奕也被视作从社交媒体而生的第一代网红。因为公司是通过在社交媒体上孵化网红来培育粉丝团体，并借助网红的个人影响力来售卖商品，而对于有潜力的网红却有很多，所以供应商的讨价还价能力强。

2. 购买者的讨价还价能力

微博的宣传方式主要是"穿搭照片＋店铺链接"，而照片都是团队经过精心的拍摄和修图的，从而引起消费者购买的心理，但这时的消费者具备很强的信息检索和辨别能力，在买一件产品之前，都会阅读大量的产品相关的口碑评价和评论。最重要的是，他们热衷于分享各种美好事物，"网络种草、线下拔草"成为他们的一种生活方式。而微博带货有一个很大的弊端，就是产品质量参差不齐，因此，购买者的讨价还价能力强。

3. 潜在竞争者进入的能力

据资料显示，2016 年，张大奕与如涵控股共同成立的杭州涵意电子商务有限公司实现营收 2.28 亿元，净利润 4 478.32 万元。同年，如涵控股曾顺利挂牌新三板，被称为"中国网红电子商务第一股"，可看出中间有巨大的利益。大众看着很多人在微博商带货从而收入上亿，都会心动。服装业的潜在的竞争者就是想要进入服装网红行业的人，但是从网红要跨越到有影响力的 KOL 需要多个方面的契机，团队合作必不可少，因此，潜在竞争者造成的威胁属于一般。

4. 替代品的替代能力

线上线下店铺在同时快速地发展，大众在网上购物的频率增加，可选择的交易的店铺或者方式多种多样。张大奕所开的淘宝店铺的产品一般价格都属于偏高型，但是消费者在消费时更多偏向于感性，团队精修过的图片让消费者动心，直接下单，而不会过多地思考，且有时在其他的店铺买到的质量偏差，因此，替代品的威胁比较弱。

5. 行业内竞争者现在的竞争能力

在微博时代，大火的博主有很多，每个公司旗下都有很多的网红，她们主要都是根据视频或者文字的流量来推荐产品，形成购买行为。张大奕与雪莉虽然都被如涵公司所签约，但竞争很激烈。张大奕团队一直塑造她为从淘宝模特一路成长为拥有 1 100 多万粉丝的电子商务网络红人。对于她的竞争对手雪莉是因为王思聪前女友的身份被很多人熟知，粉丝也是众多，同样是卖服装，但是张大奕团队联合明星，在带货能力方面高出了雪莉。但是总体对于张大奕她们来说，竞争还是很激烈，因此行业内竞争者现在的竞争能力强（表 9-31）。

表 9-31　微博时代竞争者能力对比

类型	强	中等	弱
供应商的讨价还价能力	√		
购买者的讨价还价能力	√		
潜在竞争者进入的能力		√	
替代品的替代能力			√
行业内竞争者现在的竞争能力	√		

（三）淘宝、抖音时代

在此时期，潜在竞争者的威胁是最强的，每个行业中已经大火的网红，推荐的是一些不变的东西，新进入者可能是不同的类型，因此现在直播和短视频更偏向于多元化。

1. 供应商的讨价还价能力

在淘宝直播、抖音短视频时期，网红 KOL 的供应商同样是签约公司寻找到的品牌合作公司以及自媒体个人。李佳琦及他的团队属于签约公司，他是美 ONE 旗下的网红，5 个半小时，带货 353 万元，2 个月实践，抖音涨粉 1 400 多万，获赞 9 630 多万。各大品牌想要更好地推广一般会找当下比较有影响力的网红，因此首选李佳琦与他的团队，对于供应商来说讨价还价能力属于一般。

2. 购买者的讨价还价能力

对于"95 后""00 后"年轻一代而言，他们对热点和社会话题，关注度较少。与此同时，他们越来越特立独行，喜欢追逐消费热点和个性化的产品。随着消费主义的盛行，这些消费者并不排斥广告和内容，甚至消费还成为一种流行文化，网红店、网红产品成为网友追捧的对象。大多数女性消费者更愿意购买专业性的商品，他们团队抓住专业性心理，导致经常出现产品上链接不到一分钟几千件产品一扫而光，因此讨价还价能力比较低。

3. 潜在竞争者进入的能力

在大多数人眼中，网红 KOL 这个职位可图的利润巨大，尤其对现在的"95 后"以及"00"后吸引力较大，在抖音短视频时期，使用独特的创意与拍摄短视频，这是从未出现过的社交和快文化时期，新奇的东西总是能吸引消费者的眼光，潜在进入者的威胁大。

4. 替代品的替代能力

对于直播的威胁就是线下购买，网红会在短视频中涂口红给消费者看，对于那些担心美化过的消费者可以去专卖店购买。但在这个网络发达的时代，人们更愿意足不出户就买到自己心仪的产品，据相关数据显示，2018 年，中国智能手机用户数量位居全球第一，达到 13 亿个。移动互联网的普及，让人与人之间的连接更加容易，也让平台更容易把内容产品推荐给志趣相投的人。因此，替代品造成的威胁比较弱。

5. 行业内竞争者现在的竞争能力

李佳琦背后是淘宝直播与抖音流量的合体，而薇娅的背后是淘宝直播，两人都很努力，要卖的产品要自己先品尝或者试用，保证品质。以前是薇娅平稳地占据着第一主播的位置，但在 2019 年 10 月 20 日李佳琦 5 小时的直播，让他成为热议焦点，涨粉 81 万，超越薇娅成为榜首。因此总的来说这个行业的竞争十分的激烈（表 9-32）。

表 9-32　淘宝抖音时代竞争者能力对比

类型	强	中等	弱
供应商的讨价还价能力		√	
购买者的讨价还价能力			√
潜在竞争者进入的能力	√		
替代品的替代能力			√
行业内竞争者现在的竞争能力	√		

三、三大通用策略分析网红 KOL

（一）互联网博客时代

在互联网博客时代，企业主要侧重的战略为成本领先战略，这一时期，企业主要利用简化产品型成本领先战略和人工费用降低型成本领先战略，通过利用互联网博客上的网红，对自家产品进行宣传销售。

1. 简化产品型成本领先战略

这一时期，互联网刚兴起不久，多数企业都还没有重视网络，对自家的产品的宣传还是最传统的方法——线下实体宣传＋明星代言＋铺天盖地的广告。这种方式虽然可以达到商家想要的宣传效果，但随之而来的高成本也是导致商家及企业获利少的原因之一。而这一时期，企业想要成本领先，在同行中占据价格优势和利益优势，简化自家产品的成本必不可少。在保证产品质量的前提下，只能在宣传方面简化成本，利用互联网博客，通过网络线上宣传，以达到同等或更高的宣传效果。总成本领先使企业获得很强的竞争力，一旦企业获得了这样的地位，所获得的高利润又可以使企业对其设备和设施进行进一步的投资，以巩固自己的成本领先优势。

2. 人工费用降低型成本领先战略

线下产品的宣传和大量的广告都需要大量的人工成本，而请明星代言也是一笔高额的成本费用，而通过互联网博客，利用网红的身份，达到的宣传效果不亚于前者，且网络兴起不久，网红的可代替性高，所以商家的可议价的可能变得很高，成本也随之降低，商家的获利也会提高，达到自身的一种成本领先战略。

（二）微博时代

在微博时代，由于这一时期网络主要集中在微博，微博的高流传度、高适用度也让许多企业在这一阶段主要侧重于集中化战略。

集中化战略在这一时期重要侧重于顾客集中化，大多消费者在这一时期由于微博的兴起，都会去微博去看一些网红或者博主的微博，看他们都在使用什么商品，从而跟风进行购买，例如张大奕和雪莉，他们通过在自己的微博里分享一些穿搭和一些爱用好物，来销售产品。而消费者也可以通过博主的穿戴照片来观察商品，对于产品有一定的了解，进而进行消费。企业方面，由于集中化战略，可以收缩其他方面的支出，集中目标、集中资源，逐渐实现公司业务"专一化"，提高效率效果，细分市场服务，从而获得其他企业竞争者所不具备的竞争优势。但这一时期的企业竞争只适用于中小企业，可以收缩全部资源进行集中化服务，以低成本来支撑优质化服务。而大企业则无法做到这一点，所以竞争力就会下降。

这种战略适用度很低，在利润不断上升，企业不断扩大的背景下，低成本难以实现，市场不断成长，这种战略最终的结果可能会转型升级。集中化战略说到底只是在过渡阶段的具有时效性的一种企业战略。

（三）淘宝、抖音时代

在淘宝、抖音时代，网络流传度广、利用度高，消费者经常会通过网络上的"种草""安利"进行消费，淘宝直播带货、抖音直播越来越火。在此背景下，企业通过差异化战略来提高自家产品的销售量。

1. 形象差异化战略

在这个直播带货的时代，最火的两个人莫过于李佳琦和薇娅了。在众多粉丝心中，薇娅更像是粉丝的朋友，通过直播与粉丝的聊天、讨论来销售自己的产品；而李佳琦则更像是粉丝们的课代表，在直播间通过自己试用、对产品进行详尽的介绍，进而来销售自己的产品。两个人形象上的差异也让两人有了属于自己的粉丝团体，在2019年"双十一"狂欢节中，两人各有得失,但总体上两人还是为自己的供应商创造了高额的利润。

2. 服务差异化战略与人事差异化战略

在淘宝、抖音的带货时代,各个播主、网红的渠道不同、自己的团队不同,为消费者能带来的服务也不同。有的团队可能有专业的公司在背后为其运行,那他们为消费者所带来的服务就会比那些没有专业公司团队为其运行的好很多,而服务能力的高低也会导致消费者会不会有"回头率",所以,好的服务和好的营销运行团队在直播带货中也十分重要。

一旦差异化战略获得成功,那么它将会成为企业在一个行业中获得高利润水平的一种积极战略。因为它能建立起"防御阵地"来抵挡五种竞争力量。虽然差异化竞争战略与占据市场份额方面有着一定的冲突,但二者在一定程度上本就背道而驰,难以两全,所以差异化战略往往要付出高额的成本代价。高成本代价换来了高销售与高利润、高知名度,所以差异化战略成为现代多数企业利用的积极战略。

四、波特价值链分析模型

(一)博客时代价值链分析(图 9-43)

博客阶段想要运营成功,主要是吸引用户、留住用户以及活跃用户。吸引用户最重要的是高质量内容,因而在博客阶段主要的核心竞争力是"内容建设"。因而博客运营者应该从以下几个方面来提高内容的质量:①分析用户需求和比较关心的问题,从中制造话题、制造热点。②坚持原创、增强文章的可读性。③版面设计新颖、吸引用户眼球。

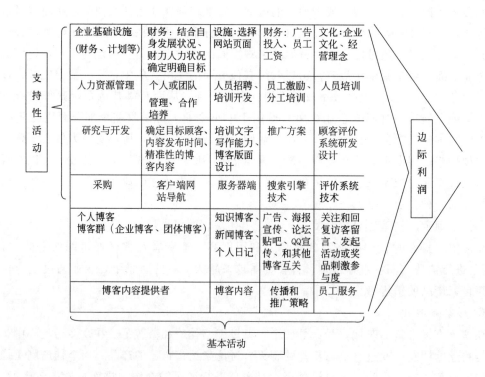

图 9-43 博客时代价值链分析

（二）微博阶段和抖音阶段价值链分析

1. 供应链库存管理

①摆脱库存的限制：网红带货是通过互联网视频形成的，只要在微博或者直播的时候，将货物的信息、用处、性能告诉用户即可，而货物是不用放置网红处，只需用户下单后，货物直接从商家处发货。所以网红电子商务一方面就省去了库存管理、储存、上架这些环节，而这些环节的资金节省就可以进行商品价格的优惠，以优惠价格来吸引用户。这也是这几年网红带货迅猛发展起来的原因之一。②不存在任何风险：相比较与开实体店或者是网店，只要是涉及囤货，便会形成一定的风险，只要商品卖不出去，就会亏损。而现在的网红带货模式便不会有这样的风险，即使有客户不满意，或者退货情况，也是可以直接找发货商家退货。

2. 支付

微博和抖音的带货，在博文中带有的链接或抖音直播的作者头像上方购物车，只要用户确定要购买该商品，直接点进链接，便会直接转跳到商品基本信息界面，选择后支付购买即可。该操作简单便捷，满足用户需求。

五、个案描述

网红 KOL 的三个发展阶段编年史如表 9-33 所示。

表 9-33　网红 KOL 的三个发展阶段编年史

网红 KOL 发展阶段	个案分析	竞争对手
2004 年，互联网博客时代大火（"呛口小辣椒"和 Zoe Suen）	2004 年一对双胞胎"呛口小辣椒"在论坛发布穿搭帖子并附图片，被捧为女神	—
	2008 年成为成名点，被网友称"比 Twins 更美的最美双胞胎"	香港女生 Zoe Suen 开通博客记录生活与穿搭，因相似王祖贤而走红
	—	各个方面突出，从穿搭到拍摄，被称为"中国最会穿衣女孩"
2009 年 8 月，新浪微博上线（张大奕与雪莉）	2015 年张大奕为搜狐时尚盛典年度电子商务模特候选人、网络红人。微博粉丝暴涨，店铺挤进女装类目榜单	2015 年，雪莉和合伙人尝试网红孵化器，签约 30 位女网红，5 家店铺获得过女装类目第一名
	2017 年"双十一"网店日销售额突破 1.7 亿元人民币	2017 年"双十一"前，雪莉第一次公布孕照，为"双十一"助攻
	2019 年 7 月，张大奕登上美国《时代》周刊公布的"网络最具影响力 25 人"名单	2019 年 8 月，雪莉受邀微博超级红人姐斩获 2019 年度最具商业价值红人的重量级奖项

续表

网红 KOL 发展阶段	个案分析	竞争对手
2018 年淘宝、抖音时代（李佳琦与薇娅）	2018 年 9 月，李佳琦成功挑战"30 秒涂口红最多人数"的吉尼斯世界纪录，被称为"口红一哥"	2018 年薇娅 2 小时引导卖出 2.67 亿元，销售 27 亿元，人送外号"淘宝第一女主播"
	2019 年 10 月，李佳琦入选福布斯中国 30 岁以下精英榜	2019 年获得"国家的宝藏妙物官""飞利浦全球毫无推荐官"等称号

本编年史是根据网红 KOL 发展的三个历程，分别为互联网博客时代、新浪微博时代、抖音时代。分别列举从 2004 年至 2019 年以来，各大网红兴起的标志性事件，以及其竞争对手的发展状况。目前手机作为大众普遍使用的产品，而手机也作为短视频的主要依托工具，网红 KOL 发展会是现在乃至未来发展前景很大的领域。

六、总结

目前手机作为大众普遍使用的产品，而手机也作为短视频的主要依托工具。本书通过分别从 SCP 大背景、三大通用策略、五力模型、价值链分析三个时代网红的发展过程，清晰明了地阐述了网红 KOL 发展会是现在乃至未来发展前景很大的领域。

参考文献

[1] 周昕怡,深响.全球电商市场的未来在哪里.钛媒体APP,[2019-06-10].
[2] 1995—2015年中国电商20年的时光岁月.阿里巴巴研究院.亿邦动力网,[2017-11-21].
[3] jac飞.电子商务的历史和发展现状.简书,[2017-09-28].
[4] 下沉市场发展与电商平台价值研究.商务部国际贸易经济合作研究院课题组,[2019-10-22].
[5] 欧美产业互联网发展历史、现状以及未来趋势.开源工业互联网联盟.亿欧,[2019-10-10].
[6] 中国电子商务市场数据发布报告.艾瑞咨询,[2020-04-01].
[7] 浅析:B2B电商发展历程及发展前景详解.中国电子商务研究中心.2015.
[8] IAmy Cortese.投资本土化.2011.
[9] 中国社交电商行业研究报告.艾瑞咨询.2019.
[10] 社交媒体营销指南.市场部网.2019.
[11] 商务部国际贸易经济合作研究院课题组.下沉市场发展与电商平台价值研究.市场部网.2019.
[12] 中国内容电商市场专题分析2018.易观网.2018.
[13] 购消费行为调查.市场部网.2019.
[14] 黄素贞,等.亚太电商概览.安侯建业.2016.
[15] 周娇.移动电子商务发展现状与趋势分析.互联网天地,2013,(5):10-12.
[16] 2018年中国手机产销数据分析及2019年行业发展趋势预测.中商情报网,2019.
[17] 柯志贤.2018零售力量与趋势展望.勤业众信联合会计师事务所,2018.
[18] 高晶.账户实名制在第三方支付中的落实.金融经济-学术报,2014,(6).
[19] 伊亚秋.非银行支付机构网络支付账户实名制进程中存在的问题及建议.吉林金融研究,2017,(5).
[20] 艾瑞咨询.2019年中国网络广告市场分析报告.艾瑞咨询,2019.
[21] 刘颖,张焕.基于社会网络理论的微信用户关系实证分析.情报资料工作,2014,35(4):56-61.
[22] 方婧,陆伟.微信公众号信息传播热度的影响因素实证研究.情报杂志,2016,35(2).
[23] 郭建男.建商城做微商.新农业,2016,819(6):61-62.
[24] 新零售时代大门打开,京东、阿里从线上烧到线下的竞争.网经社,2019.
[25] 唐红涛,张俊英.虚拟商圈集聚:机理和效应分析.中国流通经济,2014,(2):83-87.
[26] 卓骏,李富斌,陈亮亮,等.共赢的生态链——阿里巴巴的商业生态系统之路.浙江经济,2012,(2):32-33.
[27] 零售前沿社.2018年中国新零售投资创新洞察.品途集团,2018.
[28] 石琦.线上线下携手的新零售战略分析——以阿里巴巴为例.现代营销,2019,(4).
[29] 谢洪明,吴文施.腾讯商业生态系统演化路径分析.上海管理科学,2019,(6).
[30] 2018年度中国进口跨境电子商务发展报告.环球网.2019.
[31] 葛倩.2019年跨境进口电子商务发展现状及发展趋势.行业寡头化凸显,前瞻经济研究院.2019.
[32] 艾媒君,2019上半年中国跨境电子商务市场研究报告.艾媒报告中心,2019.
[33] 2018年中国跨境电子商务行业发展历程、市场规模及国内政策分析.中国产业信息网,2018.
[34] 贾彤.2018年中国宠物行业白皮书.狗民网,2018.
[35] 2018年中国宠物保健品行业分析报告-市场运营态势与发展前景研究.中国报告网,2018.
[36] 曾添.生鲜农产品跨境电子商务发展的制约性因素研究.江西财经大学,2018.
[37] 苏宁金融研究院.银发人群消费趋势报告.亿欧,2017.
[38] 张远岸.亚马逊的中国跨境之路.2017.

[39] 叶政豪．B2C 跨境电子商务平台对我国外贸的影响分析——以阿里巴巴全球速卖通为例．知识经济，2018，451(2)：78-79．

[40] 陈轩．2018 年"最毒最毒的三大病毒营销案例"深度盘点．世界经理人网，[2018-12-31]．

[41] 看国外如何玩转病毒营销．搜狐网，[2015-10-27]．

[42] 杨瑞青青，谢梦真．江苏大学京江学院．病毒式营销方法应用于产品营销中的可行性研究．中国知网，[2015-10-30]．https：//x.cnki.net/read/article/xmlonline?filename＝SCXH201530039&tablename＝CJFDTOTAL&dbcode＝CJFD&topic＝&fileSourceType＝1&taskId＝&from＝&groupid＝&appId＝CRSP_BASIC_PSMC．

[43] 站长之家．SEO 的 25 年"进化史"：从 PC 到移动站点优化，[2016-06-26]．http：//www.chinaz.com/web/2015/0626/417424.shtml#g413091＝1．

[44] jobplus．移动互联网时代，搜索引擎的出路在何方？．

[45] 李君雄．移动互联网崛起下 PC 端发展前景分析．东北电力大学．中国知网，[2015-11-25]．https：//x.cnki.net/read/article/xmlonline?filename＝KJFT201522062&tablename＝CJFDTOTAL&dbcode＝CJFD&topic＝&fileSourceType＝1&taskId＝&from＝&groupid＝&appId＝CRSP_BASIC_PSMC．

[46] PC 端网站和移动端 SEO 优化的不同．搜狐网，[2016-11-30]．

[47] Jack 申．社交电商 & 传统微商的区别在哪．知乎，[2019-09-11]．

[48] 唐顿．微商作家．微商知名讲师．快营销创始人．微商，其实只是"微营销"的一部分，[2015-10-16]．

[49] 2019 年中国 90 后妈妈消费者洞察白皮书．艾瑞咨询，[2019-12-18]．

[50] 市场部推荐：下沉市场发展与电商平台价值研究．商务部研究院，[2019-10-23]．

[51] 麦肯锡．市场部推荐：2019 中国数字消费者趋势，[2019-09-27]．

[52] 张全伟．电子邮件营销，[2004-05]．

[53] 邮件营销的四大趋势．亿业科技，[2018-12-28]．

[54] 陈章旺．论短信互动营销．中国知网，[2006-04-30]．https：//x.cnki.net/read/article/xmlonlineAndroid?filename＝ZZHK200602017&tablename＝CJFDTOTAL&dbcode＝CJFD&topic＝&fileSourceType＝1&taskId＝&from＝&groupid＝&appId＝CRSP_BASIC_PSMC．

[55] 赵梅．央视市场研究（CTR）总经理助理，媒介智讯总经理，CTR 媒体融合研究院执行副院长．市场部推荐：2019 中国广告市场趋势，[2019-09-10]．

[56] 2019 年中国互联网广告市场规模将达到 600 亿美元．东方财富网．中商产业研究院，[2019-04-15]．

[57] 简述 DSP 网络广告的核心竞争力-盖乐传媒．盖乐传媒，[2016-08-12]．

[58] 智能营销带来了什么．新华社客户端，[2018-10-29]．

[59] 5G 时代如何玩转智能营销构建未来营销新构架．搜狐网，[2019-09-04]．

[60] 魏家东．智能营销时代不玩点高科技还做什么营销．人人都是产品经理，[2016 年]．

[61] 王卓娅．人工智能营销应用发展存在四大瓶颈：真正落地任重道远．赋能商学院，[2019-01-27]．

[62] QQ：2019 年中国 00 后用户社交行为数据报告．腾讯 QQ，[2019-05-05]．

[63] 刘海兰，刘丽．新媒体环境下网红带货能力调查与深度解析，[2019-12-01]．

[64] 裴培，高博文．娱乐行业网红直播带货专题报告网红直播带货能够走多远？效率为先，生态为本．国家证券，[2019-11-24]．

[65] 市场部推荐：短视频 2020 年中腰部 KOL 营销发展报告．人人都是产品经理，[2019-10-30]．

[66] 2019 中国短视频行业发展现状及未来发展趋势解读．艾媒网，[2019-08-03]．

[67] 市场部推荐：2019 年下半年短视频凭条营销通案．199IT 互联网数据中心，[2019-10-22]．

[68] 短视频月活逼近长视频 流动性人群倾向用快手．牛华网，[2019-04-29]．

[69] 市场部推荐：抖音用户分群地图之小镇 90 后女吃货．巨量引擎商业算数中心，[2019-07-11]．

[70] 市场部推荐：短视频 KOL 季度深度分析．卡思数据，[2019-10]．

[71] 2019 年抖音数据报告（完整版）．深圳市湖北珠宝商会，[2020-01-08]．

[72] 2019 年快手直播生态报告：穿越平行世界-快手大数据研究院．快手大数据研究院，[2019-12-10]．

[73] vlog 有哪几种品牌营销方式．深圳市峰尚品牌营销顾问有限公司，[2019-06-01]．

[74] 公关之家．浅谈 vlog 的品牌营销与流量变现．91 运营网，[2019-05-23]．

[75] 丫熊．互联网时代，新模式入场 APP 的优劣分析，[2018-05-29]．

[76] 刘国玲. 开启 APP 后时代. 互联网普惠金融研究院,[2017-02-14].
[77] 新时代 APP 实现日活千万必须要做的几件事. 赛合一数据,[2018-08-29].
[78] 陈凯文. 地推不可替代的五大优势,[2018-12-27].
[79] 祝裕. 分众传媒掘金"注意力经济"跻身 2018 年全球户外媒体营收榜三甲. 每日经济新闻,[2019-06-27].
[80] CAMIA 出海. 2019 年数字东南亚之越南：电商行为旅游类投入最大. 雨果网,[2019-02-18].
[81] CAMIA 出海. Adsota：2018 年越南数字广告报告. 199IT 互联网数据中心,[2018-09-12].
[82] 魏城荣. 风景园林与建筑学院. 旅游与健康学院. 中国旅游电子商务的发展历程、现状及未来展望,[2017-07-09].
[83] 夏杰长. 中国社科院财经战略研究院副院长,中国社会科学院旅游研究中心学术顾问研究员,徐金海. 国家开放大学经济管理教学部讲师,中国社科院财经战略研究院博士. 中国旅游业改革开放 40 年：回顾与展望,[2018 年].
[84] 40 年里,中国旅行社业经历了哪些变化. 中国旅游报,[2019-01-25].
[85] 智能出行社会经济价值研究白皮书. 高德地图,[2019-12-16].
[86] 生鲜 O2O 行业五大痛点 但未来发展空间大. 钛媒体,[2015-07-27].
[87] 简析生鲜行业痛点,供应链是关键. 腾讯新闻客户端自媒体,[2019-11-13].
[88] 宛伶. 从产地直接配送生鲜到社区,C2B2F 模式的"食行生鲜"想在供应链上创新. 36 氪,[2015-05-18].
[89] 2019 科创独角兽研究报告. 德勤. 投中信息,[2019-10].
[90] 中国大数据与实体经济融合发展白皮书（2019）. 中国信息通信研究院,[2019 年].
[91] 刘涌. 氪纪 2015丨依旧很痛的痛点,若隐若现的前方,[2015-12-15]. http：//36kr. com/p/5041038. html.
[92] 中国智能家用医疗健康检测设备市场专题研究报告 2015. 易观智库,[2015-12-07].
[93] 内容电商如何玩转流量变现？如涵中腰部红人成中坚力量. 广州热线,[2019 年].
[94] Mr. QM. 内容电商研究报告：带货是关键. QuestMobile,[2019-07-17].
[95] 曹升. 灰度认知社创始人. 电商发展新趋势：从交易型电商到内容电商,[2018-08-01].
[96] QuestMobile：容电商化或将为未来发展方向. QuestMobile,[2019-07-24].
[97] 洪学聪. 内容营销：电商零售新趋势,[2018-08-07].
[98] 李深白. 互联网在线教育撞上下沉市场. 鲸媒体,[2019-09].
[99] 深度解读互联网教育. 中关村互联网教育创新中心. 中关村互联网教育创新中心. 国际人学校,[2018-08-04].
[100] 吴思. 2018 知识付费和在线教育从业者生存状况报告. 三节课,[2018-07-12].
[101] 互联网教育的优点和缺点有哪些. 搜狐网,[2019-01-31].
[102] 中国大数据与实体经济融合发展白皮书（2019）. 中国信息通信研究院,[2019-05-07].
[103] 深度解读互联网教育. 中关村互联网教育创新中心. 中关村互联网教育创新中心. 国际人学校,[2018-08-04].
[104] P2P 与众筹的融合或成趋势. 每日经济新闻,[2014-12-12].
[105] 传统金融和互联网金融应该拥抱共赢. 羊城晚报,[2014-12-12].
[106] 从竞争到融合 传统金融拥抱互联网. 三湘都市报,[2015-11-18].
[107] 市场部推荐：2019 中国创新生态发展报告. 德勤咨询,[2019-09-28].
[108] 农村电商能快速发展的十大优势. 龙陵电商公共服务中心,2019-01-15].
[109] 王晶晶. 2019：农村电商发展面临四大趋势. 中国经济时报,[2019-01-08].
[110] 中国大数据与实体经济融合发展白皮书（2019）. 中国信息通信研究院,[2019 年].
[111] camia. 2019 年东南亚互联网经济发展趋势. 199IT 互联网数据中心,[2019-11-12].
[112] 快递发展：大数据和人工智能驱动物流全面升级. 中国经济周刊,2018.
[113] 张锐. 中国物流行业并购活动回顾及趋势展望. 普华永道,2019.
[114] 陈后润. 2019 年中国供应链管理产业竞争格局全局观. 前瞻产业研究院,2019.
[115] 刘建勋. 2018 年供应链管理服务行业市场现状与发展趋势 企业竞争与发展需要促进行业快速发展. 前瞻产业研究院. 2019.
[116] 供应链物流行业市场分析. 中金普华产业研究院,2019.
[117] 下沉市场发展与电商平台价值研究. 商务部国际贸易经济合作研究院课题组,2019.
[118] 分析：智能物流系统行业研究报告. 网经社,2019.

[119] 中国电子商务税收政策及趋势分析. 网经社, 2018.
[120] 白东蕊, 岳云康. 电子商务概论. 北京: 人民邮电出版社, 2018.
[121] 方闻千, 陈杭. 方正证券全球科技行业研究框架: 网络安全研究框架. 方正证券, 2019.
[122] 熊莉, 于威业. 区块链行业专题报告. 国信证券, 2019.
[123] 黄杰, 宁雪冰. 人工智能时代下的企业信息安全防护. 科教导刊, 2019, (15).